2025
고시넷

울산광역시교육청
교육공무직원 직무능력검사
최신 기출유형 모의고사 9회

교육공무직원 직무능력검사

gosinet
(주)고시넷

PREFACE

정오표 및 학습 질의 안내

정오표 확인 방법

고시넷은 오류 없는 책을 만들기 위해 최선을 다합니다. 그러나 편집 과정에서 미처 잡지 못한 실수가 뒤늦게 나오는 경우가 있습니다. 고시넷은 이런 잘못을 바로잡기 위해 정오표를 실시간으로 제공합니다. 감사하는 마음으로 끝까지 책임을 다하겠습니다.

고시넷 홈페이지 접속 〉 고시넷 출판-커뮤니티 〉 정오표

www.gosinet.co.kr

모바일폰에서 QR코드로 실시간 정오표를 확인할 수 있습니다.

학습 질의 안내

학습과 교재선택 관련 문의를 받습니다. 적절한 교재선택에 관한 조언이나 고시넷 교재 학습 중 의문 사항은 아래 주소로 메일을 주시면 성실히 답변드리겠습니다.

이메일주소 **qna@gosinet.co.kr**

울산광역시교육청 교육공무직원 소양평가 정복

파트 1 울산광역시교육청 교육공무직원 소양평가 기출문제복원

파트 2 울산광역시교육청 교육공무직원 소양평가 기출예상문제

구성과 활용

1

채용안내 & 채용직렬 소개

울산광역시교육청 교육공무직원의 채용 절차 및 최근 채용직렬 등을 쉽고 빠르게 확인할 수 있도록 구성하였습니다.

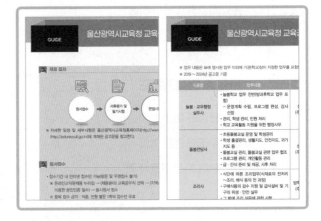

2

울산광역시교육청 교육공무직원 소양평가 기출 유형분석

울산광역시교육청 교육공무직원 소양평가의 최근 기출문제 유형을 분석하여 최신 출제 경향을 한눈에 파악할 수 있도록 하였습니다.

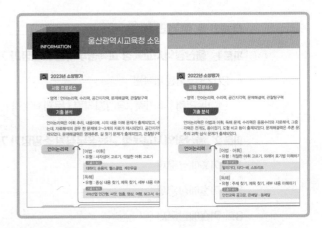

3

울산광역시교육청 소양평가 기출문제복원 수록

울산광역시교육청 교육공무직원 소양평가의 최신기출 45문항을 복원하고 1회분으로 수록하여 최신 출제의 경향성을 문제풀이 경험을 통해 자연스레 익힐 수 있도록 구성하였습니다.

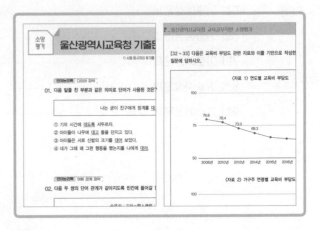

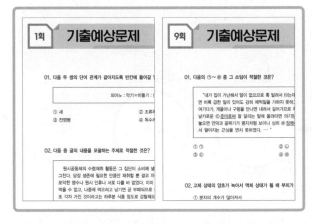

4

기출예상문제로 실전 연습

총 9회의 기출예상문제로 자신의 실력을 점검하고 완벽한 실전 준비가 가능하도록 구성하였습니다.

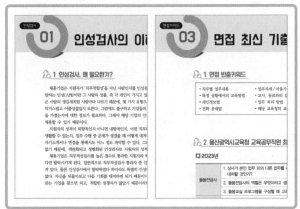

5

인성검사 & 면접가이드

최근 채용 시험에서 점점 중시되고 있는 인성검사와 면접 질문들을 수록하여 마무리까지 완벽하게 대비할 수 있도록 하였습니다.

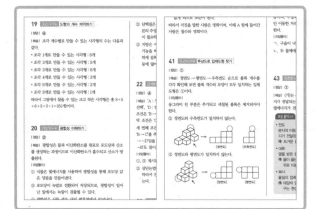

6

상세한 해설과 오답풀이가 수록된 정답과 해설

기출문제복원과 기출예상문제의 상세한 해설을 수록하였고 오답풀이 및 보충 사항들을 수록하여 문제풀이 과정에서의 학습 효과가 극대화될 수 있도록 구성하였습니다.

채용 절차

원서접수 → 서류평가 및 필기시험 → 면접시험 → 최종합격

※ 자세한 일정 및 세부사항은 울산광역시교육청홈페이지(http://www.use.go.kr) 또는 온라인교직원채용 누리집 (http://edurecruit.go.kr)에 게재된 공고문을 참고한다.

원서접수

• 접수기간 내 인터넷 접수만 가능(방문 및 우편접수 불가)
　※ 온라인교직원채용 누리집 → (채용분야) 교육공무직 선택 → (지역선택) 울산광역시교육청 → 로그인(스마트폰을
　　이용한 본인인증 필수) → 응시원서 접수
　※ 중복 접수 금지 : 직종, 전형 불문 1개의 접수만 유효
• 자격증, 경력, 가산점 관련 정보 등의 경우 원서접수 시 모든 증빙서류를 체크해야 하며, 모든 제출서류는 원서접수
　기간 내에 '인터넷 접수 시 파일첨부' 또는 '우편제출(※마감일 18시까지 우체국 소인분에 한하여 유효)' 해야 한다.
　단, 학교운동부지도자 및 취업지원관 등 일부 직종의 경우 인터넷 원서 접수 후 제출기간 이내 모든 서류를 '방문
　제출(우편제출 불가)'해야 한다.
• 응시연령 : 18세 이상~정년(만 60세)에 도달하지 아니한 자
• 거주지 제한 : 채용공고일 전일부터 면접시험일까지 계속하여 본인의 주민등록상 주소지 또는 국내 거소신고(재외
　국민에 한함)가 울산광역시로 되어 있는 사람이어야 한다.
•「울산광역시교육청 교육공무직 채용 및 관리조례 시행규칙」 제7조 채용결격사유에 해당되지 않는 사람이어야 한다.

시험 방법

1차	서류평가	경력 50점+봉사활동시간 20점+업무 관련 자격가산 30점
2차	필기시험	인성검사 50점+직무능력검사 50점
3차	면접시험	1차 서류평가, 2차 필기시험 합격자에 한하여 응시

서류평가

구분	대상 직종	세부 내용
1) 일반전형	특수교육실무사 늘봄 · 교무행정실무사 장애인특별고용실무원 조리실무사	① 경력 50점 ② 봉사활동시간 20점 ③ 업무 관련 자격가산(직종별 상이) 30점
2) 특성화고전형	특수교육실무사 체험활동지원실무사	① 출결상황 40점 ② 봉사활동시간 20점 ③ 자격증 가산 40점

소양평가시험

인성검사(200문항, 40분)

• 응시자가 응답한 결과에 따라 성실성, 대인관계성, 이타성, 심리적안정성으로 구분하여 점수를 산출하고 산출된 점수를 집단 평균을 중심으로 표준편차 단위로 표준점수화하여 최종점수를 산정한다.

직무능력검사(45문항, 50분)

• 5개 영역(언어논리력, 수리력, 공간지각력, 문제해결력, 관찰탐구력)의 45개 문항에 대한 평가 결과를 채점하여 점수를 산정한다.

면접시험

• 제1차, 제2차 시험 합격자에 한하여 응시할 수 있다.
• 교육공무직원으로의 자세, 응시직종 관련 지식과 응용 능력, 의사 발표의 정확성과 논리성 등으로 평정한다.

신분 및 처우

정년	만 60세
수습기간	3개월(※ 수습기간 평가 있음)
근로시간	직종별로 상이하며, 주당 근로시간 내에서 학교(기관) 여건에 따라 근무시간 변경 가능
보수 및 근로조건	울산광역시교육청 자체 지침에 따름
근무지	울산광역시교육감이 지정하는 기관(학교)

합격자 결정

[1차 시험] 서류평가	• 서류평가 결과 점수(추가 가산점 포함)가 높은 사람 순으로 채용예정인원이 1~9명인 경우 채용예정인원의 10배수, 10~99명인 경우 채용예정인원의 5배수, 100명 이상인 경우는 채용예정인원의 2배수를 합격자로 결정 • 단, 조리실무사에 한하여 채용예정인원의 110%(소수점 이하 인원 절상)를 합격자로 결정 • 서류평가 점수 8점 미만은 불합격 처리 • 서류평가 합격 인원 수에 해당하는 순위 이내의 동점자는 전원 합격 처리
[2차 시험] 필기시험	• 필기시험 결과 점수(추가 가산점 포함)가 높은 사람 순으로 채용예정인원의 110%(소수점 이하 인원 절상)를 합격자로 결정 • 필기시험 점수 40점 미만은 불합격 처리 • 채용인원의 110%(소수점 이하 인원 절상) 인원 수에 해당하는 순위 이내의 동점자는 전원 합격 처리
[3차 시험] 면접시험	• 1차, 2차 시험 합격자에 한하여 면접시험을 실시 • 3차 면접시험의 평점점수에서 '우수'등급, '보통'등급을 받은 순으로 최종 합격자 결정 • 단, '미흡'등급을 받은 응시자는 불합격자로 결정 • '우수'등급을 받은 응시자의 수가 선발예정인원을 초과하는 경우에는 필기시험 점수(추가 가산점 포함) 고득점자 순으로 선발 예정 인원만 합격처리 • '보통'등급을 받은 응시자는 필기시험 점수 또는 서류평가 점수(추가 가산점 포함)가 높은 사람부터 차례대로 '우수'등급을 받은 응시자 수를 포함하여 설발예정인원에 달할 때까지 합격처리 • 동점자가 있을 때는 ① 취업지원대상자, ② 2차 필기시험의 인성검사 점수가 높은 자, ③ 생년월일이 빠른 자 순으로 합격 처리 • 최종합격자는 자격 여부 조회 결과 적격 판정을 받은 사람이어야 함.

울산광역시교육청 교육공무직원 채용직렬

※ 업무 내용은 표에 명시된 업무 이외에 기관(학교)장이 지정한 업무를 포함한다.
※ 2019 ~ 2024년 공고문 기준

직종명	업무내용	근무형태	자격 요건
늘봄 · 교무행정 실무사	• 늘봄학교 업무 전반(방과후학교 업무 포함) − 운영계획 수립, 프로그램 편성, 강사 선정 • 관리, 학생 관리, 민원 처리 • 학교 교육활동 지원을 위한 행정사무	상시근무 (주 40시간)	제한 사항 없음.
돌봄전담사	• 초등돌봄교실 운영 및 학생관리 • 학생 출결관리, 생활지도, 안전지도, 귀가지도 등 • 돌봄교실 관리, 돌봄교실 관련 업무 협조 • 프로그램 관리, 개인활동 관리 • 급 · 간식 준비 및 제공, 사후 처리	상시 근무 (주 40시간)	유 · 초 · 중 · 특수 교사 자격 중 1개 이상 또는 보육교사 1급 · 2급 중 1개 이상 소지자
조리사	• 식단에 따른 조리업무(식재료의 전처리 ~조리, 배식 등의 전 과정) • 구매식품의 검수 지원 및 급식설비 및 기구의 위생 · 안전 실무 • 그 밖에 조리 실무에 관한 사항	방학중 비근무 (주 40시간)	조리사 면허증 소지자(구 · 군청 발급) ※ 면허증 없이 조리사 자격증만 소지하고 있는 자는 응시 자격 없음.
특수교육실무사	• 담당교사의 지시에 따라 특수교육대상자의 교수 학습, 신변처리, 급식, 교내외 활동 등 보조 • 특수학교 통학차량 탑승	방학중 비근무 (주 40시간)	고등학교 졸업 또는 이와 같은 수준 이상의 학력이 인정되는 자
체험활동지원 실무사	• 학생 등 기관의 체험활동 관련한 업무 지원 예) 수학문화관 디지털컨텐츠 수학 및 교구 체험 해설, 울산과학관 체험실 관리운영, 큰나무놀이터 어린이 체험활동 지원 등 체험기관 관련 업무 • 체험객 안내 및 접수, 안전 지도 • 각종 프로그램 운영지원 • 각종 행사 업무, 사진 촬영 등 지원	상시근무 (주 40시간)	제한 사항 없음.
교육업무실무사	• 학교의 교육활동지원을 위한 행정사무 업무 전반 • 사용기관의 장이 지시하는 공적인 기타 업무	상시근무 (주 40시간)	제한 사항 없음.

장애인특별고용 실무원	• 각종 행정 관련 업무 처리 • 각종 행사 업무 지원 • 학교(기관) 특성에 맞는 업무 지원 • 교육청 사정에 따라 업무 특성을 고려하여 직종이 변경될 수 있음.	상시근무 (주 40시간)	아래 ①~② 중 한 개 충족 ① 장애인복지법 시행령 제2조에 따른 장애인 ② 국가유공자등 예우 및 지원에 관한 법률 시행령 제14조 제3항에 따른 상이등급 기준에 해당하는 자
조리실무사	• 급식품의 위생적인 조리 및 배식 • 급식실 내·외부 청소·소독 • 급식시설·설비 및 기구의 세척·소독 • 기타 영양(교)사의 지도사항 협의 이행 및 조리사 업무지원	방학중 비근무 (주 40시간)	제한 사항 없음.
학교운동부지도자	• 학교체육진흥법 시행령 제3조 제3항에 따른 직무 • 학생선수에 대한 훈련계획 작성, 지도 및 관리 • 학생선수의 각종 대회 출전 지원 및 인솔 • 경기력 분석 및 훈련일지 작성 • 훈련장의 안전관리 • 그 외 학교장이 지정하는 학교운동부 운영 및 학교 체육 관련 업무	상시근무 (주 40시간)	국민체육진흥법 제2조 제6호에 따른 해당 종목 1·2급 전문 스포츠지도사 자격 중 1개 이상을 소지하며 대한체육회 및 시도체육회로부터 지도자 자격취소처분을 받지 않았으며, 정지처분을 받고 그 기간 중이 아닌 자
취업지원관	• 취업환경 정보 수집 – 학교 인력양성 유형파악, 학생 진로희망 현황 파악, 산업체 고용 동향 정보 수집 등 • 기존 취업처 관리 및 신규 취업처 발굴, 기업 현장실사 등 • 취업상담 계획 수립, 학생 취업 준비도 조사 등 • 채용정보 제공, 지원서 및 관련 서류, 면접 등의 입사절차 지원 • 취업 지원프로그램 운영 • 현장실습 모니터링 및 추수지도, 채용 전환 학생 관리, 취업 현황 DB 관리 등	상시근무 (주 40시간)	아래 필수 자격 요건 중 1가지 이상을 충족 – 기업체 인사·노무 업무에 2년 이상 근무한 자 – 경영자단체, 노동조합, 고용관련 연구기관 등에서 업무 경험이 2년 이상인 자 – 「직업상담사」 자격증 소지자로서 관련 업무에 2년 이상 종사한 자 – 「청소년상담사」 2급 이상 자격증 소지자로서 관련 업무에 2년 이상 종사한 자 – 직업안정법에 의한 유료·무료 직업소개, 직업정보제공 종사 경험이 2년 이상인 자

유치원 방과후과정 전담사	• 유치원 및 특수 방과후과정 운영 및 원아 관리	상시근무 (주 25시간)	• 유치원 2급 정교사 이상, 보육 교사 2급 이상 중 1개 이상 소 지자 • 장애인복지법 시행령 제2조에 따른 장애인 및 국가유공자등 예우 및 지원에 관한 법률 시 행령 제14조 제3항에 따른 상 이 등급 기준 해당자
교육복지사 (학교)	• 교육복지우선지원사업 중점학교 및 교육 복지안전망센터 사업계획 수립 운영 등 각종 취약계층 학생 지원 업무 　－ 사업대상 학생 발굴 및 집중지원(지역 연계, 가정방문, 사례관리 등) 　－ 지역사회 자원 발굴 및 연계협력사업 추진 　－ 복합적 어려움을 가진 학생맞춤통합지 원사업 추진 • 예산집행 등 행정업무, 기타 교육복지우 선지원사업 관련 제반 업무	상시근무 (주 40시간)	사회복지사, 청소년지도사, 청소 년상담사, 평생교육사 중 1개 이 상 소지자
치료사	• 학교재활지원(언어재활)	상시근무 (주 40시간)	언어재활사 2급 이상 (보건복지부)
사감	• 기숙사 학생 생활지도 · 감독 · 관리 • 안전사고 예방, 응급환자 발생 시 대응 • 재난 발생 시 학생 대피 유도 등	방학 중 비근무 (학교별로 상이)	제한 사항 없음.
유아교육사	• 유아체험활동 및 기획업무 지원 등	상시근무 (주 40시간)	유치원 정교사 1 · 2급, 보육교사 2급 이상 중 1개 이상 소지자
학습클리닉 지원실무원	• 학습클리닉지원 대상학생 종합관리 • 학습코칭 · 학습치료, 진로 심리상담 • 전문검사 및 치료 등 지원 업무	상시근무 (주 40시간)	교원자격증(초 · 중 · 특수), 전문 상담교사, 청소년상담사, 사회복 지사 보육교사, 언어재활사 중 1 개 이상 소지자
임상심리사 (Wee 센터)	• 학교부적응 학생 및 심리정서적 고위기 군 학생 대상 심리평가 • 위기상담 · 자문 · 교육, 정신건강프로그 램 개발 등	상시근무 (주 40시간)	정신보건임상심리사 1 · 2급, 임 상심리사 1 · 2급 중 1개 이상 소 지자

2023년 소양평가

시험 프로세스

- 영역 : 언어논리력, 수리력, 공간지각력, 문제해결력, 관찰탐구력
- 문항 수/시간 : 45문항/50분

기출 분석

언어논리력은 어휘 추리, 내용이해, 시의 내용 이해 문제가 출제되었고, 수리력은 기초연산과 자료해석 문제가 출제되었는데, 자료해석의 경우 한 문제에 2~3개의 자료가 제시되었다. 공간지각력은 전개도, 종이접기, 위치 파악 문제 등이 출제되었다. 문제해결력은 명제추론, 길 찾기 문제가 출제되었고, 관찰탐구력은 물리 위주의 과학 상식 문제가 출제되었다.

언어논리력

[어법 · 어휘]
- 유형 : 사자성어 고르기, 적절한 어휘 고르기

  기출키워드
  대하다, 승용차, 헬스클럽, 계란유골

[독해]
- 유형 : 중심 내용 찾기, 제목 찾기, 세부 내용 이해하기, 시의 내용 이해하기

  기출키워드
  4차산업 인간형, 씨앗, 멈춤, 명상, 여행, 보고서, 수출 부진 원인, 신입사원 퇴사율

수리력

[기초연산]
- 유형 : 비율 계산하기, 나이 구하기, 금액 계산하기

  기출키워드
  남학생의 비중, 평균 나이, 숙박비

[자료해석]
- 유형 : 그래프 · 표의 수치 해석하기, 그래프 · 표의 수치 계산하기

  기출키워드
  사교육비 변화, 근속연수별 인원 비교

공간지각력

- 유형 : 입체도형 찾기, 블록 개수세기, 종이접기, 도형의 규칙 찾기, 위치 파악하기

문제해결력

- 유형 : 명제 추론하기, 길 찾기

  기출키워드
  스키캠프 참가, 야구, 배구, 식단, 지역 방문

관찰탐구력

- 유형 : 과학 상식

  기출키워드
  액화, 마찰력, 등속운동, 열기구, 부력, 지진대, 분자 운동, 중력

2022년 소양평가

시험 프로세스

• 영역 : 언어논리력, 수리력, 공간지각력, 문제해결력, 관찰탐구력   • 문항 수/시간 : 45문항/50분

기출 분석

언어논리력은 어법과 어휘, 독해 문제, 수리력은 응용수리와 자료해석, 그중 자료해석의 비중이 높게 출제되었다. 공간지각력은 전개도, 종이접기, 도형 비교 등이 출제되었다. 문제해결력은 추론 문제가 주로 출제되었고 관찰탐구력은 물리 위주의 과학 상식 문제가 출제되었다.

언어논리력

[어법 · 어휘]
• 유형 : 적절한 어휘 고르기, 외래어 표기법 이해하기, 사자성어 고르기, 맞춤법 찾기
> **기출키워드**
> 말라가다, 타다-배, 스트리트

[독해]
• 유형 : 주제 찾기, 제목 찾기, 세부 내용 이해하기
> **기출키워드**
> 안전교육 공고문, 은메달 · 동메달

수리력

[응용수리]
• 유형 : 거리 · 속력 · 시간, 기초통계, 넓이 계산
> **기출키워드**
> 슛 성공률, 사각형의 넓이, 원가 계산, 경우의 수

[자료해석]
• 유형 : 자료해석, 자료변환(표를 그래프로 변환하는 문제)
> **기출키워드**
> 정부 부처 예산, 근속 점수 비교, 연도별 수치 변화

공간지각력

• 유형 : 전개도, 도형 비교, 종이접기, 규칙 찾기, 도형 회전

문제해결력

• 유형 : 참 · 거짓 구분하기, 명제 추론하기, 조건 추론하기

관찰탐구력

• 유형 : 과학 상식
> **기출키워드**
> 광합성, 행성, 질량, 운동에너지

영역별 기출 키워드

언어논리력 어휘 의미, 어휘 관계, 세부 내용 파악, 제목 작성, 문맥 파악

수리력 비율 · 비중 · 평균 · 금액 · 인원 계산, 도표 해석, 도표 수치 계산

공간지각력 투상도, 쌓기 블록, 전개도 추론, 도형 모양 비교, 지도 위치 파악, 종이접기

문제해결력 명제 판단, 조건 추론, 자료 조건 분석

관찰탐구력 물질 상태변화, 여러 가지 힘, 물체의 운동, 샤를 법칙, 지진과 화산, 분자의 확산

파트 1

2023

울산광역시
교육청
기출문제복원

울산광역시교육청 기출문제복원

2023

◎ 시험 응시자의 후기를 바탕으로 복원한 문제입니다.

언어논리력 | 다의어 파악

01. 다음 밑줄 친 부분과 같은 의미로 단어가 사용된 것은?

> 나는 굳이 친구에게 핑계를 <u>대고</u> 싶지 않다.

① 기차 시간에 <u>대도록</u> 서두르자.
② 아이들이 나무에 <u>대고</u> 돌을 던지고 있다.
③ 아이들은 서로 신발의 크기를 <u>대어</u> 보았다.
④ 네가 그때 왜 그런 행동을 했는지를 나에게 <u>대라</u>.

언어논리력 | 어휘 관계 파악

02. 다음 두 쌍의 단어 관계가 같아지도록 빈칸에 들어갈 알맞은 어휘는?

> 승용차 : 기차 = 헬스클럽 : (   )

① 덤벨
② 러닝머신
③ 보디빌딩
④ 공원산책로

관찰탐구력 | 물 소독 이해

03. 물을 소독하는 방법을 〈보기〉에서 모두 고른 것은?

> **보기**
>
> ㄱ. 오존법   ㄴ. 자외선법   ㄷ. 산소 소독법

① ㄱ
② ㄴ
③ ㄱ, ㄴ
④ ㄴ, ㄷ

1회 기출예상
2회 기출예상
3회 기출예상
4회 기출예상
5회 기출예상
6회 기출예상
7회 기출예상
8회 기출예상
9회 기출예상
인성검사
면접가이드

문제해결력 | 명제 판단

04. 다음 명제가 모두 참일 때, 반드시 참인 것은?

> • 축구를 잘할 수 없으면 농구를 잘할 수 없다.
> • 야구를 잘할 수 있으면 농구를 잘할 수 있다.
> • 키가 크면 야구를 잘할 수 없다.

① 야구를 잘할 수 있으면 키가 크다.
② 축구를 잘할 수 있으면 키가 작다.
③ 야구를 잘할 수 있으면 축구를 잘할 수 있다.
④ 농구를 잘할 수 있으면 축구를 잘할 수 없다.

문제해결력 | 조건 기반 추론

05. 다음 글을 근거로 판단할 때 운영위원으로 최종 선발되는 직원을 모두 고른 것은?

> 경영팀에 소속된 A ~ E 5명은 연례행사 운영위원으로 선발될 예정이다. A와 E는 운영위원으로 선발이 확정된 상태에서, 추가적인 운영위원의 선별은 다음의 상황을 반드시 고려해야 한다.
> ---
> • A와 D는 보안업무를 맡고 있어, 둘 중에 1명만 선발될 수 있다.
> • A와 C가 모두 선발되면 B도 선발된다.
> • B가 선발되면 E는 선발되지 않는다.

① A, E
② A, B, E
③ A, C, E
④ A, D, E

공간지각력 | 블록 개수 파악

06. 다음 블록에서 밑면을 제외하고 페인트를 칠할 때 3개의 면이 칠해지는 블록의 개수는? (단, 일부분만 칠할 수 있는 면은 칠하지 않는다)

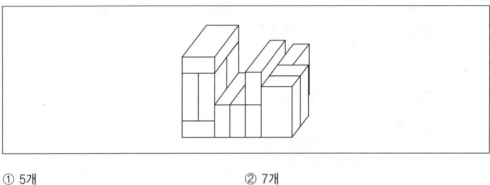

① 5개

② 7개

③ 9개

④ 11개

언어논리력 | 문맥 판단

07. 다음 밑줄 친 ㉠∼㉣ 중 글의 흐름상 관계없는 문장은?

> 한국 영화계의 중국 공략은 당위적이다. 단순 비교하자면 중국 영화 시장은 한국 영화 시장보다 9배 가량 크다. 중국 영화 산업의 성장 속도를 고려할 때 이 차이는 더 벌어질 것이다. 그럼에도 불구하고 한국 영화계에 유리한 점이 있다면, 바로 한류이다. ㉠한국의 영화배우들은 중국에서 생각한 것 이상의 큰 인기를 누리고 있다. 하지만 영화계에서의 한류 열풍은 배우에 의존한 형태로 지속할 수 없다. 유명 배우가 출연한 영화를 중국에 수출하는 방식에는 한계가 있다. ㉡한국 배우의 중국 활동으로 한국의 국가 이미지까지 올라가고 있기 때문에 영화 한류를 지속적으로 유지하기 위해서는 스타 배우를 끊임없이 발굴해 내야만 한다. ㉢중국은 영화 수입에 철저히 제한을 두고 있기 때문이다. 한국문화산업교류재단에 따르면, 중국은 분장제* 영화 연 34편, 매단제* 영화 연 30편으로 수입할 수 있는 영화의 수를 제한하고 있다. 중국판 스크린 쿼터제이다. 이 한계를 극복하고 한류를 이어가기 위해 나온 것이 바로 한중 합작 영화다. ㉣이 형태의 영화는 중국의 외국영화 수입제한 제도에 해당되지 않는다. 중국과의 합작 영화가 공동제작 영화로 승인 받는 경우 중국 내에서 자국영화로 인정된다.
>
> * 분장제 : 영화 배급을 위탁해 흥행 수익을 제작/배급/상영 주체가 나눠 갖는 방식
> * 매단제 : 흥행 수익을 비롯한 일체의 배급권을 파는 방식

① ㉠

② ㉡

③ ㉢

④ ㉣

언어논리력 | 세부 내용 이해

08. 다음 글의 내용과 일치하지 않는 것은?

> ○○출판사에서 출간한 〈XX세기 △△학습백과사전〉은 우리나라의 초·중·고등학생들이 새로운 교육환경에서 보편적인 지식을 균형 있고 폭넓게 학습하며, 온갖 형태의 학교 숙제를 혼자 힘으로 해결할 수 있도록 미국의 유명한 학습백과사전 출판사인 W사와 손잡고 최첨단의 과학적인 방법을 이용해 편찬한 21세기형 백과사전이다.
>
> 전체 내용의 약 65%는 전 세계에서 가장 많이 팔리는 세계 최고의 학습백과사전인 〈W 백과사전〉에서 최신 연구 자료 위주로 골라 싣고, 나머지 35%는 우리나라 학교 교육에 필요한 내용을 새로 집필하여 21권의 책과 별도의 CD-ROM 타이틀인 〈XX세기 멀티미디어 △△학습백과〉 속에 담았다. 또한 원하는 정보를 가장 빠르면서도 편하게 찾고, 재미있게 읽으면서도 오래 기억할 수 있도록 새로운 방법과 효율적인 방법을 다양하게 개발하여 이용했다. 주제별로 권을 나누어 가나다 순으로 편찬한 것, 항목 서술을 기본적이고 쉬운 설명에서 출발하여 전문적이고 어려운 것까지 계단식으로 심화시킨 것, 백과사전의 전통을 깨고 항목 끝에는 익힘문제를 두어 복습할 수 있게 한 것 등이 그 예이다.
>
> 표제어는 현직 대학교수와 초·중·고등 교사 그리고 각 분야의 뛰어난 전문 연구원 63명으로 구성된 '표제어선정위원회'에서 검토하고 선정했다. 번역 및 집필, 감수는 내용의 객관성·균형성·정확성·보편성을 위하여 그 분야의 뛰어난 전문가, 전문 연구원, 대학교수 500여 명이 맡아 글을 쓰고 검토했다.

① 기존의 백과사전 방식을 탈피한 독특한 시스템으로 주목받았다.

② 동영상과 음향 등의 시각 자료는 CD를 활용한다.

③ 이 책의 편찬은 전문적 지식을 지닌 집단이 주도하였다.

④ 전체 분량의 약 $\frac{1}{3}$은 기존 자료를 활용하였다.

관찰탐구력 | 여러 가지 힘 이해

09. 다음의 현상과 관련 있는 것은?

> • 버스가 갑자기 출발하여 몸이 뒤로 쏠린다.
> • 컵에 종이를 올리고 그 위에 동전을 올려놓았을 때 종이를 빠르게 팅기면, 종이는 빠지고 동전은 컵 안쪽으로 떨어진다.

① 중력

② 관성

③ 자기력

④ 탄성력

10. A 대학교에서 경영학을 전공하는 학생은 전체 남학생 중 12.6%, 전체 여학생 중 21.4%로, 이는 A 대학교 전체 학생 수의 19.2%라고 한다. 이때, 남학생 전체의 수는 여학생 전체의 수의 몇 배인가?

① $\frac{1}{5}$배   ② $\frac{1}{4}$배   ③ $\frac{1}{3}$배   ④ $\frac{2}{3}$배

11. 20명이 다니는 ★★ 회사에 20X3년 직원의 평균 나이는 42세이다. 연말에는 이 중 56세 직원 1명이 퇴직하고 26세 신입사원 1명이 입사 예정이다. 20X4년 ★★ 회사의 직원 평균 나이는 몇 세인가?

① 41세   ② 39.5세   ③ 40.5세   ④ 41.5세

12. 직사각형 모양의 종이를 다음과 같은 순서로 접고 펀치로 구멍을 뚫은 후 다시 종이를 펼쳤을 때 나오는 모양으로 옳은 것은?

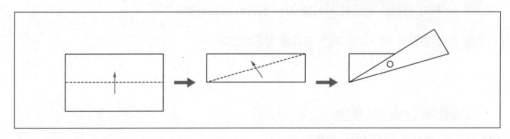

① 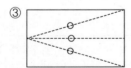   ②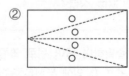

③   ④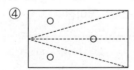

관찰탐구력 | 에너지 전환 이해

13. 다음 중 전기 에너지를 다른 형태의 에너지로 전환하여 이용하는 것이 아닌 것은?

① 선풍기   ② 형광등
③ 다리미   ④ 건전지

문제해결력 | 자료 기반 추론

14. 오늘 하루 M 기업 각 부서에서는 소외계층을 대상으로 실시하고 있는 사회공헌 업무를 지원하고자
한다. 부서별로 지원 가능한 인원에 대한 정보가 다음과 같을 때, 5개 부서에서 오늘 완성할 수
있는 방한용품 세트는 총 몇 개인가?

〈부서별 지원 인원〉

부서명	지원 가능 인원
총무처	4명
영업기획처	1명
철도사업처	1명
승무기획처	2명
비상계획처	2명

〈방한용품 세트 포장 정보〉

• 기본적으로 30분 작업 후 10분간의 휴식 시간을 가진다.
• 한 사람이 하나의 방한용품 세트를 포장하는 데 5분이 소요된다.
• 방한용품 세트 포장 작업 시간은 오후 3시에 시작하며 오후 6시에 마감한다.
• 승무기획처는 오후 5시에 회의를 진행해야 하므로 그 전까지만 작업이 가능하다.

① 250개   ② 260개
③ 270개   ④ 280개

[15 ~ 16] 다음 A 리조트의 숙박 비용과 부대시설에 대한 이용 요금표를 보고 이어지는 질문에 답하시오.

(단위 : 원)

1박 요금	2인실	4인실	6인실
평일	100,000	200,000	300,000
주말	200,000	300,000	400,000
성수기	300,000	450,000	500,000

1일 이용권(1인)	워터파크	선상낚시	서바이벌
평일	10,000	10,000	10,000
주말	20,000	25,000	15,000
성수기	25,000	30,000	25,000

수리력 | 자료 기반 비용 계산

15. 진성이를 포함한 팀원 8명은 A 리조트에 여행을 가기로 하였다. 성수기라서 숙박 요금이 부담되어 6인실 1개와 2인실 1개를 대여하기로 하였다. 또한 자유 시간에 2명은 워터파크를 가고 4명은 선상낚시를 하기로 결정하였고, 저녁에 모두 다 같이 서바이벌을 즐기기로 하였다. 이들이 A 리조트에 지불해야 하는 총금액은 얼마인가?

① 114만 원
② 117만 원
③ 120만 원
④ 123만 원

수리력 | 표 수치 분석

16. 다음 중 자료에 대한 설명으로 옳지 않은 것은?

① 성수기 2인실 요금보다 평일 4인실 요금이 더 저렴하다.
② 10명이 100만 원으로 A 리조트에서 1박을 할 수 있다.
③ 주말에 서바이벌을 하는 것보다 워터파크를 이용하는 것이 더 저렴하다.
④ 평일에 6인실 1개의 가격과 2인실과 4인실을 각각 1개씩 이용하는 가격은 동일하다.

문제해결력 | 자료 기반 추론

17. □□공사에 근무하는 박 과장은 신규상품 개발안 중 내년도 개발상품을 선정해야 한다. 다음 〈선정 지침〉에 따라 각 신규상품 개발안을 평가해 선정할 예정인데 이때 〈제품 현황〉까지 고려한다면, 박 과장이 내년도 개발상품으로 선정할 신규상품 개발안은 무엇인가?

〈선정 지침〉

I. 항목별 점수 : 항목별로 등급에 따라 점수를 부여

1. 제품성
  (1) 창의성 : 上인 경우 5점, 中인 경우 4점, 下인 경우 1점
  (2) 상품성 : 上인 경우 5점, 中인 경우 3점, 下인 경우 1점

2. 실현성
  (1) 난이도 : 上인 경우 5점, 中인 경우 3점, 下인 경우 1점
  (2) 개발기간

기간	점수(점)	기간	점수(점)
3개월 이내	10	3개월 초과 1년 이내	5
1년 초과 1년 6개월 이내	3	1년 6개월 초과	0

II. 선정 기준 : 항목별 점수를 합한 값이 가장 큰 개발안으로 선정

※ 항목별 등급이 2개 이상 下이거나 개발기간 항목 점수가 0점인 경우 선정 대상에서 제외

〈제품 현황〉

구분	제품성		실현성	
	창의성	상품성	난이도	개발기간
A	中	中	中	9개월
B	上	下	上	1년
C	上	下	下	3개월
D	上	上	上	2년

① A
② B
③ C
④ D

18. 다음 전개도를 접었을 때 완성되는 입체도형이 나머지와 다른 것은?

①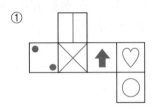

②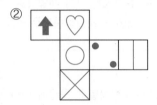

③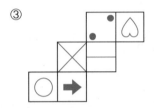

④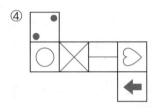

19. 민희는 찌그러진 탁구공을 끓는 물에 넣었더니 잠시 후 탁구공이 펴진 것을 확인하였다. 탁구공이 펴지는 과정에서의 탁구공 내부의 기체에 대한 설명으로 옳지 않은 것은 몇 개인가?

ㄱ. 기체는 외부로부터 일을 받았다.

ㄴ. 기체의 압력은 일정하게 유지되었다.

ㄷ. 기체의 내부에너지는 증가하였다.

ㄹ. 기체는 외부로부터 열을 받았다.

ㅁ. 기체의 부피는 감소하였다.

---

① 0개　　　　　　　　　② 1개

③ 2개　　　　　　　　　④ 3개

관찰탐구력 | 지구 지층 이해

20. 다음에서 설명하는 것으로 옳은 것은?

> 과거 지질 시대에 살았던 생물들의 유해나 흔적 같은 것이 지층 속에 남아 있는 것으로 주로 퇴적암에서 발견된다.

① 화산
② 지진
③ 빙하
④ 화석

언어논리력 | 속담 이해

21. 다음 글을 읽고 이해한 내용으로 가장 적절한 것은?

> 기록적인 장마로 전국에서 인명 피해가 속출했다. 행정안전부 중앙재난안전대책본부(중대본)의 집계에 따르면 8월 12일 오전 6시 현재 폭우로 인한 사망자 33명, 실종 9명이며 이재민은 약 7,800명에 달한다. 8월 13일 현재 사망자만 30명이 넘었다. 특히 전남 곡성 산사태 5명, 전북 장수 산사태 2명, 경기 가평 산사태 3명, 평택 산사태 3명 등 사망자의 약 40%인 13명이 산사태 피해자였다.
>
> 그런데 산사태의 원인을 파고들면 모두 인재로 확인되고 있다. 비가 많이 와서 자연형 산사태가 발생한 것이 아니라 산지 관리를 못하고 무분별하게 이용하며 개발하는 과정에서 빚어진 참사였다. 산지를 이용하면서 집중강우에 대비한 배수체계가 이루어지지 않아 발생한 인재였던 것이다. 정부는 우면산 산사태 이후 산지재해를 근본적으로 막겠다고 선언했으나, 현장에서의 산지관리는 재해예방과는 거리가 멀었다.
>
> 앞으로 집중폭우는 예측불허로 전국의 산지에 밀어 닥칠 것이다. 이번 여름 장마는 수도권부터 영호남까지 전국에 걸쳐 일어났으며 한반도가 기후변화에 직면했다는 생생한 증거다. 우리 국토의 약 64%가 산지다. 이번 산사태에 의한 인명피해는 기후위기 시대, 정부가 국민의 안전을 담보하기 위해 무엇을 해야 하는지 분명하게 보여 주고 있다. 국가적 재해재난 중의 하나인 산사태 대응에서 지금까지와는 확연히 다른 근본적인 대비를 요구한다.

① 사후약방문(死後藥方文)식의 땜질 처방 말고 근본적인 해결책과 대비가 필요해.
② 사공이 많으면 배가 산으로 간다고 산사태를 한 곳에서 집중 관리해야 해.
③ 원숭이도 나무에서 떨어질 때가 있으니 산사태 문제에 방심하면 안 돼.
④ 백지장도 맞들면 낫다고 다 같이 힘을 모아야 해.

공간지각력 | 도형 모양 비교

22. 다음 도형과 같은 모양을 지닌 것은?

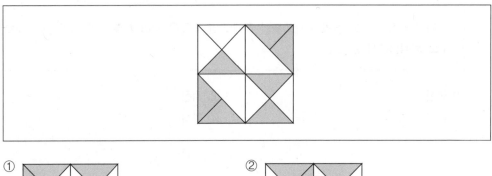

①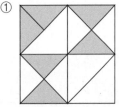

②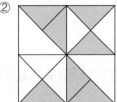

③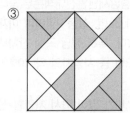

④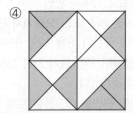

수리력 | 최대 인원 계산

23. T 회사는 하계 워크숍에 참석한 직원들에게 객실을 배정하고 있다. 다음의 〈조건〉을 참고할 때, 워크숍에 참석한 직원들은 최대 몇 명인가?

> 조건
>
> • 객실 1개에 4명씩 배정하면 12명이 객실 배정을 받지 못한다.
> • 객실 1개에 6명씩 배정하면 객실은 2개가 남고 하나의 객실은 6명 미만이 사용한다.

① 60명   ② 64명
③ 68명   ④ 72명

울산기출복원

1회 기출예상
2회 기출예상
3회 기출예상
4회 기출예상
5회 기출예상
6회 기출예상
7회 기출예상
8회 기출예상
9회 기출예상
인성검사
면접가이드

수리력 | 자료 기반 인원수 계산

24. 다음은 어느 회사 직원들의 근속 기간을 정리한 자료이다. 근속 기간이 3년 이상 15년 미만인 직원은 몇 명인가?

근속 기간	0~1년 미만	0~3년 미만	0~5년 미만	0~10년 미만	0~15년 미만
직원 수(명)	32	126	328	399	?

- 근속 기간이 3년 미만인 직원의 수는 전체의 24%이다.
- 근속 기간이 10년 이상 15년 미만인 직원의 수는 근속 기간이 15년 이상인 직원 수의 2배이다.

① 345명   ② 349명

③ 353명   ④ 357명

수리력 | 비율 계산

25. 다음은 한국사능력검정시험에 대한 자료이다. 이에 대한 설명으로 옳지 않은 것은?

〈한국사능력검정시험 응시자 및 합격자 수〉

(단위 : 명)

구분	응시자 수	합격자 수
여자	12,250	2,825
남자	14,560	1,588

① 한국사능력검정시험의 합격률은 15% 이상이다.
② 전체 응시자 중 남자의 비율은 50% 이상이다.
③ 전체 합격자 중 남자의 비율은 40% 이하이다.
④ 전체 합격자 중 여자의 비율은 약 61%이다.

문제해결력 | 일정 파악

26. 다음 글을 근거로 판단할 때, 탕비실 정비 담당 일정으로 적절한 것은?

> A 팀의 탕비실은 커피, 차, 다과 등을 두루 갖춘 곳으로, 여러 직원들이 사용하므로 매일 (월요일～금요일) 탕비실 정비업무를 해야 한다. A 팀은 탕비실 정비업무를 위해 제비뽑기를 하였는데 김 과장은 주 2회, 나머지 직원(이 대리, 박 대리, 정 사원)은 주 1회 정비업무를 담당하기로 하였다.
> 각자의 업무 특성상 아래와 같은 조건을 반드시 충족하여야 한다.

조건

- 김 과장 : 이틀 연속으로 정비업무를 담당하는 것은 어려울 것 같습니다. 격일로 이사님 보고를 해야 하거든요.
- 이 대리 : 저는 월요일은 안 돼요. 월요일은 오전부터 외근이거든요.
- 박 대리 : 저는 화요일 또는 목요일만 가능합니다.
- 정 사원 : 저는 수요일만 아니면 괜찮습니다. 그런데 제가 다과류 구매 담당이고 박 대리님은 재고파악 담당이니 저는 반드시 박 대리님 바로 다음 날에 정비를 해야 합니다.

	월	화	수	목	금
①	김 과장	이 대리	김 과장	박 대리	정 사원
②	김 과장	박 대리	이 대리	정 사원	김 과장
③	정 사원	김 과장	이 대리	박 대리	김 과장
④	정 사원	이 대리	김 과장	박 대리	김 과장

언어논리력 | 글의 제목 파악

27. 다음 ○○사 국제무역팀 팀장의 보고서 작성 지시사항에 따라 A 인턴이 보고서를 작성한다고 할 때, 보고서의 제목으로 가장 적절한 것은?

〈팀장 지시사항〉

이번 보고서의 내용은 최근 몇 달 동안의 우리 회사의 성과와 관련됩니다. 주목할 만한 해외 거래처 중 특정 지역에서 발생한 문제에 대해 집중적으로 분석해 주고, 왜 문제가 발생했는지를 근본적으로 파악하여 구체적인 관련 데이터를 제공해야 합니다. 이와 더불어 문제를 해결하기 위한 방안을 제시하는 것도 잊지 말아야 합니다. 보고서는 다음 주 월요일까지 제출하면 됩니다.

① 신입사원 퇴사율 감소 방안
② 수출 부진 원인 분석
③ 국내 판매 증가 전략
④ 마케팅 캠페인 성과 보고

관찰탐구력 | 화산과 지진 이해

28. 다음은 지진이 자주 발생하는 지역과 화산의 위치를 나타낸 그림이다. 이에 대한 설명으로 옳지 않은 것은?

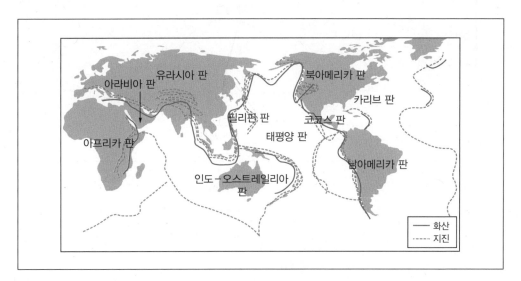

① 환태평양 주변 지역에서는 화산 활동과 지진이 활발하게 일어난다.
② 화산과 지진이 활발하게 일어나는 지역은 띠 모양으로 나타난다.
③ 지진대와 화산대는 대체로 일치하며, 판의 중앙에 위치한다.
④ 화산대보다는 지진대의 분포를 검토하여 판의 경계를 추정하는 것이 합리적이다.

공간지각력 | 지도 위치 파악

29. 〈보기〉의 A 지점에 서 있다고 할 때, 다음에 제시된 지도의 ㉮, ㉯, ㉰, ㉱ 중 A 지점에 해당하는 곳은?

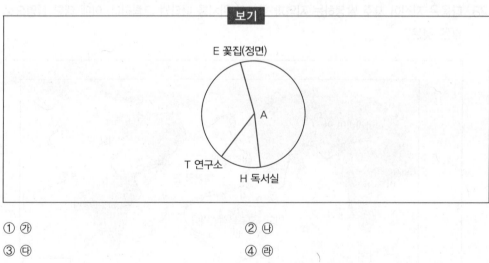

① ㉮　　　　　② ㉯

③ ㉰　　　　　④ ㉱

공간지각력 | 도형 변환 규칙 파악

30. 다음 규칙을 참고할 때 '?'에 들어갈 도형으로 옳은 것은?

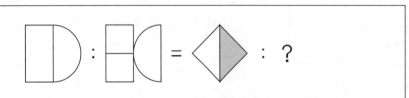

①

②

③

④

문제해결력 | 방문 순서 추론

31. ○○시 복지정책국 산하 A ~ E 5개의 과에서 사업운영 지원을 위해 〈보기〉에 따라 직원을 월요일부터 금요일까지 한 주간에 2일씩 현장파견을 하려고 한다. 다음 중 옳지 않은 것은? (단, 요일별로 2개의 과만 파견이 가능하다)

보기

- A 과는 월요일과 수요일에 파견한다.
- B 과와 D 과는 목요일에 파견한다.
- B 과와 E 과는 화요일에 파견한다.
- C 과와 E 과는 금요일에 파견한다.

① A 과와 E 과는 파견하는 요일이 겹치지 않는다.

② B 과와 C 과는 파견하는 요일이 겹치지 않는다.

③ 만약 C 과가 월요일과 금요일에 파견한다면 D 과는 수요일과 목요일에 파견한다.

④ A 과와 B 과, D 과의 파견 요일을 확실히 알 수 있다.

[32 ~ 33] 다음은 교육비 부담도 관련 자료와 이를 기반으로 작성한 보고서의 일부이다. 이어지는
질문에 답하시오.

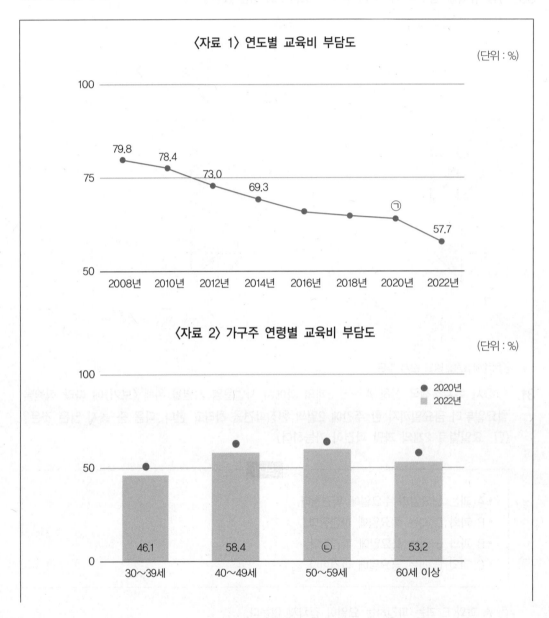

〈자료 1〉 연도별 교육비 부담도

(단위 : %)

〈자료 2〉 가구주 연령별 교육비 부담도

(단위 : %)

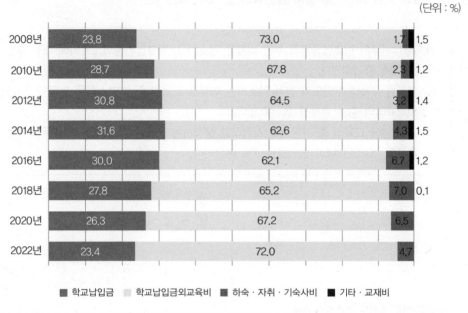

〈자료 3〉 연도별 교육비 중 부담스러운 항목

(단위 : %)

연도	학교납입금	학교납입금외교육비	하숙·자취·기숙사비	기타·교재비
2008년	23.8	73.0	1.7	1.5
2010년	28.7	67.8	2.3	1.2
2012년	30.8	64.5	3.2	1.4
2014년	31.6	62.6	4.3	1.5
2016년	30.0	62.1	6.7	1.2
2018년	27.8	65.2	7.0	0.1
2020년	26.3	67.2	6.5	
2022년	23.4	72.0	4.7	

■ 학교납입금   ▨ 학교납입금외교육비   ■ 하숙·자취·기숙사비   ■ 기타·교재비

가구의 교육비 부담도는 자녀의 교육비가 가정경제에 부담이 된다고 응답한 사람의 비율이다. 2022년에는 57.7%로 2020년보다 6.4%p 감소하였으며, 2008년 79.8%에서 지속적인 감소 추세이나 2022년에 감소폭이 더 크게 나타났다.

교육비 부담도는 자녀의 학교급에 따라 차이가 있으므로 가구주의 연령대나 소득수준에 따라 달라진다. 연령대별로는 미취학 아동이나 초등학생 저학년 자녀를 둘 시기인 30대가 상대적으로 낮고, 40대 이상이 되면 높아진다. 2022년 30대 가구주의 경우 46.1%가 부담스럽다고 응답한 반면, 40대는 58.4%, 50대의 경우는 30대보다 13.9%p 더 높다.

수리력 | 그래프의 수치 계산

32. 위 보고서의 내용을 참고할 때, 〈자료 1, 2〉의 ㉠과 ㉡에 들어갈 숫자를 바르게 연결한 것은?

	㉠	㉡		㉠	㉡
①	51.3	60	②	51.3	32.2
③	64.1	60	④	64.1	62.2

수리력 | 그래프 분석

33. 위 자료에 대한 해석으로 옳지 않은 내용을 모두 고른 것은?

> ㄱ. 2014년부터 학교납입금의 부담 비율은 감소하고, 학교납입금외교육비에 대한 부담 비율 은 계속 증가하였다.
>
> ㄴ. 연도별 교육비 부담도가 점차 감소하는 이유로 교육비 중 부담스러운 항목인 학교납입금 외교육비의 감소 추세를 들 수 있다.
>
> ㄷ. 2022년에 교육비 중 가장 부담스럽다고 생각하는 항목은 학교납입금외교육비이며, 해당 항목의 2020년 대비 증가율은 7% 이상이다.

① ㄱ, ㄴ

② ㄴ

③ ㄴ, ㄷ

④ ㄱ, ㄴ, ㄷ

공간지각력 | 투상도 기반 도형 추론

34. 다음 입체도형 중 아래의 투상도가 나올 수 없는 것은?

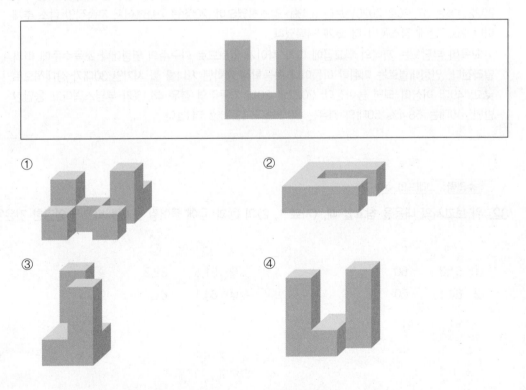

관찰탐구력 | 면역의 원리 이해

35. 다음 중 면역의 원리를 이용한 예에 해당되는 것은?

① 홍역 예방 주사를 맞는다.
② 장염이 나서 물을 끓여 마신다.
③ 잇몸이 아파서 진통제를 먹는다.
④ 염증이 있는 환자에게 항생제를 처방한다.

언어논리력 | 시 분석

36. 다음 시에 대한 설명으로 옳지 않은 것은?

> 이 비 그치면
> 내 마음 강나루 긴 언덕에
> 서러운 풀빛이 짙어 오것다.
>
> 푸르른 보리밭길
> 맑은 하늘에
> 종달새만 무어라고 지껄이것다.
>
> 이 비 그치면
> 시새워 벙글어질 고운 꽃밭 속
> 처녀애들 짝하여 새로이 서고,
>
> 임 앞에 타오르는
> 향연(香煙)과 같이
> 땅에선 또 아지랑이 타오르것다.
>
> – 이수복, '봄비'

① 비유를 통해 애상적 정서를 환기하고 있다.
② 3음보의 변형 민요조 율격을 지니고 있다.
③ 동일한 종결어미를 반복적으로 사용하고 있다.
④ 주관을 배제한 시각으로 자연을 묘사하고 있다.

[37 ~ 38] 다음 ○○ 교육청 교육공무직원 신규채용 자료를 읽고 이어지는 질문에 답하시오.

• 조리사 신규채용 공고에 따른 지원자 명단은 아래와 같다.

번호	분야	경력	나이	거주지
지원자 1	한식, 중식	2년	25	대전
지원자 2	양식	5년	32	용인
지원자 3	일식, 중식	없음	27	대전
지원자 4	중식	6년	31	남양주
지원자 5	중식, 양식	7년	38	성남
지원자 6	한식, 일식	3년	35	대전
지원자 7	한식	10년	39	수원
지원자 8	양식	없음	29	안산
지원자 9	한식, 양식	13년	47	대전
지원자 10	일식, 양식	8년	37	대전

• 면접관 4명의 선발 기준은 다음과 같다.

A : 대전 거주자이고 한식 분야 경력의 지원자를 원한다.

B : 경력이 전혀 없는 사람은 곤란하므로 최소 3년 이상의 경력자를 원한다.

C : 나이가 40세 이상인 지원자를 원한다.

D : 두 가지 분야가 가능한 사람을 원한다.

문제해결력 채용 조건 적용

37. 면접관 4명의 의견을 모두 반영한다면 채용될 지원자는 누구인가?

① 지원자 6 　　　　　　　　　② 지원자 7

③ 지원자 8 　　　　　　　　　④ 지원자 9

1회 기출예상

2회 기출예상

3회 기출예상

4회 기출예상

5회 기출예상

6회 기출예상

7회 기출예상

8회 기출예상

9회 기출예상

인성검사

면접가이드

문제해결력 | 채용 조건 추론

38. 면접관 4명 중 2명만 실제 면접에 참여하게 되었다. 참여한 면접관 두 명의 의견에 모두 부합하는 지원자를 전부 선발하였더니 지원자 6과 지원자 9만 채용하게 되었다. 참석한 면접관 두 명은 누구인가?

① A, B   ② A, C
③ B, C   ④ B, D

공간지각력 | 도형 회전

39. 다음과 같은 규칙에 따라 변형시켰을 때 '?'에 들어갈 도형으로 적절한 것은?

★ : 가장 바깥 도형을 왼쪽으로 90도 회전시킨다.
◆ : 가장 안쪽 도형을 180도 회전시킨다.

①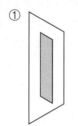

②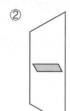

③

④

[40 ~ 41] 다음 글을 읽고 이어지는 질문에 답하시오.

기술진보가 노동시장에 미치는 영향에 대해서 다양한 연구가 진행되고 있다. 특히 기술진보가 노동을 대체 혹은 보완할 것인가는 항상 관심의 대상이었다. 다수의 전문가들은 지속적인 기술진보가 일자리 총량을 늘어나게 할 것이라고 주장한다. 그러나 일자리의 총량이 증가하더라도 일자리의 구성은 달라질 가능성이 높다. 특히 2016년 세계경제포럼(WEF ; World Economic Forum)에서 4차 산업혁명으로 인해 현재의 많은 일자리가 대체 혹은 사라질 것에 대하여 우려하는 목소리가 커지면서, 과거에 비해 오히려 기술진보로 인한 일자리의 소멸에 대한 두려움이 커지고 있는 실정이다. (㉠) 4차 산업혁명 및 기술진보가 노동시장에 미치는 영향을 분석하려는 시도가 최근에 활발하게 진행 중이다. 그러나 대부분의 연구가 장기적인 일자리 수 추이와 변화 혹은 거시적 수준에서의 방향성을 대상으로 한 연구이고, 미시적인 관점에서 산업 및 기업의 일자리 변화에 미치는 효과를 분석한 연구는 부족하다. (㉡) 특히 4차 산업혁명의 핵심기술이라고 불리는 인공지능, 로봇, 빅데이터, 사물인터넷 등은 기술 간 융·복합으로 복잡다기하게 산업 및 기업 생태계를 변화시킴으로써 과거의 기술진보가 산업 및 기업에 미치는 영향과는 큰 차이를 보일 것이다. (㉢) 이러한 기술진보는 인력양성 측면에서 새로운 변화를 요구하고 있다. 산업이나 기업에서 요구되는 기능과 역량을 갖춘 인력을 교육과 훈련을 통하여 공급하고, 이를 통해서 경제적인 보상을 받는 것이 개인의 삶을 영위하는 데 필요하다. (㉣) 그러나 교육과 훈련에는 시간이 필요하고, 또한 생애주기 측면에서 청년기에 집중되는 경향에 의해 다양한 보상이 줄어들 가능성이 높다. 그러므로 기술진보 및 4차 산업혁명 등으로 인한 노동수요의 변화를 통한 노동시장의 변화를 분석하고, 향후 근로자에게 요구하는 기능과 역량이 어떻게 달라지는지에 대한 고찰을 통해 교육과 훈련에 투입되는 비용을 줄일 수 있게 된다. 미래에 대한 불확실성과 자료의 제약으로 인해서 정교한 분석이 불가능하다는 한계점에도 불구하고 4차 산업혁명 및 기술진보가 노동시장에 미치는 영향에 관해서는 다양한 연구가 진행되어 왔다. 이들 연구는 노동시장의 변화를 크게 업무 혹은 직업의 변화를 중심으로 분석하고자 했다. 전자는 기술진보로 인한 기업의 생산방식, 즉 생산 공장의 변화로 인한 노동수요의 변화를 분석한 연구이며, 후자는 직업의 변화에 미치는 영향을 분석한 연구를 의미한다.

언어논리력 | 필자 의도 파악

40. 윗글을 쓴 필자의 의도로 가장 적절한 것은?

① 4차 산업혁명으로 인한 기술진보에 따른 노동시장과 직업의 변화를 파악하기 위해

② 4차 산업혁명의 영향에 따른 노동시장의 한계점을 알아보기 위해

③ 4차 산업혁명이 창출할 새로운 일자리를 예측하기 위해

④ 기술진보로 인한 새로운 직업의 교육과 훈련을 제공하기 위해

언어논리력 | 글의 단락 구분

41. 윗글을 논지의 흐름에 따라 두 개의 문단으로 나눌 때, ⊙ ~ ⓔ 중 두 번째 문단의 시작으로 가장 적절한 위치는?

① ⊙   ② ⓛ
③ ⓒ   ④ ⓔ

문제해결력 | 업무 지침 이해

42. 다음과 같은 〈활동비용 보고지침〉에 따라 A 기업 회계담당 김민수 사원이 4월 10일부터 6월 3일까지 회계팀에 활동비용 관련보고를 한 횟수는?

〈활동비용 보고지침〉

　각 팀의 회계담당 직원은 아래 사용에 해당하는 경우 반드시 회계팀에 활동비용 관련보고를 해야 한다.

1. 활동비용을 사용하지 않은 달 : 활동비용미사용 확인서를 작성하여 익월 5일에 회계팀에 보고한다.
2. 활동비용을 사용한 달
　가. 경영 보고 : 활동비용을 사용한 날을 포함하여 3일 내에 회계팀에 일별 내역서 및 개별 영수증을 첨부하여 보고한다.
　나. 결산 보고 : 개별 보고와 별개로 월간 활동비용 사용 확인서를 작성하여 익월 5일에 회계팀에 보고한다.

〈A 기업 활동비용 사용내역〉

• 3월 : 활동비용을 사용하지 않음.
• 4월 : 활동비용을 10일, 24일에 사용함.
• 5월 : 활동비용을 15일, 22일, 30일에 사용함.

---

① 5회   ② 6회
③ 7회   ④ 8회

공간지각력 | 블록 제거

43. 다음 정육면체 (A)에서 (B)를 제거했을 때의 블록 모양으로 옳은 것은?

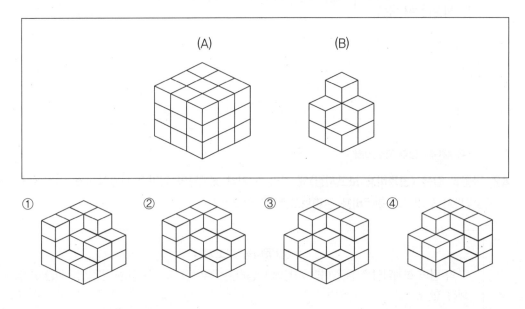

관찰탐구력 | 등가속도 운동 이해

44. 다음 그림과 같이 경사각이 일정하고 마찰이 없는 빗면 위의 서로 다른 위치에 질량이 각각 m, $2m$인 물체 A, B를 동시에 가만히 놓았을 때, 운동을 시작하는 순간부터 바닥에 닿기 직전까지 A, B의 운동에 대한 설명으로 옳지 않은 것은? (단, 물체의 크기와 공기 저항은 무시한다)

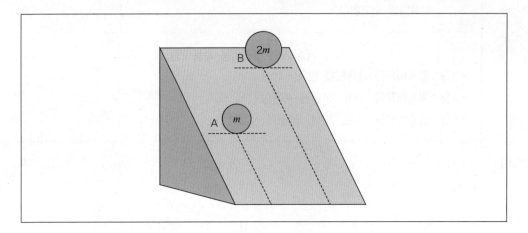

① 경사면을 내려오는 동안 받는 중력의 크기는 B가 더 크다.

② 경사면을 내려오는 동안 가속도의 크기는 B가 더 크다.

③ 바닥에 도달하기 직전의 가속도의 변화폭은 A와 B가 같다.

④ 바닥에 도달하는 순간 운동량은 B가 더 크다.

| 관찰탐구력 | 탄소의 순환 이해 |

45. 다음은 지구 환경에서 탄소의 순환 과정을 나타낸 그림이다. 〈보기〉 중 이에 대한 설명으로 옳은 것을 모두 고르면?

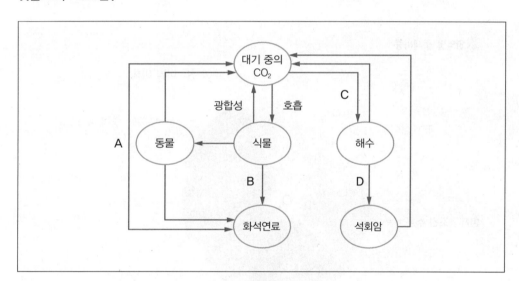

보기

㉠ A에 의해 지구 온난화가 강화된다.

㉡ B는 탄소가 생물권에서 지권으로 이동하는 과정이다.

㉢ C와 D에 의해 원시 대기 중 이산화탄소의 농도가 증가하였다.

㉣ 지구상에 있는 탄소의 대부분은 화석 연료의 형태로 존재한다.

① ㉠, ㉡   ② ㉠, ㉣

③ ㉡, ㉢   ④ ㉢, ㉣

울산기출복원

1회 기출예상

2회 기출예상

3회 기출예상

4회 기출예상

5회 기출예상

6회 기출예상

7회 기출예상

8회 기출예상

9회 기출예상

인성검사

면접가이드

❝ **영역별 출제비중**

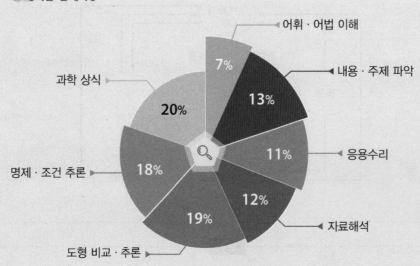

❝ **출제분석**

울산광역시교육청 교육공무직원 소양평가는 1. 언어논리력 2. 수리력 3. 공간지각력 4. 문제해결력 5. 관찰탐구력 다섯 가지 영역으로 출제되었다. 언어논리력에서는 어휘의 의미 또는 올바른 어법을 파악하는 문제와 세부 내용을 파악하는 문제가 주로 출제되었다. 수리력에서는 방정식, 최대공약수 · 최소공배수 등을 활용하는 응용수리 문제와 제시된 자료의 수치를 파악하고 계산하는 자료해석 문제가 출제되었다. 공간지각력에서는 블록, 전개도, 투상도 등의 다양한 도형 추론 문제가 출제되었다. 문제해결력에서는 삼단논법을 이용한 명제 추론 문제 또는 진위 여부를 판단하는 문제가 다수 출제되었고, 제시된 자료를 바탕으로 결론을 도출하는 문제도 출제되었다. 관찰탐구력에서는 물리, 화학, 생물, 지리 등의 다양한 영역에 걸친 과학 문제가 출제되었다.

울산광역시교육청 소양평가

파트 2
기출예상문제

01. 다음 두 쌍의 단어 관계가 같아지도록 빈칸에 들어갈 알맞은 어휘는?

> 피아노 : 악기 = 비둘기 : (   )

① 새
② 조류독감
③ 전염병
④ 독수리

02. 다음 중 글의 내용을 포괄하는 주제로 적절한 것은?

> 원시공동체의 수렵채취 활동은 그 집단이 소비해 낼 수 있는 만큼의 식품을 얻는 선에서 그친다. 당장 생존에 필요한 만큼만 채취할 뿐 결코 자연을 과다하게 훼손하지 않는 행태는 포악한 맹수나 원시 인류나 서로 다를 바 없었다. 이미 포식한 뒤에는 더 사냥하더라도 당장 먹을 수 없고, 나중에 먹으려고 남기면 곧 부패되므로 욕심을 부릴 까닭이 없기 때문이었다. 또 각자 가진 것이라고는 하루분 식품 정도로 강탈해도 얻는 것이 별로 없으니 목숨을 걸고 다툴 일도 없었다. 더 탐해도 이익이 없으므로 더 탐하지 않기 때문에 원시공동체의 사람이나 맹수는 마치 스스로 탐욕을 절제하는 것처럼 보인다.
>
> 신석기시대에 이르면 인류는 수렵채취 중심의 생활을 탈피하고 목축과 농사를 주업으로 삼기 시작한다. 목축과 농사의 생산물인 가축과 곡물은 저장 가능한 내구적 생산물이다. 당장 먹는 데 필요한 것보다 더 많이 거두어도 남는 것은 저장해 두었다가 뒷날 쓸 수 있다. 따라서 본격적인 잉여의 축적도 이 시기부터 일어나기 시작하였다. 그리고 축적이 늘어나면서 약탈로부터 얻는 이익도 커지기 시작했다. 많이 생산하고 비축하려면 그만큼 힘을 더 많이 들여야 한다. 그런데 그 주인만 제압해 버리면 토지와 비축물을 간단히 빼앗을 수 있다. 내 힘만 충분하면 토지를 빼앗고 원래의 주인을 노예로 부리면서 장기간 착취할 수도 있으니 가장 수익성 높은 '생산' 활동은 약탈과 전쟁이다. 이렇게 순수하고 인간미 넘치던 원시 인류도 드디어 탐욕으로 오염되었고 강한 자는 거리낌 없이 약한 자의 것을 빼앗기 시작하였다.

① 저장의 시작에서 발현한 인류의 탐욕
② 목축과 농사의 인류학적 가치
③ 약탈 방법의 다양성과 진화
④ 사적 소유의 필요성

03. 다음 중 물질의 상태 변화의 예시와 상태 변화의 종류를 연결한 내용이 바르지 않은 것은?

① 마그마로 인해 화성암이 생긴다. – 응고

② 추운 겨울철 공기 중의 수증기로 인해 서리가 생긴다. – 액화

③ 양초에 불을 붙이니 촛농이 떨어졌다. – 융해

④ 손등에 묻힌 알코올이 시간이 지나자 공기 중으로 날아갔다. – 기화

04. 다음 펼쳐진 전개도를 접어 완성했을 때 나올 수 없는 주사위는?

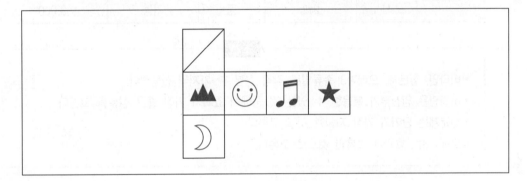

①

②

③

④

05. □□사 김 대리는 건강기능식품의 신제품 개발을 앞두고 제품에 들어갈 성분을 선택하려고 한다. 다음 자료를 바탕으로 〈조건〉을 만족시키는 성분의 종류를 모두 올바르게 짝지은 것은?

〈건강기능식품 1개 제조에 필요한 성분 및 함량〉

제품명	성분 종류	필요한 양	효과	임산부 복용	단가(원/1㎖)
비타민	A	5㎖	중	가능	1,000
	B	4㎖	상	불가능	2,000
	C	10㎖	상	불가능	500
	D	1㎖	상	가능	1,500
철분제	E	4㎖	중	가능	3,000
	F	2㎖	상	가능	4,000
오메가3	G	6㎖	상	불가능	1,000
	H	2㎖	중	가능	3,000

조건

• 비타민, 철분제, 오메가3 종류별로 각각 성분 한 가지씩 선택한다.
• 비타민은 임산부가 복용할 수 있는 것 중에서 효과가 가장 좋은 성분을 고른다.
• 철분제는 단가가 가장 저렴한 것을 고른다.
• 오메가3는 효과가 보통인 것으로 고른다.

	비타민	철분제	오메가3
①	A	F	G
②	A	F	H
③	D	F	G
④	D	E	H

[06 ~ 07] 다음 글을 읽고 이어지는 질문에 답하시오.

독일 심리학자 링겔만은 줄다리기 실험을 통해 집단 속 개인의 공헌도가 참가자 수가 늘어날수록 감소하는 현상을 발견했다. 1명이 100%의 힘을 낼 때 2명은 93%, 3명은 85%, 8명은 49%의 힘을 내는 것으로 나타났다. 참가하는 사람이 늘수록 1인당 공헌도가 오히려 떨어지는 이런 집단적 심리 현상을 '링겔만 효과'라고 부른다.

미국에서는 한 청년이 관광객들 옆에서 바닷물에 뛰어들기 전 자신의 물건을 지켜달라고 부탁했을 때와 그렇지 않을 때의 반응을 비교하는 실험이 진행되었다. 도둑 역할을 맡은 사람이 그 청년의 물건을 훔쳐 갈 때 부탁하지 않은 경우 20회 중 4명만이 도둑을 잡으려 했으나, 부탁한 경우 19명이 도둑을 잡으려 했다. 미국 심리학자 로버트 치알디니 박사는 이것을 '일관성의 원칙'으로 해석했다. 지켜주겠다고 약속한 만큼 자신의 말에 일관성을 유지하기 위해 애쓰게 된 결과라는 것이다.

이 실험들은 집단 속에서 개인이 주목받지 않을 때 최선을 다하지 않지만, 개인적 책임이나 약속이 있을 경우 위험을 감수하게 된다는 것을 보여준다. 회사나 조직은 개인의 힘을 합쳐 더 큰 힘을 발휘하려 하지만, 실제로는 전체의 힘이 개인의 합보다 적어지는 경우가 많다.

06. 윗글의 내용을 조직에 적용하고자 할 때 내린 결론으로 적절한 것은?

① 사원들이 주인의식을 갖도록 한다.
② 사원들이 협력하고 배려하도록 한다.
③ 일관된 목표의 중요성을 인식하도록 한다.
④ 익명성에 대한 두려움을 갖지 않도록 한다.

07. 윗글을 이해한 내용으로 적절하지 않은 것은?

① 링겔만 효과에 따르면, 집단의 크기가 커질수록 각 개인의 공헌도는 감소한다.
② 로버트 치알디니 박사의 실험에서는 부탁을 받은 경우보다 부탁을 받지 않은 경우에 사람들이 더 적극적으로 도둑을 막으려 했다.
③ 링겔만 효과와 일관성의 원칙 모두 집단 속 개인의 행동 변화를 연구한 심리학적 현상이다.
④ 조직에서 개인의 힘을 합치는 것이 항상 더 큰 힘을 발휘하는 것은 아니다.

08. 다음은 어떤 입체도형을 여러 방향에서 바라본 투상도이다. 이에 해당하는 입체도형으로 옳은 것은?

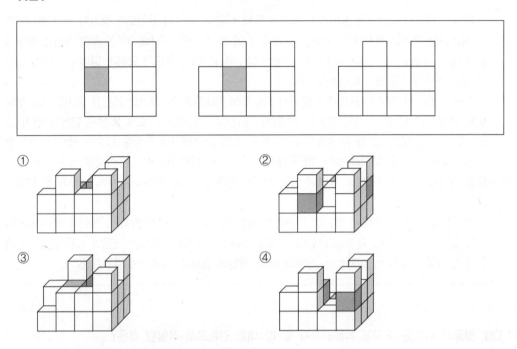

① ② ③ ④

09. ○○시에서 근무하는 직장인 2,000명을 대상으로 직장인 주거 생활에 관한 설문조사를 실시하였다. 자가를 제외한 전 · 월세 또는 지인과 동거라고 응답한 사람 중 25%가 향후 2년 내에 내 집 마련 계획이 있다고 했다면, 향후 2년 내에 내 집 마련 계획이 있다고 응답한 사람은 모두 몇 명인가?

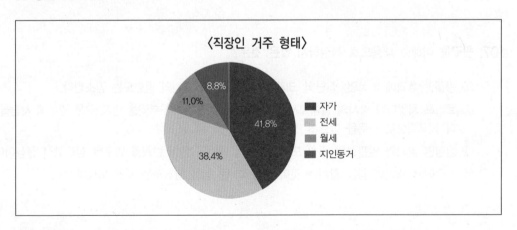

〈직장인 거주 형태〉

- 자가 41.8%
- 전세 38.4%
- 월세 11.0%
- 지인동거 8.8%

① 291명   ② 294명

③ 297명   ④ 300명

10. 다음은 우리나라의 국립무형유산원 전승공예품 취득 및 활용 현황에 대한 자료이다. 이에 대한 올바른 설명을 ㉠～㉣에서 모두 고른 것은?

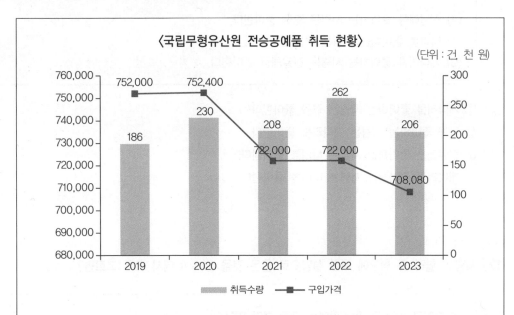

〈국립무형유산원 전승공예품 취득 현황〉

(단위 : 건, 천 원)

〈국립무형유산원 전승공예품 활용 현황〉

(단위 : 점)

구분	2019년	2020년	2021년	2022년	2023년
국내 기관	532	261	498	544	866
국외 기관	160	68	352	417	439
합계	692	329	850	961	1,305

※ 국립무형유산원에서는 '보유자작품전', '대한민국전승공예대전', '이수자전', '주문제작' 등으로 국가무형문화재 전승자, 시도무형문화재 전승자들의 작품들을 구매하고 있으며, 2023년 말 기준 총 5,331점의 전승공예품을 보유하고 있다.

㉠ 전승공예품 취득수량이 전년보다 증가 또는 감소한 해에는 구입가격도 증가 또는 감소하였다.

㉡ 2023년의 취득 전승공예품 1건당 평균 구입가격은 2019년에 비해 50만 원 이상 감소하였다.

㉢ 연도별 전승공예품 활용 수량 중 국외 기관의 비중이 가장 큰 해는 2022년이다.

㉣ 국립무형유산원은 2023년 보유 전승공예품의 25% 이상을 국내외 기관에 활용하였다.

① ㉠, ㉢

② ㉠, ㉣

③ ㉡, ㉢

④ ㉢, ㉣

11. 다음의 (A)∼(C)가 모두 참일 때 항상 참인 것은?

> (A) 진달래를 좋아하는 사람은 꽃을 좋아한다.
> (B) 나비를 좋아하는 사람은 꽃을 좋아한다.
> (C) 개나리를 좋아하는 사람은 진달래를 좋아한다.

① 개나리를 좋아하는 사람은 꽃을 좋아한다.
② 꽃을 좋아하는 사람은 개나리를 좋아한다.
③ 진달래를 좋아하는 사람은 나비를 좋아한다.
④ 개나리를 좋아하는 사람은 나비를 좋아한다.

12. 사람의 혈액 중 혈구에 대한 설명으로 옳은 것을 ㉠∼㉣에서 모두 고르면?

> ㉠ 적혈구, 백혈구, 혈소판에는 모두 핵이 있다.
> ㉡ 세균에 감염되면 백혈구의 수가 증가한다.
> ㉢ 혈구 중 백혈구의 수가 가장 많다.
> ㉣ 혈소판은 혈액 응고에 관여한다.

① ㉠, ㉡   ② ㉡, ㉣
③ ㉠, ㉢, ㉣   ④ ㉡, ㉢, ㉣

13. 다음 ㉠∼㉤은 화학 반응과 관련된 일상생활의 예이다. 이를 반응 원리가 같은 것끼리 A, B 두 그룹으로 나눌 때, 바르게 묶은 것은?

> ㉠ 철못을 공기 중에 오랫동안 방치하면 녹이 슨다.
> ㉡ 생선회의 비린내를 제거하기 위해 레몬즙을 뿌린다.
> ㉢ 동물이 호흡을 통해 포도당을 분해하여 에너지를 낸다.
> ㉣ 개미에 물린 상처에 암모니아수를 바른다.
> ㉤ 겨울철 난방을 위해 화석 연료를 태운다.

	A	B		A	B
①	㉠, ㉢	㉡, ㉣, ㉤	②	㉡, ㉤	㉠, ㉢, ㉣
③	㉡, ㉣	㉠, ㉢, ㉤	④	㉢, ㉣	㉠, ㉡, ㉤

14. 〈보기〉의 A 지점에 서 있다고 할 때, 다음에 제시된 지도의 ㉮, ㉯, ㉰, ㉱ 중 A 지점에 해당하는 곳은?

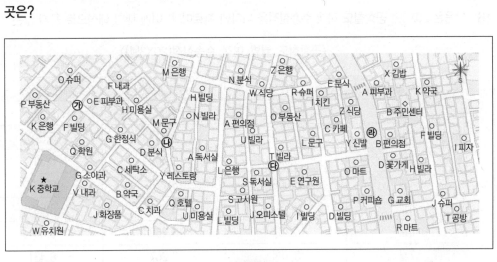

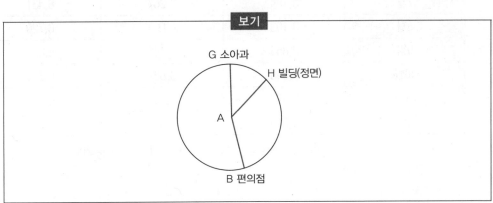

① ㉮

② ㉯

③ ㉰

④ ㉱

15. AA기업의 한 가전제품은 4,000mAh의 배터리 용량을 가지고 있고, 사용 시 소모되는 배터리 용량은 1분당 25mAh이다. 해당 제품을 사용한 지 90분이 지난 후 남은 배터리 용량은 기존 배터리 용량의 몇 %인가? (단, 소수점 이하 첫째 자리에서 반올림한다)

① 44%   ② 50%

③ 58%   ④ 66%

16. 다음은 20X3년 공항철도 여객 수송실적을 나타낸 자료이다. 이에 대한 해석으로 옳지 않은 것은?

〈공항철도 월별 여객 수송실적(20X3년)〉

(단위 : 천 명)

구분	승차인원	유입인원	수송인원
1월	2,843	2,979	5,822
2월	(A)	2,817	5,520
3월	3,029	3,302	6,331
4월	3,009	3,228	6,237
5월	3,150	3,383	6,533
6월	3,102	3,259	6,361
7월	3,164	3,267	6,431
8월	3,103	(B)	6,720
9월	2,853	3,480	6,333
10월	3,048	3,827	6,875
11월	2,923	3,794	6,717
12월	3,010	3,900	(C)

※ 유입인원 : 다른 철도를 이용하다가 공항철도로 환승하여 최종 종착지에 내린 승객의 수

※ 수송인원＝승차인원＋유입인원

※ 1 ∼ 3월은 1분기, 4 ∼ 6월은 2분기, 7 ∼ 9월은 3분기, 10 ∼ 12월은 4분기이다.

① 20X3년 공항철도의 수송인원은 매 분기마다 증가하고 있다.

② 20X3년 2분기 공항철도 총유입인원은 1천만 명보다 적다.

③ 9월의 공항철도 유입인원은 8월에 비해 1만 5천 명보다 적게 감소하였다.

④ 유입인원이 가장 많았던 달과 수송인원이 가장 많았던 달은 일치한다.

17. 다음 글을 통해 알 수 있는 것은?

> 향수는 원액의 농도에 따라 퍼퓸, 오드 퍼퓸, 오드 뚜왈렛, 오드 콜로뉴 등으로 나뉜다. 퍼퓸은 알코올 85%에 향 원액이 30% 정도 함유되어 있고, 향은 약 12시간 정도 지속된다. 퍼퓸 다음으로 농도가 짙은 오드 퍼퓸은 알코올 92%에 향 원액이 15% 정도 함유되어 있으며 향의 지속시간은 7시간 정도이다. 오드 뚜왈렛은 알코올 80%, 향료 8%에 3 ~ 4시간 정도 향이 지속되고, 오드 콜로뉴는 알코올 95%, 향료 5%에 1 ~ 2시간 정도 향이 지속된다. 향취는 톱 노트, 미들 노트, 라스트 노트의 3단계로 변하는데 먼저 톱 노트는 알코올과 함께 섞인 향으로 향수 뚜껑을 열자마자 처음 맡게 되는 냄새이다. 미들 노트는 알코올 냄새가 조금 느껴지면서 원래 향수의 주된 향기가 맡아지는 단계이고, 라스트 노트는 맨 마지막에 남는 냄새로 향수 본래의 향취가 나는 단계이다. 향수는 라스트 노트가 6시간 정도 지속되는 것이 가장 좋으므로 알코올이 어느 정도 날아가고 난 상태에서 향을 맡아보고 고르는 것이 좋다. 또한 향취는 밑에서 위로 올라오는 성질이 있기 때문에 잘 움직이는 신체 부분에 발라야하며 귀 뒤나 손목, 팔꿈치 안쪽 등 맥박이 뛰는 부분에 뿌리면 향력이 더 좋아진다.

① 향수의 원액 농도가 높을수록 가격이 비싸다.
② 톱 노트가 오래 지속되는 향수를 골라야 한다.
③ 향수를 목에 뿌리면 향이 오래 가지 않는다.
④ 아침에 뿌리고 밤까지 향이 지속되게 하려면 퍼퓸을 구입한다.

18. 다음 A, B 두 개의 명제가 모두 참일 경우, 빈칸에 들어갈 명제로 적절한 것은?

> A. 게으르지 않은 사람은 운동을 싫어하지 않는다.
> B. 긍정적이지 않은 사람은 운동을 싫어한다.
> C. 그러므로 (   )

① 긍정적이지 않은 사람은 게으르다.
② 운동을 싫어하는 사람은 긍정적이다.
③ 운동을 싫어하지 않는 사람은 긍정적이지 않다.
④ 긍정적이지 않은 사람은 운동을 싫어하지 않는다.

19. 다음의 조건을 충족하는 리그의 구성으로 적절한 것은?

> 여섯 개의 야구 팀 A, B, C, D, E, F를 세 팀씩 두 리그로 나누고자 한다. 단, E와 F 팀은 다른 리그에 속해야 하며, C가 소속된 리그에는 A 혹은 B 팀이 반드시 소속되어야 한다.

① B, C, F ② A, B, E

③ A, B, C ④ B, E, F

20. 다음과 같이 도형을 거울에 비친 후 그 형태를 180° 회전시켰을 때의 모양은?

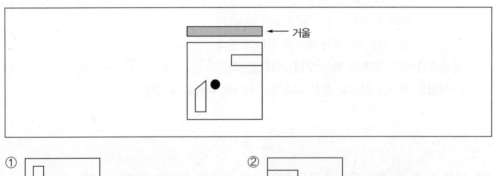

①

②

③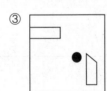

④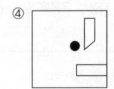

21. 다음 중 나머지와 다른 과학 법칙이 적용되는 것은?

① 더 깊은 물속으로 들어갈수록 스쿠버다이버의 폐 부피가 감소한다.

② 하늘 위로 올라간 풍선이 터진다.

③ 바다 수심 깊은 곳에서 생긴 기포가 수면 쪽으로 올라올수록 점점 커진다.

④ 따뜻한 물에서 찌그러진 탁구공이 펴진다.

22. 자동차가 콘크리트벽에 충돌할 때보다 덤불에 충돌할 때 피해가 작은 현상과 같은 원리가 아닌 것은?

① 에어백의 원리

② 공을 맨손으로 잡을 때 물러서면서 받으면 덜 아프다.

③ 총신이 길면 탄알이 더 멀리 날아간다.

④ 자동차 범퍼의 원리

23. 다음은 우리나라 부패인식지수(CPI)의 연도별 변동 추이에 대한 표이다. 이에 대한 설명으로 적절하지 않은 것은?

〈부패인식지수(CPI)의 연도별 변동 추이〉

(단위 : 점, 개국, 위)

구분		2016년	2017년	2018년	2019년	2020년	2021년	2022년	2023년
CPI	점수	56.0	55.0	55.0	54.0	53.0	54.0	57.0	59.0
	조사대상국	176	177	175	168	176	180	180	180
	순위	45	46	44	43	52	51	45	39
OECD	회원국	34	34	34	34	35	35	36	36
	순위	27	27	27	28	29	29	30	27

※ 점수가 높을수록 청렴도가 높다.

① CPI 순위와 OECD 순위가 가장 낮은 해는 각각 2020년, 2022년이다.

② 청렴도가 가장 높은 해와 2016년도의 청렴도 점수의 차이는 3.0점이다.

③ 조사 기간 동안 우리나라의 CPI는 OECD 국가에서 항상 상위권을 차지하였다.

④ 우리나라는 다른 해에 비해 2023년에 가장 청렴했다고 볼 수 있다.

24. A 레스토랑에서는 샐러드와 피자, 스파게티 세 가지 메뉴를 세트로 묶어 판매하고 있다. 샐러드는 8,800원, 피자는 16,000원, 세트 가격은 32,400원이다. 세트 가격은 각 메뉴의 가격을 합한 금액에서 10%를 할인한 값이라고 할 때, 스파게티의 원래 가격은 얼마인가?

① 7,600원
② 10,080원
③ 11,200원
④ 12,700원

25. 다음 자료의 최빈값을 a, 중앙값을 b라 할 때 $a+b$는?

구분	A	B	C	D	E	F	G	H	I
자료	18	8	7	17	4	8	1	6	3

① 13
② 14
③ 15
④ 16

26. 다음의 [사실]을 참고할 때 [결론]에 대한 설명으로 옳은 것은?

[사실] • 떡볶이를 좋아하는 사람은 화통하다.
• 화통한 사람은 닭강정을 싫어한다.
• 떡볶이를 좋아하는 사람은 닭강정을 싫어한다.

[결론] A. 닭강정을 좋아하는 사람은 떡볶이를 싫어한다.
B. 닭강정을 싫어하는 사람은 화통하다.

① A만 항상 옳다.
② B만 항상 옳다.
③ A, B 모두 항상 옳다.
④ A, B 모두 항상 그르다.

27. 다음에 제시된 도형과 동일한 것은?

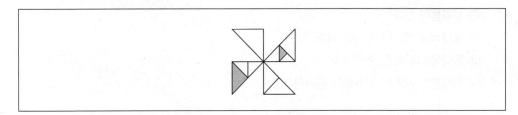

① 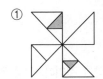　　②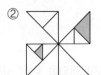

③ 　　④

28. 다음 블록에서 밑면을 제외하고 페인트를 칠할 때 2개의 면이 칠해지는 블록의 개수는? (단, 일부분만 칠할 수 있는 블록면은 칠하지 않는다)

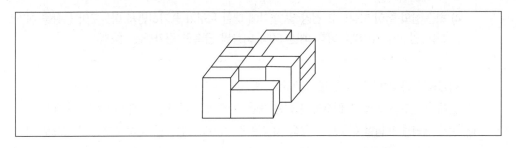

① 3개　　　　　　　　② 4개

③ 5개　　　　　　　　④ 6개

29. 다음 중 엘니뇨가 발생했을 때 나타나는 현상으로 옳은 것은?

① 무역풍이 강해진다.
② 동태평양 연안의 용승이 약해진다.
③ 동태평양의 표층 수온이 낮아진다.
④ 서태평양 지역의 강수량이 증가한다.

30. 다음은 아웃도어 용품 시장 진입을 위한 시장 조사 결과를 간단하게 요약한 것이다. 이를 읽고 추론한 내용으로 적절하지 않은 것은?

〈아웃도어 용품 시장 조사 결과〉

1) 아웃도어 용품은 크게 필수품과 편의용품으로 나뉨. 출시 현황을 살펴보면 필수품은 대체로 다기능과 높은 가격대를 유지하는 반면, 편의용품은 고가품과 중저가품이 서로 혼재되어 있음.
2) 고객들이 제품을 구매하는 성향을 살펴보면 필수품의 경우 아웃도어 마니아나 동호인 등을 구분하지 않고 대체로 다기능, 고가 품목을 선택하는 경향이 있으나, 편의용품의 경우 고객군이 뚜렷이 분리되고 있음.
3) SUV 등 차량이 커짐에 따라 아웃도어 용품도 점점 커지는 경향이 있으며 편의용품은 기능별로 종류도 가파르게 늘어나고 있어 전체 구색을 갖추려면 아웃소싱을 적극 활용해야 할 것으로 여겨짐.
4) 최근 삶의 질이 향상되고 건강 및 여가에 대한 욕구가 증가하면서 아웃도어 생활을 취미로 하는 인구가 2018년 이후 매년 50% 이상씩 급속히 증가하는 추세임.

---

① 다양화된 편의용품의 기능을 고객군의 특성에 맞추어 아웃소싱 해야 한다.
② 현재 아웃도어 용품의 필수품 시장은 높은 가격대와 다기능을 지향하는 추세이다.
③ 현재 캠핑을 포함한 아웃도어 용품 시장은 경기침체로 당분간 하락세를 보일 것으로 파악된다.
④ 필수품과 편의용품의 고객군과 구매 성향은 다소 다르기 때문에 두 용품에 대한 전략을 다르게 세워야 한다.

31. 기상청에서 A 지역에 비가 올 확률이 0.7이고 A와 B 지역 모두에 비가 올 확률이 0.4라고 발표하였다. B 지역에 비가 오지 않을 확률은?

① $\dfrac{1}{7}$ ② $\dfrac{2}{7}$

③ $\dfrac{3}{7}$ ④ $\dfrac{4}{7}$

32. 가로 15cm, 세로 13cm인 직사각형 타일들을 붙여서 정사각형 모양을 만들려고 한다. 필요한 직사각형 타일의 최소 개수는 몇 개인가?

① 175개 ② 185개

③ 195개 ④ 205개

33. 같은 엘리베이터에 탄 사원 A ~ E 중 한 명은 거짓말을 하고 있다. 〈보기〉를 고려할 때, 다음 중 항상 참인 것은? (단, 같은 층에서 내린 사람은 없다)

보기

- A : B는 확실히 1층에서 내렸어.
- B : C는 1층에서 내렸어.
- C : 잘은 모르겠지만, D는 적어도 3층에서는 내리지 않았어.
- D : E는 4층에서 내렸어.
- E : 나는 4층에서 내렸고 A는 5층에서 내렸어.

① A는 4층에서 내렸다. ② B는 3층에서 내렸다.
③ C는 1층에서 내렸다. ④ D는 2층에서 내렸다.

34. 해외영업 1팀의 A 부장, B 과장, C 대리, D 대리, E 사원, F 사원 여섯 명은 올해 해외영업을 진행할 지역을 정하려고 한다. 지역은 중남미, 미주, 아시아 지역으로 각각 2명씩 나눠지며, 다음과 같은 〈조건〉에 따라 해외영업 지역을 정한다고 할 때 항상 참이 아닌 것은?

> **조건**
>
> • A 부장과 B 과장은 서로 다른 지역을 담당해야 한다.
> • C 대리는 아시아 지역을 담당해야 한다.
> • D 대리와 F 사원은 서로 같은 지역을 담당해야 한다.
> • E 사원은 중남미 지역을 담당할 수 없다.

① B 과장은 미주 지역 또는 아시아 지역의 영업을 담당하게 된다.
② D 대리와 F 사원은 중남미 지역의 영업을 담당하게 된다.
③ A 부장과 E 사원은 같은 지역의 영업을 담당하게 된다.
④ C 대리와 E 사원은 같은 지역의 영업을 담당하지 않는다.

35. 난로 앞에 있으면 난로와 가까운 쪽이 특히 더 따뜻하게 느껴진다. 다음 중 이와 같은 방법으로 열을 전달하는 경우는?

① 물을 끓이면 물이 전체적으로 뜨거워진다.
② 에어컨을 켜면 방 전체가 시원해진다.
③ 야외에서 햇빛을 받으면 몸이 따뜻해진다.
④ 뜨거운 음식을 담은 그릇을 만지면 따뜻하다.

36. 다음에서 설명하는 사자성어로 옳은 것은?

> 달아난 양을 찾다가 여러 갈래 길에서 길을 잃었다는 뜻으로, 학문의 길이 나뉘어져 진리를 찾기 어려움을 의미한다.

① 곡학아세(曲學阿世)
② 다기망양(多岐亡羊)
③ 입신양명(立身揚名)
④ 읍참마속(泣斬馬謖)

37. 다음 중 외래어 표기법에 알맞은 것은?

① union 유니온
② siren 사이렌
③ mechanism 메카니즘
④ clinic 크리닉

38. 다음 그림과 같이 화살표 방향으로 종이를 접은 후, 펀치로 구멍을 뚫은 것을 다시 펼쳤을 때의 모양으로 옳은 것은?

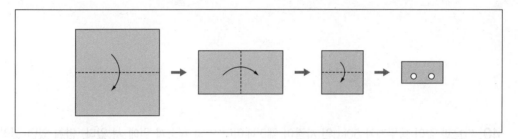

①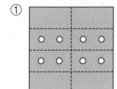

②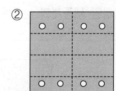

③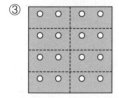

④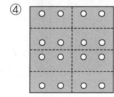

출산기출복원
1회 기출예상
2회 기출예상
3회 기출예상
4회 기출예상
5회 기출예상
6회 기출예상
7회 기출예상
8회 기출예상
9회 기출예상
인성검사
면접가이드

39. 다음을 보고 도형의 규칙을 찾아 '?'에 들어갈 알맞은 도형을 고르면?

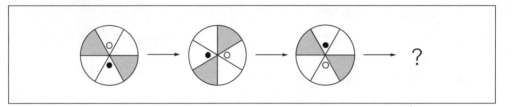

①

②

③

④

40. 다음과 같이 몸무게가 50kg인 사람이 엘리베이터 안의 체중계 위에 서 있다. 멈춰 있던 엘리베이터가 올라가기 시작하면 체중계의 눈금은 어떻게 변하겠는가?

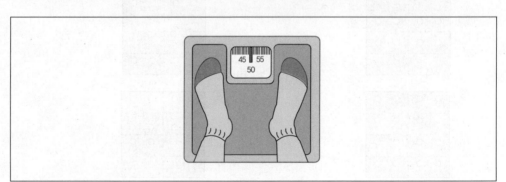

① 올라간다.　　　　　　　　　　② 내려간다.
③ 그대로 멈춰 있다.　　　　　　　④ 알 수 없다.

41. 다음 조건을 모두 고려했을 때 갑, 을, 병, 정 중 워크숍에 반드시 참석하는 사람은?

- 워크숍에 참석할 때 대리급 이상, 근무평정 B 등급 이상, 3년차 이상 조건 중 2개 이상을 만족해야 한다.
- 갑과 을은 세 가지 조건 중 적어도 한 가지는 만족한다.
- 을과 정은 작년에 대리로 승진하였다.
- 갑은 근무평정 B 등급을 받았다.
- 을과 병은 3년 전에 입사했다.

① 갑   ② 을
③ 병   ④ 정

42. 다음 (가) ~ (라)를 문맥에 맞도록 바르게 나열한 것은?

(가) 이는 'hyper(초월한)'와 'text(문서)'의 합성어이며, 1960년대 미국 철학자 테드 넬슨이 구상한 것으로, 컴퓨터나 다른 전자 기기로 한 문서를 읽다가 다른 문서로 순식간에 이동해 읽을 수 있는 비선형적 구조의 텍스트를 말한다. 대표적인 예시인 모바일의 경우 정보에 접근하는 속도는 매우 빠르지만 파편성은 극대화되는 매체다.

(나) 밀레니엄 세대(Y세대)와는 다르게 다양성을 중시하고 사물인터넷(IoT)으로 대표되는 Z세대는 대개 1995년부터 2010년까지 출생한 세대를 보편적으로 일컫는 말이다. 이들은 어렸을 때부터 인터넷 문법을 습득하여 책보다는 모바일에 익숙하다. 책은 선형적 내러티브의 서사 구조를 갖는 반면 인터넷은 내가 원하는 정보에 순식간에 접근할 수 있게 해 준다는 측면에서 정보들 사이의 서사적 완결성보다는 비선형적 구조를 지향한다. 이러한 텍스트 구조를 하이퍼텍스트라고 한다.

(다) 따라서 앞으로는 무한하게 확장된 정보 중에서 좋은 정보를 선별하고, 이를 올바르게 연결하는 개인의 능력이 중요하게 부각될 것이다.

(라) 이러한 경우, 정보의 시작과 끝이 없으므로 정보의 크기를 무한대로 확장할 수 있다는 특징을 가진다. 일반적인 문서로는 저자가 주는 일방적인 정보를 받기만 하지만 하이퍼텍스트로는 독자의 필요에 따라 원하는 정보만 선택해 받을 수 있다.

① (가) – (다) – (나) – (라)   ② (가) – (나) – (다) – (라)
③ (나) – (라) – (가) – (다)   ④ (나) – (가) – (라) – (다)

43. 심장박동 조절에 관한 내용으로 옳은 것은?

① 자율신경계에 의해 조절을 받는다.

② 조절의 중추는 대뇌이다.

③ 교감신경에 의해 심박동이 느려진다.

④ 아세틸콜린이 분비되면 심박동이 빨라진다.

44. 다음에 제시된 도형 3개를 합쳤을 때 나오는 모양으로 적절하지 않은 것은?

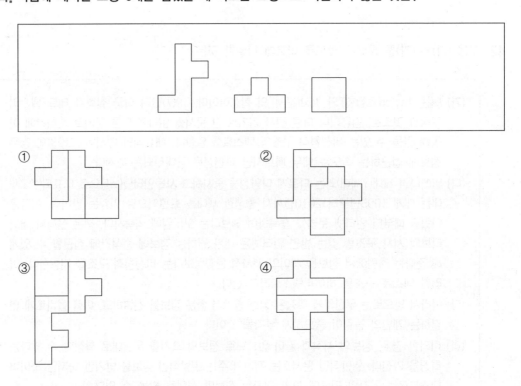

45. 다음 (가)～(다)는 태양계에 존재하는 작은 천체들에 대한 설명이다. ㉠～㉣에 들어갈 말이 바르게 연결된 것은?

> (가) (㉠) : 주로 화성과 목성의 공전 궤도 사이에 분포하고, 태양 주위를 공전한다.
>
> (나) 혜성 : 암석과 얼음으로 이루어진 혜성은 지름이 수 km로 작고, 밝은 (㉡)(을)를 가지고 있다. 긴 타원 궤도 또는 포물선 궤도를 따라 회전한다.
>
> (다) 유성체 : 행성계의 내부에 떠 있는 암석 조각으로 이것들이 지구의 인력에 끌려 지구 대기권으로 들어오면 (㉢)(이)가 된다. 크기가 큰 유성체가 대기권에서 다 타지 않고 지표까지 도달하는 것을 (㉣)(이)라고 한다.

	㉠	㉡	㉢	㉣
①	소행성	운석	유성	꼬리
②	유성	소행성	꼬리	운석
③	소행성	꼬리	운석	유성
④	소행성	꼬리	유성	운석

01. 다음 회의 내용을 통해 팀워크가 저해되고 있음을 알 수 있다. 회의가 원활하게 진행되지 않는 이유로 적절한 것은?

> 최 부장 : 다음 달 워크숍 주제로 어떤 것이 좋을지 이야기해 봅시다. 우리 강 대리님은 아이디어가 있습니까?
>
> 강 대리 : 지난번 주제가 '우리 회사 복지의 현주소'였잖아요. 사실 마무리가 안 된 채로 끝났기 때문에 이번에 마무리를 저….
>
> 정 과장 : 그건 얼추 해결된 걸로 아는데요? 웬만하면 새로운 주제가 좋지요.
>
> 홍 대리 : '90년대생이 온다'라는 책 읽어 보셨어요? 우리 회사 직원만 해도 30%가 90년대생이니까 이 책을 읽고 워크숍에서 토론하면 어떨….
>
> 정 과장 : 책을 읽자고요? 다들 바쁘다는 핑계로 읽어 올 직원은 몇 안 될 것 같은데.

① 최 부장이 독단적으로 의사결정을 내렸다.
② 강 대리가 발언권을 얻지 않은 채 발언했다.
③ 홍 대리가 주제와 무관한 아이디어를 제시했다.
④ 정 과장이 다른 사람의 의견에 특별한 대안 없이 반대했다.

02. 다음에서 설명하는 행성으로 알맞은 것은?

> • 암석 표면에 산화 철 성분이 많아 붉게 보인다.
> • 지름은 지구의 약 $\frac{1}{2}$이다.
> • 과거에 물이 흘렀던 흔적이 있다.
> • 양극 지역에 극관이 존재하며 계절에 따라 그 크기가 변한다.
> • 대기가 대부분 이산화탄소로 이루어졌고 희박하다.

① 토성   ② 해왕성
③ 화성   ④ 금성

03. 다음 조건을 통해 얻을 수 있는 결론으로 옳은 것은?

> • A는 C보다 키가 크다.   • B는 A보다 키가 크다
>
> • C는 D보다 키가 크다.   • B는 D보다 키가 크다.

① D는 키가 가장 작다.   ② A는 가장 키가 크다.
③ A는 D보다 키가 작다.   ④ B는 C보다 키가 작다.

04. 다음은 손목시계의 모델별 특성을 정리한 자료이다. 이와 고객의 요구사항에 따라 고객에게 손목시계 모델을 추천하고자 할 때, 가장 적절한 것은?

〈손목시계 모델별 특성〉

모델	가격	디자인	브랜드 가치	실용성	무게
A	★★★★	★★★★	★★★★★	★★★	★★
B	★★	★★★	★★★★★	★★★★	★★★
C	★★★★★	★★★★	★	★★★★	★★★
D	★★★	★★	★★★★	★★★★★	★★★

※ ★★★★★ : 매우 좋음, ★★★★ : 좋음, ★★★ : 보통, ★★ : 나쁨, ★ : 매우 나쁨

> 고객 : 저는 무엇보다도 가격이 중요해요. 그리고 브랜드 가치도 좋은 시계였으면 해요. 이에 맞게 후회 없는 선택을 하고 싶은데, 저에게 적절한 시계를 추천해주시겠어요?

① A   ② B
③ C   ④ D

05. 다음 글에 대한 설명으로 옳지 않은 것은?

> 프랑스와 이탈리아 사람들은 @를 '달팽이'라고 부른다. 역시 이 두 나라 사람들은 라틴계 문화의 뿌리도 같고, 디자인 강국답게 보는 눈도 비슷하다. 그런데 독일 사람들은 그것을 '원숭이 꼬리'라고 부른다. 그리고 동유럽의 폴란드나 루마니아 사람들은 꼬리를 달지 않고 그냥 '작은 원숭이'라고 부른다. 더욱 이상한 것은 북유럽의 핀란드로 가면 '원숭이 꼬리'가 '고양이 꼬리'로 바뀌게 되고, 러시아로 가면 그것이 원숭이와는 앙숙인 '개'로 둔갑한다는 사실이다. 아시아는 아시아대로 다르다. 중국 사람들은 @를 점잖게 쥐에다 노(老)자를 붙여 '라오수(小老鼠)' 또는 '라오수하오(老鼠號)'라 부른다. 일본은 쓰나미의 원조인 태풍의 나라답게 '나루토(소용돌이)'라고 한다. 혹은 늘 하는 버릇처럼 일본식 영어로 '앳 마크'라고도 한다. 팔이 안으로 굽어서가 아니라 30여 개의 인터넷 사용국 중에서 @와 제일 가까운 이름은 우리나라의 '골뱅이'인 것 같다. 골뱅이 위의 단면을 찍은 사진을 보여 주면 모양이나 크기까지 어느 나라 사람이든 무릎을 칠 것이 분명하다.

① 사람들은 문화에 따라 같은 대상을 다르게 표현한다.
② 프랑스는 라틴계 문화의 영향을 받았다.
③ 다른 나라 사람들은 현재 @를 골뱅이라고 부르는 것에 동의한다.
④ 핀란드에서는 @를 고양이 꼬리로 부른다.

06. 다음은 같은 크기의 블록을 쌓아 만든 입체도형을 앞에서 본 정면도, 위에서 본 평면도, 오른쪽에서 본 우측면도를 나타낸 그림이다. 이에 해당하는 입체도형으로 알맞은 것은? (단, 화살표 방향은 정면을 의미한다)

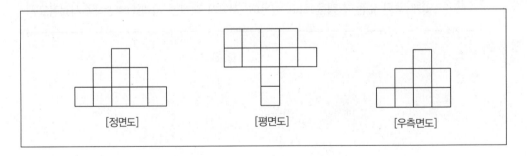

[정면도] [평면도] [우측면도]

①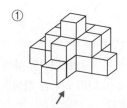

②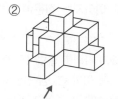

③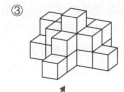

④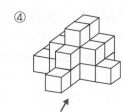

07. 다음 〈보기〉의 왼쪽 전개도를 접어 오른쪽 주사위 모형을 만들 때, 화살표 방향에서 바라본 면의 모습으로 적절한 것은?

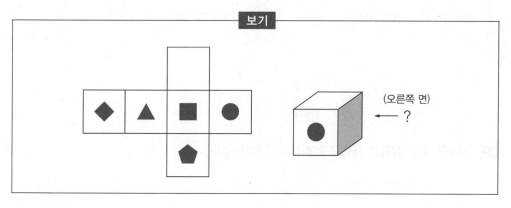

①

②

③

④

[08 ~ 09] 다음 글을 읽고 이어지는 질문에 답하시오.

(가) 만약 정글에서 악어에게 다리를 물렸다면 어떻게 해야 가장 좋을까? 손을 사용해 다리를 빼내려고 발버둥치면 다리에 이어 손, 심하면 목숨까지 잃게 된다. 할 수 없이 다리 하나만 희생하는 것이 가장 현명한 선택일 것이다. 이를 '악어의 법칙'이라고 부른다.

(나) 포기를 한다는 것은 반대로 또 다른 어떤 것을 얻기 위한 길이기도 하다. 뭔가를 어쩔 수 없이 포기해야 될 때, 빠른 판단을 통해 오히려 더욱 많은 것을 얻게 될 수도 있는 것이 인생이다.

(다) 하지만 주위를 보면 포기를 모르고 포기하는 고통을 두려워하다 결국은 더 큰 고통을 피하지 못하는 안타까운 경우가 많다. 절대 포기한다고 해서 끝나는 것이 아니며 방법이 오직 그 하나밖에 없는 것이 아님을 우리는 알아야 한다.

(라) '악어의 법칙'을 일상생활에 대입해 보면, 결정적 순간에 포기할 줄 아는 지혜로운 마음과 시기적절하게 버릴 줄 아는 능력을 가진 사람이 결국 빛을 발할 수 있다는 이론이다.

---

08. 윗글의 (가) ~ (라)를 문맥에 따라 바르게 나열한 것은?

① (가)-(라)-(다)-(나) ② (나)-(다)-(가)-(라)

③ (라)-(가)-(다)-(나) ④ (라)-(나)-(다)-(가)

09. 윗글을 읽고 설명한 내용으로 적절하지 않은 것은?

① 욕심이 과하면 망한다는 말처럼 제때 포기하지 않으면 더 큰 손해를 볼 수도 있다.

② 악어의 법칙은 한쪽 다리를 잃더라도 일단 살아서 다른 길을 모색하는 것이 더 현명함을 설명하는 법칙이다.

③ 불가능한 것을 포기하지 못한다면 스스로에게 고통을 주고, 그 고통은 결국 스트레스로 작용할 것이다.

④ 포기를 많이 하는 사람이 결국 현명한 사람이다.

10. 여성 12명, 남성 x명으로 구성된 A 팀이 있다. 이 팀에서 남성의 70%가 14명이라면 A 팀의 총인원은 몇 명인가?

① 30명   ② 31명

③ 32명   ④ 33명

11. 영수는 자전거를 타고 시속 100km로, 준희는 오토바이를 타고 시속 85km로 동시에 같은 지점에서 같은 방향으로 출발했다. 20분 후에 영수와 준희의 간격은 몇 km 벌어지는가?

① 3km   ② 4km

③ 5km   ④ 6km

12. 다음 중 관성에 의한 현상이 아닌 것은?

① 달리다가 돌부리에 걸리면 넘어진다.
② 양념통을 흔들면 양념이 통에서 떨어진다.
③ 식탁보를 빠르게 당기면 식탁보 위의 물건은 그대로 놓여 있다.
④ 나무에서 사과가 떨어진다.

13. 다음 중 에너지 전환의 예시로 적절하지 않은 것은?

① 진공청소기는 전기에너지가 운동에너지로 전환된 것이다.
② 형광등은 전기에너지가 빛에너지로 전환된 것이다.
③ 건전지는 전기에너지가 화학에너지로 전환된 것이다.
④ 전기히터는 전기에너지가 열에너지로 전환된 것이다.

14. 예원, 철수, 경희, 정호, 영희 5명은 다음과 같이 긴 의자에 일렬로 앉아 사진을 찍었다. 사진을 보고 앉은 순서에 대해 다음과 같이 말하였을 때, 사진상 정호의 왼쪽에 앉아 있는 사람은? (단, 이 중 1명의 모든 진술은 거짓이며, 나머지 4명의 진술은 참이다)

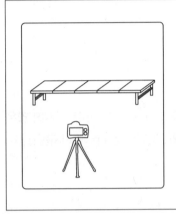

- 예원 : 영희가 맨 왼쪽에 앉아 있고, 정호는 경희보다 왼쪽에 앉아 있다.
- 철수 : 나는 영희보다 오른쪽에 앉아 있고, 경희는 예원이보다 왼쪽에 앉아 있다.
- 경희 : 예원이는 철수보다 오른쪽에 앉아 있다.
- 정호 : 철수는 경희보다 왼쪽에, 예원이는 나보다 오른쪽에 앉아 있다.
- 영희 : 철수는 정호보다 왼쪽에, 예원이는 경희보다 왼쪽에 앉아 있다.

① 예원　　　　　　　　　　　② 철수
③ 경희　　　　　　　　　　　④ 영희

15. 다음 도형을 오른쪽으로 뒤집고 시계방향으로 90° 회전한 후 위로 뒤집었을 때의 모양은?

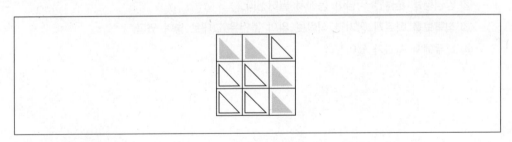

①

②

③

④

16. 다음 그래프를 보고 추측한 내용이 적절하지 않은 사람은?

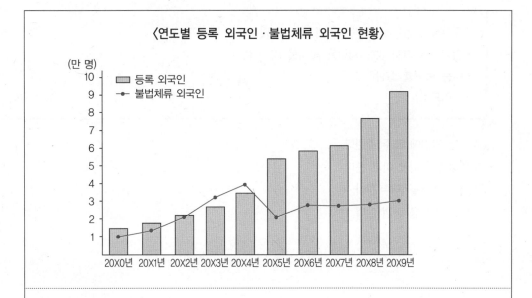

〈연도별 등록 외국인 · 불법체류 외국인 현황〉

- A : 등록 외국인 수가 매년 증가하고 있지만 변수가 발생하면 그 수가 줄어들 수도 있어.
- B : 불법체류 외국인의 수는 20X4년에 최고치를 기록하면서 처음으로 등록 외국인 숫자보다 많아졌어.
- C : 20X5년에 등록 외국인 수가 급격히 증가한 이유는 불법체류 외국인이 등록 외국인이 되었기 때문은 아닐까?
- D : 20X6년 이후 불법체류 외국인의 숫자는 비교적 안정적으로 유지되고 있어.

① A   ② B
③ C   ④ D

17. 어떤 상품의 원가에 30%의 이익을 붙여 정가를 책정했다가, 시간이 지나 정가에서 20%를 할인해서 팔았더니 260원의 이익을 얻었다. 상품의 원가는 얼마인가?

① 5,500원   ② 6,000원
③ 6,500원   ④ 7,000원

18. 다음의 명제에 따라 밑줄 친 부분에 들어갈 문장으로 적절한 것은?

> • 축구를 잘하는 사람은 감기에 걸리지 않는다.
> • 감기에 걸리지 않는 사람은 휴지를 아껴 쓴다.
> • 나는 축구를 잘한다.
> • 그러므로 _____

① 나는 감기에 자주 걸린다.

② 환자는 휴지를 아껴 쓴다.

③ 나는 축구를 자주 한다.

④ 나는 휴지를 아껴 쓴다.

19. 다음 그림에서 찾을 수 있는 크고 작은 평행사변형의 개수는? (단, 가로로 놓인 선분들과 세로로 놓인 선분들은 모두 평행하다)

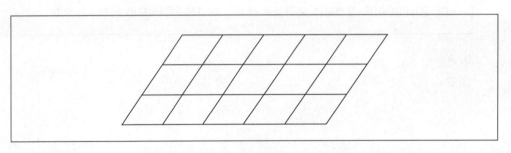

① 55개 　　　　　　　　　　② 75개

③ 88개 　　　　　　　　　　④ 90개

20. 다음 중 과학적 원리가 다른 하나는?

① 놀이동산의 롤러코스터가 360° 회전을 한다.
② 젖은 옷을 탈수기에 넣고 탈수한다.
③ 쥐불놀이를 할 때 깡통 속 내용물이 튀어나오지 않는다.
④ 피겨스케이팅 선수가 스핀 기술 중에 팔을 접는다.

21. 다음 글에서 설명하는 이론으로 인해 나타나는 현상으로 적절하지 않은 것은?

> 파동이 진행하다 장애물을 만나거나 어떤 틈을 지날 때, 그 주위를 돌아 원래의 방향과는 다른 방향으로 파동이 전달되어 퍼져 나가는 현상을 말한다.

① 산간 지방에서는 AM 방송이 FM 방송보다 더 잘 들린다.
② 문틈을 통해 바깥에서 부는 바람 소리를 들을 수 있다.
③ 항구의 방파제에 직각 방향으로 들어온 파도는 방파제 안쪽에도 전달된다.
④ 멀리 떨어진 곳에서 나는 소리는 낮보다 밤에 잘 들린다.

22. 다음 글의 중심내용으로 적절한 것은?

> 문학 작품은 실로 일국(一國)의 언어 운명을 좌우하는 힘을 가지고 있다. 왜냐하면 문학 작품은 그 예술적 매력으로 하여 대중에게 다가가고 지상(紙上)에 고착됨으로써 큰 전파력을 발휘하기 때문이다. 이렇게 볼 때 문학 작품을 산출하는 작가야말로 매우 존귀한 위치에 있으며, 동시에 국가나 민족에 대하여 스스로 준엄하게 책임을 물어야 하는 존재라고 할 수 있다. 사실, 수백 번의 논의를 하고 수백 가지의 방책을 세우는 것보다 한 사람의 위대한 문학가가 그 언어를 더 훌륭하게 만든다고 할 수 있다. 괴테의 경우가 그 좋은 예이다. 그의 문학이 독일어를 통일하고 보다 훌륭하게 만드는 데 결정적인 역할을 했다는 것은 이미 주지의 사실이기도 하다.

① 작가는 언어에 대하여 막중한 책임을 지고 있다.
② 문학 작품은 국어에 큰 영향력을 미친다.
③ 작가는 문학 작품을 씀으로써 사회에 기여한다.
④ 언어는 문학 작품에 영향을 끼친다.

23. 다음은 초·중·고등학교의 학생 수와 교원 수 현황에 관한 자료이다. 이에 대한 설명으로 옳은 것은? (단, 필요한 경우 소수점 아래 둘째 자리에서 반올림한다)

〈초·중·고등학교의 학생 수 및 교원 수〉

(단위 : 천 명)

연도	학생 수				교원 수			
	초등학교	중학교	고등학교	계	초등학교	중학교	고등학교	계
1998년	4,759	2,232	2,211	9,202	138	92	95	325
2008년	4,089	1,831	1,911	7,831	143	93	104	340
2013년	3,925	2,075	1,776	7,776	164	107	118	389
2018년	3,299	1,975	1,962	7,236	177	109	126	412
2023년	3,132	1,911	1,944	6,987	181	111	131	423

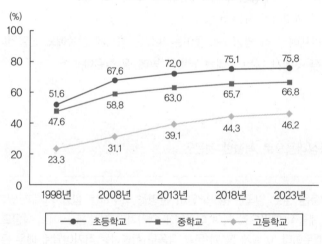

〈초·중·고등학교의 여자 교원 비율〉

① 1998 ∼ 2023년 사이에 전체 학생 수는 꾸준히 감소하였고 1998년 대비 2023년의 학생 수의 감소폭 중 중학교 학생의 감소폭이 가장 크다.

② 2023년 중학교와 고등학교의 교사 1인당 학생 수는 약 17.2명으로 동일하다.

③ 2008년 대비 2013년의 교원 수 증가율은 초등학교가 중학교보다 더 크다.

④ 2008년 대비 2023년 초·중·고등학교의 교사 1인당 학생 수는 6명 이상 감소하였다.

24. 가로의 길이가 8cm, 높이가 6cm인 직육면체의 부피가 192cm³라고 할 때, 세로의 길이는?

① 4cm   ② 8cm

③ 12cm   ④ 16cm

25. 다음을 보고 그 규칙을 찾아 '?'에 들어갈 알맞은 도형을 고르면?

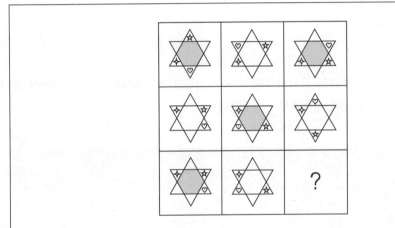

①

②

③

④

26. 다음의 [사실]들을 참고할 때 [결론]에 대한 설명으로 옳은 것은?

> [사실] • 쇼핑을 좋아하면 신용카드가 많다.
>
> • 구두가 많으면 쇼핑을 좋아한다.
>
> • 구두가 많지 않으면 신용카드가 많지 않다.
>
> [결론] A. 쇼핑을 좋아하면 구두가 많다.
>
> B. 신용카드가 많지 않으면 구두가 많지 않다.

① A만 항상 옳다.　　　　　　　　② B만 항상 옳다.

③ A, B 모두 항상 옳다.　　　　　④ A, B 모두 항상 그르다.

27. 다음은 K 대학의 연령별 편입 응시생 현황이다. 정치학과 편입 응시생의 평균 연령은 몇 세인가? (단, 소수점 아래 둘째 자리에서 반올림한다)

(단위 : 명)

학과 \ 연령	23세	24세	25세	26세	27세
경영학과	10	12	13	16	13
경제학과	12	10	15	13	16
행정학과	18	16	8	13	15
정치학과	20	21	14	18	15
회계학과	8	9	17	20	22
세무학과	9	10	11	10	11
계	77	78	78	90	92

① 약 22.5세　　　　　　　　　② 약 23.0세

③ 약 24.9세　　　　　　　　　④ 약 25.5세

28. 다음 그림은 세계의 화산대와 지진대 그리고 판의 경계를 타나낸 것이다. 이에 대한 설명으로 옳지 않은 것은?

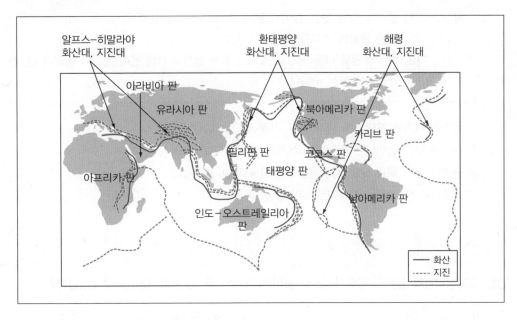

① 지진은 주로 판의 경계에서 발생한다.
② 화산 활동과 지진 발생 지역은 거의 일치한다.
③ 화산 활동은 판의 내부에서 가장 활발하게 일어난다.
④ 판과 판이 서로 충돌하거나 갈라지면서 화산 활동과 지진이 발생한다.

29. 다음 그림과 같이 쌓기 위해 필요한 블록의 개수는? (단, 블록의 모양과 크기는 모두 동일한 정육면체이며, 보이지 않는 뒷부분의 블록은 없다)

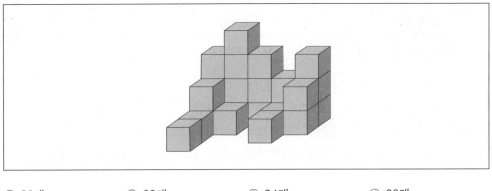

① 20개　　　② 22개　　　③ 24개　　　④ 26개

30. 다음 단어의 사전적 의미를 참고할 때, 밑줄 친 단어의 의미가 나머지와 다른 것은?

> 싸다 동 「1」 물건을 안에 넣고 보이지 않게 씌워 가리거나 둘러 말다.
> 「2」 어떤 물체의 주위를 가리거나 막다.
> 「3」 어떤 물건을 다른 곳으로 옮기기 좋게 상자나 가방 등에 넣거나 종이나 천, 끈 등을 이용해서 꾸리다.

① 엄마는 아기를 포대기로 싸서 업고 가게 밖으로 나갔다.
② 머리가 아픈 할머니는 헝겊으로 머리를 싸 동여매고 누워 계셨다.
③ 공연을 보기 위해 모인 사람들은 공연장을 싸고 둘러섰다.
④ 친구에게 줄 선물을 포장지로 예쁘게 쌌다.

31. 직각삼각형의 밑변의 길이가 4cm, 높이가 2cm일 때, 빗변의 길이는 몇 cm인가?

① 2cm
② $2\sqrt{3}$ cm
③ $2\sqrt{5}$ cm
④ $3\sqrt{3}$ cm

32. 다음은 20X5 ~ 20X9년의 아르바이트 동향에 관한 자료이다. 이에 대한 설명으로 옳은 것은?

〈아르바이트 동향 자료〉

(단위 : 원, 시간)

구분	20X5년	20X6년	20X7년	20X8년	20X9년
월 평균 소득	642,000	671,000	668,000	726,000	723,000
평균 시급	6,210	6,950	7,100	6,900	9,100
주간 평균 근로시간	24.5	24	22	21	19.5

① 5년 동안 월 평균 소득은 꾸준히 증가하였다.
② 20X9년 평균 시급은 20X5년의 1.4배 이상이다.
③ 20X7년 월 평균 근로시간은 100시간을 초과한다.
④ 5년 동안 월 평균 소득이 증가하면 평균 시급도 증가하는 양상을 보이고 있다.

33. ○○시네마에는 4개(1 ~ 4관)의 상영관이 있고, 영화 A, B, C, D가 각각 겹치지 않게 상영되고 있다. 〈조건〉을 참고할 때 옳은 것은?

조건

- 영화 B는 2관에서 상영된다.
- 영화 A와 C가 상영되는 두 상영관은 서로 이웃한다.
- 4관에서는 영화 C를 상영하지 않는다.

1관	2관	3관	4관

① 1관에서는 영화 A가 상영된다.　　② 1관에서는 영화 C가 상영된다.
③ 영화 D는 3관에서 상영된다.　　④ 영화 C는 3관에서 상영된다.

34. A, B, C, D, E, F, G, H사 8개 회사의 빌딩이 길을 사이에 두고 네 개씩 마주 보고 서 있다. 위치관계가 다음 〈조건〉과 같을 때 옳은 것은?

보기

- F사의 빌딩은 B사와 D사의 빌딩 사이에 서 있다.
- E사 빌딩의 양옆에는 A사와 G사 빌딩이 있다.
- C사와 D사의 빌딩은 길을 사이에 두고 서로 마주 보고 있다.
- E사의 빌딩을 등 뒤로 하고 서면, 오른쪽 대각선상에 F사의 빌딩이 있다.
- B사 빌딩의 옆에는 H사 빌딩이 있다.
- A사의 빌딩과 마주 보는 곳에는 H사의 빌딩이 있다.

① B사의 빌딩과 E사의 빌딩은 대각선 위치에 서 있다.
② A사의 빌딩은 C사의 빌딩과 이웃하고 있다.
③ 길을 사이에 두고 B사 빌딩의 정면에 G사의 빌딩이 있다.
④ G사의 빌딩과 F사의 빌딩은 서로 마주 보고 서 있다.

35. 다음 제시된 도형들을 활용하여 평행사변형을 만들 때, 필요 없는 조각은?

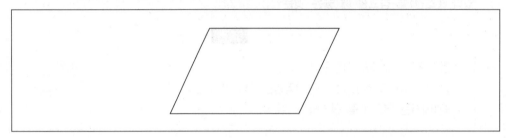

①

②

③

④

36. 소프라노 A씨는 작은 소리로 높은 '도' 음을 내고, 바리톤 B씨는 큰 소리로 낮은 '도' 음을 내었다.
다음 중 옳은 내용을 모두 고른 것은?

> ㄱ. 두 사람이 내는 음파 중 진폭이 큰 소리를 내는 사람은 B씨이다.
> ㄴ. 높은 '도'가 낮은 '도'보다 진폭이 크다.
> ㄷ. 두 사람이 내는 음파 중 진동수가 큰 소리를 내는 사람은 A씨이다.
> ㄹ. 큰 소리가 작은 소리보다 진동수가 크다.

① ㄱ, ㄴ   ② ㄱ, ㄷ
③ ㄴ, ㄷ   ④ ㄷ, ㄹ

37. A, B, C, D는 모두 다른 도시에 살고 있고, 이는 서울·부산·전주·대전 중 하나이다. 최근 이 네 도시에서는 지역 주민을 위해 연극·오페라·뮤지컬·콘서트 중 한 가지씩 공연을 했는데, A~D 모두 각자 자신이 사는 지역에서 공연한 작품을 관람했으며, 공연은 서로 겹치지 않았다. 다음 〈조건〉에 따를 때, C가 본 공연은 무엇인가?

조건

- A가 본 공연은 연극과 오페라 중 하나이다.
- B가 본 공연은 콘서트와 뮤지컬 중 하나이다.
- C는 오페라를 보지 않았다.
- D는 뮤지컬을 보지 않았다.
- 연극은 전주에서 공연되었다.
- 콘서트는 대전이나 부산에서 공연되었다.
- C는 서울에 살고 있으며, A는 부산에 살고 있지 않다.
- B는 대전이나 전주에 살고 있다.
---

① 연극
② 오페라
③ 뮤지컬
④ 콘서트

38. 다음 밑줄 친 단어의 띄어쓰기가 적절하지 않은 것은?

① 나도 <u>너만큼은</u> 잘할 수 있다.
② 도서관 안은 숨소리가 <u>들릴만큼</u> 조용했다.
③ 어른이 심하게 <u>다그친 만큼</u> 그의 말투와 행동은 달라져 있었다.
④ 바람이 몹시 휘몰아쳐 얼굴을 들 수 <u>없을 만큼</u> 대기가 차가웠다.

울산기술보원

1회 기출예상

2회 기출예상

3회 기출예상

4회 기출예상

5회 기출예상

6회 기출예상

7회 기출예상

8회 기출예상

9회 기출예상

인성검사

면접가이드

[39 ~ 40] 다음 글을 읽고 이어지는 질문에 답하시오.

> 도서관에 있는 책은 옆면에 각각의 이름표를 달고 있다. 숫자와 문자가 혼합되어 언뜻 복잡해 보이지만 원리를 알면 놀라움 그 자체다. 특히, 맨 앞자리 숫자는 지구상의 모든 자료를 0에서 9(000 ~ 900)까지 10개의 '주류'로 나눈 것이다. ㉠이들은 인류의 역사와 비슷한 구조를 갖추고 있다.
>
> 000은 특정 학문이나 주제에 속하지 않는 분야, 100은 철학, 200은 종교, 300은 사회학, 400은 언어학, 500은 자연과학, 600은 기술과학, 700은 예술, 800은 문학, 900은 역사 분야이다. 이는 혼돈, 이성, 절대적 신 숭배, 가족과 사회 및 국가의 형성, 사회적 소통, 과학적 지식, 그에 따른 기술 발전, 생활수준 상승과 정신의 풍요, 이들을 모두 기록한 역사 순으로 그 의미를 담고 있다.
>
> 이러한 책 분류법은 1876년 미국의 멜빌 듀이(Malvil Dewey, 1851 ~ 1931)가 개발한 듀이십진 분류법(DDC)이다. 현재 이 방법은 세계에서 가장 널리 쓰이고 있다. ㉡미국에서 가장 많이 쓰는 의회도서관분류법(LCC)은 자료를 A부터 Z까지 21개의 알파벳으로 분류한다.
>
> 우리나라의 대학 도서관에서는 DDC를 많이 쓴다. 하지만 한글로 된 책이 많은 공공도서관에서는 DDC를 우리나라의 특징에 맞게 고친 한국십진분류법(KDC)을 사용한다. 세계 각국에서 쓰는 DDC는 언어학을 400에 두지만 우리나라에서 개발한 KDC는 언어를 뒤로 700에 놓은 것이 차이점의 한 예이다. ㉢공공도서관에서 쉽게 볼 수 있는 KDC의 원리에 대해 자세히 알아보자.
>
> 책의 청구기호는 이 책이 어떤 책인지 미리 알 수 있는 비밀을 담고 있다. 예를 들어 415번의 책은 어떤 책일까? 맨 앞자리가 4인 걸 보면 자연과학 쪽의 책이라는 걸 알 수 있다. 400번 대에서 둘째 자리가 1인 것은 수학이고, 세 번째 자리가 5인 것은 수학의 세부 분류 중 기하학에 해당한다. ㉣즉, 도서관에서 415번 대의 책장에 꽂힌 책은 제목을 보지 않아도 기하학과 관련된 책이라는 것을 알 수 있다.

39. 윗글의 내용과 일치하지 않는 것은?

① 도서관의 모든 책의 청구기호가 맨 앞자리는 0부터 9까지 10개로 되어 있다.

② 책을 분류하는 방법은 멜빌 듀이가 개발했기 때문에 '듀이십진법(DDC)'이라고 한다.

③ 한글로 된 책이 많은 우리나라 공공도서관에서는 '듀이십진법(DDC)'을 약간 변형한 '한국십진분류법(KDC)'을 쓰고 있다.

④ 한국과 미국에서는 '의회도서관분류법(LCC)'이 가장 많이 쓰이는데, 이것은 자료를 A부터 Z까지 21개의 알파벳으로 분류한다.

40. ㉠∼㉣ 중에 글의 흐름과 적합하지 않은 문장은?

① ㉠

② ㉡

③ ㉢

④ ㉣

41. 종이를 다음과 같은 순서로 접고 펀치로 구멍을 뚫은 후 다시 펼쳤을 때의 모양으로 옳은 것은?

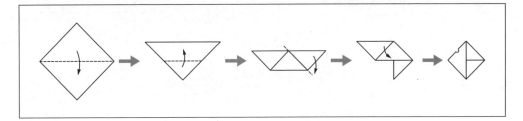

①

②

③

④

42. 다음 그림과 같이 물이 담겨 있는 큰 냄비 A 안에 물이 담긴 작은 냄비 B가 있다. A 냄비를 가열하여 B 냄비 안에 담긴 물이 빨리 끓게 하는 방법은?

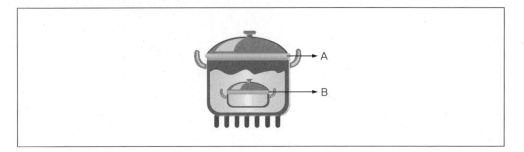

① A 냄비의 물에 소금을 녹인다.
② B 냄비의 물에 소금을 녹인다.
③ 두 냄비에 물을 더 추가한다.
④ 빨리 끓게 하는 방법은 없다.

43. 다음은 여러 가지 생명 현상을 나타낸 것이다. (가) ~ (다)와 가장 관련이 깊은 생명 현상의 특성을 바르게 연결한 것은?

> (가) 개구리의 긴 혀는 곤충을 잡아먹기에 적당하다.
> (나) 미모사는 잎에 물체가 닿으면 잎을 접는다.
> (다) 벼는 빛에너지를 이용하여 양분을 합성한다.

	(가)	(나)	(다)
①	적응과 진화	발생과 생장	물질 대사
②	발생과 생장	항상성 유지	물질 대사
③	적응과 진화	자극과 반응	물질 대사
④	유전	항상성 유지	자극과 반응

44. 다음 중 압력과 온도에 따른 부피의 변화가 큰 순서대로 나열한 것은?

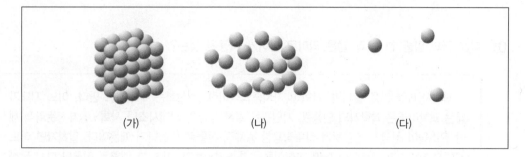

(가)   (나)   (다)

① (가)-(나)-(다)   ② (나)-(다)-(가)

③ (다)-(나)-(가)   ④ 모두 같다.

45. 다음 중 모양이 나머지와 다른 하나는?

①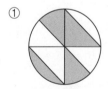

②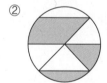

③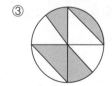

④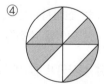

01. 다음 글의 밑줄 친 ⊙과 같은 의미로 단어가 사용된 것은?

> 과학사(科學史)를 살피면, 과학이 가치중립적이란 ⊙신화는 무너지고 만다. 어느 시대가 낳은 과학이론은 과학자의 인생관, 자연관은 물론 당대의 시대사조나 사회 · 경제 · 문화적 제반 요소들이 상당히 긴밀하게 상호작용한 총체적 산물로 드러나기 때문이다. 말하자면 어느 시대적 분위기가 무르익어 어떤 과학이론을 출현시키는가 하면, 그 배출된 이론이 다시 문화의 여러 영역에서 되먹임 되어 직접 또는 간접의 영향을 미친다는 얘기이다. 다윈의 진화론으로로부터 사회적 다윈주의가 출현한 것이 가장 극적인 예이고, '엔트로피 법칙'이 현존 과학기술 문명에 깔린 발전 개념을 비판하고 새로운 세계관을 모색하는 틀이 되는 것도 그와 같은 맥락이다.

① 기상천외한 그들의 행적은 하나의 신화로 남았다.
② 아시아의 몇몇 국가들은 짧은 기간 동안 고도성장의 신화를 이룩하였다.
③ 월드컵 4강 신화를 떠올려 본다면 국민 소득 2만 달러 시대도 불가능한 것은 아니다.
④ 미식축구 선수 하인스 워드의 인간 승리를 보면서 단일민족이라는 신화가 얼마나 많은 다문화 가정 한국인들을 소외시켜 왔는지 절실히 깨달았다.

02. 올해 ○○사에 입사한 P는 신입사원을 대상으로 한 '올바른 맞춤법 사용하기' 교육을 수강하였다. P가 문장의 밑줄 친 단어를 수정한 내용으로 적절하지 않은 것은?

① 박 과장님, 계약이 잘 성사되야 할 텐데요. → '돼야'로 수정한다.
② 오 팀장님, 방금 들었는데 김 사원이 지난주에 결혼을 했대요. → '했데요'로 수정한다.
③ 이 대리님, 휴가 잘 다녀오시길 바래요. → '바라요'로 수정한다.
④ 최 대리님, 새로운 팀장님이 오신다는 소문이 금새 퍼졌나 봐요. → '금세'로 수정한다.

03. 다음 중 무기질의 종류와 기능에 대한 내용이 잘못 연결된 것은?

① 칼슘−뼈와 이를 구성하는 영양소로 근육의 수축 및 이완 작용을 조절하며, 결핍증으로는 구루병과 골다공증이 있다.

② 나트륨−몸속의 수분이 세포 안팎으로 고루 퍼져 있게 하며, 과다 섭취 시 고혈압이나 심장질환을 유발할 수 있다.

③ 인−세포핵과 인 단백질의 구성 성분이며, 결핍 시 기운이 없고 몸이 허약해지며 빈혈에 걸리기 쉽다.

④ 철−적혈구를 구성하는 헤모글로빈의 성분으로 신체의 각 조직에 산소를 운반하며 간, 살코기, 진한 녹색 채소에 많이 함유되어 있다.

04. 다음에 제시된 도형 3개를 합쳤을 때 나오는 모양으로 적절하지 않은 것은?

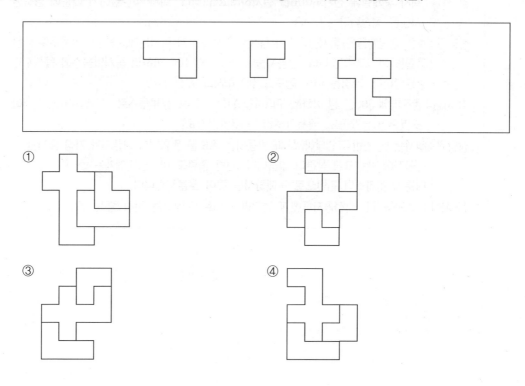

05. K 기업은 직원 휴게실에 전자피아노 3대를 배치하기로 하였다. 다음 대화를 바탕으로 할 때, 조건에 적합한 모델은 무엇인가?

〈전자피아노 모델〉

모델명	센서	동시발음수	음색수	블루투스	건반	가격(원)
CB-340	2	128	120	O	목건반	450,000
ZL-810	2	256	250	O	플라스틱	1,200,000
SS-110	1	64	60	O	플라스틱	350,000
AE-400	1	88	98	X	목건반	550,000
YK-510	2	90	100	O	플라스틱	1,050,000

김 사원 : 전자피아노를 3대 구입하고 싶습니다.

상담원 : 피아노를 연주하는 사람은 누구인가요?

김 사원 : 회사 휴게실에 전자피아노를 설치하려고 합니다. 회사 직원들이기 때문에 능숙한 사람은 적습니다.

상담원 : 보통 전공자들은 동시발음수와 음색수를 중요하게 여기는데, 숫자가 높을수록 좋은 음질을 가지고 있습니다. 전공자들이 아니라면 100 이하의 동시발음수와 음색수면 충분합니다. 가격은 어느 정도로 생각하시고 계신가요?

김 사원 : 총구매액 300만 원 이하로 구매하길 원합니다. 또 블루투스로 연결할 수 있는 피아노였으면 좋겠군요. 센서의 차이는 무엇인가요?

상담원 : 센서는 한 건반을 연달아 칠 때 반응하는 속도를 뜻합니다. 3센서가 가장 좋지만 비전공자에게는 크게 상관이 없습니다. 건반 종류도 비전공자에게는 큰 차이가 없기 때문에 플라스틱 건반으로 구매하시는 것이 효율적입니다.

김 사원 : 알겠습니다. 비전공자들에게 적합한 모델로 구매하는 것이 좋겠네요.

① CB-340

② ZL-810

③ SS-110

④ AE-400

06. 다음의 빈칸에 들어갈 명제로 적절한 것은?

> • 민형이가 보를 내면 채원이는 가위를 낸다.
> • 노준이가 바위를 내면 채원이는 가위를 내지 않는다.
> • 그러므로 (   )

① 채원이가 가위를 내면 노준이는 바위를 낸다.
② 노준이가 바위를 내면 민형이는 보를 내지 않는다.
③ 민형이가 보를 내면 노준이는 바위를 낸다.
④ 채원이가 가위를 내면 민형이가 보를 낸다.

07. 다음에 제시된 도형과 동일한 것은?

①

②

③

④

08. 다음 글에서 언급되지 않은 내용은?

> 공유지의 비극은 공적 자원의 남용을 설명하는 경제 이론으로, 수요가 공급을 압도적으로 추월하여 결과적으로 자원을 사용할 수 없게 되는 비극을 말한다. 다시 말하면, 사적 이익에 따라 행동하는 개인들이 모여 자원을 고갈시키거나 훼손시킴으로써 모든 사용자의 공동 이익에 반하는 문제를 일으키는 것이다. 크게는 대기와 수도, 작게는 사무용 냉장고와 같이 다수의 사용자가 공유하면서 어떠한 규제도 없는 자원들이 이에 해당한다. 이 이론은 모든 사용자가 개방된 자원에 동일 확률로 접근할 수 있는 경우에 일어나는 문제를 다룰 때 사용된다. 이를테면 어느 초원에서 가축을 사육한다고 가정해 보자. 초원의 주인은 없고 누구나 자신의 가축을 방목하여 풀을 먹일 수 있다. 사람들은 초원의 사용에 관한 일체의 대화도, 함께 일을 하지도 않는다. 만약 가축 10마리를 수용할 정도의 초원에 풀이 10마리가 먹을 수 있는 양만 있다면, 수용능력 이상으로 가축을 방목할 경우 추가로 들어온 동물은 원래 수용능력 안의 동물들이 먹었어야 할 풀을 먹어 모든 동물들의 가치를 떨어뜨리고 말 것이다. 동물들의 건강은 위험에 처하고 더 낮은 품질의 자원을 제공할 것이다. 결과적으로는 손실 구조임에도 불구하고 가축업자들은 동물이 주는 당장의 이익만을 본다. 훼손된 목초지에 대한 비용은 모든 사용자가 부담하지만 각 개인마다 그중 일부만 지불하는 방식은 자원을 과도하게 사용하는 이유 중 하나일 것이다. 가축업자들은 이러한 유인책에 유혹되어 자신에게 이득이 되는 한 가축의 수를 계속 늘리거나 더 오랜 시간 방목한다. 한정된 자원에 대한 자유로운 접근과 끝없는 요구가 과도한 개발을 유도하고 자원을 감소시키는 것이다. 환경뿐만 아니라 정치나 경제, 인문학, 사회학 분야에서도 비슷한 문제가 발생한다. 이처럼 모두가 함께 사는 세상에서 극단적인 비극을 맞이하지 않으려면 정부 차원의 해결책이 고려돼야 한다. 자원을 필요한 만큼만 적절히 사용할 때 지급되는 인센티브와 과다 사용에 대한 처벌이 있다면 건강한 환경을 지키는 데 도움이 될 것이다.

① 공유지의 비극 이론이 주장하는 바
② 공유지의 비극 이론이 사용되는 분야
③ 공유지의 비극 현상에 대한 해결책
④ 공유지의 비극 이론을 처음 주장한 학자

09. 다음 글의 내용을 이해한 반응이 적절하지 않은 사람은?

> 계란유골을 글자대로 풀면 '계란에도 뼈가 있다'는 뜻이다. 그러나 속뜻은 운이 나쁜 사람은 모처럼 좋은 기회를 만나도 일이 잘 풀리지 않음을 의미한다. 계란유골은 세종대왕 때 청렴한 충신으로 알려진 황희 정승의 일화에서 유래했다. 황희 정승은 지위가 높았지만 집이 가난해 먹을 것이 없었다. 이를 안타깝게 여긴 세종이 "오늘 하루 동안 남대문 안으로 들어오는 물건을 모두 황희 대감께 하사하라"라고 명을 내렸다. 그러나 그날 하필이면 비가 내려 남대문으로 물건이 들어갈 수 없었다. 저녁 때 겨우 계란 한 꾸러미가 들어왔는데 그마저도 모두 곯아서 먹을 수 없었다. 곯았다는 말은 상했다는 뜻인데, 한문에서는 같은 단어가 없어 뼈골(骨)자의 음만 차용해 유골(有骨)로 쓴 것으로 알려졌다. 계란유골은 '계란이 썩었다'라는 뜻으로 기회를 만나도 뜻대로 일이 잘 풀리지 않는다는 의미를 지니게 됐다.

① A : 가는 날이 장날이라더니, 비가 와서 남대문으로 물건이 못 들어간 게 안타깝네.
② B : 뒤로 넘어져도 코가 깨진다더니, 황희 정승은 정말 운이 없었구나.
③ C : 공짜라면 양잿물도 마신다더니, 그 행동의 결과가 결국 황희에게 되돌아간 거야.
④ D : 말 속에 뼈가 있다는 '언중유골'과 '계란유골'의 '골'은 그 의미가 사실상 다르겠구나.

10. A 사원은 주주총회에 참석자들을 위한 다과를 준비하였다. A 사원이 준비한 내용이 다음과 같을 때, 과자는 한 상자에 얼마인가?

> • 총회에 참석하는 인원은 총 15명이다.
> • 다과는 1인당 물 1병과 음료 1병, 과자 2개, 약간의 과일을 준비한다.
> • 물은 1병에 600원, 음료는 1병에 1,400원이고, 과자는 한 상자에 10개가 들어 있다.
> • 여분으로 5명의 분량을 추가로 준비하였다.
> • 과일을 준비하는 데 17,000원을 지출하였고, 다과 비용으로 총 75,000원을 지출하였다.

① 450원   ② 700원
③ 4,500원   ④ 9,000원

울산기출복원 1회 기출예상 2회 기출예상 3회 기출예상 4회 기출예상 5회 기출예상 6회 기출예상 7회 기출예상 8회 기출예상 9회 기출예상 인성검사 면접가이드

11. B 회사에서 개최하는 체육대회에 200캔의 음료수와 80개의 떡이 협찬으로 들어왔다. 최대한 많은 사원에게 똑같이 나누어 주려면 음료수와 떡을 각각 몇 개씩 나누어 주어야 하는가?

	음료수	떡			음료수	떡
①	4캔	1개		②	5캔	2개
③	8캔	4개		④	10캔	8개

12. 다음 중 혈구의 기능으로 옳은 것은?

① 산소 운반 　　　　② 혈액 역류 방지
③ 혈관 수축 　　　　④ 혈소판 생성

13. 다음은 수평 구간을 움직이는 장난감 자동차를 1초 간격으로 찍은 연속 사진을 나타낸 그림이다. 이와 관련된 운동으로 가장 적절한 것은?

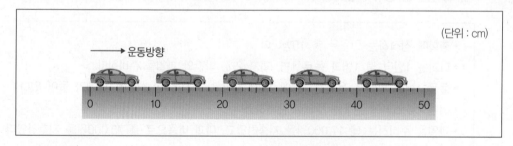

① 등속 운동 　　　　② 진자 운동
③ 등가속도 운동 　　　　④ 포물선 운동

14. 체육대회에 참가한 A, B, C, D의 100m 달리기 결과와 멀리뛰기 결과가 다음과 같을 때, A의 100m 달리기와 멀리뛰기의 성적은 각각 몇 등인가?

- 네 사람의 100m 달리기 기록과 멀리뛰기 기록은 모두 다르다.
- 100m 달리기 등수와 멀리뛰기 등수가 같은 사람은 없다.
- 100m 달리기 1등은 C이고, 멀리뛰기에서는 D가 꼴찌를 하였다.
- 100m 달리기에서는 B가 D보다 빨랐고 멀리뛰기에서는 B가 C보다 적게 뛰었다.

① 4등, 1등   ② 4등, 2등

③ 3등, 1등   ④ 3등, 2등

15. 다음은 어떤 입체도형을 여러 방향에서 바라본 모양이다. 이에 해당하는 입체도형으로 옳은 것은? (단, 화살표 방향은 정면을 의미한다)

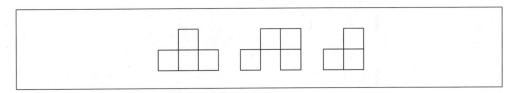

①   ②

③ 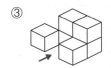   ④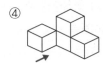

16. 다음은 202X년 주요 국가별 특허 관련 자료이다. 이에 대한 설명으로 옳은 것은?

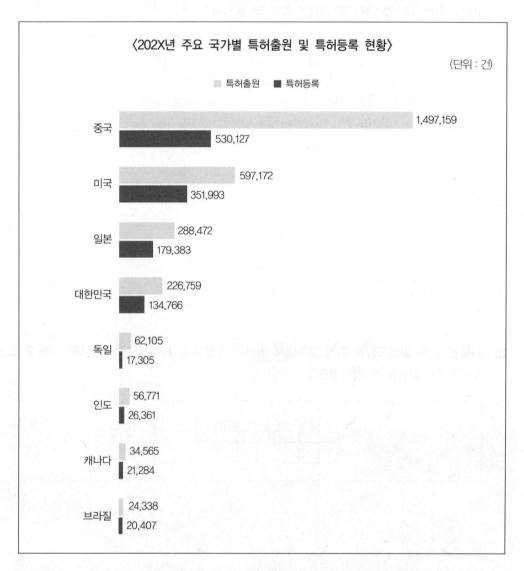

〈202X년 주요 국가별 특허출원 및 특허등록 현황〉

(단위 : 건)

■ 특허출원 ■ 특허등록

국가	특허출원	특허등록
중국	1,497,159	530,127
미국	597,172	351,993
일본	288,472	179,383
대한민국	226,759	134,766
독일	62,105	17,305
인도	56,771	26,361
캐나다	34,565	21,284
브라질	24,338	20,407

① 중국을 제외한 국가들의 특허출원 수를 모두 합해도 중국의 특허출원 수에 미치지 못한다.

② 미국은 특허출원과 특허등록 건수 모두 일본의 2배 이상이다.

③ 특허등록 수가 여섯 번째로 많은 국가의 특허출원 수는 50,000건 이상이다.

④ 특허출원 수 대비 특허등록 수 비율이 50% 이상인 국가보다 그 비율이 50% 미만인 국가가 더 많다.

17. 다음 〈보기〉의 밑줄 친 부분에 들어갈 명제로 알맞은 것은?

보기

[전제] • _____
　　　　• 맵고 짠 음식을 좋아하는 사람은 라면보다 칼국수를 더 좋아하지 않는다.

[결론] • 그러므로 형진이는 맵고 짠 음식을 좋아하지 않는다.

① 형진이는 라면보다 칼국수를 더 좋아한다.
② 형진이는 라면보다 칼국수를 더 좋아하지 않는다.
③ 맵고 짠 음식을 좋아하는 사람은 형진이다.
④ 맵고 짠 음식을 좋아하지 않는 사람은 형진이다.

18. 다음 중 온도에 따른 기체의 부피 변화가 나타난 현상으로 옳은 것을 모두 고르면?

ㄱ. 어항의 물이 시간이 지남에 따라 점점 줄어든다.
ㄴ. 뜨거운 국이 담긴 그릇을 탁자에 올려놓으면 그릇이 스스로 움직인다.
ㄷ. 높은 산에 올라가니 과자 봉지가 부풀어 올랐다.
ㄹ. 여름철에는 겨울철보다 바퀴에 공기를 적게 넣어줘야 한다.

① ㄱ, ㄷ　　　　　　　　　② ㄴ, ㄷ
③ ㄴ, ㄹ　　　　　　　　　④ ㄷ, ㄹ

홀수기출복원 | 1회 기출예상 | 2회 기출예상 | 3회 기출예상 | 4회 기출예상 | 5회 기출예상 | 6회 기출예상 | 7회 기출예상 | 8회 기출예상 | 9회 기출예상 | 인성검사 | 면접가이드

19. 〈보기〉의 A 지점에 서 있다고 할 때, 다음에 제시된 지도의 ㉮, ㉯, ㉰, ㉱ 중 A 지점에 해당하는 곳은?

보기

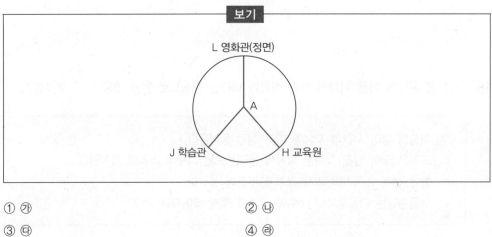

① ㉮   ② ㉯

③ ㉰   ④ ㉱

20. 3m 길이의 끈을 모두 사용하여 직사각형을 만들려고 한다. 만약 직사각형의 가로 길이가 세로 길이의 2배라면 이 직사각형의 넓이는?

① 0.5m^2 ② 0.8m^2

③ 1.2m^2 ④ 1.5m^2

21. 다음은 S사 연구기관의 직종별 인력 현황이다. 이에 대한 설명으로 옳지 않은 것은?

구분		20X5년	20X6년	20X7년	20X8년	20X9년
정원(명)	연구 인력	80	80	85	90	95
	지원 인력	15	15	18	20	25
	계	95	95	103	110	120
현원(명)	연구 인력	79	79	77	75	72
	지원 인력	12	14	17	21	25
	계	91	93	94	96	97
박사학위 소지자(명)	연구 인력	52	53	51	52	55
	지원 인력	3	3	3	3	3
	계	55	56	54	55	58
평균 연령 (세)	연구 인력	42.1	43.1	41.2	42.2	39.8
	지원 인력	43.8	45.1	46.1	47.1	45.5
평균 연봉 지급액(만 원)	연구 인력	4,705	5,120	4,998	5,212	5,430
	지원 인력	4,954	5,045	4,725	4,615	4,540

※ 충원율(%)= $\frac{현원}{정원}$ ×100

① 지원 인력의 충원율이 100%를 넘는 해가 있다.
② 연구 인력과 지원 인력의 평균 연령 차이는 전년 대비 계속해서 커지고 있다.
③ 지원 인력 내 박사학위 소지자의 비율은 매년 줄어들고 있다.
④ 20X6년 이후로 지원 인력의 평균 연봉 지급액이 연구 인력을 앞지른 해는 없다.

22. 다음의 내용과 유사한 원리를 이용한 현상으로 적절한 것은?

> 냄비의 손잡이는 대개 플라스틱으로 되어 있다.

① 고기를 프라이팬에 굽는다.
② 뜨거운 물을 보온병에 넣어 보관한다.
③ 온찜질을 할 때 물이 들어간 핫팩을 쓴다.
④ 모닥불을 끄기 위해 담요를 덮는다.

23. 다음 중 외래어 표기법에 따른 표기로 옳지 않은 것은?

① Valentine Day 밸런타인 데이
② collaboration 콜라보레이션
③ stereo 스테레오
④ ensemble 앙상블

24. 다음 글을 통해 유추한 내용으로 적절하지 않은 것은?

> 한 마리의 개미가 모래 위를 기어가고 있다. 개미가 기어감에 따라 모래 위에는 하나의 선이 생긴다. 개미가 모래 위에서 방향을 이리저리 틀기도 하고 가로지르기도 하여 형성된 모양이 아주 우연히도 이순신 장군의 모습과 유사한 그림같이 되었다고 하자. 이 경우, 그 개미가 이순신 장군의 그림을 그렸다고 할 수 있는가? 개미는 단순히 어떤 모양의 자국을 남긴 것이다. 우리가 그 자국을 이순신 장군의 그림으로 보는 것은 우리 스스로가 그렇게 보기 때문이다. 선 그 자체는 어떠한 것도 표상하지 않는다. 이순신 장군의 모습과 단순히 유사하다고 해서 그것이 바로 이순신 장군을 표상하거나 지시한다고 할 수 없다.
>
> 반대로 어떤 것이 이순신 장군을 표상하거나 지시한다고 해서 반드시 이순신 장군의 모습과 유사하다고 할 수도 없다. 이순신 장군의 모습을 본뜨지도 않았으면서 이순신 장군을 가리키는 데에 사용되는 것은 활자화된 '이순신 장군'과 입으로 말해진 '이순신 장군' 등 수없이 많다.
>
> 개미가 그린 선이 만약 이순신 장군의 모습이 아니라 '이순신 장군'이란 글자 모양이라고 가정해 보자. 그것은 분명히 아주 우연히 그렇게 된 것이므로, 개미가 그리게 된 모래 위의 '이순신 장군'은 이순신 장군을 표상한다고 할 수 없다. 활자화된 모양인 '이순신 장군'이 어느 책이나 신문에 나온 것이라면 그것은 이순신 장군을 표상하겠지만 말이다. '이순신'이란 이름을 책에서 본다면 그 이름을 활자화한 사람이 있을 것이고, 그 사람은 개미와는 달리 이순신 장군의 모습을 생각하고 있었으며, 그를 지시하려는 의도를 분명히 가졌을 것이기 때문이다.

① 이름이 어떤 것을 표상하기 위해서 의도는 필요조건이다.
② 어떤 것을 표상하기 위해서 유사성은 충분조건이 아니다.
③ 이순신 장군을 그리고자 그린 그림이라도 이순신 장군과 닮지 않았다면 그를 표상하는 그림이라고 볼 수 없다.
④ 이름이 어떤 대상을 표상하기 위해서는 그 이름을 사용한 사람이 그 대상에 대해서 생각할 수 있는 능력이 있어야 한다.

[25 ~ 26] 다음 그림은 같은 크기의 블록을 쌓아 놓은 것이다. 이어지는 질문에 답하시오.

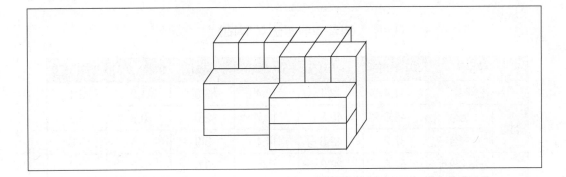

25. 쌓인 블록은 모두 몇 개인가? (단, 보이지 않는 뒷부분에 쌓인 블록은 없다)

　　① 12개　　　　　　　　　　　　② 13개
　　③ 14개　　　　　　　　　　　　④ 15개

26. 그림에서 한 면만 보이는 블록은 모두 몇 개인가?

　　① 1개　　　　　　　　　　　　② 2개
　　③ 3개　　　　　　　　　　　　④ 4개

27. 다음 중 원자 구조에 대한 설명으로 옳은 것은?

　　① 전자는 원자핵에 비해 질량이 매우 크다.
　　② 원자핵과 전자 사이는 빈틈없이 채워져 있다.
　　③ 원자는 원자핵과 전자로 이루어져 있다.
　　④ 원자핵은 원자의 중심에 있으며 (−)전하를 띠고 있다.

울산기술부원　1회 기출예상　2회 기출예상　3회 기출예상　4회 기출예상　5회 기출예상　6회 기출예상　7회 기출예상　8회 기출예상　9회 기출예상　인성검사　면접가이드

[28 ~ 29] 다음은 여가시간과 관련된 자료이다. 이어지는 질문에 답하시오.

〈평일 하루 평균 여가시간〉

(단위 : %)

구분		3시간 미만	3~5시간	5~7시간	7~9시간	9시간 이상	평균(시간)
전체		41.4	42.1	12.4	3.0	1.2	3.1
성별	남성	45.6	40.8	10.7	2.0	0.8	2.9
	여성	37.2	43.3	14.1	3.9	1.5	3.3
연령	15-19세	51.8	38.3	9.0	0.6	0.3	2.7
	20대	44.6	44.4	9.6	1.2	0.2	2.9
	30대	46.3	44.3	7.8	0.9	0.6	2.8
	40대	48.1	41.7	8.8	1.1	0.2	2.8
	50대	43.4	44.7	9.7	1.8	0.4	2.9
	60대	30.1	43.4	19.4	5.9	1.1	3.6
	70세 이상	18.6	32.0	29.4	12.5	7.5	4.7

〈휴일 여가시간〉

(단위 : %)

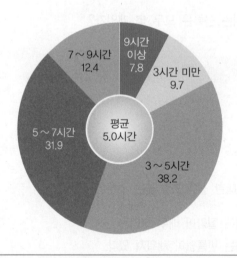

28. 위의 자료에 대한 설명으로 옳지 않은 것은?

① 평일 평균 여가시간이 3 ~ 5시간인 경우가 42.1%로 가장 많았고, 그다음으로 3시간 미만으로 여가시간을 보내는 경우가 41.4%로 두 번째로 많았다.

② 평일 여가시간이 평균 3시간을 넘는 연령대는 60대와 70대 이상뿐이다.

③ 성별로는 여성의 평일 평균 여가시간은 3.3시간으로 남성 2.9시간보다 긴 것으로 나타났다.

④ 평일에 5 ~ 7시간의 여가시간을 보내는 사람의 비율과 휴일에 5 ~ 7시간의 여가시간을 보내는 사람의 비율 차이는 25.8%p이다.

29. 위의 자료를 볼 때, 평일 여가시간과 휴일 여가시간의 인구비중 차이가 가장 큰 시간대와 그 시간대에 해당하는 평일 하루 평균 여가시간에서의 남성 비율은? (단, 두 자료의 인구수가 동일하다고 가정한다)

① 3시간 미만, 41.4%　　　　② 3시간 미만, 45.6%

③ 3 ~ 5시간, 38.2%　　　　④ 3 ~ 5시간, 40.8%

30. 어느 회사에서 A, B, C, D, E, F, G 총 7명의 사원이 나란히 앉아 업무를 보고 있다. 다음과 같은 조건이 주어질 때, 가장 왼쪽에 앉아 있는 사람은?

> • E는 양 끝자리에 앉아 있지 않다.
> • D는 오른쪽에서 세 번째 자리에 앉아 있다.
> • B 오른쪽으로는 3명 이상이 앉아 있다.
> • F는 왼쪽에서 두 번째 자리에 앉아 있다.
> • A는 C 바로 옆자리에 앉아 있다.
> • B는 가장 왼쪽에 앉아 있지 않다.

① A　　　　　　　　　　② B

③ E　　　　　　　　　　④ G

31. 주영이는 3시간 30분 후에 떠나는 기차표를 역에서 예매한 후 근처에 있는 유적지 중 한 곳에 다녀오려고 한다. 역에서 유적지까지는 시속 3km로, 유적지에서 역까지는 시속 2km로 걷는다고 할 때, 최대 몇 km 떨어진 유적지까지 다녀올 수 있는가? (단, 유적지를 구경하는 시간은 30분이다)

① 1.9km   ② 2.8km

③ 3km   ④ 3.6km

32. 다음은 주사위를 30번 굴려서 나온 수의 빈도를 나타낸 표이다. 평균값과 중앙값의 차는?

나온 수	1	2	3	4	5	6
빈도	4	5	4	6	5	6

① 0.1   ② 0.2

③ 0.3   ④ 0.4

33. 물이 얼면 부피가 커지는 이유는 무엇인가?

① 분자 사이의 인력이 감소하여 분자 간의 거리가 멀어지기 때문이다.
② 분자들의 운동이 활발해져 분자 간의 거리가 멀어지기 때문이다.
③ 물 분자들이 커져서 부피가 증가하기 때문이다.
④ 물 분자들이 만든 구조로 인하여 빈 공간이 생기기 때문이다.

34. 다음 중 풍선에 공기를 불어 넣으면 부풀어 오르는 원리에 대한 설명으로 옳은 것은?

① 풍선 내 기체 분자들이 스스로 움직여 퍼져나가기 때문이다.
② 공기 중의 열에너지를 흡수해 분자운동이 활발해지기 때문이다.
③ 풍선 내 기체 분자들은 가볍고 촘촘하게 배열되어 있기 때문이다.
④ 기체 분자 수가 증가해서 풍선 벽에 작용하는 힘이 커지기 때문이다.

[35 ~ 36] 다음 글을 읽고 이어지는 질문에 답하시오.

청소년 참여권은 UN아동권리협약에 제시된 4가지 인권영역 중의 하나이다. 국제사회에서 청소년인권은 오랫동안 아동의 권리에 포함되어 논의되어 왔다. 실제로 청소년연령은 18세 미만으로 정의되는 아동연령과 상당부분 일치하기 때문에 기본적으로 청소년인권은 아동권리에 대한 국제조약인 UN아동권리협약에 규정된 내용과 관련이 깊다. 아동권리협약에 나타난 4가지 권리영역은 생존권, 보호권, 발달권, 참여권이다. 먼저, 생존권은 적절한 생활수준을 누릴 권리, 안전한 주거지에서 살아갈 권리, 충분한 영양을 섭취하고 기본적인 보건 서비스를 받을 권리 등 기본적인 삶을 누리는 데 필요한 권리이다. 보호권은 모든 형태의 학대와 방임, 차별, 폭력, 고문, 징집, 부당한 형사 처벌, 과도한 노동, 약물과 성폭력 등 아동에게 유해한 것으로부터 보호받을 권리이다. 발달권은 잠재능력을 최대한 발휘하는 데 필요한 권리로서, 교육받을 권리, 여가를 즐길 권리, 문화생활을 하고 정보를 얻을 권리, 생각과 양심, 종교의 자유를 누릴 권리 등이 포함된다. 하지만 청소년 참여권에 대한 명확한 정의는 아직까지 내려지지 않았다. 다만 일부 학자들은 청소년 참여의 수준을 청소년의 의견청취, 청소년의 의견표현 지원, 청소년의 의견고려, 의사결정과정 참여, 권력과 의사결정의 책임공유의 5가지로 제시하면서 4번째인 의사결정과정 참여보장을 최소한의 참여권 성취기준으로 분류하였다.

35. 윗글의 표현상 특징이 아닌 것은?

① 주장하는 바를 뒷받침하기 위해 필요한 사실을 열거하였다.
② 전문가의 의견을 통해 주장하는 바에 대한 근거를 제시하였다.
③ 비판을 통해 독자의 동의를 얻고자 논지를 전개하였다.
④ 근거를 바탕으로 한 주관적 해석으로 주장의 정당성을 확보하였다.

36. 윗글의 내용과 일치하지 않는 것은?

① 청소년인권은 UN아동권리협약에 규정된 내용과 관계가 있다.
② 가정에서 방임이나 학대를 당하는 아동의 경우 청소년 보호권을 침해받았다고 할 수 있다.
③ 청소년 발달권은 아동의 잠재능력의 발휘를 위해 보장하는 권리이다.
④ 청소년 참여권에 관하여 청소년 참여의 수준을 5가지로 분류하고, 그중 의사결정과정 참여보장을 최소한의 참여권 성취기준으로 분류하는 것이 주류로 받아들여지고 있다.

37. A~E 사원은 올여름 휴가 계획에 대해 다음과 같이 말했다. 한 명을 제외하고 모두 진실을 말했다고 할 때, 거짓말을 한 사원은?

> A 사원 : 나는 올해 여름에 E 사원 바로 다음으로 휴가를 가는군.
> B 사원 : 이번 여름에는 내가 마지막으로 휴가를 가는구나.
> C 사원 : 나는 올여름 휴가를 D 사원보다 늦게 가겠네.
> D 사원 : 나는 올여름 휴가를 B 사원, C 사원보다 늦게 가겠구나.
> E 사원 : 올해 여름에는 내가 가장 먼저 휴가를 가네.

① A 사원　　　　② B 사원　　　　③ C 사원　　　　④ D 사원

38. 자격증을 취득하는 것에는 다음과 같은 조건이 있다. 선이가 C 자격증을 가지고 있다고 할 때, 선이가 취득한 자격증은 모두 몇 개인가?

> • A 자격증을 취득하려면 B 자격증이 있어야 한다.
> • C 자격증 시험을 응시하기 위해서는 D, E 자격증이 있어야 한다.
> • B 자격증을 취득한 사람은 E 자격증 시험에 응시할 수 없다.

① 1개　　　　② 2개　　　　③ 3개　　　　④ 4개

39. 다음 (가)~(마)를 문맥에 따라 순서대로 배열한 것은?

> (가) 도자기 접시를 포크로 긁는 소리나 칠판에 분필이 잘못 긁히는 소리는 대부분의 사람들이 혐오스럽다고 생각한다.
> (나) 고주파에 오래 노출될 경우 청각이 손상될 수 있어서 경계심이 발동되기 때문이다.
> (다) 세상에는 혐오스러운 소리가 수없이 많다.
> (라) 최근까지 혐오감을 일으키는 원인은 소리의 고주파라고 생각해 왔다.
> (마) 왜 이런 소리들이 혐오감을 유발할까?

① (가)-(마)-(라)-(나)-(다)　　　　② (라)-(가)-(나)-(다)-(마)
③ (다)-(가)-(마)-(나)-(라)　　　　④ (다)-(가)-(마)-(라)-(나)

40. 다음을 보고 그 규칙을 찾아 '?'에 들어갈 도형으로 알맞은 것을 고르면?

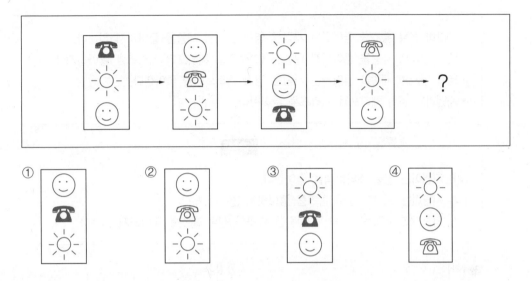

41. 들풀과 토끼, 독수리로 이루어진 생태피라미드가 다음의 그림과 같이 변화하였다. 이러한 변화가 발생하게 된 요인으로 적절한 것은?

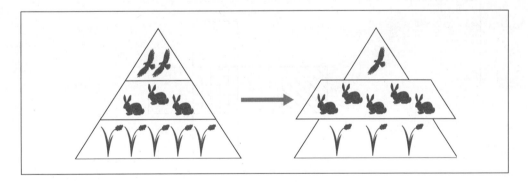

① 독수리의 천적인 인간의 수렵이 증가하였다.
② 인근 초원에서 토끼의 개체 수가 급증하였다.
③ 뱀의 개체 수 급증에 따라 들풀이 감소하였다.
④ 산성비의 강수로 인해 토양이 오염되었다.

42. 다음 명제를 바탕으로 〈결론〉에서 옳은 설명을 모두 고른 것은?

- 드라마 셜록 홈즈를 좋아하는 사람은 영화 반지의 제왕을 좋아하지 않는다.
- 영화 반지의 제왕을 좋아하지 않는 사람은 영화 해리포터 시리즈를 좋아하지 않는다.
- 영화 반지의 제왕을 좋아하는 사람은 영화 스타트렉을 좋아한다.
- 지연이는 영화 해리포터 시리즈를 좋아한다.

결론

(가) 지연이는 영화 스타트렉을 좋아한다.
(나) 지연이는 드라마 셜록 홈즈를 좋아하지 않는다.
(다) 영화 스타트렉을 좋아하는 사람은 드라마 셜록 홈즈를 좋아하지 않는다.

① (가)   ② (나)
③ (가), (나)   ④ (가), (다)

43. 다음 전개도를 무늬가 바깥으로 나오도록 접었을 때 나타날 수 있는 입체도형으로 옳은 것은?

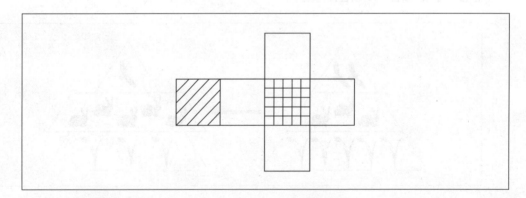

44. 다음 그림과 같이 화살표 방향으로 종이를 접은 후 펀치로 구멍을 뚫은 것을 다시 펼쳤을 때의 모양으로 옳은 것은?

①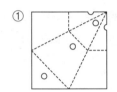

②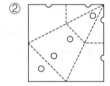

③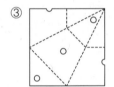

④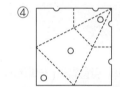

45. 다음은 달의 표면에 남아 있는 우주비행사의 발자국 사진이다. 이 발자국이 사라지지 않고 그대로 있는 이유는?

① 달이 공전하기 때문이다.
② 달이 자전하기 때문이다.
③ 달은 낮과 밤의 기온차가 심하기 때문이다.
④ 달에는 물과 대기가 없기 때문이다.

01. 다음 밑줄 친 부분과 가장 유사한 의미로 단어가 사용된 것은?

> 이 카페는 생과일로 아이스크림과 주스를 직접 <u>만들었다</u>.

① 오랜 공사를 벌인 끝에 마침내 터널을 <u>만들었다</u>.
② 새로 취임한 감독은 재미있는 배구로 팬들에게 사랑받는 팀을 <u>만들겠다</u>는 포부를 밝혔다.
③ 전반적인 생산단계를 실시간으로 분석하면서 최적의 생산 환경을 <u>만드는</u> 것이다.
④ 어떤 나라에서는 자국어 보호법과 같은 법을 <u>만드느라</u> 법석이다.

02. 다음 중 밑줄 친 부분의 맞춤법이 올바르지 않은 것은?

① 자금 사정도 안 좋은데 <u>더욱이</u> 사업을 확장할 수는 없다.
② 다녀오려면 <u>며칠</u> 걸릴 거야.
③ 학생들이 얼마나 <u>대견하던지</u> 한 명도 울지를 않았다.
④ 예상 외로 너무 잘 <u>하드라고</u>.

03. 일반적으로 온도가 높아지면 화학 반응의 속도가 빨라지는 이유는?

① 입자들의 개수가 늘어나기 때문이다.
② 입자들의 운동이 빨라지기 때문이다.
③ 입자들의 질량이 커지기 때문이다.
④ 입자들의 부피가 커지기 때문이다.

04. 다음의 명제가 모두 참일 때 항상 참인 것은?

> • 껌을 좋아하는 아이는 사탕도 좋아한다.
> • 초콜릿을 좋아하지 않는 아이는 사탕도 좋아하지 않는다.
> • 감자칩을 좋아하는 아이는 사탕도 좋아한다.

① 감자칩을 좋아하는 아이는 초콜릿도 좋아한다.
② 감자칩을 좋아하는 아이는 껌을 좋아하지 않는다.
③ 초콜릿을 좋아하는 아이는 감자칩도 좋아한다.
④ 껌을 좋아하는 아이는 초콜릿은 좋아하지 않는다.

05. 다음은 모니터에 대해 조사한 결과를 정리한 자료이다. 이를 참고하여 제품을 구입할 때, 올바른 결정을 한 사람은?

(단위 : 점)

제품	화면 크기	무게	소비전력	가격	디자인
A	4	3	2	5	5
B	5	4	4	4	3
C	3	2	5	2	2
D	2	3	2	3	3
E	4	5	4	3	4

※ 5점은 매우 좋음, 4점은 좋음, 3점은 보통, 2점은 나쁨, 1점은 매우 나쁨을 의미한다.

> • 나라 : 난 멋진 디자인과 화면 크기가 중요해서 C 제품을 선택했어.
> • 민율 : 화면 크기가 크면 소비전력도 높아야 하니까 두 조건을 모두 충족시키는 C 제품을 선택했어.
> • 려원 : 난 가격만 싸다면 뭐든 상관없어서 E 제품을 선택했어.
> • 국영 : 나는 무조건 화면 크기가 큰 게 좋아서 B 제품을 선택했어.

① 나라   ② 민율
③ 려원   ④ 국영

06. 종이를 다음과 같은 순서로 접고 펀치로 구멍을 뚫은 후 다시 펼쳤을 때 나오는 모양으로 옳은 것은?

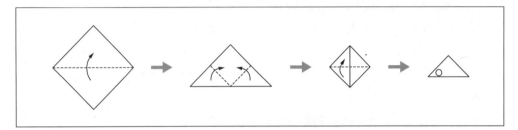

①

②

③

④

07. 다음 글 (가)와 (나)의 공통된 서술 방식으로 옳은 것은?

(가) 자본주의 시장경제가 잘 굴러가기 위해서는 끝없는 욕망으로 인해서 늘 불만족해 하는 사람들이 있어야 한다. 그런 사람들은 열심히 일해서 돈을 벌 욕심이 강하기 때문에 한편으로는 노동시장에서 노동공급을 원활하게 하며 다른 한편으로는 노동시장에서 번 돈을 상품시장에서 소비해 상품이 잘 팔리게 해준다. 달리 말하면 자본주의 시장경제는 다른 어떤 체제보다도 인간을 더 행복하게 만들 수 있는 능력을 가지고 있지만 결국 사람들을 끊임없이 불만스럽게 만들어야 잘 굴러갈 수 있다는 모순을 내포하고 있다.

(나) 신화는 물론 인류의 보편적 속성에 기반하여 형성되고 발전되어 왔지만 그 구체적인 내용은 각 민족마다 다르게 나타난다. 즉, 나라마다 각각 다른 지리·기후·풍습 등의 특성이 반영되어 각 민족 특유의 신화가 만들어지는 것이다. 그래서 고대 그리스의 신화와 중국의 신화는 신화적 발상과 사유에 있어서는 비슷하지만 내용은 전혀 다르게 전개되고 있다.

① 전제 - 예시   ② 주지 - 부연

③ 전제 - 주지   ④ 주장 - 이유 제시

[08 ~ 09] 다음 글을 읽고 이어지는 질문에 답하시오.

'오컴의 면도날(Occam's razor)'이라는 표현이 있다. '경제성의 원리(Principle of economy)'라고도 불리는 이 용어는 14세기 영국의 논리학자였던 오컴의 이름에서 탄생하였으며, 어떤 현상을 설명할 때 필요 이상의 가정과 개념들은 면도날로 베어낼 필요가 있다는 권고로 쓰인다.

인간의 욕구에 대한 대표적인 이론에는 20세기 미국의 심리학자인 매슬로(Maslow)의 욕구단계설이 있다. 인간의 다양한 욕구들은 강도와 중요성에 따라 피라미드 모양의 다섯 단계로 이루어진다는 것이다. 이 이론의 전제는 아래 단계의 기본적인 하위 욕구들이 채워져야 자아 성취와 같은 보다 고차원적인 상위 욕구에 관심이 생긴다는 것이다. 하지만 매슬로의 이론에 의문을 제기해 볼 수 있다. 왜 사람은 세상에서 가장 뛰어난 피아니스트가 되려 하고, 가장 빠른 기록을 가지려고 할까? 즉, 왜 자아 성취를 하려고 할까? 그동안 심리학자들은 장황한 이유를 들어 설명하려 했다. 그러나 진화생물학적 관점에서는 모든 것이 간명하게 설명된다. 자아 성취를 위해 생리적 욕구를 채우는 것이 아니라, 식욕이나 성욕과 같은 인간의 본질적 욕구를 채우는 데 도움이 되기 때문에 자아 성취를 한다는 것이다.

행복도 오컴의 면도날로 정리할 필요가 있다. 행복은 가치나 이상, 혹은 도덕적 지침과 같은 거창한 관념이 아닌 레몬의 신맛처럼 매우 구체적인 경험이다. 그것은 쾌락에 뿌리를 둔, 기쁨과 즐거움 같은 긍정적 정서들이다. 쾌락이 행복의 전부는 아니지만, 이것을 뒷전에 두고 행복을 논하는 것은 (㉠   )이다.

08. 윗글에 대한 이해로 적절하지 않은 것은?

① 진화생물학적 견해는 불필요한 사고의 절약에 도움을 준다.

② '오컴의 면도날'은 어떤 현상을 설명할 때 경제성의 측면에서 권고사항으로 쓰인다.

③ 매슬로와 진화생물학적 관점은 인간의 본질에 대한 해석이 근본적으로 같다.

④ 매슬로는 하위 욕구가 충족되지 않으면 고차원적 욕구에 관심이 생기지 않는다고 본다.

09. 윗글의 흐름을 고려할 때, ㉠에 들어갈 사자성어로 적절한 것은?

① 중언부언(重言復言) 　　　　② 어불성설(語不成說)

③ 교언영색(巧言令色) 　　　　④ 유구무언(有口無言)

10. 한 개의 육면체 주사위를 한 번 던졌을 때 2의 배수가 나올 확률은?

① $\frac{1}{2}$

② $\frac{1}{3}$

③ $\frac{2}{3}$

④ $\frac{3}{4}$

11. 정가가 30,000원인 신발은 30% 할인된 가격으로 구입하고, 정가가 x원인 옷은 20% 할인된 가격으로 구입해서 총 125,000원을 지불하였다. 할인 전 신발과 옷의 총금액은 얼마인가?

① 151,000원

② 160,000원

③ 170,000원

④ 180,000원

12. 다음 중 열의 이동 방식이 나머지와 다른 하나는?

① 공연장에서 강한 조명에 의해 주변이 따뜻해진다.

② 비접촉 온도계로 물체의 온도를 쟀다.

③ 태양에서 방출되는 열이 지구로 전달된다.

④ 냄비 바닥의 일부를 데웠더니 전체가 뜨거워졌다.

13. 다음 중 작용－반작용의 예로 적절하지 않은 것은?

① 친구와 손바닥 밀치기를 하면 두 사람 모두 뒤로 밀려난다.

② 식탁보를 빠르게 빼면 식탁 위 물체는 식탁 위에 그대로 있다.

③ 로켓은 가스가 분출되는 힘에 의해 반대방향으로 발사된다.

④ 노를 저으면 물이 밀리는 방향의 반대로 배가 나아간다.

14. 제시된 왼쪽의 도형을 오른쪽에 나타난 각도만큼 회전시킨 모양은 무엇인가?

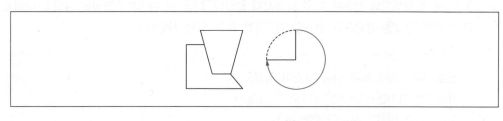

①

③

②

④

15. 다음은 10년 동안 발생한 진도 3 이상의 지진 발생 건수를 나타낸 자료이다. '건수'의 중앙값은?

연도	건수	연도	건수
20X0년	7	20X5년	7
20X1년	11	20X6년	2
20X2년	9	20X7년	10
20X3년	5	20X8년	8
20X4년	15	20X9년	5

① 6.5　　　　　　　　　　　② 7

③ 7.5　　　　　　　　　　　④ 8

16. 정은이는 한 개에 1,500원인 참외와 한 개에 2,500원인 오렌지를 합하여 총 10개를 구매하고 20,000원을 지불하였다. 정은이가 산 참외의 개수는?

① 3개　　　　　　　　　　　② 4개

③ 5개　　　　　　　　　　　④ 6개

17. T사는 사내 야구부를 만들어 경기를 진행하려 한다. 1 ~ 4번 타자까지는 선수가 결정되었으나 5 ~ 9번 타자까지의 타순은 아직 정해지지 않았다. 다음 중 한 명만 거짓을 말하고 나머지 네 명은 모두 진실을 말한다고 할 때, 거짓말을 하고 있는 사람은?

진호 : 나는 재호 바로 다음 타순이 되겠군.

재호 : 첫 경기엔 내가 5번 타순이군 그래.

인태 : 내가 마지막 타순이 되었구나.

경민 : 나는 인태와 재원이보다 뒤 타순이야.

재원 : 나는 경민이보다 뒤 타순에 배치되겠네.

---

① 진호　　　　　　　　　　② 인태

③ 재원　　　　　　　　　　④ 경민

18. 다음 전개도를 접었을 때 모양이 나머지와 다른 것은?

①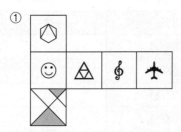

②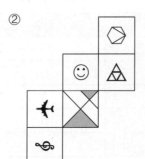

③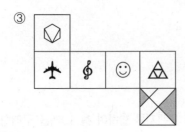

④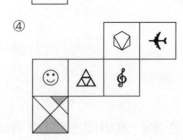

19. 다음 그림에서 만들 수 있는 크고 작은 사각형의 개수는?

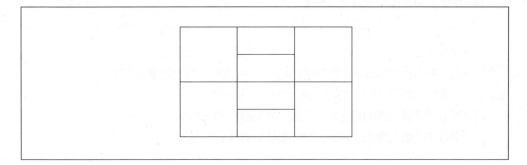

① 20개　　　　　　　　　　② 21개
③ 23개　　　　　　　　　　④ 25개

20. 식물의 광합성에 대한 설명으로 옳지 않은 것은?

① 빛에너지를 이용하여 양분을 합성하는 작용이다.
② 산소가 흡수되고 이산화탄소가 방출된다.
③ 광합성이 일어난 식물의 잎에서는 녹말이 검출된다.
④ 엽록체에서 일어난다.

21. 우리 몸은 여러 영양소로 구성된다. 다음 설명에 해당하는 영양소로 옳은 것은?

- 3대 영양소 중 하나이다.
- 주로 에너지원으로 사용된다.
- 국수, 빵, 옥수수 등에 많이 들어 있다.

① 비타민　　　　　　　　　② 단백질
③ 지방　　　　　　　　　　④ 탄수화물

22. 일 년 동안 개근한 사원에게 포상을 하기 위해 사내 설문조사를 실시하였다. 결과가 다음과 같을 때, 추론한 내용으로 적절한 것은?

> - 포상의 종류는 네 가지로 상여금, 진급, 유급 휴가, 연봉 인상이 있다.
> - 설문지에는 '선택함'과 '선택하지 않음'의 두 가지 선택지만 존재한다.
> - 진급을 선택한 사람은 상여금을 선택하지 않는다.
> - 유급 휴가를 선택하지 않은 사람은 상여금을 선택한다.
> - 유급 휴가를 선택한 사람은 연봉 인상을 선택하지 않는다.

① 상여금을 선택한 사람은 연봉 인상을 선택한다.

② 진급을 선택한 사람은 연봉 인상을 선택한다.

③ 유급 휴가를 선택한 사람은 진급을 선택하지 않았다.

④ 연봉 인상을 선택한 사람은 진급을 선택하지 않는다.

23. 다음에 제시된 도형 3개를 합쳤을 때 나오는 모양으로 적절하지 않은 것은? (단, 각 도형은 회전할 수 없다)

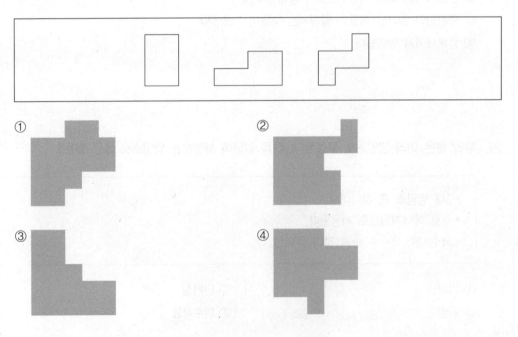

24. 다음에 제시된 자료에 대한 내용으로 옳은 것은?

〈자료 1〉한국의 성별 기대수명*

(단위 : 세)

구분	1980년	1985년	1990년	1995년	2000년	2005년	2010년	2015년
남자	61.89	64.60	67.46	69.70	72.35	74.89	76.84	78.96
여자	70.41	73.23	75.87	77.94	79.67	81.60	83.63	85.17
전체	66.15	68.91	71.66	73.81	76.01	78.24	80.24	82.06

* 연령별 사망률 통계를 기반으로 사람들이 평균적으로 얼마나 오래 살 것인지를 산출한 것, 흔히 현 시점에서 0세의 출생자가 향후 생존할 것으로 기대되는 평균 생존 연수

〈자료 2〉주요국의 기대수명

(단위 : 세)

구분	1980년	1985년	1990년	1995년	2000년	2005년	2010년	2015년
중국	65.5	67.7	68.9	69.7	70.9	73.1	74.7	75.7
미국	73.3	74.4	74.9	75.7	76.5	77.2	78.2	78.9
영국	73.0	74.2	75.1	76.2	77.2	78.4	79.7	81.0
독일	72.3	73.6	75.0	76.0	77.3	78.6	79.7	80.4
프랑스	73.5	74.6	75.9	77.2	78.3	79.4	80.8	81.9
호주	73.6	75.1	76.2	77.7	78.8	80.3	81.5	82.3
스페인	74.4	76.1	76.9	77.6	78.8	79.9	81.2	82.5
스위스	75.2	76.1	77.2	77.9	79.2	80.5	81.8	82.7
이탈리아	73.5	74.9	76.4	77.5	78.8	80.3	81.5	82.3
일본	75.4	77.0	78.5	79.4	80.5	81.8	82.7	83.3

① 우리나라 여자의 기대수명이 남자보다 꾸준히 높게 나타났으며, 성별 기대수명의 차이가 가장 크게 나타났던 해는 1990년이다.

② 기대수명이 가장 높은 국가부터 가장 낮은 국가까지 순위를 매길 때, 1980년 11개국의 기대수명 순위는 2015년과 동일하다.

③ 2015년 기준 11개국 중 기대수명이 가장 높은 국가와 기대수명이 가장 낮은 국가의 기대수명은 8.6세 차이다.

④ 11개국 중 기대수명 80세를 넘는 국가는 2000년 1개국에서 2010년 7개국으로 증가하였다.

25. A 씨는 시속 4km로 걸어 80분 동안 걷는 거리를 B 씨는 100분 만에 걸었다. 이때, B 씨가 걷는 속력은 얼마인가?

① 3.2km/h ② 3.3km/h
③ 3.4km/h ④ 3.5km/h

26. 다음 자료를 분석한 의견 중 적절하지 않은 것은?

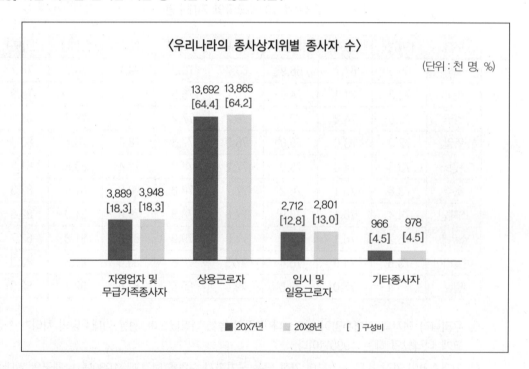

① 우리나라는 상용근로자 수가 가장 많군.

② 20X8년에 1년 전보다 종사자 수가 가장 많이 증가한 지위는 상용근로자네.

③ 종사자 수가 증가했다고 해서 그 비중도 반드시 증가하는 것은 아니로군.

④ 20X8년에 1년 전보다 종사자 수가 감소한 지위는 기타종사자뿐이구나.

27. A 선생님은 자신이 가르치는 학생 B ~ F 중 한 명의 집에 방문하여 진로상담을 하였다. 그 집에서 치즈를 먹었다면 A 선생님이 방문한 집은 누구의 집인가?

> • 모든 학생의 집에는 간식(치즈, 쿠키, 빵, 과일, 초콜릿)과 음료(홍차, 커피, 주스, 탄산음료, 우유)가 서로 겹치지 않게 한 종류씩 있고 손님이 오면 반드시 집에 있는 간식과 음료를 대접한다.
> • B의 집에는 쿠키가 있다.
> • C의 집에는 빵이 있고 탄산음료는 없다.
> • D의 집에는 주스가 있다.
> • E의 집에는 초콜릿이 없고 홍차가 있다.
> • 과일이 있는 집에는 우유가 있다.

① B
② C
③ D
④ E

28. 다음은 같은 크기의 블록을 쌓아 올린 그림이다. 블록에서 밑면을 제외한 모든 면에 페인트를 칠할 때 2개의 면이 칠해지는 블록의 개수는 몇 개인가?

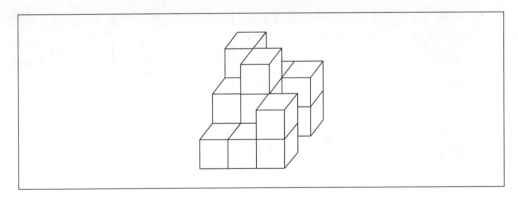

① 4개
② 5개
③ 6개
④ 7개

29. 다음은 전하를 띤 가벼운 금속 구를 천장에 실로 매달아 놓은 모습을 나타낸 것이다. 이에 대한 설명으로 옳지 않은 것은?

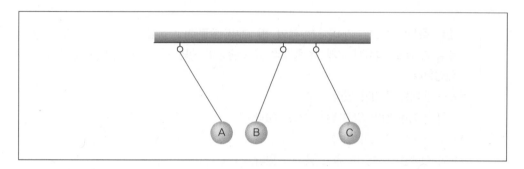

① A와 B는 서로 다른 전하를 띠고 있다.

② A와 C는 서로 같은 전하를 띠고 있다.

③ A와 C 사이에는 서로 끌어당기는 힘이 작용한다.

④ B와 C는 서로 같은 전하를 띠고 있다.

30. 다음 자료에 대한 해석으로 적절한 것은?

〈20XX년 주택형태별 에너지 소비 현황〉

(단위 : 천 TOE)

구분	연탄	석유	도시가스	전력	열에너지	기타	합계
단독주택	411.8	2,051.8	2,662.1	2,118.0	–	110.3	7,354
아파트	–	111.4	5,609.3	2,551.5	1,852.9	–	10,125.1
연립주택	1.4	33.0	1,024.6	371.7	4.3	–	1,435
다세대주택	–	19.7	1,192.6	432.6	–	–	1,644.9
상가주택	–	10.2	115.8	77.6	15.0	2.4	221
총합	413.2	2,226.1	10,604.4	5,551.4	1,872.2	112.7	20,780

※ 전력 : 전기에너지와 심야전력에너지 포함

※ 기타 : 장작 등 임산 연료

① 단독주택에서 소비한 전력 에너지량은 단독주택 전체 에너지 소비량의 30% 이상을 차지한다.

② 모든 주택형태에서 가장 많이 소비한 에너지 유형은 도시가스 에너지이다.

③ 단독주택은 모든 유형의 에너지를 소비한다.

④ 모든 주택형태에서 공통적으로 소비되는 에너지 유형은 4가지이다.

31. 가로 42cm, 세로 60cm인 벽에 남는 부분 없이 정사각형 타일을 붙이고자 한다. 필요한 타일의 최소 개수는?

① 40개   ② 50개
③ 60개   ④ 70개

32. 다음 글의 주제로 적절한 것은?

> 우리는 학교에서 한글 맞춤법이나 표준어 규정과 같은 어문 규범을 교육받고 학습한다. 어문 규범은 언중들의 원활한 의사소통을 위해 만들어진 공통된 기준이며 사회적으로 정한 약속이기 때문이다. 그러나 문제는 급변하는 환경에 따라 변화하는 언어 현실에서 언중들이 이와 같은 어문 규범을 철저하게 지키며 언어생활을 하기란 쉽지 않다는 것이다. 그래서 이러한 언어 현실과 어문 규범과의 괴리를 줄이고자 하는 여러 주장과 노력이 우리 사회에 나타나고 있다.
>
> 최근, 어문 규범이 언어 현실을 따라오기에는 한계가 있기 때문에 어문 규범을 폐지하고 아예 언중의 자율에 맡기자는 주장이 있다. 또한 어문 규범의 총칙이나 원칙과 같은 큰 틀만을 유지하되, 세부적인 항목 등은 사전에 맡기자는 주장도 있다. 그러나 어문 규범을 부정하는 주장이나 사전으로 어문 규범을 대신하자는 주장에는 문제점이 있다. 전자의 경우 언어의 생성이나 변화가 언중 각각의 자율에 의해 이루어져 오히려 의사소통의 불편함을 야기할 수 있다. 후자는 우리나라의 사전 편찬 역사가 짧기 때문에 어문 규범의 모든 역할을 사전이 담당하기에는 무리가 있으며, 언어 현실의 다양한 변화를 사전에 전부 반영하기 어렵다는 문제점이 있다.

① 의사소통의 편리함을 위해서는 어문 규범을 철저히 지켜야 한다.
② 언어 현실과 어문 규범의 괴리를 해소하기 위한 방법을 모색하는 노력이 나타나고 있다.
③ 언어의 변화와 생성은 사람들의 의사소통을 혼란스럽게 할 수 있기 때문에 최대한 자제해야 한다.
④ 어문 규범과 언어 현실의 괴리를 없애기 위해서는 언중의 자율과 사전의 역할 확대가 복합적으로 진행되어야 한다.

용산기초복원
1회 기출예상
2회 기출예상
3회 기출예상
4회 기출예상
5회 기출예상
6회 기출예상
7회 기출예상
8회 기출예상
9회 기출예상
인성검사
면접가이드

33. 다음은 한 실험을 나타낸 그림이다. 동일한 나무 도막 A, B 중 B의 밑면에 사포를 붙이고, 이들을 나무판 위에 올려놓은 후 나무판의 한쪽 끝을 서서히 들어 올릴 때 나타나는 현상에 대한 설명으로 옳은 것을 모두 고르면?

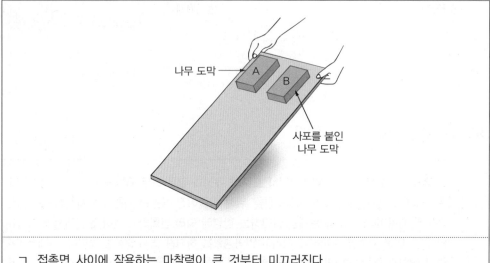

ㄱ. 접촉면 사이에 작용하는 마찰력이 큰 것부터 미끄러진다.
ㄴ. A가 B보다 나중에 미끄러진다.
ㄷ. 이 실험으로 접촉면의 거칠기에 따른 마찰력의 크기를 알아볼 수 있다.

① ㄱ   ② ㄴ
③ ㄷ   ④ ㄴ, ㄷ

34. 다음의 명제들을 참고할 때 밑줄 친 부분에 들어갈 문장으로 알맞은 것은?

• 모든 사탕은 색이 빨갛거나 모양이 둥글다.
• 둥근 모양의 사탕은 딸기 맛이 난다.
• 소연이가 산 사탕은 딸기 맛이 아니다.
• 그러므로 _____

① 모든 사탕은 딸기 맛이 아니다.
② 소연이가 산 사탕은 색이 빨갛다.
③ 소연이가 산 사탕은 레몬 맛이다.
④ 소연이가 산 사탕은 모양이 둥글다.

[35 ~ 36] 다음 글을 읽고 이어지는 질문에 답하시오.

최저임금 상승으로 프랜차이즈 업계가 인건비 부담을 느끼고 있는 가운데 다양한 외식·프랜차이즈 매장에 무인 주문기 도입이 확산되고 있다. 특히 키오스크와 같은 무인화 시스템은 주문시간 단축, 고객 편의 향상에 원가절감이란 매력적인 무기를 장착하고 소비자 곁에 바짝 다가서고 있다. 최근 소비 트렌드인 '언택트 마케팅'(비대면 마케팅)도 무인화 시스템 증가의 촉매제 역할을 하고 있다.

8일 업계에 따르면 최근 M사가 무인주문시스템 키오스크를 도입키로 결정했고, 이미 맥도날드, 롯데리아, 버거킹 등이 매장 내 키오스크를 운영 중이다. 맥도날드는 업계 최초로 장애인을 위한 키오스크 기능을 선보이며 무인화 서비스는 점차 다양화되고 발전되고 있는 추세다. M사 측은 고객 편의 증대와 함께 가맹점주들의 운영 효율을 지원하기 위해 키오스크를 도입한다고 하였는데, 이에 따라 매장 방문 고객은 점원과 대면하지 않고도 본인이 직접 원하는 메뉴 주문부터 매장 식사, 포장 등을 자유롭게 선택할 수 있게 되었으며, 결제방법도 신용카드, 교통카드 등 다양하다.

현재 키오스크를 우선 도입한 곳은 경기 파주, 전남 여수 등 중소도시 매장들로, 평소 점원을 구하기 어려운 문제를 해소하는 데도 도움이 될 것으로 기대하고 있다.

35. 다음 중 언택트 기술을 이용한 마케팅의 장단점으로 적절하지 않은 것은?

① 일자리 감소에 따른 실업 인구 증가의 우려가 있다.
② 구인난에 시달리는 사업주들에게 인력을 대체할 방편이 될 수 있다.
③ 개인주의 성향이 줄어들며 보다 원활한 소통의 사회로 바뀔 수 있다.
④ 일정 기간 후 기술 도입 비용을 넘어 인건비를 절감하는 효과를 거둘 수 있다.

36. 다음 중 윗글에서 언급한 '언택트'의 적절한 사례로 보기 어려운 것은?

① 인천국제공항 제2터미널에 입점한 로봇카페
② 매장 도착 전 앱으로 미리 주문이 가능한 사이렌 오더
③ 대형 피규어와 운동화를 로봇 팔이 판매하는 대형 자동판매기
④ 빅데이터를 이용해 최상의 진단과 치료법을 알려주는 암 치료 인공지능 '왓슨'

37. 다음 중 모양이 나머지와 다른 하나는?

①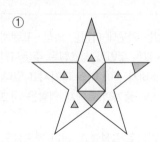

②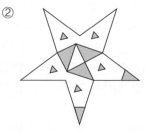

③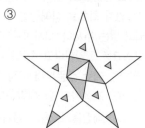

④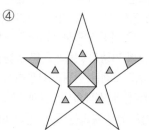

38. D 건설의 인사부는 6인용 스틱 승합차를 타고 워크숍에 가려고 한다. 부장, 차장, 과장, 대리, 사원 A, 사원 B가 다음과 같은 〈조건〉에 따라 자리에 앉을 경우, 과장이 앉는 자리는? (단, 운전석의 위치는 1로 한다)

조건

(가) 스틱 승합차를 운전할 수 있는 사람은 과장, 대리뿐이다.
(나) 부장 옆에는 차장이 앉아야 한다.
(다) 차장은 멀미 때문에 맨 뒷줄에 앉을 수 없다.
(라) 사원 A와 사원 B는 같이 앉을 수 없다.
(마) 부장은 짝수 번호 좌석에는 앉지 않는다.
(바) 과장은 부장의 대각선 자리에 앉아야 한다.

① 1
② 2
③ 5
④ 6

39. 5층짜리 건물에 다른 직업을 가진 5명이 각각 다른 층에 거주하고 있다. 다음 조건을 바탕으로 할 때, 4층에 거주하고 있는 사람의 직업은?

> • 시나리오 작가의 위층에는 아무도 살지 않으며, 시나리오 작가는 같은 건물에 사는 영화 감독의 집에 가려고 두 개의 층을 내려갔다.
> • 경찰은 자신이 건물 보안을 책임지겠다며 자발적으로 1층에 입주하였다.
> • 교사는 체험학습 프로그램을 고민하던 중 같은 건물 2층에 사는 국립과학박물관의 큐레이터에게 전시 정보를 물어보았다.

① 경찰   ② 큐레이터
③ 영화감독   ④ 교사

40. 다음 중 순환계를 구성하는 혈관에 대한 설명으로 옳지 않은 것은?

① 모세 혈관은 동맥과 정맥을 연결한다.
② 모든 동맥에는 동맥혈이 흐른다.
③ 정맥에 있는 판막이 혈액이 거꾸로 흐르는 것을 막는다.
④ 심장으로 들어가는 혈액이 흐르는 혈관을 정맥이라고 한다.

41. 다음 (가) ~ (마)는 일상에서 일어나는 여러 가지 물질 변화의 예이다. 이들을 물리 변화와 화학 변화를 기준으로 옳게 분류한 것은?

> (가) 철이 녹슨다.
> (나) 드라이아이스가 사라진다.
> (다) 고기 굽는 냄새가 퍼져 나간다.
> (라) 가을이 되면 단풍잎이 붉은색으로 변한다.
> (마) 깎아 놓은 사과의 색이 변한다.

	물리 변화	화학 변화		물리 변화	화학 변화
①	(가), (라)	(나), (다), (마)	②	(나), (다)	(가), (라), (마)
③	(나), (다), (라)	(가), (마)	④	(다), (마)	(가), (나), (라)

울산기출복원 1회 기출예상 2회 기출예상 3회 기출예상 4회 기출예상 5회 기출예상 6회 기출예상 7회 기출예상 8회 기출예상 9회 기출예상 인성검사 면접가이드

42. 다음을 보고 그 규칙을 찾아 '?'에 들어갈 도형으로 알맞은 것은?

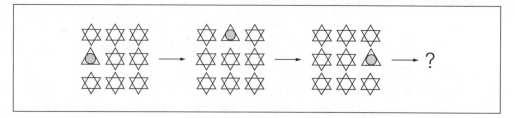

①

②

③

④

43. 다음은 같은 크기의 블록을 쌓아 만든 입체도형을 앞에서 본 정면도, 위에서 본 평면도, 오른쪽에서 본 우측면도를 나타낸 그림이다. 이에 해당하는 입체도형으로 알맞은 것은? (단, 화살표 방향은 정면을 의미한다)

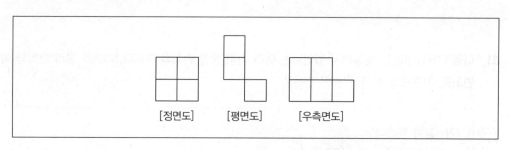

[정면도]   [평면도]   [우측면도]

①

②

③

④

44. 다음 글을 참고할 때, 폐교 위기의 학교를 살리는 방법으로 적절한 것은?

작은학교 살리기에서 시작된 고민이 점차 지역사회 전체로 확산하고 있다. 학령인구 감소로 소규모학교 증가는 예고돼 있지만, 시작 단계인 작은학교 살리기 사업이 그 대안이라고 예단하기는 어렵다. 작은학교 사업이 성공하려면 중장기적으로 개선이 필요하다는 지적이 나온다.

김○○ □□도의회 정책지원관은 "현실적으로 대다수 소규모학교가 자체적으로 학교 활성화 정책을 추진하고 있는 상황에서 교직원들의 자발적 참여만으로는 정책 개발에 한계가 있다. 교육청 내에 소규모학교 지원을 위한 전담팀을 만들어 현장의 정책적 수요를 파악하고, 민간협의체의 가교 역할을 해야 한다."고 강조했다.

장기적으로 작은학교 운영 모델을 다양화해야 한다는 목소리도 나온다. □□교육연구정보원 교육정책연구소 위△△ 책임연구원은 "저출생과 지역소멸 위기로 소규모학교의 증가 추세는 가속화할 것이다. 최근에는 지역을 살리고 작은학교를 활성화하고자 전국적으로 많은 시도를 하고 있지만, 지자체와 교육청이 하는 사업은 거의 비슷한 형태로 진행되고 있다. 작은학교 간 연계 혹은 학교급 간 연계, 학교-마을학교 연계 등 작은학교 운영 모델을 다양화해야 한다."고 밝혔다.

그러면서 위 책임연구원은 "작은학교는 표준화된 학교 교육과정을 탈피하고, 실생활 중심, 특성화, 친밀한 관계, 의사소통·공동체 역량을 적극적으로 살리는 교육과정이 가능하다. 2025년 시행하는 고교학점제는 결국 맞춤형 개별화 교육과도 연결되는데, 이는 학생에게 언제 어디서 배울지 결정할 자유를 주는 데서 시작된다. 작은학교에서는 이를 어떻게 실현할 수 있을까 하는 고민과 시도가 이뤄져야 한다."고 강조했다.

① 주어진 환경을 그대로 활용한다.
② 교직원의 자발적인 참여를 독려한다.
③ 작은학교를 줄이고 대형 학교를 확충해야 한다.
④ 교육청의 협조를 받는다.

45. 일정한 속도로 달리는 버스 안에서 공을 떨어뜨릴 경우 공은 어떤 방향으로 떨어지겠는가?

① 뒤쪽으로 떨어진다.
② 앞쪽으로 떨어진다.
③ 수직으로 떨어진다.
④ 뒤쪽으로 포물선을 그리며 떨어진다.

울산기출복원 1회 기출예상 2회 기출예상 3회 기출예상 4회 기출예상 5회 기출예상 6회 기출예상 7회 기출예상 8회 기출예상 9회 기출예상 인성검사 면접가이드

01. 다음 밑줄 친 부분과 동일한 의미로 단어가 쓰인 것은?

> 할아버지의 수레를 뒤에서 밀었다.

① 철수는 대문을 밀었다.
② 경호는 송판을 대패로 밀었다.
③ 창호가 목욕탕에서 때를 밀었다.
④ 우리는 민호를 학생회장으로 밀었다.

02. 다음 중 외래어 표기가 올바른 것은?

① 워크샵
② 앙케이트
③ 바베큐
④ 뷔페

03. 다음 밑줄 친 부분에 들어갈 문장으로 알맞은 것은?

> 아기는 천사다. 천사는 번개를 부릴 수 있다. 천사가 아니면 신의 노예다.
> 그러므로 _____

① 천사는 아기다.
② 아기는 번개를 부릴 수 없다.
③ 번개를 부릴 수 있으면 아기다.
④ 신의 노예가 아니면 번개를 부릴 수 있다.

04. 다음과 같은 현상에 대한 원인을 설명할 수 있는 원리는?

> 과일이 익으면 땅에 떨어진다.

① 탄성력　　　　　　　　② 마찰력
③ 중력　　　　　　　　　④ 부력

05. 다음에 제시된 도형 3개를 합쳤을 때 나오는 모양으로 적절하지 않은 것은? (단, 제시된 도형은 회전할 수 없다)

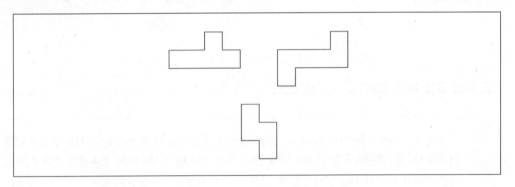

① 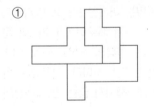　　　　　　　②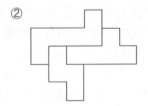

③ 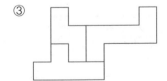　　　　　　　④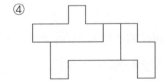

06. 다음 자료는 새롭게 입사한 신입사원들의 프로필을 간략하게 정리한 파일이다. 인사팀에서 이 정보를 종합적으로 고려하여 부서배치를 한 결과 중 가장 적절하지 못한 것은?

구분	전공	외국어	특이사항	면접메모
A	무역학	영어, 일본어	타사 영업부서 경력	밝고 긍정적, 적극적인 성격
B	경제학	영어	공모전 수상 경력	말을 차분하고 논리적으로 잘함.
C	회계학	–	AFPK, 전산세무회계 자격증	침착하고 조용한 성격
D	국제경영학	영어, 중국어	해외영업, 해외지사 근무 희망	외국어 구사 능력이 뛰어남.

① A – 국내 영업팀
② B – 기획팀
③ C – 회계팀
④ D – 총무팀

07. 다음 글에 대한 설명으로 적절한 것은?

우리가 자유를 제한하지 않을 수 없는 이유는 모든 사람에게 무제한의 자유를 허용했을 경우에 생기는 혼란과 일반적 불이익에 있다. 모든 사람들이 제멋대로 행동하는 것을 허용한다면 서로가 서로의 길을 방해하게 될 것이고, 결국 대부분의 사람들이 심한 부자유의 고통을 받는 결과에 이르게 될 것이다. 자유의 역리(逆理)라고 부를 수 있는 이러한 모순을 방지하기 위하여 자유의 제한은 불가피하다. 자유를 제한하는 것이 바람직하기 때문이 아니라, 더 큰 악(惡)을 막기 위하여 자유를 제한한다는 이 사실을 근거로 우리는 하나의 원칙을 얻게 된다. 자유의 제한은 모든 사람을 위해서 불가피할 경우에만 가해야 한다는 것이다. 자유에 대한 불필요한 제한은 정당화될 수 없다. 사회의 질서와 타인의 자유를 해치지 않는 한 최대한의 자유를 허용하는 것이 바람직하다.

① 자유의 역리란 무조건 사람들의 자유를 빼앗아야 한다는 이론이다.
② 사람들의 자유를 제한하는 행위는 매우 바람직하다.
③ 사람들이 서로의 자유를 침해하지 않는다면 자유를 보장해야 한다.
④ 사람들에게 법률에 의한 자유침해는 전혀 필요치 않다.

08. 다음 대화에서 팀워크를 저해하는 정 대표의 문제점으로 적절한 것은?

> 최 부장 : 대표님, 부서 회의 중 제품 서비스 개편을 위해 사용자 만족도 테스트를 진행해 보자는 의견이 있었습니다. 이를 위해…….
>
> 정 대표 : 최 부장, 꼭 테스트를 해 봐야 사용자가 만족하는지 불만족하는지를 파악할 수 있습니까? 딱 보면 알 수 있지 않나요? 요새 바짝 인기를 끌고 있는 P 기업은 사은품 프로모션을 한다는데, 우리도 그런 프로모션을 해 보는 게 더 낫지 않겠어요? 의견을 좀 말해 봐요.

① 상대방의 말을 듣고 받아들이기보다 자신의 생각이 옳다는 것만 확인하려 한다.

② 상대방의 말에 관심을 보이고는 있지만 적극적으로 문제를 해결하려고 하지 않는다.

③ 상대방의 말을 듣고 곧 자신이 다음에 할 말을 생각하는 데 집중하여 상대방의 말에 제대로 반응하지 못한다.

④ 상대방에 대한 부정적인 선입견 때문에 상대방을 비판하기 위한 증거를 찾기 위해서만 귀를 기울인다.

09. 다음 중 모양이 나머지와 다른 하나는?

①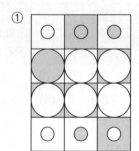

②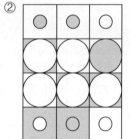

③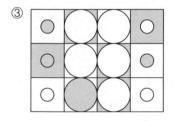

④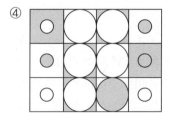

10. 원가가 2,000원인 상품에 50%의 이익을 붙여 정가를 매겼는데 잘 팔리지 않아 할인하여 팔았더니 원가의 30%가 이익으로 남았다. 할인한 금액은 얼마인가?

① 200원   ② 400원
③ 600원   ④ 800원

11. 경수는 60쪽짜리 수학 문제집을 다 풀었다. 반은 하루에 6쪽씩 풀고, 나머지 반은 하루에 3쪽씩 풀었다면 경수는 하루에 평균 몇 쪽씩 푼 셈인가?

① 4쪽   ② 4.1쪽
③ 4.3쪽   ④ 4.5쪽

12. 다음은 초·중·고등학교의 사교육비 총액을 기록한 표이다. 이에 대한 설명으로 옳은 것은?

〈학생 사교육비 총액 규모〉

(단위 : 억 원, %)

구분	20X5년 비용	20X6년 비용	전년 대비 증감률	20X7년 비용	전년 대비 증감률	20X8년 비용	전년 대비 증감률	20X9년 비용	전년 대비 증감률
전체	190,395	185,960	-2.3	182,297	-2.0	178,346	-2.2	180,605	1.3
초등학교	77,554	77,375	-0.2	75,948	-1.8	75,287	-0.9	77,438	2.9
중학교	61,162	57,831	-5.4	55,678	-3.7	52,384	-5.9	48,102	-8.2
고등학교	51,679	50,754	-1.8	50,671	-0.2	50,675	0.0	55,065	8.7

※ 20X8년 대비 20X9년 학생 수 감소 : 초등학교 2,715 → 2,673천 명, 중학교 1,586 → 1,457천 명, 고등학교 1,788 → 1,752천 명

① 조사기간 동안 전년 대비 증감률은 매년 고등학교가 가장 크다.
② 전체 사교육비는 20X9년에 전년 대비 최고 증가폭을 보였다.
③ 20X8년 대비 20X9년의 중학교 사교육비 감소는 비용의 순수 경감 효과이다.
④ 전체적으로 사교육에 쏟아 붓는 비용이 시간의 흐름에 따라 꾸준히 감소하였다.

13. 20X8년 6월의 전기차 등록 대수가 총 13,680대라고 할 때, 다음 그래프를 이해한 설명으로 옳지 않은 것은?

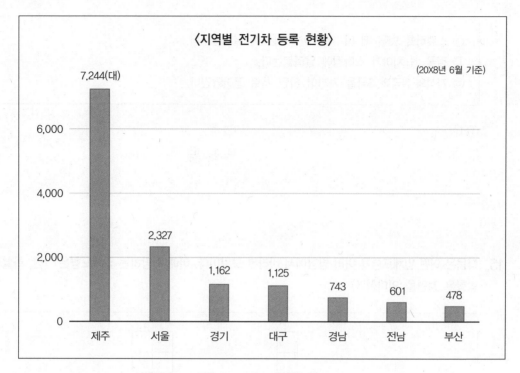

〈지역별 전기차 등록 현황〉

(20X8년 6월 기준)

- 제주: 7,244(대)
- 서울: 2,327
- 경기: 1,162
- 대구: 1,125
- 경남: 743
- 전남: 601
- 부산: 478

① 경기와 대구의 전기차 등록 수의 합은 서울의 전기차 등록 수보다 적다.

② 대구의 등록 수는 부산의 등록 수의 3배보다 적다.

③ 전체 등록 수 대비 제주의 등록 수의 비율은 50% 이하이다.

④ 등록 수가 1,000대 미만인 지역들의 등록 수 평균은 600대보다 많다.

14. 다음 중 머리를 빗을 때 머리카락이 빗에 달라붙는 경우와 같은 원리가 적용되는 현상을 모두 고른 것은?

> ㉠ 스웨터를 벗을 때 머리카락이 스웨터에 달라붙는다.
> ㉡ 걸을 때 치마가 스타킹에 달라붙는다.
> ㉢ 자석의 N극과 S극을 가까이 하면 서로 끌어당긴다.

① ㉠   ② ㉢

③ ㉠, ㉡   ④ ㉡, ㉢

15. 다음은 어떤 입체도형을 여러 방향에서 바라본 모양이다. 이에 해당하는 입체도형은? (단, 화살표 방향은 정면을 의미한다)

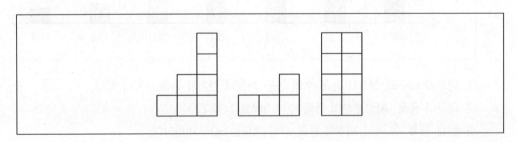

①

②

③

④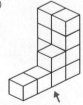

16. 발표 수업에서 한 조가 된 영희와 철수, 미정이는 발표 순서를 정하고 다음과 같이 발표 순서에 대한 발언을 하였다. 두 번째로 발표를 하게 되는 사람은? (단, 철수는 항상 거짓말을 하고, 미정이는 사실만을 말하며, 영희는 거짓말을 하는지 사실을 말하는지 알 수 없다)

> ㉠ 첫 번째로 발표하는 사람 : 두 번째로 발표하는 사람은 영희이다.
> ㉡ 두 번째로 발표하는 사람 : 세 번째로 발표하는 사람은 철수이다.
> ㉢ 세 번째로 발표하는 사람 : 세 번째로 발표하는 사람은 영희가 아니다.

① 영희 ② 철수
③ 미정 ④ 알 수 없음.

17. 다음 글에 나타난 신경성 매독의 치료법을 개발한 사례를 일컫는 사자성어로 적절한 것은?

> 프랑스의 샤를 8세와 영국의 헨리 8세의 공통점은 매독으로 사망했다는 것이다. 샤를 8세가 이탈리아에 침공했을 당시 프랑스군의 대규모 성범죄로 인해 유럽 전역으로 퍼져나가기 시작한 매독은 한때 인류를 위기에 빠뜨렸던 가장 무서운 질병 중 하나였다.
>
> 매독의 원인은 1905년에서야 독일의 세균학자 샤우딘과 호프만에 의해 매독의 병원균인 스피로헤타가 발견되며 밝혀졌다. 그리고 마침내 1909년에 파울 에를리히에 의해 '마법의 탄환'으로 알려진 살바르산이라는 매독 치료제가 개발됐다.
>
> 매독에 감염된 후 약 15년 후에 발병하는 이상한 질병이 있다. 신경계를 침범한 매독이 뇌를 손상시키게 되면서 운동장애가 일어나거나 판단 및 기억 저하 등의 증상과 함께 마비를 일으키고 마침내는 치매에 빠지는 것이 바로 그 질병이다. 진행성 마비 혹은 마비성 치매라고도 불리는 이 정신질환은 뇌매독의 한 종류로서, 전체 매독환자의 약 4 ~ 5%에게서 발병한다. 발병 후 약 3년 만에 죽음에 이르게 될 만큼 치명적이며 마비가 나타나는 주 연령대가 32 ~ 45세 사이의 남성들이라 사회와 가족에 큰 고통을 주었다.
>
> 하지만 오스트리아의 정신의학자인 율리우스 바그너 야우레크는 기발한 발상으로 신경성 매독의 치료법을 개발했다. 매독 병원균인 스피로헤타가 고열에 약하다는 사실에 착안해 환자들을 말라리아에 감염시킨 것이다.

① 이열치열(以熱治熱) ② 순망치한(脣亡齒寒)
③ 하충의빙(夏蟲疑氷) ④ 연목구어(緣木求魚)

18. 다음 ㉠ ~ ㉢에서 파악할 수 있는 공통점으로 알맞은 것은?

> ㉠ 가방을 들고 앞으로 걸어간다.
> ㉡ 피겨 선수가 일정한 속력으로 마찰이 없는 빙판 위를 미끄러진다.
> ㉢ 큰 힘으로 벽을 밀지만 벽이 꿈쩍도 하지 않는다.

① 한 일의 양이 0이다.
② 작용한 힘이 0이다.
③ 작용한 힘과 이동 거리가 모두 0이다.
④ 작용한 힘의 방향과 이동 방향이 수직이다.

19. 다음의 명제들이 모두 참이라 할 때, 항상 참인 것은?

> • 달리기를 못하는 사람은 수영을 못한다.
> • 달리기를 잘하는 사람은 항상 운동화를 신는다.
> • 윤재는 항상 구두를 신는다.

① 윤재는 달리기를 잘한다.
② 윤재는 수영을 못한다.
③ 수영을 잘하는 사람은 구두를 신는다.
④ 수영을 못하는 사람은 운동화를 신지 않는다.

20. 다음을 보고 그 규칙을 찾아 '?'에 들어갈 도형으로 알맞은 것을 고르면?

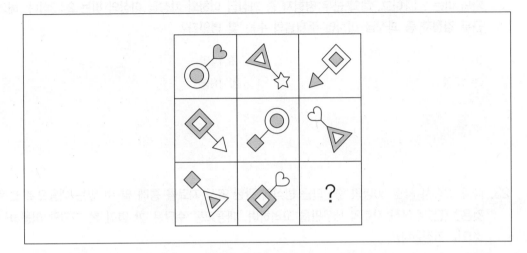

①

②

③

④

21. A ～ E 다섯 명의 영어시험 평균 점수는 72점이다. A, B의 점수가 65점, C, D의 점수가 75점이라고 할 때 E의 점수는 몇 점인가?

① 70점   ② 75점

③ 80점   ④ 85점

응시가이드북
1회 기출예상
2회 기출예상
3회 기출예상
4회 기출예상
5회 기출예상
6회 기출예상
7회 기출예상
8회 기출예상
9회 기출예상
인성검사
면접가이드

22. ○○사의 해외 파견 주재원의 수는 총 120명이다. 이 중 해외 근무 무경험자와 해외 근무 경험자의 비는 2 : 1이고, 해외 근무 경험자 중 과장급 이하와 차장급 이상의 비는 2 : 3이다. 해외 근무 경험자 중 과장급 이하인 주재원의 수는 몇 명인가?

   ① 12명   ② 14명
   ③ 16명   ④ 18명

23. 다음 ○○사 사원 60명의 출·퇴근 방식에 관한 조사 자료를 통해 알 수 있는 내용으로 옳은 것은? (단, 주어진 자료의 내용만을 고려하며, 대중교통 수단은 한 명이 한 가지만 이용하는 것으로 가정한다)

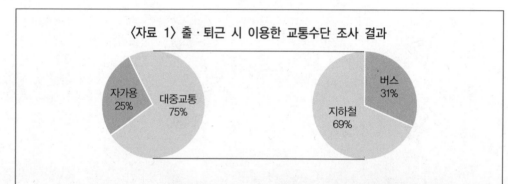

〈자료 1〉 출·퇴근 시 이용한 교통수단 조사 결과

자가용 25% / 대중교통 75% / 버스 31% / 지하철 69%

〈자료 2〉 전체 사원의 출·퇴근 시 환승 횟수 조사 결과

환승 횟수	없음	1번	2번	3번
비율	42%	27%	23%	8%

※ 모든 계산은 소수점 아래 첫째 자리에서 반올림한 값이다.
※ 자가용 이용자는 환승 횟수 '없음'으로 응답하였다.

① 자가용을 이용하는 사원은 25명이다.
② 버스를 이용하는 사원은 13명이다.
③ 환승 횟수가 3번 이상인 사원은 4명이다.
④ 대중교통을 이용하는 사원 중 환승 횟수가 한 번 이상인 사원은 전체 사원의 58%이다.

24. 물을 담은 수레가 마찰 없는 평면 위에서 움직일 때, 수면의 모양이 다음과 같이 되는 경우는?

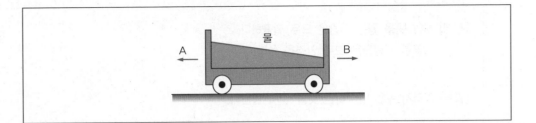

① 수레가 일정한 속력으로 B 방향으로 움직일 때
② B 방향으로 움직이던 수레가 갑자기 정지할 때
③ 정지한 수레가 B 방향으로 갑자기 움직일 때
④ 정지한 수레가 A 방향으로 갑자기 움직일 때

25. 다음 (가) ~ (라)에 해당하는 용어가 바르게 연결된 것은?

> (가)을 접종하면 체내의 (나)이 발동하여 몸에 침투한 특정 (다)에 대하여 특정한 (라)을/를 생성하게 된다. 우선 (가)을 통해 (라)이/가 만들어지면 같은 종류의 (다) 이/가 몸속에 다시 들어왔을 때, 이를 기억하는 세포가 처음보다 빠르고 강하게 (나) 반응을 나타낼 수 있다. 예방 (가)은 이러한 기억 세포들을 만듦으로써 병원균에 대한 저항 능력을 키우는 것이라 볼 수 있다.

	(가)	(나)	(다)	(라)
①	백신	면역	항원	항체
②	백신	항원	항체	면역
③	항원	면역	항체	백신
④	백신	항원	면역	항체

26. 다음의 빈칸에 들어갈 전제로 적절한 것은?

> [전제] 하얀 옷을 입는 사람은 모두 깔끔하다.
> 깔끔한 사람들은 모두 안경을 쓴다.
> (   )
>
> [결론] 따라서 수인이는 하얀 옷을 입지 않는다.

① 하얀 옷을 입지 않는 사람은 수인이가 아니다.
② 수인이는 안경을 쓰지 않는다.
③ 안경을 쓰는 사람들은 모두 하얀 옷을 입는다.
④ 깔끔하지 않은 사람들은 모두 안경을 쓰지 않는다.

27. 다음 그림에서 만들 수 있는 크고 작은 삼각형은 모두 몇 개인가?

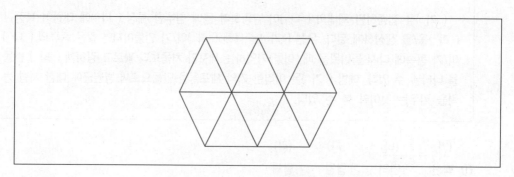

① 10개   ② 11개
③ 12개   ④ 13개

28. 종이를 다음 그림과 같은 순서로 접고 색칠된 부분을 자른 후 다시 펼쳤을 때의 모양으로 옳은 것은?

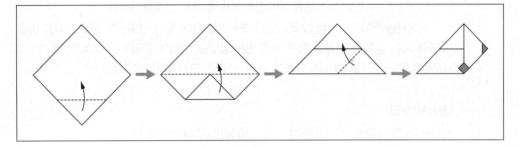

①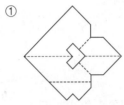

②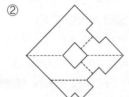

③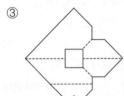

④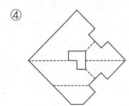

29. 다음 중 일식(日蝕)에 대한 설명으로 옳지 않은 것은?

① 일식은 태양이 달에 가려지는 현상이다.
② 일식은 태양, 달, 지구가 일직선에 위치할 때 발생난다.
③ 일식이 일어나면 지구의 낮에 해당하는 모든 곳에서 관측할 수 있다.
④ 태양의 오른쪽부터 가려진다.

30. 다음 중 공고문의 내용을 잘못 이해한 것은?

〈20X5년 동계 한자문화캠프 참가자 선착순 모집〉

○○시에서는 한자교육, 예절교육, 전통문화체험을 통해 우리 선조들의 교육과 삶을 이해하고 더불어 사는 공동체 생활을 통한 바른 인성함양을 위하여 운영하는 20X5년 동계 ○○ 한자문화캠프에 참가할 학생을 다음과 같이 선착순 모집합니다.

20X4. 12. 1.

1. 참가자 모집
   - 접수 기간 : 20X4. 12. 13.(수) ~ 12. 15.(금) 09:00 ~ 18:00
   - 참가 자격 : 공고일 현재 ○○시에 주민등록을 둔 초등학교 재학생
   - 모집 인원 : 50명(선착순 모집)
   - 신청 방법 : 전자우편 또는 직접방문 접수
     - 전자우편 제출 : ooooooo@go.kr
     - 방문 제출 : ○○시청 교육관 평생학습팀
     - 12. 13.(수) 오전 9시부터 접수 가능(9시 이전 신청서는 무효로 처리합니다.)
   - 신청 서류 : 20X5년 동계 한자문화캠프 참가신청서 1통(붙임 양식 참조)
   - 참가비 : 80,000원(본인부담)
   - 참가비 납부 : 20X4. 12. 22.(금) 18:00까지 납부하지 않으면 참가 포기로 간주
     - 계좌번호 : □□□-□□-□□□□□□□(○○은행)/예금주 : ○○시 평생학습센터
       ※ 반드시 참가 당사자 이름으로 입금하시기 바랍니다.

2. 한자 캠프 운영
   - 기간 : 20X5. 1. 4.(목) ~ 1. 7.(일)/ 3박 4일 합숙
   - 장소 : ○○시 한옥마을 일대
   - 내용
     - 한자와 붓글씨 교육 : 사자소학, 한자 형성 원리, 붓글씨 배우기
     - 전통문화 교육 : 전통예절 익히기, 오래된 놀이(활쏘기, 물총 등)
     - 우리 교양 익히기 : 한옥 이야기, 단청 체험

3. 문의처 : ○○시청 교육관(5층), 000)0000-0000

---

① 참가신청서는 별도로 첨부된 양식에 따라 작성해야 한다.

② 참가비를 내지 않은 사람이 있을 경우 추가 모집을 할 수 있다.

③ 캠프에 참가하면 ○○시에 존재하는 한옥에 관한 정보를 얻을 수 있다.

④ 참가 신청과 동시에 참가비를 납부하지 않고 정해진 기일 내에 따로 납부해도 무방하다.

31. 세전 연봉이 3,750만 원인 윤 사원은 매달 급여 실수령액의 10%를 적금으로 불입하려고 한다. 매달 세액 공제가 32만 원일 경우, 월 적금액은 얼마인가?

① 231,250원   ② 250,000원

③ 275,000원   ④ 280,500원

32. 다음은 20X9년 유럽 주요 국가의 보건부문 통계 자료이다. 이에 대한 설명으로 옳은 것을 〈보기〉에서 모두 고르면?

구분	기대수명(세)	조사망률(명)	인구 만 명당 의사 수(명)
독일	81.7	11.0	38.0
영국	79.3	10.0	27.0
이탈리아	81.3	10.0	37.0
프랑스	81.0	9.2	36.0
그리스	78.2	12.0	25.0

※ 조사망률 : 인구 천 명당 사망자 수

보기

ㄱ. 유럽에서 기대수명이 가장 낮은 국가는 그리스이다.
ㄴ. 인구 만 명당 의사 수가 많을수록 조사망률은 낮다.
ㄷ. 20X9년 프랑스의 인구가 6,500만 명이라면 사망자는 598,000명이다.

① ㄱ   ② ㄷ

③ ㄱ, ㄴ   ④ ㄴ, ㄷ

33. 총무과에서 등산, 봉사활동, 연극관람, 캠핑의 네 가지 행사를 기획한 후 A, B, C, D 네 팀에 행사 선호도에 대한 설문조사를 진행하여 다음 〈보기〉와 같은 결과를 얻었다. 선호도에 따라 각 팀별로 서로 다른 하나의 행사를 정할 때 올바르게 연결된 것은?

> 보기
>
> • A 팀은 등산과 봉사활동을 원하지 않는다.
> • B 팀은 캠핑을 싫어한다.
> • C 팀은 등산을 가고 싶어 한다.
> • D 팀은 연극을 관람하고 싶어 한다.

① A−캠핑   ② B−등산   ③ C−연극관람   ④ D−봉사활동

34. 영희는 3가지 과목을 수강신청 할 수 있다. 어떤 과목을 함께 들을 수 있는가?

> • 국어 또는 수학 중 한 과목은 필수 과목이다.
> • 미술을 수강하는 학생은 수학을 수강할 수 없다.
> • 음악은 미술과 반드시 함께 수강해야 한다.
> • 국어를 수강하는 학생은 음악을 수강할 수 없다.
> • 영어와 수학은 동시에 수강할 수 있다.
> • 영어를 선택하면 국어를 반드시 수강해야 한다.

① 국어, 미술, 음악   ② 국어, 영어, 음악
③ 수학, 음악, 미술   ④ 수학, 국어, 영어

35. 다음의 현상과 같은 원리를 가지는 것은?

> 휴대폰 화면을 거울처럼 사용할 수 있다.

① 창틀에 잘 미끄러지도록 창문에 바퀴를 단다.
② 겨울철에 털옷을 벗을 때 머리카락이 털옷에 달라붙는다.
③ 차로 중앙선에 반짝이는 물체를 박아 놓는다.
④ 용수철을 당겼다 놓으면 원래대로 돌아간다.

36. 다음 정팔면체 전개도를 접었을 때 나올 수 있는 형태는?

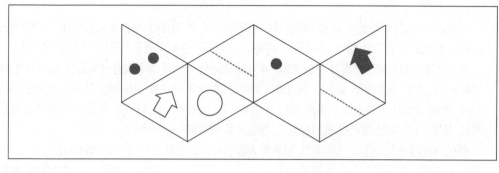

①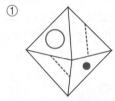

②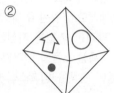

③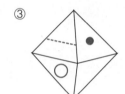

④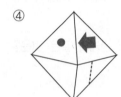

37. 다음 중 문장 성분의 호응이 어색하지 않은 것은?

① 우리는 이번 국제 박람회에서 신제품의 기능과 판매를 할 예정이다.

② 깊은 슬픔에 빠진 사람은 그 어둠 속에서 보이는 것이 바늘 끝만한 한 줄기 희망뿐이라서 그것이라도 잡기 위해 고군분투할 수밖에 없었다.

③ 내 친구는 고등학생 때부터 신춘문예에 소설을 공모했으나 여전히 등단하지 못했다.

④ 중요한 것은 네가 지금까지의 잘못을 반성하고 앞으로 진실하게 살아가야 한다는 것이다.

[38 ~ 39] 다음 글을 읽고 이어지는 질문에 답하시오.

> 1950년대 프랑스의 영화 비평계에는 작가주의라는 비평 이론이 새롭게 등장했다. 작가주의란 감독을 단순한 연출자가 아닌 '작가'로 간주하고, 작품과 감독을 동일시하는 관점을 말한다.
>
> 작가주의는 상투적인 영화가 아닌 감독 개인의 영화적 세계와 독창적인 스타일을 일관되게 투영하는 작품들을 옹호한다. 감독의 창의성과 ㉠개성은 작품 세계를 관통하는 감독의 세계관 혹은 주제 의식, 그것을 표출하는 나름의 이야기 방식, 고집스럽게 되풀이되는 특정한 상황이나 배경 혹은 표현 기법 같은 일관된 문체상의 ㉡특징으로 나타난다는 것이다.
>
> 한편, 작가주의적 비평은 할리우드 영화를 재발견하기도 했다. 작가주의적 비평가들에 의해 복권된 대표적인 할리우드 감독이 바로 스릴러 장르의 거장인 알프레드 히치콕이다. 히치콕은 제작 시스템과 장르의 제약 속에서도 일관된 주제 의식과 스타일을 관철한 감독으로 평가받았다. 그는 관객의 오인을 부추기는 '맥거핀' 기법을 자신만의 이야기 법칙을 만들어 가는 데 하나의 극적 장치로 종종 활용하였다. 즉, 특정 소품을 맥거핀으로 활용하여 확실한 단서처럼 보이게 한 다음 일순간 허망한 것으로 만들어 관객을 당혹스럽게 한 것이다.

38. 윗글의 ㉠, ㉡과 어휘 관계가 같은 것은?

① 타격 : 피해   ② 꽃 : 해바라기
③ 축구 : 공   ④ 이기적 : 이타적

39. 다음 중 윗글의 내용과 일치하는 것은?

① 작가주의 비평 이론은 감독을 연출자로 고정시켜 버리는 관점을 말한다.
② 작가주의는 할리우드를 영화의 범주에 들이지 않으며 무시해 버렸다.
③ 맥거핀은 관객의 오인을 부추겨 당혹스럽게 만드는 영화적 장치이다.
④ 알프레드 히치콕은 할리우드 감독으로 작가주의와는 거리가 멀다.

40. △△그룹 신입사원 최종면접에서 5명 중 순위를 매겨 상위 2명을 뽑을 예정이다. 다음 대화를 통해 최종 순위가 2위와 4위가 될 수 있는 사람을 각각 바르게 연결한 것은? (단, 다섯 명 모두 진실을 말하며, 동점자는 없다)

> A : 그렇지. 내가 꼴찌일 리가 없어.
> B : 내가 E보다도 점수가 낮을 것 같아.
> C : 나는 3등일 것 같아.
> D : 내 점수가 E보다는 높을 거야!
> E : A가 나보다 점수가 높다고?

	2위	4위			2위	4위
①	A	B		②	B	E
③	D	E		④	E	A

41. 다음은 같은 크기의 블록을 쌓아 올린 그림이다. 색칠된 블록에 직접 접촉하고 있는 블록은 모두 몇 개인가?

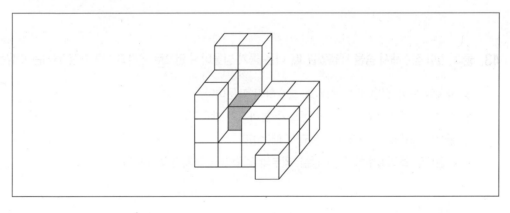

① 2개   ② 3개

③ 4개   ④ 5개

울산기술본원 | 1회 기출예상 | 2회 기출예상 | 3회 기출예상 | 4회 기출예상 | 5회 기출예상 | 6회 기출예상 | 7회 기출예상 | 8회 기출예상 | 9회 기출예상 | 인성검사 | 면접가이드

42. 다음 도형을 시계 방향으로 90° 회전했을 때의 모양으로 옳은 것은?

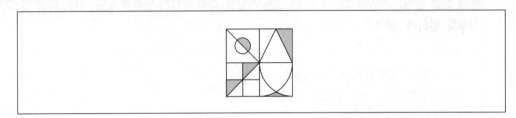

①

②

③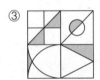

④

43. 물속 깊이 잠수해서 숨을 내뿜었을 때 나온 공기 방울이 수면으로 올라갈수록 점점 커지는 이유는?

① 물속에 녹아 있던 다른 공기를 흡수하기 때문이다.

② 수면으로 올라갈수록 공기의 온도가 높아지기 때문이다.

③ 물살의 흐름으로 공기가 분산되기 때문이다.

④ 수면으로 올라갈수록 공기 방울 외부의 압력이 낮아지기 때문이다.

44. 체내의 효소에 대한 설명으로 옳은 것은?

① 반응에 관여하며 재사용되지 않는다.

② 촉매 반응을 하면서 자신도 변한다.

③ 정상 체온 범위 내에서 반응이 활발하게 일어난다.

④ 반응에 의해 완전히 소모된다.

45. 다음과 같은 특징의 상태 변화가 일어나는 현상으로 알맞은 것은?

- 입자의 운동이 활발해진다.
- 주위의 온도가 낮아진다.
- 입자 사이의 인력이 약해진다.

① 어항 속의 물이 점점 줄어든다.

② 겨울철 실내에 들어가면 안경에 김이 서린다.

③ 흘러내리던 촛농이 굳는다.

④ 추운 겨울철 밤에 서리가 생긴다.

01. 다음 단어 관계에 근거할 때 빈칸에 들어갈 단어는?

> '계산기 – 계산'의 관계는 '피아노 – (   )'의 관계와 같다.

① 건반
② 악기
③ 음악
④ 연주

02. 다음 글을 읽고 유추할 수 있는 속담으로 적절한 것은?

> 대왕 단보가 빈(邠)이라는 곳에 있었을 때 오랑캐가 쳐들어왔다. 왕이 모피와 비단을 보내어 달래려 했으나 받지 않고, 이후 보낸 말도 받지 않았다. 오랑캐가 바라는 것은 땅이었다. 대왕 단보가 말했다.
>
> "나는 백성의 아비나 형과 살면서 그 아들이나 동생을 죽도록 내버려두는 일은 차마 견딜 수가 없다. 너희들은 모두 힘써 격려하며 이곳에 살도록 하라. 내 신하가 되든 오랑캐의 신하가 되든 무슨 차이가 있겠느냐. 나는 '사람을 먹여 살리는 땅을 뺏으려고 사람을 해쳐서는 안 된다'는 말을 들었다."
>
> 그래서 대왕 단보가 지팡이를 짚고 그곳을 떠나자 백성들은 서로 잇달아 그를 따랐으며, 이윽고 기산(岐山) 밑에서 나라를 다시 이룩했다.

① 가난 구제는 임금도 못 한다.
② 벙어리 호적(胡狄)을 만나다.
③ 사또 행차엔 비장이 죽어난다.
④ 사람이 돈이 없어서 못 사는 게 아니라 명이 모자라서 못 산다.

03. 다음 중 양궁에서 이용하는 힘과 같은 종류의 힘을 이용하는 경우를 모두 고른 것은?

> ㄱ. 장대높이뛰기　　　　　　　ㄴ. 열기구
> ㄷ. 자전거 안장　　　　　　　　ㄹ. 물 미끄럼틀
> ㅁ. 물놀이용 튜브　　　　　　　ㅂ. 등산화
> ㅅ. 체조의 구름판　　　　　　　ㅇ. 컴퓨터 자판

① ㄴ, ㅁ　　　　　　　　　　　② ㄱ, ㄷ, ㅅ, ㅇ
③ ㄹ, ㅂ　　　　　　　　　　　④ ㄱ, ㄷ, ㅅ

04. 13층짜리 W 건물에서 근무하는 A, B, C, D, E는 각자의 사무실에 가기 위하여 홀수 층에서만 멈추는 엘리베이터를 1층에서 함께 탑승했다. A ~ E가 근무하는 층이 각각 다르다고 할 때, 다음의 조건에 따라 각 층에 근무하는 사람이 바르게 연결된 것은? (단, 1층에는 사무실이 없다)

> ㉠ 13층에는 옥상과 헬기장만 있다.
> ㉡ A가 내린 다음에 이어서 내린 사람은 E이다.
> ㉢ B는 C가 내리고 나서 문 닫힘 버튼을 눌렀다.
> ㉣ C가 내린 층은 D가 내린 층의 배수에 해당한다.
> ㉤ 엘리베이터 외에 계단을 이용하여 사무실에 간 사람은 없다.

① A-3층　　　　　　　　　　　② B-11층
③ C-7층　　　　　　　　　　　④ E-9층

05. 다음의 명제가 모두 참일 때, 반드시 참인 것은?

> • 감성적이지 않은 사람은 미술을 좋아하지 않는다.
> • 키워드를 좋아하는 사람은 미술을 좋아한다.
> • 감성적인 사람은 음악을 좋아하지 않는다.

① 감성적인 사람은 미술을 좋아한다.
② 키워드를 좋아하는 사람은 음악을 좋아하지 않는다.
③ 미술을 좋아하는 사람은 감성적이지 않다.
④ 감성적인 사람은 키워드를 좋아하지 않는다.

06. 다음을 보고 그 규칙을 찾아 '?'에 들어갈 도형으로 알맞은 것을 고르면?

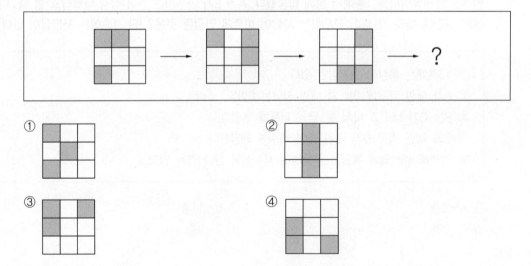

07. 다음 중 신장의 기능과 관계가 없는 것은?

① 노폐물을 여과한다.　　　　② 삼투압을 조절한다.

③ 오줌을 생성한다.　　　　　④ 요소를 만든다.

[08 ~ 09] 다음 글을 읽고 이어지는 질문에 답하시오.

> '읽는 문화'의 실종, 그것이 바로 현대사회의 특징이다. 신문의 판매 부수가 날로 떨어져 가는 반면에 텔레비전의 시청률은 나날이 증가하고 있다. 또한 깨알 같은 글로 구성된 20쪽 이상의 책보다 그림과 여백이 압도적으로 많이 들어간 만화책 같은 것이 늘어나고 있다. '보는 문화'가 읽는 문화를 대체해 가고 있는 것이다. 읽는 일에는 피로가 동반하지만 보는 놀이에는 휴식이 따라온다. 그러니 일을 저버리고 놀이만 좇는 문화가 범람하고 있지 않은가. 보는 놀이가 머리를 비게 하는 것은 너무나 당연하다. 읽는 일이 (　　　)되지 않는 한 우리 사회는 생각 없는 사회로 치달을 수밖에 없다. 책의 문화는 바로 읽는 일과 직결되며 생각하는 사회를 만드는 지름길이다.

08. 윗글의 주제로 적절한 것은?

① 만화책을 통해 읽는 즐거움을 느껴야 한다.

② 놀이 후에는 충분한 휴식을 취해야 한다.

③ 사회에 책 읽는 문화가 퍼지도록 권장해야 한다.

④ 사람이라면 누구나 생각하며 살아야 한다.

09. 윗글의 빈칸에 들어갈 말로 적절한 것은?

① 장려　　　　　　　　　　② 근절

③ 제거　　　　　　　　　　④ 추가

10. 다음 그림과 같이 같은 크기의 블록을 쌓아놓고 밑에서 볼 때, 보이는 블록의 개수로 알맞은 것은?

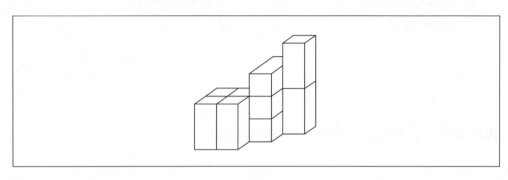

① 4개 　　　　　　　　　　　　② 5개

③ 6개 　　　　　　　　　　　　④ 7개

11. ○○기관의 진급평가는 4번의 테스트가 진행되며, 평균 85점 이상의 점수를 얻어야 진급 대상자에 포함될 수 있다. 강 대리는 1차와 2차 테스트의 평균 점수가 87점이었고 3차 테스트 점수가 75점이었다. 강 대리가 진급 대상자에 포함되기 위하여 마지막 4차 테스트에서 얻어야 할 최소 점수는 몇 점인가?

① 91점 　　　　　　　　　　　　② 92점

③ 93점 　　　　　　　　　　　　④ 94점

12. K사의 영업팀에는 3명의 대리와 4명의 사원이 있다. 영업팀장은 사내 홍보행사에 참여해 봉사할 직원 2명을 제비뽑기를 통해 결정하기로 하였다. 7명의 이름이 적힌 종이가 들어있는 통 속에서 2개의 종이를 차례로 꺼낼 때, 적어도 1명의 대리가 포함되어 있을 확률은 얼마인가?

① $\dfrac{2}{7}$ 　　　　　　　　　　　　② $\dfrac{3}{7}$

③ $\dfrac{4}{7}$ 　　　　　　　　　　　　④ $\dfrac{5}{7}$

13. ○○뷔페의 이용 요금은 어른 1인당 12,900원, 어린이 1인당 8,200원이다. 총 8명이 이 뷔페에서 식사를 하고 9만 원 이하를 지불했다고 할 때, 어른은 최대 몇 명인가?

① 4명　　　　　　　② 5명　　　　　　　③ 6명　　　　　　　④ 7명

14. 다음은 A 대학교 학생들을 장학금을 받는 학생과 장학금을 받지 못하는 학생으로 나누고 이들이 해당 학년 동안 참가한 1인당 평균 교내 특별활동 수를 조사한 자료이다. 이에 대한 설명 중 옳지 않은 것을 〈보기〉에서 모두 고르면?

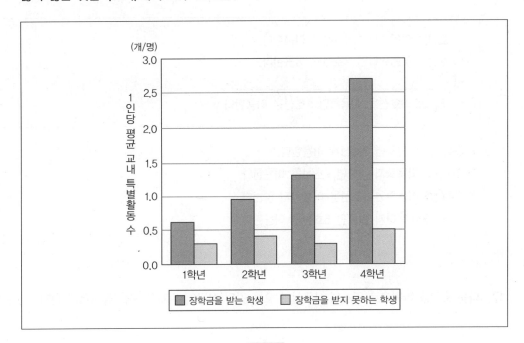

보기

ⓐ 학년이 높아질수록 장학금을 받는 학생 수는 늘어났다.

ⓑ 장학금을 받는 4학년생이 참가한 1인당 평균 교내 특별활동 수는 장학금을 받지 못하는 4학년생이 참가한 1인당 평균 교내 특별활동 수의 5배 이하이다.

ⓒ 장학금을 받는 학생과 받지 못하는 학생 간의 1인당 평균 교내 특별활동 수의 차이는 4학년이 가장 크다.

ⓓ 전체 2학년생이 참가한 1인당 평균 교내 특별활동 수보다 전체 3학년생이 참가한 1인당 평균 교내 특별활동 수가 많다.

① ⓐ, ⓓ　　　　② ⓑ, ⓒ　　　　③ ⓐ, ⓑ, ⓓ　　　　④ ⓐ, ⓒ, ⓓ

15. 다음 중 화산 활동의 영향에 대한 설명으로 옳지 않은 것은?

① 용암이 마을이나 농경지를 뒤덮어서 인명과 재산의 피해를 발생시킨다.

② 화산 활동은 토양을 산성화시키는 등 토지에 피해를 입힐 뿐, 이로운 면은 없다.

③ 화산 주변에는 온천이 발달해 관광 자원으로 이용될 수 있다.

④ 지열 에너지를 발전이나 난방에 활용할 수 있다.

16. 다음 빈칸에 들어갈 명제로 적절한 것은?

> • 2호선을 이용한다면 5호선도 이용한다.
> • 9호선을 이용한다면 7호선도 이용한다.
> • (_____)
> • 그러므로 8호선을 이용하면 5호선을 이용한다.

① 8호선을 이용하면 2호선을 이용한다.

② 2호선을 이용하지 않으면 7호선을 이용한다.

③ 2호선을 이용하면 8호선을 이용하지 않는다.

④ 9호선을 이용하지 않으면 5호선을 이용한다.

17. 다음 조건을 바탕으로 영호의 사무실과 오늘 갔던 식당이 위치한 곳을 올바르게 짝지은 것은?

> • 태희, 영호, 민우는 각각 A 동, B 동, C 동 중 한 곳에 사무실이 있으며 서로 같은 동에 사무실이 있지 않다.
> • 태희, 영호, 민우는 오늘 각각 A 동, B 동, C 동 중 한 곳에 있는 식당에 갔었으며 서로 같은 동의 식당에 가지 않았다.
> • 태희, 영호, 민우의 사무실 위치는 오늘 갔던 식당의 위치와 같지 않다.
> • 민우는 C 동에서 근무하며, 태희와 영호는 오늘 B 동 식당에 가지 않았다.
> • 영호는 민우가 오늘 갔던 식당이 있는 동에서 근무한다.

	사무실	식당		사무실	식당
①	B 동	A 동	②	A 동	A 동
③	A 동	C 동	④	B 동	C 동

18. 다음에 제시된 도형과 동일한 것은?

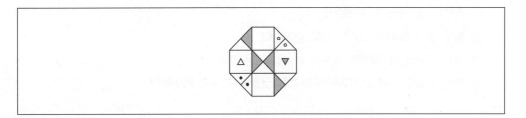

①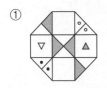

②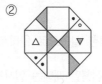

③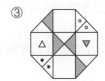

④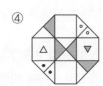

19. 다음은 청년들의 주택 점유형태를 나타내는 자료이다. 이에 대한 설명으로 옳지 않은 것은?

〈청년(20 ~ 39세)의 연령계층별 점유형태 비율〉

(단위 : %)

구분	자가	임차			무상	계
		전세	보증부월세	순수월세		
20 ~ 24세	5.1	11.9	62.7	15.4	4.9	100
25 ~ 29세	13.6	24.7	47.7	6.5	7.5	100
30 ~ 34세	31.9	30.5	28.4	3.2	6.0	100
35 ~ 39세	45.0	24.6	22.5	2.7	5.2	100

① 20 ~ 24세 청년의 78.1%가 월세 형태로 거주하고 있으며 자가 비율은 5.1%이다.

② 20 ~ 39세 전체 청년의 자가 거주 비중은 약 31.1%이나 이 중 20대 청년의 자가 거주 비중은 약 9.4%로 매우 낮은 수준이다.

③ 연령계층이 높아질수록 자가 비율이 높아지고 월세 비중은 작아지는 것으로 나타났다.

④ 25 ~ 29세 청년의 경우, 20 ~ 24세에 비해서는 자가 거주의 비중이 높고 전체의 78.9%가 임차이며, 전체의 54.2%가 월세로 거주한다.

울산기술보원 / 1회 기출예상 / 2회 기출예상 / 3회 기출예상 / 4회 기출예상 / 5회 기출예상 / 6회 기출예상 / 7회 기출예상 / 8회 기출예상 / 9회 기출예상 / 인성검사 / 면접가이드

20. 다음 중 항상성 유지에 관한 생물의 특성과 관련이 깊은 것은?

① 효모는 출아법으로 번식한다.

② 물을 많이 마시면 오줌의 양이 증가한다.

③ 벼는 발아할 때 배젖에 저장된 녹말을 이용한다.

④ 부착형 귓불의 부모 사이에서 부착형 귓불의 자녀가 태어난다.

21. 다음 중 빛의 굴절에 대한 설명으로 올바르지 않은 것은?

① 빛이 공기에서 물로 진행할 때에는 입사각보다 굴절각이 작다.

② 겉보기에 깊어 보이지 않는 물에 실제로 들어가 보면 보기보다 깊은 것도 빛의 굴절에 의한 현상이다.

③ 빛이 굴절하는 이유는 빛이 물질 속을 지날 때 물질에 따라 빛의 속도가 다르기 때문이다.

④ 빛이 굴절하는 정도는 물질의 종류에 따라 다르지 않다.

22. 다음과 같이 종이를 접은 후 펀치로 구멍을 뚫고 다시 펼쳤을 때의 모양으로 옳은 것은?

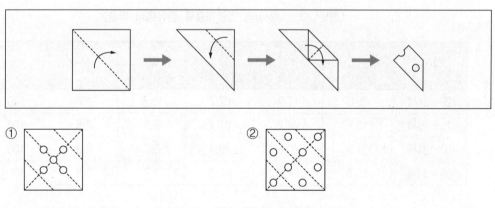

23. 다음 글을 읽고 추론한 내용으로 적절한 것은?

우리 민족은 활에 대해 각별한 관심을 가지고 있었으며, 활을 중요한 무기로 여겼다. 이에 따라 활 제작 기술도 발달했는데, 특히 조선 시대의 활인 각궁(角弓)은 매우 뛰어난 성능과 품질을 지니고 있었다. 그렇다면 무엇이 각궁을 최고의 활로 만들었을까?

활은 복원력을 이용한 무기이다. 복원력은 탄성이 있는 물체가 힘을 받아 휘어졌을 때 원래대로 돌아가는 힘으로, 물체의 재질과 변형 정도에 따라 힘의 크기가 변한다. 이를 활에 적용해 보자. 활의 시위를 당기면 당기는 만큼의 복원력이 발생한다. 복원력은 물리학적인 에너지의 전환 과정이기도 하다. 사람이 시위를 당기면 원래의 시위 위치에서 시위를 당긴 거리만큼의 위치에너지가 화살에 작용하게 된다. 따라서 시위를 활대에서 멀리 당기면 당길수록 더 큰 위치에너지가 발생하게 된다. 이때 시위를 놓으면 화살은 날아가게 되는데, 바로 이 과정에서 위치에너지가 운동에너지로 전환된다. 즉, 시위를 당긴 거리만큼 발생한 위치에너지가 운동에너지로 바뀌어 화살을 날아가게 하는 것이다.

또한 복원력은 활대가 휘는 정도와 관련이 있다. 일반적으로 활대가 휘면 휠수록 복원력은 더 커지게 된다. 따라서 좋은 활이 되기 위해서는 더 큰 위치에너지를 만들어 낼 수 있는 탄성이 좋은 활대가 필요하다. 각궁은 복원력이 뛰어난 활이다. 그 이유는 각궁이 동물의 뿔이나 뼈, 힘줄, 탄성 좋은 나무 등 다양한 재료를 조합해서 만든 합성궁이기 때문이다. 합성궁은 대나무와 같은 나무만을 재료로 만든 활보다 탄력이 좋아서 시위를 풀었을 때 활이 반대 방향으로 굽는 것이 특징이다. 바로 이러한 특성으로 인해 각궁은 뛰어난 사거리와 관통력을 갖게 되었다.

① 고려 시대 때의 활은 여러 재료의 조합이 아닌 한 가지 재료로만 만들어졌다.

② 위치에너지가 운동에너지로 전환되는 힘의 크기가 활의 사거리와 관통력을 결정한다.

③ 활대가 많이 휠수록 복원력은 더 커지므로, 활이 많이 휠수록 가격은 비싸진다.

④ 각궁의 탄력이 좋은 이유는 나무로만 만들어져 시위를 풀었을 때 활이 반대 방향으로 굽는 특징 덕분이다.

울산기술보원

1회 기출예상

2회 기출예상

3회 기출예상

4회 기출예상

5회 기출예상

6회 기출예상

7회 기출예상

8회 기출예상

9회 기출예상

인성검사

면접가이드

24. 다음 A 시, B 시의 물가 변동률에 대한 설명으로 옳은 것은?

〈A 시, B 시의 물가 변동률〉

(단위 : %)

구분	A 시	B 시
20X0년	0.62	2.45
20X1년	2.00	2.17
20X2년	4.47	3.43
20X3년	3.17	4.62
20X4년	4.98	4.95
20X5년	7.19	6.62
20X6년	10.19	6.07

① 20X1 ~ 20X6년 중 전년 대비 물가 변동률의 차이가 가장 큰 연도는 A 시와 B 시가 동일하다.
② A 시의 물가 변동률은 매년 B 시 물가 변동률의 2배 이하이다.
③ A 시 물가 변동률의 전년 대비 증가율이 가장 높은 해는 20X6년이다.
④ B 시의 물가 변동률이 A 시의 물가 변동률보다 높은 연도는 4개이다.

25. 다음은 한 정책에 대해 찬반 여부를 조사한 자료이다. 조사 대상자의 70%가 기혼, 30%가 미혼
일 때, 정책에 찬성하는 사람 중 기혼인 사람의 비율은? (단, 비율은 소수점 아래 첫째 자리에서
반올림한다)

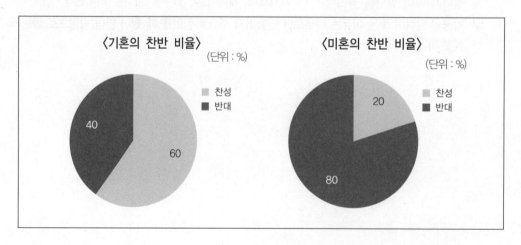

① 88%   ② 75%
③ 64%   ④ 53%

26. 어떤 마을에 A, B, C, D, E 다섯 명이 살고 있다. 이들은 각각 빨간색, 노란색, 초록색, 파란색, 검정색 지붕의 집에서 살고 있으며 이들의 직업은 교사, 운동선수, 제빵사, 연구원 중에 있다. 다음의 조건을 통해 A, B, C, D, E의 지붕 색과 직업을 추론하였을 때, 항상 옳은 것은?

> • 파란지붕 집에 사는 사람은 교사이다.
> • C는 운동선수이다.
> • 연구원 집의 지붕 색은 빨간색도, 초록색도 아니다.
> • A는 초록지붕 집에 산다.
> • 제빵사는 노란지붕 집에 산다.
> • D 집의 지붕 색은 파란색도, 검정색도 아니다.

① A-초록지붕-연구원 ② B-검정지붕-운동선수
③ D-노란지붕-제빵사 ④ E-파란지붕-교사

27. 다음 그림은 북극 빙하의 면적이 급속도로 줄어들고 있는 현재의 상황을 단적으로 보여 주고 있다. 이와 같이 북극 빙하의 면적이 줄어들고 있는 원인으로 적절한 것은?

 →

① 냉매제 등으로 사용되는 프레온 가스 사용이 증가하였다.
② 지진과 화산 활동이 활발해졌다.
③ 화석 연료의 사용량이 증가하였다.
④ 태양의 흑점 활동이 증가하였다.

28. 〈보기〉의 A 지점에 서 있다고 할 때, 다음에 제시된 지도의 ㉮, ㉯, ㉰, ㉱ 중 A 지점에 해당하는 곳은?

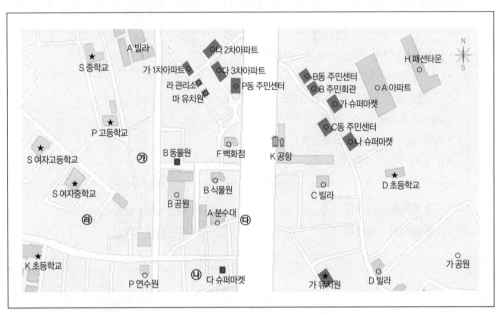

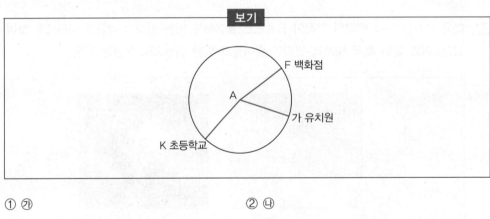

① ㉮

② ㉯

③ ㉰

④ ㉱

29. 다음 입체도형의 전개도로 적절한 것은?

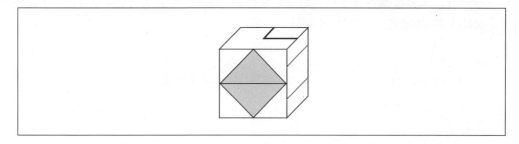

①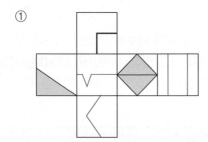

②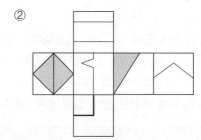

③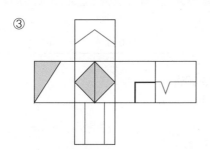

④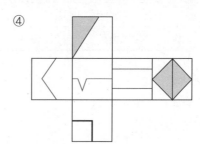

30. 다음 (가) ~ (라)를 문맥에 따라 순서대로 적절하게 배열한 것은?

> (가) 예를 들면 손을 자주 씻어 손에 묻어 있을 수 있는 감기 바이러스를 제거하고 손으로 얼굴을 비비지 않도록 한다.
>
> (나) 감기를 예방하기 위해서는 감기 바이러스와 접촉할 수 있는 기회를 아예 없애야 한다.
>
> (다) 특히 어린이는 성인에 비해 감기 바이러스에 감염될 확률이 더 높기 때문에 사람들이 많이 모여 있는 곳에는 가지 않도록 주의해야 한다.
>
> (라) 또한 다른 사람들과 수건 등의 일상 용품을 함께 사용하지 않는 것이 좋다.

① (나)-(가)-(라)-(다)

② (나)-(라)-(다)-(가)

③ (라)-(가)-(다)-(나)

④ (라)-(나)-(가)-(다)

31. 수현이가 올라간 길 그대로 내려오는 A 등산로를 따라 등산을 하는데 올라갈 때는 시속 2km로 올라가고, 내려올 때는 올라갈 때의 2배 속력으로 내려왔다. A 등산로를 왕복한 총소요시간이 4시간 30분이라면 내려오는 데 걸린 시간은?

① 1시간 20분
② 1시간 25분
③ 1시간 30분
④ 1시간 35분

32. 캠페인을 준비 중인 ○○기업 홍보팀에서 캠페인 참여자들에게 나누어 줄 선물로 핫팩 4개, 기념볼펜 1개, 배지 2개가 1세트인 기념품 125세트를 준비하고 있다. 총예산은 490,000원이고, 핫팩은 한 상자에 16개씩 들어 있다고 할 때, 핫팩 한 상자는 얼마인가? (단, 핫팩은 상자로만 구매 가능하며 예산은 낭비 없이 전부 사용되었다)

구분	가격(개당)
기념볼펜	800원
배지	600원

① 7,000원
② 7,200원
③ 7,500원
④ 7,800원

33. "회사에서 승진하기 위해서는 워커홀릭이 되어야 한다."라는 명제가 참일 때, 다음 중 참이 아닌 것은?

> (가) 워커홀릭이 안 되면 회사에서 승진할 수 없다.
> (나) 회사에서 승진하고 싶지 않으면 워커홀릭이 되어야 한다.
> (다) 워커홀릭이 안 되더라도 회사에서 승진할 수 없는 것은 아니다.

① (가)
② (나)
③ (다)
④ (나), (다)

34. 다음은 A 씨가 자전거를 타고 이동할 때 시간에 따른 이동 거리를 그래프로 나타낸 것이다. 그래프에 대한 설명으로 옳지 않은 것은?

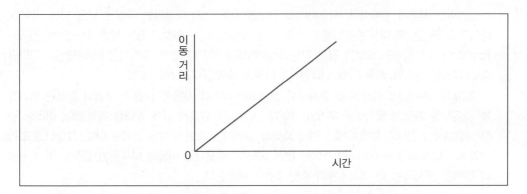

① A씨의 자전거 이동속도는 일정하다

② 다이빙대에서 떨어지는 다이빙 선수의 속도는 그래프와 같다.

③ 백화점의 에스컬레이터는 손님의 안전을 위해 그래프와 같이 이동한다.

④ 자전거를 앞으로 가게 하는 힘과 마찰력은 크기가 같고 방향이 반대이다.

35. (가) ~ (라) 중 다음에 제시된 문장이 들어갈 위치로 적절한 곳은?

> 사람들은 물질적 부를 즐기는 방향으로 쏠렸는가 하면, 사회의 가치 평가가 생산과 부(富)를 표준으로 삼기에 이르렀다.

(가) 현대 사회가 해결해야 할 또 하나의 과제는 물질적인 것과 정신적인 것 사이의 균형을 회복하는 일이다. (나) 옛날에는 오히려 사회생활의 비중을 정신적인 것이 더 많이 차지해왔다. 종교, 학문, 이상 등이 존중되었고, 그 정신적 가치가 쉽게 인정받았다. 그러나 현대 사회로 넘어오면서부터 모든 것이 물질 만능주의로 기울어지고 있다. 그것은 세계적인 현상이며, 한국도 예외는 아니다. 물론, 그 중요한 원인이 된 것은 현대 산업 사회의 비대성(肥大性)이다. 산업 사회는 기계와 기술을 개발했고, 공업에 의한 대량 생산과 소비를 가능케 했다. (다) 그 결과로 나타난 것이 문화 경시의 현실이며, 그것이 심하게 되어 인간 소외의 사회를 만들게 되었다. 정신적 가치는 그 설 곳을 잃게 되었으며, 물질적인 것이 모든 것을 지배하기에 이르렀다. (라) 이렇게 물질과 부가 모든 것을 지배하게 되면, 우리는 문화를 잃게 되며, 삶의 주체인 인격의 균형을 상실하게 된다. 그 뒤를 따르는 불행은 더 말할 필요가 없다.

① (가)   ② (나)   ③ (다)   ④ (라)

[36 ~ 37] 다음은 신문기사의 일부이다. 이어지는 질문에 답하시오.

고라니는 사슴과 동물이다. 사슴이라고 한다면 가장 먼저 떠올리는 특징은 단연 뿔일 것이다. 하지만 고라니는 뿔 대신 송곳니를 지니고 있다. 이 송곳니는 수컷의 경우 보통 4 ~ 5cm, 길게는 7cm에 이른다. 암컷은 그보다 훨씬 작은 1cm 이내로 자란다. 만약 고라니를 마주했는데, 기다란 송곳니가 입 밖으로 삐죽 나와 있다면 그 녀석은 수컷일 가능성이 크다.

고라니는 송곳니를 다른 수컷 고라니와 경쟁하는 무기로 사용한다. 뿔이 무겁고 강력한 무기라면, 송곳니는 가볍고 날카로운 무기인 셈이다. 송곳니를 앞으로 당겨 상대를 위협한다. 이러한 경쟁 과정에서 송곳니가 부러지거나, 귀나 피부가 찢어지는 등의 부상을 입기도 한다. 그렇다고 고라니의 송곳니가 싸움과 경쟁에만 쓰이는 것은 아니다. 송곳니를 이용해 나무줄기 껍질을 벗겨 자신의 영역을 표시하는 등 의사소통의 수단으로도 사용한다.

고라니는 한반도에서 가장 흔히 만날 수 있는 포유동물 중 하나이다. 실제로 전 세계에서 가장 많은 고라니 개체군을 유지하고 있는 곳이 우리나라이다. 국내에 서식하는 사슴과 동물 중에서 개체수가 가장 많다. 게다가 높은 산에도 서식하지만 저지대를 더 선호하여, 습지나 농경지 주변, 평지와 산이 만나는 경계지역에 살아가 인간이 쉽게 만날 수 있는 동물이기도 하다. 이런 특징 때문일까? 우리나라에서 고라니를 모르는 사람은 그리 많지 않은 것 같다. 하지만 아이러니하게도 고라니를 '잘' 알고 이해하는 사람은 찾아보기 어렵다.

실제로 고라니가 멸종위기에 처해 있다는 것을 아는 사람이 그리 많지 않은 것이 현실이다. 고라니는 세계자연보전연맹(IUCN)에서 멸종위기의 정도에 따라 지정하는 적색목록(IUCN RED LIST)에 취약(VU, Vulnerable) 수준으로 등재되어 있다. 우리나라에서는 그나마 가장 흔히 볼 수 있는 포유동물인데, 세계적으로는 멸종위기 야생동물인 셈이다. 현재 고라니가 토착종으로 서식하고 있는 나라는 오직 우리 한반도와 중국, 두 지역뿐이다. 중국에서 서식하는 고라니는 과거 남획의 결과로 개체군이 많지 않아 보호종으로 지정되어 있다. 반면 전 세계에서 고라니의 서식 밀도가 가장 높은 지역이 한반도이다. 만약 한반도에서 고라니가 사라진다면 고라니는 지금과 비교할 수 없을 정도로 심각한 멸종위기 수준에 이를 것이라는 의견이 지배적이다.

---

36. 윗글에 대한 이해로 옳지 않은 것은?

① 고라니 토착종 서식지는 우리나라와 중국이다.

② 고라니는 한반도에서 가장 많은 개체 수를 가진 야생동물이다.

③ 사슴과 동물인 고라니는 뿔이 아닌 송곳니를 가진 것이 특징이다.

④ 고라니는 서식지로 저지대를 더 선호하기 때문에 인간과 마주칠 가능성이 높다.

37. 윗글의 제목으로 가장 적절한 것은?

① 멸종 위기의 고라니
   – 세계자연보전연맹이 지정하는 적색목록의 '취약' 수준에 등재

② 고라니의 생활 습성
   – 언어 수단인 고라니의 송곳니

③ 인간과 친숙한 고라니의 세계
   – 습지나 농경지 등 저지대에서 쉽게 만날 수 있어

④ 한반도의 대표 동물, 고라니 알기
   – 전세계적인 멸종위기종, 지금부터라도 보호에 힘써야

38. 다음에 제시된 도형 3개를 합쳤을 때 나오는 모양으로 적절하지 않은 것은? (단, 각 도형은 회전할 수 없다)

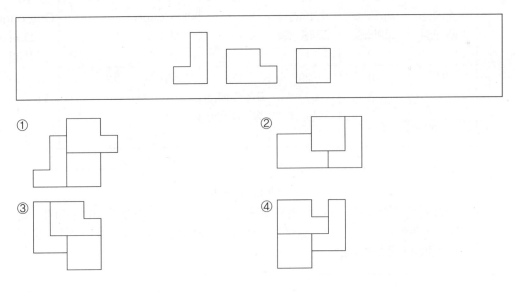

39. ○○기관의 김 사원은 두 가지 직원 교육 과정을 신청하였는데 팀장으로부터 다음과 같은 요청을 받았다. 〈8월 수강 일정〉을 참고할 때, 김 사원이 수강하려던 과목으로 알맞은 것은? (단, 업무는 평일에만 진행한다)

〈8월 수강 일정〉

일요일	월요일	화요일	수요일	목요일	금요일	토요일
		1	2	3	4 비즈니스 코어스킬	5
6 신입사원 역량 향상	7 비즈니스 코어스킬	8 자기혁신과 조직활성화	9 프레젠테이션 발표력 향상	10	11	12 One page 보고서 작성법
13 자기혁신과 조직활성화	14	15	16	17 자기혁신과 조직활성화	18 프레젠테이션 발표력 향상	19
20 신입사원 역량 향상	21 비즈니스 코어스킬	22 자기혁신과 조직활성화	23	24 One page 보고서 작성법	25	26 One page 보고서 작성법
27	28	29	30 프레젠테이션 발표력 향상	31		

〈팀장 요청 사항〉

"김 사원, 신청하려고 하는 두 가지 교육 과정이 모두 직무에 도움이 되는 것이기는 하지만, 한꺼번에 수강할 경우 업무 공백이 커서 지장을 줄 것 같네요. 한 가지 과정은 다음 차수에 수강하면 좋겠습니다."

① 비즈니스 코어스킬–자기혁신과 조직활성화
② 자기혁신과 조직활성화–One page 보고서 작성법
③ 신입사원 역량 향상–프레젠테이션 발표력 향상
④ One page 보고서 작성법–신입사원 역량 향상

40. 철수, 영희, 승한, 세영 총 4명의 신입직원은 A 팀에 2명, B 팀에 1명, C 팀에 1명씩 배정됐다. 다음 진술 중 하나는 거짓이고 나머지는 모두 참일 때, A 팀에 들어간 사람을 모두 고른 것은?

• 철수 : 나는 A 팀이다.   • 승한 : 나는 C 팀이 아니다.

• 영희 : 나는 B 팀이다.   • 세영 : 나는 C 팀이다.

---

① 철수, 승한   ② 철수, 영희

③ 철수, 세영   ④ 승한, 영희

41. 다음은 같은 크기의 블록을 쌓아 만든 입체도형을 앞에서 본 정면도, 위에서 본 평면도, 오른쪽에서 본 우측면도를 나타낸 그림이다. 이에 해당하는 입체도형으로 알맞은 것은? (단, 화살표 방향은 정면을 의미한다)

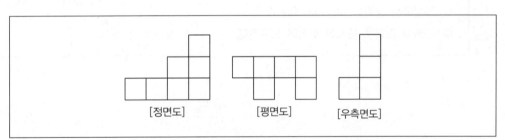

[정면도]   [평면도]   [우측면도]

①
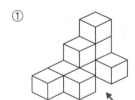

②
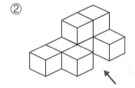

③
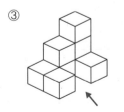

④
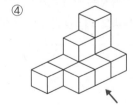

42. 다음은 진공에서 구슬과 깃털이 동시에 낙하하는 모습으로 일정한 시간 간격으로 촬영한 사진을 나타낸 그림이다. 이에 대한 옳은 설명을 모두 고른 것은?

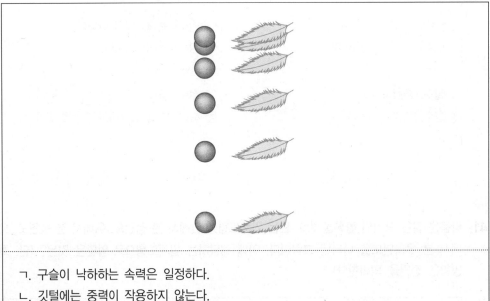

ㄱ. 구슬이 낙하하는 속력은 일정하다.
ㄴ. 깃털에는 중력이 작용하지 않는다.
ㄷ. 구슬과 깃털은 동시에 바닥에 도달한다.

① ㄱ   ② ㄴ
③ ㄷ   ④ ㄴ, ㄷ

43. 다음 (가), (나)의 현상을 설명할 수 있는 용어를 순서대로 알맞게 짝지은 것은?

(가) 난로 위에 올려놓은 숟가락을 만지면 뜨겁다.
(나) 물이 담긴 냄비를 가스레인지에 올려놓으면 잠시 후 펄펄 끓는다.

① 전도, 대류   ② 복사, 대류
③ 전도, 복사   ④ 복사, 전도

44. 다음 〈보기〉의 현상들과 관련 있는 과학법칙으로 적절한 것은?

> 보기
>
> • 따뜻한 물에 찌그러진 공을 넣으면 펴진다.
> • 열기구 내부의 공기를 가열하면 밀도가 감소하여 부력으로 기구가 떠오른다.
> • 여름철에는 겨울철에 비해 자동차 타이어에 공기를 적게 넣는다.

① 보일의 법칙　　　　　　　　　　② 샤를의 법칙

③ 아보가드로의 법칙　　　　　　　④ 헨리의 법칙

45. 다음 도형을 좌우대칭한 후 시계 방향으로 90° 회전했을 때의 모양으로 적절한 것은?

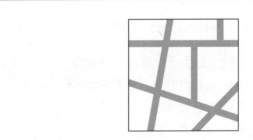

① 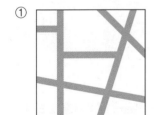　　　　②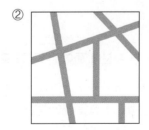

③ 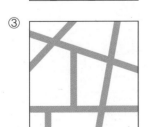　　　　④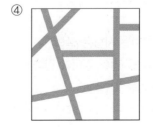

01. 다음 문장의 밑줄 친 부분과 유사한 의미로 단어가 사용된 것은?

> 어제 먹은 그 음식이 내 입맛에 꼭 <u>맞더구나</u>.

① 방금 말씀하신 그 주소가 <u>맞습니다</u>.
② 만일 내 동작이 다른 사람들과 <u>맞지</u> 않으면 관중이 비웃을 것이다.
③ 그것은 나의 분위기와는 전혀 <u>맞지</u> 않는다.
④ 이 정도 습도가 아마 아이들에게 딱 <u>맞을</u> 것이다.

02. 다음 밑줄 친 부분의 띄어쓰기가 적절하지 않은 것은?

① <u>김∨주원∨박사는</u> 열심히 <u>노력한∨만큼</u> 큰 상을 받게 되었다.
② <u>이곳에서</u> 주문할 물품의 개수는 <u>스물∨내지∨서른</u> 정도입니다.
③ 꽃잎이 <u>한잎∨두잎</u> 강물에 <u>떠내려가∨버렸다</u>.
④ <u>부장∨겸∨대외협력실장을</u> 맡고 계신 <u>황∨부장님을</u> 모셨다.

03. 다음 글의 밑줄 친 부분에 들어갈 문장으로 적절한 것은?

> 지아는 소설책과 시집을 많이 읽는다. 소설책을 많이 읽는 사람은 글쓰기를 잘한다.
> 그러므로 _____

① 시집을 많이 읽는 사람은 글쓰기를 잘한다.
② 소설책과 시집을 많이 읽어야 한다.
③ 지아는 글쓰기를 잘한다.
④ 시집과 글쓰기는 관련이 없다.

04. 다음 그림과 같이 이른 아침 풀잎에 이슬이 맺힌 모습은 어떤 현상에 의한 것인가?

① 기화　　　　　　　② 융해
③ 응고　　　　　　　④ 액화

05. 다음을 보고 그 규칙을 찾아 '?'에 들어갈 알맞은 도형을 고르면?

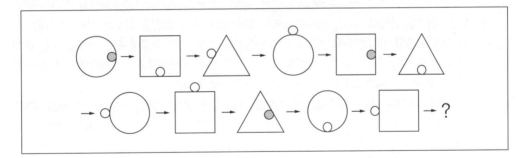

①
②
③
④

06. 인사팀 직원 A ~ G 7명은 취업박람회에 지원을 나가게 되었다. 이들은 승용차 2대에 3명 혹은 4명씩 나누어 타기로 하고, B가 4명이 탄 차를 운전하기로 하였다. 다음 조건을 바탕으로 할 때, B와 같은 차를 타고 박람회장에 갈 수 있는 3명은 누구인가?

> • 7명 중 운전을 할 수 있는 사람은 B, C, D 3명이다.
> • B와 D는 같은 차를 타고 가지 않는다.
> • B와 C는 같은 차를 타고 가지 않는다.
> • A와 G는 같은 차를 타고 간다.

① A, C, E   ② A, E, G   ③ C, E, F   ④ C, E, G

07. 다음 글의 서술 방식으로 알맞은 것은?

> 춘향전에서 이도령과 변학도는 아주 대조적인 사람들이다. 흥부와 놀부가 대조적인 것도 물론이다. 한 사람은 하나부터 열까지가 다 좋고, 다른 사람은 모든 면에서 나쁘다. 적어도 이 이야기에 담긴 '권선징악'이라는 의도가 사람들을 그렇게 믿게 만든다.
>
> 소설만 그런 것이 아니다. 우리의 의식 속에는 은연중 이처럼 모든 사람을 좋은 사람과 나쁜 사람 두 갈래로 나누는 버릇이 있다. 그래서인지 흔히 사건을 다루는 신문 보도에는 모든 사람이 경찰 아니면 도둑놈인 것으로 단정한다. 죄를 지은 사람에 관한 보도를 보면 마치 그 사람이 죄의 화신이고, 그 사람의 이력이 죄만으로 점철되었고, 그 사람의 인격에 바른 사람으로서의 흔적이 하나도 없는 것으로 착각하게 된다.
>
> 이처럼 우리는 부분만을 보고, 또 그것도 흔히 잘못 보고 전체를 판단하기 부지기수이다. 부분만을 제시하면서도 보는 이가 그것이 전체라고 잘못 믿게 만들 뿐만 아니라 '말했다'를 '으스댔다', '우겼다', '푸념했다', '넋두리했다', '뇌까렸다', '잡아뗐다', '말해서 빈축을 사고 있다' 같이 주관적으로 서술해 감정을 부추겨서 상대방으로 하여금 이성적인 사실 판단이 아닌 감정적인 심리 반응으로 얘기를 들을 수밖에 없도록 만든다.
>
> 이 세상에서 가장 결백하게 보이는 사람일망정 스스로나 남이 알아차리지 못하는 결함이 있을 수 있고, 이 세상에서 가장 못된 사람으로 낙인이 찍힌 사람일망정 결백한 사람에서마저 찾지 못할 아름다운 인간성이 있을지도 모른다.

① 설의법을 적절히 활용하여 내용을 강조하고 있다.
② 열거법을 통해 말하고자 하는 바를 강조하고 있다.
③ 인용을 통해 주장을 뒷받침하고 있다.
④ 두 대상을 비교하여 자세히 설명하고 있다.

08. 다음 글을 읽고 이해한 내용으로 적절하지 않은 것은?

〈△△공사, 시민을 위한 힐링메시지 열차 운영〉
– △△시의 상징물, 바다 2가지 콘셉트로 조성·운영 –
– 코로나로 지친 △△시 시민의 생활에 활력 줄 수 있을 것으로 기대 –

△△공사(사장 이○○)는 오는 6월 1일부터 8월 31일까지 도시철도 1호선과 2호선에서 재단법인 △△시대중교통시민기금과 함께 코로나로 일상에 지친 시민들에게 힐링메시지를 전달하는 '메트로 마린' 테마 열차를 운행한다.

메트로 마린 열차는 1호선 열차 3량, 2호선 열차 2량 총 5량에 조성되며 △△시의 상징물, △△시의 바다 2가지 콘셉트로 조성·운행된다.

△△시의 상징물 테마 열차는 '하늘 위에서 △△시를 내려보다'라는 구성으로 △△시 상징물을 퍼즐 형태로 제작하였으며, △△시의 바다 테마 열차는 '우연히 만난 도시철도, △△시 바다를 여행하는 기분'이라는 콘셉트로 열차 창문과 벽면에 다양한 △△시 바다 이미지를 조성했다.

특히 바닥에는 △△시의 바다를 즐길 수 있는 서핑 보드의 이미지를 구현, 승객이 다양한 포즈로 사진을 연출할 수 있게 함으로써 열차를 즐기는 공간으로 조성하였다. 테마 열차는 평일 하루 평균 1호선 왕복 9회, 2호선 왕복 4회 운행되어 시민과 만날 예정이다.

한편 이번 테마 열차는 공사가 재단법인 △△시대중교통시민기금과 최초로 협업하여 실시하는 테마 열차 사업으로, 5월 말부터 매일 한 량씩 시범설치를 시작, 6월 1일 전량 정상운행하도록 추진 중에 있다. 아울러 방염 재질 랩핑 및 승객의 미끄럼 방지를 위한 돌기를 사용하는 등 안전사고 예방에도 많은 노력을 기울였다.

△△공사 이○○ 사장은 "코로나로 인하여 지친 △△시 시민의 생활에 활력을 불어넣을 수 있음과 동시에 급감한 도시철도 이용객 회복에 견인 역할을 수행할 것"이라며 "△△시 시민들 덕분에 우리의 존재 가치가 있는 만큼 그 가치를 조금이나마 다시 돌려 드릴 수 있게 되어서 기쁘게 생각한다."고 전했다.

① △△공사에서 힐링메시지 열차를 운행하는 이유는 코로나로 일상에 지친 시민들에게 힐링메시지를 전달하기 위해서이다.

② 힐링메시지 열차는 △△시의 상징물, △△시의 바다 2가지 콘셉트로 조성되고 운영될 예정이다.

③ △△시의 상징물 테마 열차는 '우연히 만난 도시철도, △△시 하늘을 여행하는 기분'이라는 콘셉트로 조성된다.

④ 이 열차는 방염 재질 랩핑을 사용하고 승객의 미끄럼 방지를 위한 돌기를 사용하는 등 안전사고 예방에도 많은 노력을 기울였다.

09. 다음의 도형이 반시계 방향으로 90° 회전했을 때의 모양으로 옳은 것은?

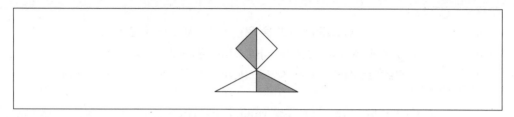

①

②

③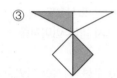

④

10. 다음 중 중력에 의한 위치에너지에 대한 설명으로 옳지 않은 것은?

① 기준면으로부터 높은 곳에 있는 물체가 중력에 의해 가지는 에너지이다.

② 기준면에서 물체의 위치에너지는 0이다.

③ 기준면에 따라 위치에너지의 크기는 다르다.

④ 위치에너지를 이용하여 풍력 발전, 요트, 볼링 등의 일을 할 수 있다.

11. 정수, 현민, 지혜 세 사람이 A 대학에 합격할 수 있는 확률은 각각 $\frac{1}{4}$, $\frac{1}{5}$, $\frac{1}{2}$이다. 이 중 적어도 한 명이 대학에 합격할 확률은?

① 0.5

② 0.6

③ 0.7

④ 0.8

12. ○○기업 인사팀에서는 부서별로 직원들의 정신적 및 신체적 스트레스 지수를 조사하여 다음 표와 같은 결과를 얻었다. 이를 이해한 내용으로 적절하지 않은 것은?

〈부서별 정신적·신체적 스트레스 지수〉

(단위 : 명, 점)

항목	부서	인원	평균점수
정신적 스트레스	생산	100	1.83
	영업	200	1.79
	지원	100	1.79
신체적 스트레스	생산	100	1.95
	영업	200	1.89
	지원	100	2.05

※ 점수가 높을수록 정신적·신체적 스트레스가 높은 것으로 간주한다.

① 영업이나 지원 부서에 비해 생산 부서의 정신적 스트레스가 높은 편이다.

② 세 부서 모두 정신적 스트레스보다 신체적 스트레스가 더 높은 경향을 보인다.

③ 신체적 스트레스가 가장 높은 부서는 지원 부서이며, 그다음으로는 생산, 영업 순이다.

④ 전 부서원(생산, 영업, 지원)의 정신적 스트레스 지수 평균점수와 전 부서원의 신체적 스트레스 지수 평균점수의 차이는 0.16 이상이다.

13. 2층 건물에서 살고 있는 A ~ D는 각각 국적이 다르며(한국인, 영국인, 중국인, 일본인), 각자 입는 코트의 색깔(노란색, 초록색, 파란색, 보라색) 또한 다르다. 다음의 조건이 모두 참일 때, 한국인과 같은 층에 사는 사람은?

- 건물에는 각 층별로 두 개의 방이 있다.
- A는 파란색 코트를 입고, B의 아래층에 산다.
- C는 보라색 코트를 입는 사람의 아래층에 산다.
- 중국인은 초록색 코트를 입고, 영국인의 옆에 산다.
- 노란색 코트를 입는 사람은 일본인이며, 1층에 산다.

① A

② B

③ C

④ D

14. 다음의 명제가 모두 참일 때, 항상 참인 것은?

> • 요리를 잘하는 사람은 반드시 청소도 잘한다.
> • 청소를 잘하는 사람은 반드시 키가 크다.
> • 나는 요리를 잘한다.

① 키가 크면 청소를 잘한다.　　　　② 청소를 잘하면 요리를 잘한다.
③ 키가 크지 않으면 청소를 잘한다.　④ 나는 키가 크다.

15. 마찰력을 크게 하는 예로 적절한 것은?

① 자기 부상 열차를 공중에 띄워 빠르게 달리게 한다.
② 스키 바닥에 왁스를 바른다.
③ 집게나 젓가락 끝을 울퉁불퉁하게 만든다.
④ 손가락에 낀 반지에 비눗물을 바른다.

16. 6km/h의 속력으로 가는 A를 15분 늦게 출발한 B가 한 시간 만에 따라잡았다면, B의 속력은 몇 km/h인가?

① 7.5km/h　　　　　　　　　　　② 8km/h
③ 9.5km/h　　　　　　　　　　　④ 10km/h

17. ○○기업의 올해 바둑동호회 회원 수는 남성 회원이 5% 증가하고, 여성 회원이 10% 감소하여 작년과 동일하게 60명이다. 올해의 남성 회원 수는 몇 명인가?

① 36명　　　　　　　　　　　　② 38명
③ 40명　　　　　　　　　　　　④ 42명

18. 다음에 제시된 도형과 같은 것은?

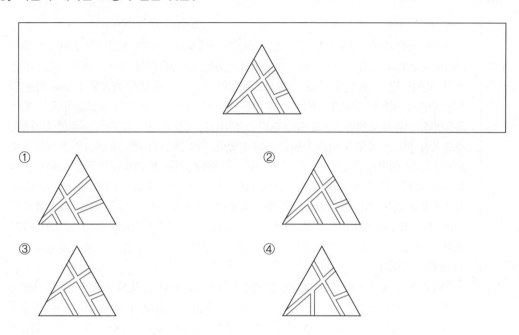

① ② ③ ④

19. 다음 그림 중 겨울날 불을 피워 놓은 벽난로 앞에 앉아 있는 사람에게 가장 크게 작용하는 열전달 현상과 동일한 현상을 나타내는 것은?

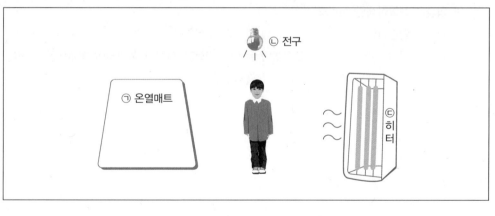

① ㉠

② ㉡

③ ㉢

④ ㉠, ㉡, ㉢

용시기초복인

1회 기출예상

2회 기출예상

3회 기출예상

4회 기출예상

5회 기출예상

6회 기출예상

7회 기출예상

8회 기출예상

9회 기출예상

인성검사

면접가이드

20. 다음 글의 내용과 일치하는 것은?

인간과 동물은 두 가지 주요한 방식으로 환경에 적응한다. 하나는 생물학적 진화이며, 다른 하나는 학습이다. 고등 생명체에서의 생물학적 진화는 수천 년 이상 걸리는 매우 느린 현상인 반면, 학습은 짧은 생애 안에서도 반복적으로 일어난다. 세상에 대한 새로운 정보를 얻는 과정인 학습과 획득된 정보를 기억하는 능력은 적절히 진화된 대부분의 동물들이 갖고 있는 특징이다. 신경계가 복잡할수록 학습 능력은 뛰어나기 때문에 지구상 가장 복잡한 신경계를 갖고 있는 인간은 우수한 학습 능력을 지니고 있다. 이러한 능력 때문에 인간의 문화적 진화가 가능했다. 여기서 문화적 진화라 함은 세대와 세대를 거쳐 환경에 대한 적응 능력과 지식이 발전적으로 전수되는 과정을 의미한다. 사실 우리는 세계와 문명에 대한 새로운 지식들을 학습을 통해 습득한다. 인간 사회의 변화는 생물학적 진화보다는 거의 전적으로 문화적 진화에 의한 것이다. 화석 기록으로 볼 때 수만 년 전의 호모 사피엔스 이래로 뇌의 용적과 구조는 결정적이라 할 만큼 변화하지 않았다. 고대로부터 현재까지 모든 인류의 업적은 문화적 진화의 소산인 것이다.

학습은 인간의 본성에 관한 철학의 쟁점과도 관련되어 있다. 고대의 소크라테스를 비롯하여 많은 철학자들은 인간 정신의 본성에 대하여 질문을 던져왔다. 17세기 말에 이르러 영국과 유럽 대륙에서 두 가지 상반된 견해가 제기되었다. 하나는 로크, 버클리, 흄과 같은 경험론자들의 견해로 정신에 타고난 관념 또는 선험적 지식이 있다는 것을 부정하고 모든 지식은 감각적 경험과 학습을 통해 형성된다고 보는 것이다. 다른 하나는 데카르트, 라이프니츠 등의 합리론자와 칸트의 견해로 정신은 본래 특정한 유형의 지식이나 선험적 지식을 가지고 있으며 이것이 감각 경험을 받아들이고 해석하는 인식의 틀이 된다는 것이다.

① 학습은 생물학적인 진화보다 우월하다.
② 학습은 인간만이 지니고 있는 인간의 고유한 특성이다.
③ 인간 사회의 변화는 생물학적 진화와 문화적 진화가 적절히 혼합되어 이루어진 것이다.
④ 경험론자들은 생물학적 진화보다는 학습을 중요시하였다.

21. 다음 글에서 설명하는 호르몬의 명칭으로 알맞은 것은?

혈당의 양을 조절하는 췌장 호르몬으로 이 호르몬이 발견되기 전까지 자가 면역성 제1형 당뇨병은 발병하면 사망하는 질환이었다. 당뇨병 환자들은 이 호르몬의 분비량이 부족하거나 정상적으로 기능하지 못함으로 인해서 심한 갈증을 느끼고, 소변양이 늘어나며, 몸이 허약해 져서 자주 짜증을 부리게 된다. 이렇게 신체가 탄수화물을 제대로 분해하지 못하면, 환자는 천천히 쇠약해지고 구역질, 구토, 현기증, 혼수상태가 나타날 수 있으며, 심지어 사망에까지 이르기도 한다.

① 인슐린　　　　　　　　　② 옥시토신
③ 테스토스테론　　　　　　④ 티록신

22. 다음은 같은 크기의 블록을 쌓아올린 그림이다. 색칠된 블록의 윗면과 밑면에 맞닿은 블록의 개수는?

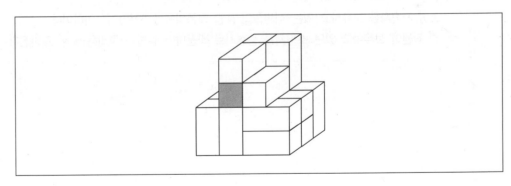

① 2개　　　　　　　　　② 3개
③ 4개　　　　　　　　　④ 5개

23. 다음은 H 회사 직원 350명을 대상으로 차량 보유 현황 및 운용비용을 조사한 자료이다. 이에 대한 분석으로 옳은 것은?

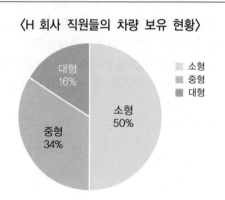

〈H 회사 직원들의 차량 보유 현황〉

대형 16%
중형 34%
소형 50%

소형
중형
대형

〈1인당 월간 교통비용〉

소형	중형	대형
30만 원	45만 원	55만 원

※ 총합 교통비용(원)=1인당 월간 교통비용×직원 수

ㄱ. 중형 자동차를 보유하고 있는 직원은 100명 이상이다.
ㄴ. 소형 자동차를 보유하고 있는 직원들의 총합 교통비용은 5천만 원 이하이다.
ㄷ. 한 직원이 보유하고 있던 소형차를 중형차로 바꾼다면 총합 교통비용 또한 많아진다.

① ㄱ
② ㄴ
③ ㄱ, ㄴ
④ ㄱ, ㄷ

24. 길이 64cm의 철사를 구부려 가로와 세로의 길이의 비가 3 : 1인 직사각형을 만들려고 한다. 이때 직사각형 가로의 길이는 얼마인가?

① 8cm　　　　　　　　　　　　② 16cm
③ 24cm　　　　　　　　　　　　④ 32cm

25. 다음은 G 회사의 품목별 수출 현황을 나타낸 것이다. ㉠ ~ ㉣ 중 옳은 것을 모두 고르면?

(단위 : 천 달러)

국가＼품목	중국	일본	인도	미국	합계
(가)	21,489	24,858	24,533	90,870	161,750
(나)	1,665	9,431	2,061	306	13,463
(다)	281,330	248,580	103,093	138,238	771,241
(라)	824	5,189	2,759	8,767	17,539
(마)	7,328	68,494	26,594	1,324	103,740

㉠ (가) 품목과 (다) 품목의 수출액이 큰 순서는 미국, 일본, 인도, 중국이다.
㉡ (나) 품목과 (마) 품목은 중국, 인도, 미국으로의 수출액을 합한 것보다 일본으로의 수출액이 크다.
㉢ (가) 품목과 (나) 품목 수출의 합이 가장 큰 국가는 미국이다.
㉣ 모든 품목에서 중국으로 수출하는 금액이 가장 적다.

① ㉠, ㉡　　　　　　　　　　　② ㉡, ㉢
③ ㉡, ㉣　　　　　　　　　　　④ ㉠, ㉡, ㉣

26. ○○재단 총무팀에 근무하고 있는 K 씨는 6월 봄 워크숍을 준비하려고 한다. 워크숍이 다음과 같이 진행이 될 때, K 씨가 대관할 장소로 적절한 곳은?

1. 워크숍 진행

일시	20XX.06.13. ~ 20XX.06.14. (2일간)
인원	40인
시설	대회의실, 20인 수용시설 2실, 숙박시설, 차량
예산	1,200,000원
비고	• 대회의실 40인이 모두 들어가야 함 • 노래방 기기가 있으면 같은 조건 하에 더 선호

2. 숙박시설

구분	A 호텔	B 호텔	C 호텔	D 호텔
시설 현황	대회의실(40인) 소회의실(20인) 2실 숙박시설(40인) 차량 노래방 기기	대회의실(40인) 소회의실(20인) 2실 숙박시설(40인) 차량	대회의실(50인) 소회의실(20인) 2실 숙박시설(30인) 차량 노래방 기기	대회의실(60인) 소회의실(30인) 1실 숙박시설(50인) 차량 노래방 기기
지불비용	950,000원	950,000원	1,200,000원	1,100,000원

① A 호텔
② B 호텔
③ C 호텔
④ D 호텔

27. 태풍이 남반구에서는 시계 방향, 북반구에서는 반시계 방향으로 회전하며 이동하는 이유는?

① 지구의 자전
② 지구의 공전
③ 달의 자전
④ 달의 공전

28. 다음 펼쳐진 전개도를 접었을 때의 도형으로 적절한 것은?

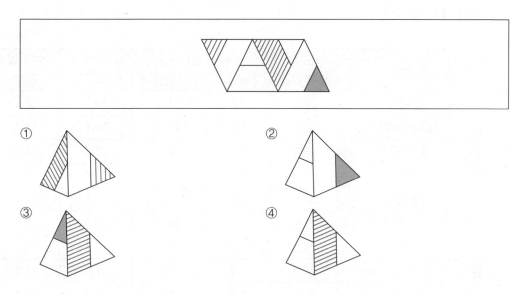

① ② ③ ④

29. 다음 글의 통일성을 고려할 때 ㉠ ~ ㉣ 중 삭제해야 할 문장은?

㉠글의 기본 단위가 문장이라면 구어를 통한 의사소통의 기본 단위는 발화이다. 담화에서 화자는 발화를 통해 '명령', '요청', '질문', '제안', '약속', '경고', '축하', '위로', '협박', '칭찬', '비난' 등의 의도를 전달한다. 이때 화자의 의도가 직접적으로 표현된 발화를 직접 발화, 암시 적으로 혹은 간접적으로 표현된 발화를 간접 발화라고 한다. ㉡간접 발화는 직접 발화보다 화자의 의도를 더 잘 전달해 준다.

일상 대화에서도 간접 발화는 많이 사용되는데, 그 의미는 맥락에 의존하여 파악된다. '아, 덥다'라는 발화가 '창문을 열어라'라는 의미로 파악되는 것이 대표적인 예이다. ㉢방안이 시원 하지 않다는 상황을 고려하여 청자는 창문을 열게 되는 것이다. 이처럼 화자는 상대방이 충분 히 그 의미를 파악할 수 있다고 판단될 때 간접 발화를 전략적으로 사용함으로써 의사소통을 원활하게 하기도 한다.

㉣공손하게 표현하고자 할 때도 간접 발화는 유용하다. 남에게 무언가를 요구하려는 경우 직접 발화보다 청유 형식이나 의문 형식의 간접 발화를 사용하면 공손함이 잘 드러나기도 한다.

① ㉠ ② ㉡

③ ㉢ ④ ㉣

울산기출복원

1회 기출예상

2회 기출예상

3회 기출예상

4회 기출예상

5회 기출예상

6회 기출예상

7회 기출예상

8회 기출예상

9회 기출예상

인성검사

면접가이드

30. 다음은 월평균 사교육비의 계층별 특성 분포에 대한 통계 자료이다. 이에 대한 설명으로 옳은 것을 모두 고르면?

(단위 : %)

특성별		사교육 받지 않음	10만 원 미만	10~30만 원 미만	30~50만 원 미만	50만 원 이상
대도시		29.5	7.5	24.9	19.7	18.4
대도시 이외		32.9	8.3	28.0	19.4	11.4
초등학교		18.9	12.7	37.8	20.3	10.3
중학교		30.8	5.1	22.0	24.6	17.5
고등학교		50.5	3.6	14.6	13.8	17.5
학교 성적	상위 10% 이내	21.6	6.6	28.0	22.3	21.5
	11~30%	23.3	6.6	28.5	23.4	18.2
	31~60%	28.4	7.8	27.2	21.3	15.3
	61~80%	35.5	8.3	26.7	17.4	12.1
	하위 20% 이내	45.4	10.0	23.6	13.5	7.5
부모님 평균 연령	20~30대	21.6	12.2	38.3	20.0	7.9
	40대	30.7	7.1	24.9	20.8	16.5
	50대 이상	45.9	4.6	17.6	15.2	16.7

㉠ 대도시 이외의 지역에서는 사교육을 아예 받지 않거나 사교육비로 30만 원 미만의 비용만 지출하는 비율이 대도시에 비해 더 많으며, 대도시 지역에서는 사교육비로 30만 원 이상을 지출하는 인원이 $\frac{1}{3}$ 이상을 차지한다.

㉡ 상급학교로 진학할수록, 부모님의 평균 연령대가 높아질수록 사교육을 받는 비율이 높아지고, 이들 모두에게서 사교육을 받지 않는 경우를 제외하고 가장 많은 지출 범위는 10~30만 원 미만이다.

㉢ 학교 성적이 상위 10% 이내인 학생이 사교육비로 10만 원 이상을 지출하는 비율이 성적 11~30%인 학생들에 비해 더 높다.

㉣ 학교 성적이 하위권으로 내려갈수록 사교육을 받지 않는 비율이 높고, 사교육을 받지 않는 경우를 포함할 때, 모든 학교 성적 범위에서 10~30만 원 미만의 비용을 지출하는 경우가 가장 많다.

① ㉠, ㉡
② ㉠, ㉢
③ ㉡, ㉣
④ ㉢, ㉣

31. 다음 삼각형과 넓이가 다른 것은?

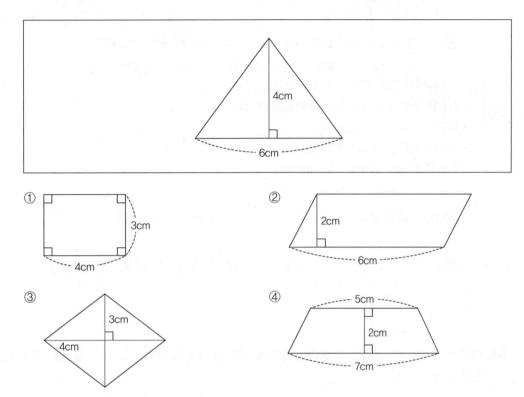

① 3cm 4cm

② 2cm 6cm

③ 3cm 4cm

④ 5cm 2cm 7cm

32. 다음의 명제가 모두 참일 때, 항상 참이라고 볼 수 없는 것은?

• A 회사에 다니는 사람은 일본어에 능통하지 못하다.
• B 대학교를 졸업한 사람은 일본어에 능통하다.
• C 학원에 다니지 않은 사람은 B 대학교를 졸업했다.

① B 대학교를 졸업하지 않은 사람은 C 학원에 다녔다.
② 일본어에 능통하지 못한 사람은 C 학원에 다녔다.
③ B 대학교를 졸업한 사람은 C 학원에 다니지 않았다.
④ A 회사에 다니는 사람은 B 대학교를 졸업하지 않았다.

울산기출복원 1회 기출예상 2회 기출예상 3회 기출예상 4회 기출예상 5회 기출예상 6회 기출예상 7회 기출예상 8회 기출예상 9회 기출예상 인성검사 면접가이드

33. 다음의 조건을 바탕으로 할 때, 지성의 거주지와 직장의 위치가 바르게 연결된 것은?

> • 현성, 지성, 민우는 각각 마포, 홍대, 영등포 중 각각 한 곳에 거주한다.
> • 현성, 지성, 민우는 각각 마포, 홍대, 영등포 중 각각 한 곳에 직장을 다니며, 세 사람 모두 자신의 거주지와 직장 위치가 다르다.
> • 현성은 지금 민우의 직장이 위치한 곳에 살고 있다.
> • 민우는 마포에 살지 않는다.
> • 민우와 지성은 홍대에 살지 않는다.
> • 현성의 직장이 위치한 곳은 마포이다.

	거주지	직장 위치			거주지	직장 위치
①	마포	영등포		②	마포	홍대
③	영등포	마포		④	홍대	영등포

34. 다음과 같이 화살표 방향으로 종이를 접은 후, 펀치로 구멍을 뚫을 것을 다시 펼쳤을 때의 모양으로 옳은 것은?

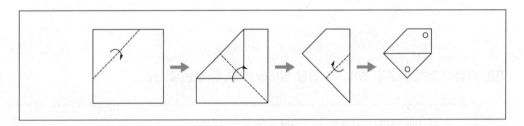

①

②

③

④

울산기술부문

1회 기출예상

2회 기출예상

3회 기출예상

4회 기출예상

5회 기출예상

6회 기출예상

7회 기출예상

8회 기출예상

9회 기출예상

인성검사

면접가이드

[35 ~ 36] 다음 글을 읽고 이어지는 질문에 답하시오.

산림청 국립산림과학원은 대기오염물질의 배출이 많은 산업단지에 조성된 도시숲이 미세먼지의 이동을 막아 주변 주거지역의 미세먼지 농도를 낮추는 데 효과가 있다고 밝혔다. 도시숲이 조성되기 전(2000 ~ 2005년)에는 산업단지보다 인근 주거단지의 미세먼지 농도가 9% 높았지만 도시숲 조성 후(2013 ~ 2017년) 주거단지의 미세먼지 농도($53.7\mu g/m^3$)는 산업단지($59.9\mu g/m^3$)와 비교하여 12% 낮아졌다. 특히, 입자크기가 큰 미세먼지보다 이동성과 인체 위해성이 높은 초미세먼지 농도 또한 산업단지보다 주거지역의 농도가 17% 낮은 것으로 나타났다. 또한 완충녹지 조성 후 최근 3년 동안 미세먼지 농도가 '나쁨' 단계($50\mu g/m^3$ 이상)를 나타낸 날도 산업단지가 109일, 주거지역이 75일로 31% 낮아진 것으로 나타났다.

이러한 결과는 산업단지에서 주거지역으로 바람이 유입되는 경로에 '-'자 형태의 녹지대를 조성함으로써 산업단지에서 발생한 미세먼지의 유입을 감소시킨 효과로 분석된다. 도시숲 연구센터 구○○ 박사는 "이번 분석결과를 통해 일반적인 도심뿐만 아니라 대규모 오염시설이 있는 산업단지에서도 녹지대가 미세먼지 농도를 낮추는 효과가 확인됐다."라며, "미세먼지 오염원이 있는 곳에 도시숲을 조성해 미세먼지 문제를 해결할 수 있도록 지속적으로 연구하겠다."라고 전했다.

35. 다음 중 윗글의 제목으로 가장 적절한 것은?

① 공장 미세먼지를 잡는 도시숲

② 미세먼지 저감 대책

③ 산업단지 내의 미세먼지 감소 정책

④ 미세먼지 감소를 위한 도시숲 조성 인식 확산

36. 다음 중 윗글을 읽고 이해한 내용으로 적절하지 않은 것은?

① 산업단지가 있는 곳 주변에 도시숲을 조성하는 것이 좋겠네.

② 도시숲을 조성하는 것이 미세먼지의 근본적인 해결책은 아니야.

③ 산업단지보다 주거단지의 미세먼지 농도가 높았던 이유는 바람의 경로 때문이야.

④ 도시숲이 조성되기 전에는 산업단지의 미세먼지 농도가 주거단지보다 높았던 것을 보니, 도시숲의 역할이 매우 중요하다는 생각이 들어.

37. 다음 중 물의 역할이라고 할 수 없는 것은 무엇인가?

    ① 체온을 조절한다.
    ② 일과 운동을 전달한다.
    ③ 인체 내에서 영양소의 운반, 노폐물을 제거, 배설한다.
    ④ 우리 몸에서 사용되는 주요 에너지원이다.

38. 다음 중 갈변현상에 대한 설명으로 옳지 않은 것은?

    ① 갈변은 식품의 저장, 가공, 조리과정에서 식품이 갈색으로 변하는 현상이다.
    ② 갈변에는 효소가 관여하는 효소적 갈변과 효소가 전혀 관여하지 않는 비효소적 갈변이 있다.
    ③ 아황산염류는 효소 갈변 방지를 위해 흔히 쓰이는 수단이다.
    ④ 백색 채소의 조리 과정에서 갈변을 방지하려면 산소의 접촉을 활성화하거나 가열처리를 해야한다.

39. 다음 그림에서 만들 수 있는 크고 작은 사각형의 개수는?

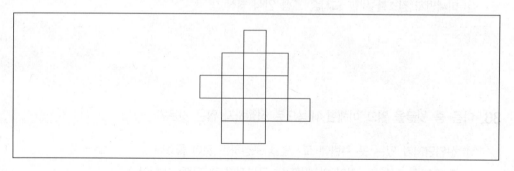

    ① 51개   ② 54개
    ③ 57개   ④ 61개

40. 다음에 제시된 도형을 재배치하였을 때 나타날 수 있는 것은?

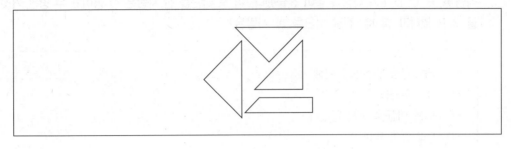

① 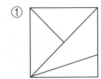　　②

③ 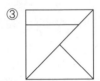　　④

41. 다음 글의 빈칸에 들어갈 적절한 고사성어는 무엇인가?

> 톨레랑스는 18세기 프랑스의 대표적인 계몽사상가인 볼테르가 "당신의 사상에 반대하지만 그 사상 때문에 탄압을 받는다면 나는 당신의 편에 서서 싸울 것이다."라고 말한 데서 유래한다. 톨레랑스는 차이를 긍정하는 논리일 뿐만 아니라 극단을 부정하는 논리이기도 하다. 톨레랑스는 자신의 독단이나 보편타당함을 일방적으로 내세우지 않고 진리에 다가설 수 있도록 다름과 차이를 인정하며 함께 어울리자는 뜻을 담고 있다.
>
> 공자와 그의 제자 간의 대화가 담긴 『논어』의 「자로 편」에도 소인배와 구분되는 군자의 사람됨을 논하는 부분에서 톨레랑스와 유사한 (　　　)(이)라는 말이 나온다. 군자는 타인이 자신과 다름을 인정하면서 함께할 줄 아는 반면, 소인은 끼리끼리 어울릴 뿐 함께할 줄 모른다는 것이다. 남들과 사이좋게 지내되 의를 굽혀 좇지는 말아야 하고, 남들과 화목하게 지내지만 자신의 중심과 원칙을 잃어서는 안 되는 것이 군자의 도리이다.

① 동이불화(同而不和)　　② 화이부동(和而不同)

③ 부화뇌동(附和雷同)　　④ 오수부동(五獸不動)

42. 어느 날 밤 P 회사에 도둑이 들었다. 목격자를 찾기 위해 전날 야근한 사람에 대해 물어보니 직원 A, B, C, D, E가 다음과 같이 진술했다. 이 중 야근을 한 사람은 한 명이고 두 명은 거짓말을 하고 있다고 할 때, 전날 야근을 한 사람은?

> • A : E는 항상 진실만을 말해.
> • B : C가 야근을 했어.
> • C : 나는 야근을 하지 않았어.
> • D : B의 말이 맞아.
> • E : A가 야근을 했어.

① A   ② B

③ C   ④ D

43. 마름모의 종이를 그림의 점선 1에서 접고, 다음에 겹쳐진 부분도 함께 점선 2를 따라서 접었다. 이것을 다시 좌우대칭이 되는 세로선을 따라 접었을 때 가능한 도형은?

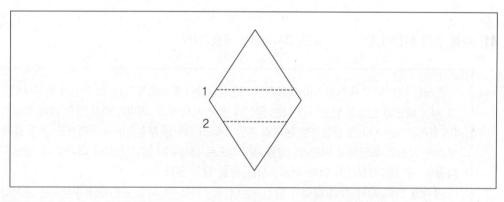

①   ②

③   ④

44. 다음 중 물질 변화의 종류가 나머지와 다른 하나는?

① 달걀 껍데기와 식초가 반응하면 이산화탄소가 발생한다.

② 따뜻한 우유에 코코아를 녹인다.

③ 불판 위의 고기가 익는다.

④ 양초가 탄다.

45. 다음 중 원자에 대한 설명으로 옳은 것을 모두 고르면?

ㄱ. 물질을 이루는 기본 입자이다.

ㄴ. 전자는 원자 질량의 대부분을 차지한다.

ㄷ. 원자핵과 전자 사이에는 빈 공간이 존재하지 않는다.

ㄹ. 전자가 원자의 중심에 있다.

ㅁ. 원자는 원자핵과 전자로 이루어져 있다.

① ㄱ, ㅁ   ② ㄴ, ㄹ, ㅁ

③ ㄷ, ㄹ   ④ ㄹ, ㅁ

울산기출복원

1회 기출예상

2회 기출예상

3회 기출예상

4회 기출예상

5회 기출예상

6회 기출예상

7회 기출예상

8회 기출예상

9회 기출예상

인성검사

면접가이드

8회 기출예상문제

소양평가

정답과 해설 64쪽

01. 다음 문장의 밑줄 친 단어와 의미상의 쓰임새가 같은 것은?

> 그 고객은 아마 <u>어쩌다가</u> 길에서 날 만나도 아는 체를 못 할 거야.

① 그녀는 <u>어쩌다가</u> 그와 눈을 마주치기라도 하면 기겁을 하는 것이었다.
② 사장님께선 업무 중에 <u>어쩌다가</u> 주무시지 자주 그러시진 않아.
③ 너 그걸 <u>어쩌다가</u> 그렇게 다 부숴 버렸니?
④ 취직 전에는 그래도 <u>어쩌다가</u> 야구장에 가곤 했다.

02. 땀샘의 가장 중요한 기능은?

① 체온 조절 기능
② 요소 배출 기능
③ CO_2 배출 기능
④ 먼지 제거 기능

03. 다음의 명제가 성립할 때, 반드시 참인 것은?

> • 에어로빅 강좌를 신청하지 않은 사람들은 모두 요리 강좌를 신청하지 않았다.
> • 영화감상 강좌를 신청하지 않은 사람들은 모두 에어로빅 강좌를 신청하지 않았다.
> • 우쿨렐레 강좌 신청자 중 일부는 요리 강좌를 신청하였다.

① 에어로빅 강좌를 신청한 사람은 모두 요리 강좌를 신청하였다.
② 우쿨렐레 강좌 신청자 중 일부는 영화감상 강좌를 신청하였다.
③ 에어로빅 강좌를 신청한 사람들은 모두 우쿨렐레 강좌를 신청하지 않았다.
④ 요리 강좌를 신청하지 않은 사람들 중 일부는 에어로빅 강좌를 신청하였다.

04. 다음 자료를 참고하여 홍보 방안을 선택하려고 한다. 생명보험 사업부의 요구사항을 고려할 때, 마케팅팀에서 선정할 홍보 방안으로 가장 적합한 것은?

○○기업 마케팅팀에서는 향후 신제품을 홍보하기 위하여 여러 가지 홍보 매체의 특성을 비교한 자료를 다음과 같이 제작하였다.

〈홍보 매체별 특성〉

구분	홍보용 웹툰	동영상 전문 사이트 광고	홈쇼핑	웹페이지 배너 광고	신문 광고
비용	3등급	2등급	1등급	4등급	5등급
전파속도	3등급	1등급	3등급	2등급	4등급
주요 소비층	10대	20대	40대	30 ~ 40대	50 ~ 60대
홍보 지속 기간	6개월	1주일	1개월	3개월	1주일

※ 1등급에 가까울수록 해당 수치가 더 많음을 의미함.

〈생명보험 사업부 요구사항〉

우리 생명보험 사업부의 주요 대상 고객층은 가족을 부양하는 가장입니다. 그리고 우리 부서는 홍보 매체의 전파속도는 다소 느려도 상관없지만, 대신 광고를 오래 지속할 수 있으면 합니다. 어떤 홍보 방안이 가장 적절할까요?

① 홍보용 웹툰　　　　　　　　② 동영상 전문 사이트 광고
③ 홈쇼핑　　　　　　　　　　④ 웹페이지 배너 광고

05. 다음 속담들과 공통적으로 관련이 있는 단어로 적절한 것은?

• 개구리 올챙이 적 생각 못 한다.
• 소 잃고 외양간 고친다.
• 등잔 밑이 어둡다.

① 어리석음　　　　　　　　　② 게으름
③ 지혜로움　　　　　　　　　④ 고지식함

[06 ~ 07] 다음 글을 읽고 이어지는 질문에 답하시오.

사회적 통합 기능이 특징인 음악은 사람의 감정과 기분에 강한 영향을 주는 매체로 단순한 생활 소음과는 차별되어 아동기, 청소년기의 음악교과 활동뿐만 아니라 다양한 임상 분야와 심리치료 현장에서 활용되고 있다. 일반적으로 부정적 심리상태를 안정시키는 역할로 사용되던 음악은 최근 들어 구체적인 인체 부위의 생리적 기전(physiological mechanisms)에 미치는 효과에 관심을 갖게 되었다.

음악은 언어와 같이 인간의 (㉠   ) 특징이라 할 수 있으며, 대부분의 문화권에서 사람들은 음악을 만들고 즐긴다. 과거부터 지금까지 음악은 그 시대의 역사와 함께 변화하고 있다. 이와 같은 특징을 내포하고 있는 음악에 대한 해석은 학자들이나 학풍에 따라 달라진다. 민족음악학자들과 동시대 작곡가들은 문화의 관점으로 해석하는 경향이 강하며, 현대의 작곡가들과 음악학자들은 음악적 기호를 독특한 문화라고 설명한다. 이들은 다양함 속에 보편적인 것을 추구하는 학풍과 달리 음악적 기호를 사회적 맥락으로 연결하며 사회의 특성에 따라 그 의미를 분류하고 해석한다.

20세기 이전 음악 소비의 방식은 가정, 전문음악회장, 교회, 주점, 장터와 같은 일정한 공간에서 라이브 공연의 형태로 이루어졌다. 적극적 방식으로 음악 소비를 하던 과거와 달리 현대 사회는 업무 장소나 운행하는 차 안, 혹은 원하는 장소 어디에서나 매체를 통해 청취할 수 있게 되고, 길을 걷거나 매장을 방문하게 될 경우, 음악 청취를 의도하지 않을 때에도 음악에 노출될 수 있으며 그로 인한 감정 변화가 일어나기도 한다. 이렇듯 현대의 기술 환경으로 말미암아 음악을 활용하는 행위 방식이 다양해지고 그만큼 음악 행위의 의미도 다양화되고 있는 추세이다.

06. 윗글의 문맥으로 보아 ㉠에 들어갈 수 없는 말은?

① 보편적   ② 일반적

③ 공통적   ④ 객관적

07. 윗글을 이해한 내용으로 적절하지 않은 것은?

① 음악은 사람의 감정과 기분에 강한 영향을 주며, 단순한 생활 소음과 달리 다양한 임상 분야와 심리치료 현장에서 사용된다.

② 최근에는 음악이 부정적 심리상태를 안정시키는 역할 외에도 인체 부위의 생리적 기전에 미치는 효과에 관심이 증가하고 있다.

③ 민족음악학자들과 현대 작곡가들은 음악을 동일한 방식으로 해석하며, 음악적 기호를 사회적 맥락으로 연결한다.

④ 현대 사회에서는 음악 소비 방식이 과거와 달리 다양화되고 있으며, 이를 통해 음악의 의미도 다양해지고 있다.

08. 다음에 제시된 도형을 재배치하여 만들 수 있는 것은?

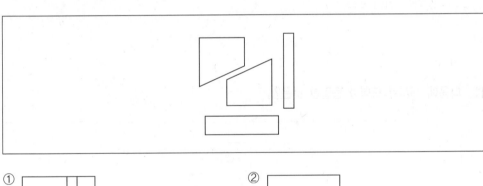

①

③

②

④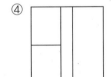

울산기술보험

1회 기출예상

2회 기출예상

3회 기출예상

4회 기출예상

5회 기출예상

6회 기출예상

7회 기출예상

8회 기출예상

9회 기출예상

인성검사

면접가이드

09. 다음 중 온도와 입자 운동의 상관관계에 대한 설명으로 옳은 내용을 모두 고르면?

> ㉠ 물체를 구성하는 입자의 크기가 클수록 물체의 온도가 높다.
> ㉡ 온도는 물체를 구성하는 입자의 운동이 활발한 정도를 나타낸다.
> ㉢ 물체에 열을 가하면 물체를 구성하는 입자의 운동이 둔해진다.

① ㉠ ② ㉡

③ ㉢ ④ ㉠, ㉡

10. 다음 중 지구의 판에 대한 설명으로 올바른 것은?

① 판은 지각으로만 이루어져 있다.
② 판은 암석으로 이루어져 있다.
③ 판의 두께는 약 40km이다.
④ 해양에는 판이 없다.

11. 다음에 제시된 도형과 동일한 것은?

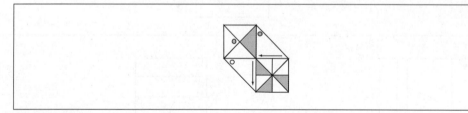

①   ②

③   ④

12. 다음은 Z, Y, X, W, V 다섯 명이 자동차 경주를 하고 순위에 대해 나눈 대화이다. 이 중 한 명만 거짓을 말하고 있을 때, 1등부터 순위를 바르게 나열한 것은?

> Z : W는 5등을 했고, Y와 순위 차이가 제일 커.
> Y : Z는 1등도 꼴찌도 하지 않았어.
> X : 나와 Y는 2순위 차이가 나.
> W : 나는 4등을 했어.
> V : 나는 2등을 했고, X와 연이은 순위에 있어.

① Y−V−X−Z−W   ② Y−V−X−W−Z

③ V−W−Z−Y−X   ④ V−Y−X−Z−W

13. 자동차가 120km/h로 달려 3시간 30분 만에 목적지에 도착했다면 달린 거리는?

① 400km   ② 420km

③ 440km   ④ 460km

14. 출근 시간이 오전 8시까지인 ○○기업의 A 대리가 8시 정각에 출근할 확률은 $\frac{1}{4}$이고, 지각할 확률은 $\frac{2}{5}$이다. A 대리가 이틀 연속 정해진 시간보다 일찍 출근할 확률은?

① $\frac{49}{400}$ ② $\frac{3}{16}$

③ $\frac{13}{200}$ ④ $\frac{64}{225}$

15. 갑은 중간고사에서 네 과목의 평균이 89.5점이 나왔다. 마지막 영어시험까지 합하여 다섯 과목의 평균이 90점 이상 나오려면, 영어는 최소한 몇 점을 받아야 하는가?

① 88점   ② 90점

③ 92점   ④ 93점

16. 다음은 국내 은퇴연령 신용불량자에 관한 자료이다. 이를 이해한 내용으로 적절한 것을 모두 고르면?

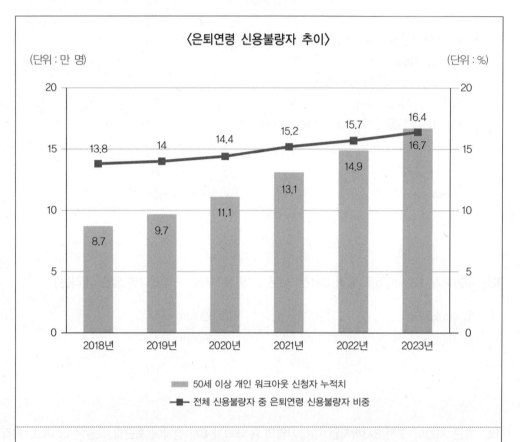

〈은퇴연령 신용불량자 추이〉

(단위 : 만 명)　　　　　　　　　　　　　　　　　　　　　　　　　　　(단위 : %)

■ 50세 이상 개인 워크아웃 신청자 누적치
■— 전체 신용불량자 중 은퇴연령 신용불량자 비중

ㄱ. 2023년에 50세 이상 개인 워크아웃 신청자는 2018년 대비 약 8만 명이 늘어났다.

ㄴ. 전체 신용불량자 중 은퇴연령 신용불량자 비중과 50세 이상 개인 워크아웃 신청자의 증감폭이 가장 큰 시기는 2021년과 2022년 사이이다.

ㄷ. 50세 이상 개인 워크아웃 신청자 누적치의 전년 대비 증가율은 2019 ~ 2023년 동안 지속적으로 늘어나고 있다.

ㄹ. 2023년의 전체 신용불량자 중 은퇴연령 신용불량자 비중은 2018년 대비 2.6%p가 증가하였다.

① ㄱ, ㄷ　　　　　　　　　　　　　② ㄱ, ㄹ
③ ㄴ, ㄷ　　　　　　　　　　　　　④ ㄷ, ㄹ

17. 다음 명제가 모두 참일 때, 〈결론〉에 대한 설명으로 항상 옳은 것은?

> • 빨간색을 좋아하는 사람은 사소한 일에 얽매이지 않는다.
> • 분홍색을 좋아하는 사람은 애정과 동정심이 많다.
> • 내성적이지 않은 사람은 파란색을 좋아하지 않는다.
> • 내성적인 사람은 사소한 일에 얽매인다.
> • 애정과 동정심이 많은 사람은 박애주의자이다.

결론

> (가) 파란색을 좋아하는 사람은 빨간색을 좋아하지 않는다.
> (나) 분홍색을 좋아하지 않는 사람은 박애주의자가 아니다.

① (가)만 항상 옳다.　　　　　　　② (나)만 항상 옳다.

③ (가), (나) 모두 항상 옳다.　　　　④ (가), (나) 모두 항상 그르다.

18. 다음은 같은 크기의 블록을 쌓아 올린 그림이다. 블록은 모두 몇 개인가? (단, 뒷부분에 보이지 않도록 쌓아 올린 블록은 없다)

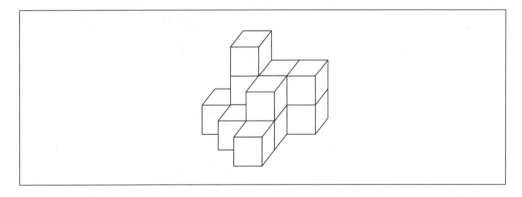

① 9개　　　　　　　　　　　　② 10개

③ 11개　　　　　　　　　　　　④ 12개

19. 〈보기〉의 A 지점에 서 있다고 할 때, 다음에 제시된 지도의 ㉮, ㉯, ㉰, ㉱ 중 A 지점에 해당하는 곳은?

보기

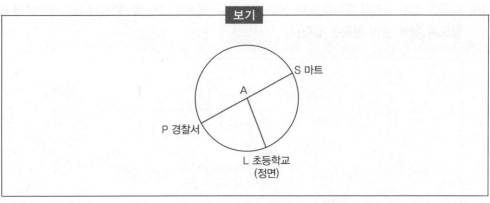

① ㉮   ② ㉯

③ ㉰   ④ ㉱

20. 다음 중 분자 운동의 증거로 볼 수 없는 것은?

① 거미줄에 맺혀 있던 이슬방울이 낮이 되자 사라졌다.
② 물에 설탕을 녹이면 물 전체에서 단맛이 난다.
③ 헬륨을 넣은 애드벌룬이 공중으로 떠오른다.
④ 마당에 뿌린 물이 모두 사라진다.

21. 다음 중 관성의 종류가 다른 하나는?

① 삽으로 흙을 퍼서 던지면 흙이 멀리 날아간다.
② 이불을 두드려서 먼지를 턴다.
③ 버스가 커브 길을 돌면 몸이 바깥 방향으로 쏠린다.
④ 버스가 달리다가 멈추면 버스 안의 승객은 버스가 움직이던 방향으로 넘어진다.

22. 해진, 예림, 희은, 찬빈, 은희, 영준, 유민은 영어회화, 시사토론, 수영 강의 중 최소 하나 이상을 수강하고 있다고 할 때, 해진이가 수강하고 있는 강의는?

- 영어회화, 시사토론, 수영의 수강인원은 각각 4명, 4명, 3명이다.
- 수영만 수강하는 사람은 없다.
- 세 강의를 모두 수강하는 사람은 없다.
- 은희와 유민은 두 개의 강의를 수강하고 있고 모두 같은 강의를 수강하고 있다.
- 희은, 찬빈은 시사토론 강의를 수강하고 있다.
- 예림과 영준은 두 개의 강의를 수강하고 있으며 그중 하나만 같은 강의이다.
- 은희와 영준은 하나만 같은 강의를 듣고 있다.
- 예림은 영어회화는 듣지 않는다.

① 시사토론
② 영어회화
③ 영어회화, 시사토론
④ 시사토론, 수영

[23 ~ 25] 다음은 어떤 유원지의 연령별·성별 매출액 비율이다. 이어지는 질문에 답하시오.

(단위 : %, 만 원)

연령·성별	유원지	A	B	C	D
성인	남자	19.2	21.3	22.1	13.6
	여자	23.5	26.4	19.8	20.7
학생	남자	17.8	14.2	23.0	11.6
	여자	21.4	19.2	10.3	34.4
소인	남자	( )	10.7	20.7	7.2
	여자	12.3	8.2	4.1	12.5
합계		100.0	100.0	100.0	100.0
총매출액		4,026	2,160	3,284	1,819

23. A 유원지의 총매출액에서 소인 남자가 차지하는 비율은?

① 5.4%
② 5.6%
③ 5.8%
④ 6.0%

24. D 유원지에 입장한 여학생의 37%는 고등학생이었다. 이때 총매출액에서 여자 고등학생이 차지하는 비율은? (단, 소수점 아래 둘째 자리에서 반올림한다)

① 11.3%
② 12.7%
③ 14.5%
④ 23.7%

25. C 유원지의 소인 남자 총매출액은 D 유원지의 소인 남자 총매출액의 몇 배인가? (단, 소수점 아래 둘째 자리에서 반올림한다)

① 4.1배
② 4.5배
③ 4.8배
④ 5.2배

26. 다음 중 외래어 표기법에 어긋난 것은?

① recreation – 레크리에이션

② jacket – 재킷

③ styrofoam – 스티로폼

④ solution – 솔루션

27. 다음 (가) ~ (마)를 문맥에 맞도록 바르게 배열한 것은?

> 미세플라스틱은 독성 화학물질을 해수로 방출하고 바다 속 화학물질을 표면으로 흡착하여 해양생물에 독성을 유발할 수 있다.

(가) 더불어 인간에게도 각종 암을 비롯하여 생식기 발달의 저하, 성장 지연 등을 유발한다.

(나) 특히 POPs, PBTs 같은 화학물질은 잔류성과 생물축적성이 높은 물질로서 체내에 축적되면 동물의 면역력이 감소하고 생식기능이 약화된다.

(다) 이처럼 미세플라스틱이 인체에 유해한 각종 물질을 전이·확산시킬 수 있는 가능성이 많아 이에 대한 다양한 연구가 진행되고 있다.

(라) 인간은 해산물과 소금 등을 섭취하는 생태계 먹이사슬의 최상위 포식자이므로 미세플라스틱에 노출되는 것은 불가피하다.

(마) 실제로 태평양 굴을 미세플라스틱에 노출하는 실험 결과, 난모세포 수 38% 감소, 지름 5% 감소, 정자 속도 23% 감소, 자손들의 성장 18 ~ 41% 감소를 보였다.

① (가) – (라) – (다) – (나) – (마)

② (가) – (마) – (다) – (나) – (라)

③ (나) – (라) – (마) – (가) – (다)

④ (나) – (마) – (가) – (라) – (다)

출산기출복원 1회 기출예상 2회 기출예상 3회 기출예상 4회 기출예상 5회 기출예상 6회 기출예상 7회 기출예상 8회 기출예상 9회 기출예상 인성검사 면접가이드

28. 다음 중 물체에 작용하는 합력(알짜힘)이 0인 것을 모두 고르면?

> ㉠ 일정한 속력으로 원운동하는 장난감 자동차
> ㉡ 공기 저항에 의해 등속도로 내려오는 빗방울
> ㉢ 지구의 중력권을 벗어난 후 엔진을 끈 우주 탐사선
> ㉣ 책상 위에 가만히 놓여 있는 책

① ㉠, ㉡   ② ㉡, ㉢
③ ㉡, ㉣   ④ ㉡, ㉢, ㉣

29. 다음 도형들 중 3개를 활용하여 제시된 정삼각형을 만든다고 할 때, 필요 없는 조각은?

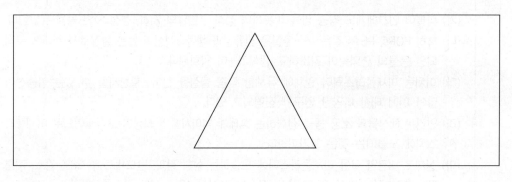

30. 다음은 어떤 입체도형을 여러 방향에서 바라본 모양이다. 이에 해당하는 입체도형으로 옳은
것은? (단, 화살표 방향은 정면을 의미한다)

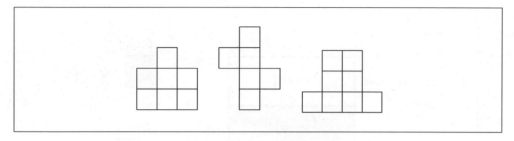

①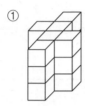

②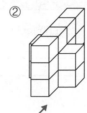

③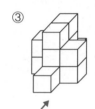

④

31. A 역에서 출발하여 B 역을 경유하여 C 역에 도착하는 고속열차가 있다. 이 고속열차가 A 역에서
출발하여 B 역에서 256명이 내리고 149명이 탄 뒤 C 역에서 내린 승객이 총 815명이라면
A 역에서 고속열차에 탑승한 승객은 몇 명인가?

① 410명   ② 708명

③ 922명   ④ 1,220명

32. 정수는 대중 목욕탕 리모델링 작업을 진행 중이다. 한쪽 벽을 두 가지 디자인 타일로 꾸미려고 할 때, (가) 타일과 (나) 타일은 각각 순서대로 몇 개씩 필요한가?

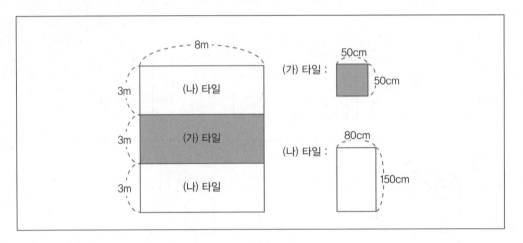

① 84개, 40개   ② 96개, 40개

③ 84개, 46개   ④ 96개, 46개

33. 다음 내용을 참고할 때, 항상 옳은 설명은?

- 신입사원 A ~ H 8명은 영업팀, 생산팀, 기술팀 중 한 팀에 배정되며, 한 팀당 적어도 1명 이상 3명 이하의 신입사원이 배정된다.
- 영업팀과 생산팀으로 배정된 신입사원의 수는 동일하다.
- B는 배정된 신입사원의 수가 가장 적은 팀으로 배정되었다.
- C는 G와, F는 H와 같은 팀으로 배정되었다.

① A와 E는 동일한 팀으로 배정되었다.

② B는 D와 동일한 팀으로 배정되지 않았다.

③ C와 H중 적어도 한 명은 기술팀으로 배정되었다.

④ 8명 중 정확한 배정 팀을 알 수 있는 사람은 1명뿐이다.

34. ○○ 기업 홍보팀에서는 다음주 월요일부터 목요일까지 외부 행사에 2명씩 지원을 나가기로 하였다. 아래와 같은 조건에 따라 짝을 지어 행사진행을 나간다면, 화요일에 지원을 나가는 사람은 누구인가?

- 홍보팀 직원은 남자 4명(강 군, 박 군, 안 군, 최 군) 여자 4명(박 양, 신 양, 조 양, 최 양)이다.
- 행사지원은 남자, 여자 1명씩 짝을 지어 나가야 한다.
- 같은 성씨를 가진 사람은 함께 행사지원을 나간다.
- 강 군과 신 양은 서로 다른 날 행사지원을 나가고, 수요일에는 행사지원을 나갈 수 없다.
- 박 양은 신 양 다음날 행사지원을 나가야 한다.
- 최 양은 박 군보다 먼저 행사지원에 나가야 한다.
- 최 양이 지원을 나가고 3일 뒤에 강 군이 행사지원을 나갈 수 있다.

① 강 군, 신 양
② 박 군, 박 양
③ 최 군, 최 양
④ 안 군, 신 양

35. 다음은 어항 속 물고기의 모습이다. 물고기가 물속에서 받는 부력의 방향과 중력의 방향을 옳게 연결한 것은?

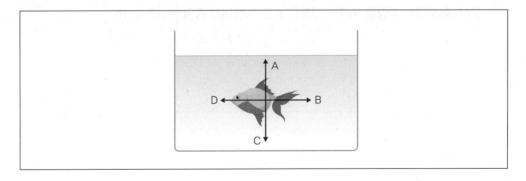

	중력	부력
①	A	A
③	B	D

	중력	부력
②	A	C
④	C	A

36. 다음 글에 대한 이해로 적절하지 않은 것은?

최근 과도한 스트레스와 불규칙한 생활패턴, 잘못된 식습관으로 만성피로를 겪는 현대인이 늘고 있다. 일시적인 과로로 발생한 피로가 6개월 이상 지속되거나, 충분히 쉬어도 회복되지 않을 때를 만성피로로 진단한다. 보통 휴식을 취하면 만성피로가 나아질 것이라고 생각하지만, 만성피로를 개선하지 않고 내버려두면 집중력이 감소하고 근육통, 두통 등이 나타난다. 면역력이 떨어져 감염병에도 취약해질 수 있는 만큼 주의가 필요하다.

◇ **건강관리 힘든 일상, 활성비타민 인기**

만성피로를 개선하려면 규칙적인 운동과 영양소가 골고루 함유된 식단이 기본이다. 하지만 일상이 바쁘고 불규칙하게 살아야 하는 현대인에게는 어려운 이야기다. 대신 하루 한 알로 피로회복에 도움 되는 성분을 간편하게 먹을 수 있는 고함량 활성비타민이 인기를 끌고 있다.

비타민 B군으로 대표되는 활성비타민은 육체 피로부터 어깨 결림, 눈 피로 등의 증상 완화에 효과가 있다. 스트레스 완화, 면역력 강화, 뇌신경 기능 유지, 피부와 모발 건강 등에도 도움을 준다고 알려졌다.

활성비타민의 효과가 알려지며 관련 시장은 매년 30% 이상 폭발적으로 성장해 다양한 제품들이 출시되고 있다. 전문가들은 비타민 제품을 고를 때 자신에게 필요한 성분인지, 함량이 충분한지, 활성형 비타민이 맞는지 등을 충분히 살펴본 다음 선택하라고 권고한다.

① 과로로 인한 피로가 1년 이상 지속된 철수는 만성피로로 진단될 수 있다.
② 피로는 면역력을 감퇴시킬 수 있어 독감과 같은 전염병에 걸리기 쉽게 만든다.
③ 비타민 B군은 스트레스를 경감시키고, 모발 건강에 도움을 줄 수 있다.
④ 시중에 있는 다양한 비타민 제품은 모든 사람에게 동일한 효과를 낸다.

37. 다음 전개도를 접었을 때 모양이 나머지와 다른 것은?

①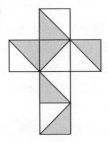

②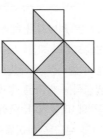

③

④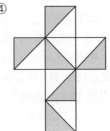

38. 다음과 같이 종이를 접은 후 색칠된 부분을 자르고 다시 펼쳤을 때의 모양으로 옳은 것은?

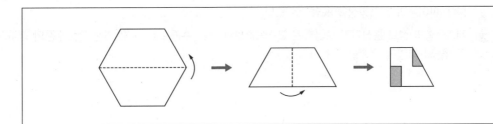

①

②

③

④

39. 다음 (가)와 (나)를 읽고 도출할 수 있는 결론으로 적절한 것은?

> (가) 지난해 정부에서는 정보격차 해소를 위해 저소득층 가정의 아이들에게 컴퓨터 등의 정보 통신기기를 보급하였다. 이를 통해 정보의 접근성 및 활용능력이 향상되었고 학업성적의 향상에도 도움이 될 것으로 전망하였다. 그런데 올해 정보 통신기기를 지원받은 가정의 아이들의 학업성적을 살펴본 결과, 성적이 오른 아이들은 소수에 불과하고 대부분이 전과 유사한 성적에 머물거나 오히려 하락한 경우도 나타났다.
>
> (나) 정보 통신기기의 보급은 아이들로 하여금 다양한 지식을 쉽게 얻을 수 있도록 한다는 점에서 도움이 되지만, 수업에 대한 흥미와 집중력이 낮아지고 공부를 소홀히 하는 행동 등을 유발하여 학업성적이 떨어지는 이유가 되기도 한다. 그런데 정보 통신기기로 인한 학업성적의 하락은 저소득층 가정의 아이들에게서 더 큰 폭으로 나타나는데, 이러한 결과는 부모들의 관리에서 비롯된다고 보는 견해가 있다. 대부분 고소득층의 부모들은 자녀의 기기 활용에 대해 관리와 통제를 가하지만, 저소득층의 부모들은 이러한 관리에 대해 소홀한 경향이 있다는 것이다.

① 정보 통신기기의 보급은 정보격차 해소에는 도움이 되지만 아이들의 학업수준에는 부정적인 영향을 미친다.

② 아이들의 학업성적에는 정보 통신기기의 보급보다 기기에 대한 관리와 통제가 더 중요하게 작용한다.

③ 저소득층 아이들의 학업성적은 정보 통신기기의 보급에 따라 영향을 받으므로 적절한 조절을 통해 아이들의 성적향상을 도울 수 있다.

④ 저소득층의 정보 통신기기 보급률은 고소득층보다 낮은 수준으로, 이로 인한 정보수준의 격차가 아이들의 학업에 영향을 미친다.

40. 다음 전제에 따라 빈칸에 들어갈 결론으로 옳은 것은?

> • 어린이들의 이는 충치가 생기기 쉽다.
> • 혁이는 어린이다.
> • 따라서 (   )

① 혁이는 충치가 생기기 쉽다.

② 혁이는 충치가 안 생긴다.

③ 모든 어린이는 충치가 안 생긴다.

④ 모든 어린이는 충치가 생기기 쉽다.

41. 다음의 도형 규칙을 참고하여 '?'에 올 수 있는 도형으로 적절한 것은?

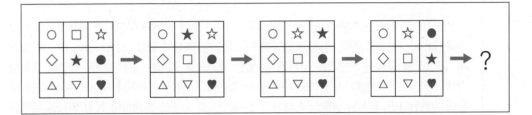

①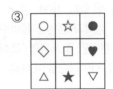

②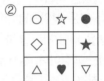

③

④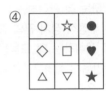

42. 다음에서 설명하는 특징을 가지는 생물로 적절한 것은?

- 세포에 핵막이 없어 핵이 뚜렷하게 구분되지 않는다.
- 크기가 매우 작아 현미경을 사용해야 관찰할 수 있다.
- 세포벽이 있어서 세포 내부를 보호한다.

① 송이버섯　　　　　　　　　② 표범

③ 다시마　　　　　　　　　　④ 대장균

43. 다음 중 '정서'에 대하여 필자가 주장하는 바와 다른 것은?

일반적으로 정서는 기분, 감정, 느낌과 같은 유사한 몇몇 용어와 구분되어 사용되기도 하고 혼용되어 사용하기도 한다. 정서란 일반적으로 특정한 대상이 있고, 지속시간이 비교적 짧으며 원인이 덜 명확한 기분과는 구분될 수 있는 개념으로 정서는 일반적으로 감정을 포함한 상태와 과정을 의미한다. 느낌과도 구분될 수 있는데, 느낌은 상황이나 대상의 특정 측면 때문에 발생한다면, 정서는 상황이나 대상의 전체적인 것 때문에 발생하여 특정 행동을 유발한다고 볼 수 있다. 즉 정서는 여러 가지 감정과 인지적, 행동적, 사회적인 인간의 모든 행동요소들을 포함하는 보다 넓은 상위개념이라고 할 수 있다.

이러한 정서의 개념을 바탕으로 할 때 정서조절은 기쁨, 즐거움, 우울, 분노 등의 긍정적, 부정적 정서에 대처하는 과정이며, 정서를 조절하는 데 사용되는 과정과 전략으로 성공적인 대인관계를 가능하게 하는 기능을 수행하는 것이다. 어떤 목표를 수행하기 위한 정서반응을 모니터링·평가·수정하는 데 관여하는 외적, 내적 과정으로도 정의할 수 있다. 또한, 정서조절이란 긍정적 정서와 부정적 정서 간의 조화를 말하는 것으로 개인의 생각과 행동을 올바르게 안내해주고 목표를 성취하는 데 도움을 주는 반응이며, 자신의 주관적인 정서경험, 특히 정서의 강도와 지속시간을 조절하고 의사소통 상황에서 자신의 정서를 전략적으로 표현하는 능력이라고 정의할 수 있다.

---

① 정서는 기분보다 지속시간이 길며 원인도 비교적 명확하다.
② 정서는 특정 대상의 전반적인 면에 대해 발생한다는 점에서 느낌과 구분된다.
③ 정서는 기분이나 느낌과는 다른 개념이며 감정과 동위의 개념으로 볼 수 있다.
④ 인간은 정서조절을 통해 개인의 목표를 성취하는 데 도움을 받는다.

44. 머리카락이 건조할 때 머리를 빗으면 머리카락이 빗에 달라붙는 현상이 발생한다. 다음 중 이와 같은 원리를 적용한 예가 아닌 것은?

① 진공청소기   ② 복사기
③ 포장 랩   ④ 공기 청정기

45. 다음 그림을 참고할 때, 무빙워크에 대한 올바른 설명을 ㉠ ~ ㉢에서 모두 고른 것은?

㉠ 등속 직선 운동을 한다.
㉡ 무빙워크 위에 가만히 서 있는 사람의 가속도 값은 0이다.
㉢ 시간에 따른 속력을 그래프로 나타내면 그래프의 직선 기울기가 일정하다.

① ㉡
② ㉠, ㉡
③ ㉠, ㉢
④ ㉡, ㉢

01. 다음의 ㉠~㉣ 중 그 쓰임이 적절한 것은?

> "내가 집이 가난해서 말이 없으므로 혹 빌려서 타는데, ㉠여의고 둔하여 걸음이 느린 말이면 비록 급한 일이 있어도 감히 채찍질을 가하지 못하고 조심조심하여 곧 ㉡넘어질 것가치 여기다가, 개울이나 구렁을 만나면 내려서 걸어가므로 후회하는 일이 적었다. 발이 높고 귀가 날카로운 ㉢준마로써 잘 달리는 말에 올라타면 의기양양하게 마음대로 채찍질하여 고삐를 놓으면 언덕과 골짜기가 평지처럼 보이니 심히 ㉣장쾌하였다. 그러나 어떤 때에는 위태로워서 떨어지는 근심을 면치 못하였다. … "

① ㉠   ② ㉡
③ ㉢   ④ ㉣

02. 고체 상태의 양초가 녹아서 액체 상태가 될 때 부피가 더 커지는 이유는?

① 분자의 개수가 많아져서
② 분자의 크기가 커져서
③ 분자 사이의 거리가 넓어져서
④ 분자의 성질이 달라져서

03. 다음 중 팀워크를 위한 팀원의 대화 방식이 가장 부적절한 사람은?

① A : 그랬군요. 김 대리의 이야기를 들으니 문제가 무엇인지 이해가 가네요. 우리가 해결책을 함께 찾을 수 있을 것 같아요.
② B : 그 아이디어 정말 좋네요! 다음 번 프로젝트에서는 그 방식을 시도해 보아요.
③ C : 죄송하지만, 제가 그 부분을 맡기에는 어려움이 있을 거 같아요. 대신 제가 도울 수 있는 다른 부분이 있을까요?
④ D : 송 사원의 의견은 이해하지만, 그다지 좋은 생각은 아닌 것 같네요. 우리 다른 방법을 찾아보죠.

04. 다음 명제가 모두 참일 때, 항상 옳은 것은?

> • 고양이를 좋아하면 호랑이를 키운다.
> • 개를 좋아하면 호랑이를 키우지 않는다.
> • 치타를 좋아하면 고양이를 좋아한다.

① 호랑이를 키우지 않는다면 치타를 좋아하지 않는다.
② 호랑이를 키우면 반드시 개를 좋아한다.
③ 고양이를 좋아하면 치타를 좋아한다.
④ 개를 좋아하면 반드시 고양이를 좋아한다.

05. ○○기업의 사옥에는 5개 팀이 2 ~ 5층을 사용하고 있다. 다음의 조건을 바탕으로 할 때, 옳지 않은 것은? (단, 회계팀만 타 층의 복사기를 사용하며, 한 층에는 최대 2개 팀만 있다)

> • 마케팅팀과 기획관리팀은 복사기를 같이 사용한다.
> • 4층에는 회계팀만 있다.
> • 총무팀은 홍보팀의 바로 아래층에 있다.
> • 홍보팀은 마케팅팀의 아래쪽에 있으며 3층의 복사기를 사용하고 있다.
> • 회계팀은 위층의 복사기를 사용하고 있다.

① 마케팅팀은 기획관리팀과 같은 층에 있다.
② 회계팀은 5층의 복사기를 사용한다.
③ 총무팀은 3층의 복사기를 사용한다.
④ 기획관리팀은 5층에 있다.

06. 다음에 제시된 도형 3개를 합쳤을 때 나오는 모양으로 적절하지 않은 것은? (단, 각 도형은 회전할 수 없다)

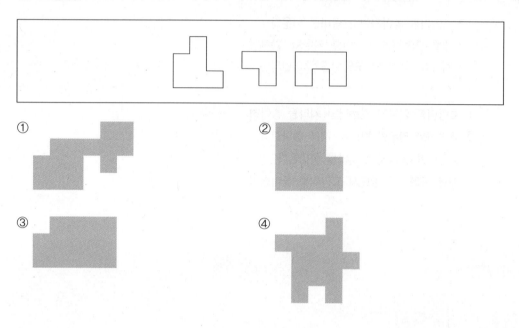

07. 다음에서 공통적으로 설명하는 열의 이동 방법은?

> • 뽁뽁이의 비닐 안 공기가 열의 이동을 차단한다.
> • 조리 기구는 금속으로 만들고 손잡이는 플라스틱으로 만든다.
> • 주로 고체에서 열이 이동하는 방법이다.

① 전도   ② 대류

③ 복사   ④ 비열

08. 다음 중 광합성을 하지 않는 것은?

① 은행나무　　　　　　　　② 소나무

③ 팽이버섯　　　　　　　　④ 배추

[09 ~ 10] 다음 글을 읽고 이어지는 질문에 답하시오.

　　㉠상품은 그것을 만들어 낸 생산자의 분신이지만, 시장 안에서는 상품이 곧 독자적인 인격체가 된다. 사람이 주체가 아니라 상품이 주체가 되는 것이다. 상품 생산자, 즉 판매자는 ㉡화폐를 얻기 위해 자신의 상품을 시장에 내놓는다. 이렇게 내놓아진 상품이 시장에서 다른 상품이나 화폐와 관계를 맺게 되면 그 상품은 주인에게 복종하기를 멈추고 자립적인 삶을 살아가게 된다.

　　또한, 사람이 상품을 생산하여 교환하는 과정에서 시장의 경제 법칙을 만들었지만 이제 거꾸로 상품들은 인간의 손을 떠나 시장 법칙에 따라 교환된다. 이런 시장 법칙의 지배 아래에서는 사람과 사람 간의 관계가 상품과 상품, 상품과 화폐 등 사물과 사물 간의 관계에 가려 보이지 않게 된다.

　　이처럼 상품이나 시장 법칙은 인간에 의해 산출된 것이지만, 거꾸로 상품이나 시장 법칙이 인간을 지배하게 된다. 이때 인간 및 인간들 간의 관계가 소외되는 현상이 나타난다.

09. 윗글의 중심내용으로 적절한 것은?

① 시장경제는 사람이 관여하지 않을 때 가장 이상적이다.

② 상품과 시장 법칙 중심의 경제가 사람을 소외시킨다.

③ 시장경제 법칙이 실제 시장에 잘 적용되지 않고 있다.

④ 사람 간 관계 중심의 시장 정책 마련이 필요하다.

10. 다음 중 윗글의 ㉠과 ㉡의 관계와 같은 것은?

① 잡채 : 당면　　　　　　　② 남자 : 여자

③ 축구 : 공　　　　　　　　④ 운동 : 건강

11. A 미술관의 이번 달 관람객 수는 10,000명이었다. 한 달에 관람객 수가 5%씩 증가한다면 2달 후의 관람객 수는?

① 10,500명   ② 10,750명
③ 11,025명   ④ 11,250명

12. L사는 어떤 상품의 원가에 20%의 이익을 붙여 판매하고 있는데, 다음 분기에는 현재 가격에서 10% 할인해 판매하기로 하였다. 할인된 가격이 129,600원이라면 원가는?

① 118,000원   ② 120,000원
③ 122,000원   ④ 124,000원

13. 방과후수업의 전체 수강자 수는 266명이고 모두 컴퓨터 또는 영어 수업 중 어느 하나에 참여한다. 컴퓨터반 수강자 수는 영어반 수강자 수의 2.5배이다. 여자 수강자가 컴퓨터반에서는 30%, 영어반에서는 50%를 차지할 때, 전체 방과후수업 수강자 중 한 명을 선택할 때 선택된 수강자가 여자일 확률은?

① $\dfrac{5}{7}$ ② $\dfrac{17}{36}$
③ $\dfrac{49}{133}$ ④ $\dfrac{95}{266}$

14. 현재 채린이와 삼촌의 나이 차는 18세이고, 4년 후에는 삼촌의 나이가 채린이 나이의 2배가 된다. 채린이의 현재 나이는 몇 세인가?

① 14세   ② 16세
③ 18세   ④ 20세

15. 다음의 전개도를 접었을 때의 모양으로 적절하지 않은 것은?

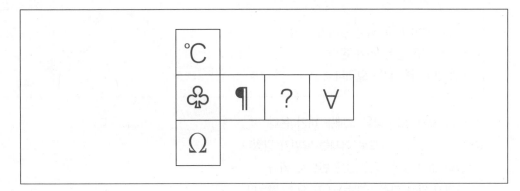

①    ②

③   ④

16. ○○교육청 체육대회에서 400m 달리기 시합을 진행하였다. 5개 과(학교혁신과, 안전총괄과, 노사협력과, 진로교육과, 초등교육과)에서 1명씩 선발된 직원들 5명의 시합 결과가 다음과 같다면 안전총괄과 직원은 몇 등으로 들어왔는가?

- 학교혁신과 직원보다 뒤에 들어온 사람은 2명이다.
- 안전총괄과 직원의 바로 다음으로 들어온 사람은 진로교육과 직원이다.
- 초등교육과 직원보다 뒤에 들어온 사람은 2명 이상이다.
- 노사협력과 직원은 초등교육과 직원보다 먼저 들어왔다.

① 2등   ② 3등
③ 4등   ④ 5등

17. 다음의 명제가 모두 참일 때, 반드시 참인 것은? (단, 날씨는 비, 흐림, 맑음의 셋 중 하나이다)

> • 비가 오면 다음 날은 흐리거나 맑다.
> • 흐린 다음 날은 비가 온다.
> • 맑으면 다음 날은 흐리다.

① 비가 오지 않은 다음 날에는 비가 온다.
② 오늘은 날이 흐리므로 어제는 날씨가 맑았다.
③ 날이 맑지 않은 다음 날은 반드시 맑다.
④ 흐리지 않은 다음 날에는 비가 오지 않는다.

18. 다음 그림은 공을 던졌을 때의 모습이다. A, B, C 지점에서 공이 받는 힘의 방향을 바르게 나타낸 것은? (단, 공기의 저항은 무시한다)

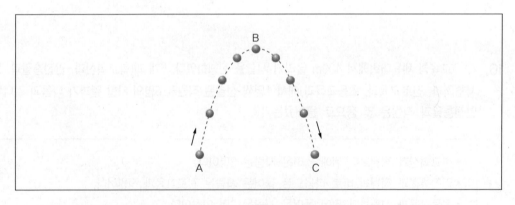

	A	B	C		A	B	C
①	↗	→	↘	②	↑	→	↓
③	↑	↓	↓	④	↓	↓	↓

19. 다음에서 설명하고 있는 행성으로 적절한 것은?

> • 태양계 행성 중 가장 크다.
> • 자전 속도가 빨라 표면에 줄무늬가 나타난다.
> • 거대한 붉은 점인 대적점이 나타난다.

① 금성   ② 화성

③ 목성   ④ 토성

20. 다음을 보고 그 규칙을 찾아 '?'에 들어갈 도형으로 알맞은 것을 고르면?

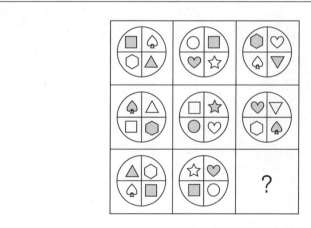

①

②

③

④

[21 ~ 22] 다음은 연도별·시도별 학급당 학생 수에 대한 자료이다. 이어지는 질문에 답하시오.

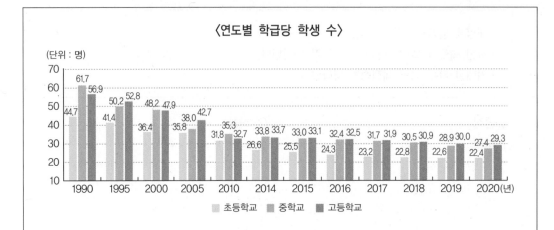

〈연도별 학급당 학생 수〉

〈시도별 학급당 학생 수(2020년)〉

(단위 : 명)

구분		초등학교	중학교	고등학교
전체		22.4	27.4	29.3
지역규모	대도시	22.9	27.2	29.6
	중소도시	25.0	29.8	30.2
	읍·면 지역	17.8	23.0	26.6
	도서·벽지	8.8	15.6	22.4
지역	서울	23.4	26.6	29.7
	부산	22.0	26.9	27.4
	대구	22.6	26.4	30.2
	인천	23.0	28.7	28.4
	광주	22.4	27.8	33.0
	대전	21.7	28.6	30.8
	울산	22.8	27.1	30.6
	세종	21.6	22.5	23.3

21. ⊙ ~ ⓔ 중 위 도표의 내용과 일치하지 않는 것은?

> 초 · 중등학교의 교육 여건의 개선과 함께 학급당 학생 수는 지속적으로 감소하여 왔다. 초
> 등학교의 경우 1990년 44.7명이었던 학급당 학생 수가 이후 지속적으로 감소하여 2020년에
> 는 22.4명을 나타내고 있다. ⊙중학교의 경우, 1990년 61.7명에서 2020년 27.4명을 나타내
> 고 있으며, 고등학교는 1990년 56.9명에서 2020년 29.3명을 나타내고 있다. 학급당 학생
> 수는 지역별로 다소 차이를 보인다. 지역규모별로는 ⓛ중소도시의 학급당 학생 수가 다른
> 지역에 비해 높게 나타난다. 2020년 중소도시의 학급당 학생 수는 초등학교는 25.0명, 중학
> 교는 29.8명, 고등학교는 30.2명으로 대도시가 각각 22.9명, 27.2명, 29.6명을 나타낸 것에
> 비해 높게 나타난다. 반면, 읍 · 면 지역은 초등학교가 17.8명, 중학교가 23.0명, 고등학교가
> 26.6명으로 나타났으며, 도서 · 벽지는 각각 8.8명, 15.6명, 22.4명이었다.
>
> 또한, ⓒ초등학교에서 학급당 학생 수가 가장 많은 지역은 서울이었으며, 고등학교에서는
> 광주가 33.0명으로 가장 높게 나타났다. 규모가 작은 세종은 초등학교, 중학교, 고등학교 모
> 두에서 가장 적은 학급당 학생 수를 나타내고 있으며, 반면 ⓔ울산은 모든 학교급에서 학급
> 당 학생 수가 우리나라 전체 평균보다 높게 나타났다.

① ⊙

② ⓛ

③ ⓒ

④ ⓔ

22. 2020년 8개 비교 대상 지역의 초 · 중 · 고등학교 학급당 평균 학생 수를 올바르게 나열한 것은?
(단, 소수점 아래 둘째 자리에서 반올림하고, 시도별 학급 수는 동일하다고 가정한다)

	초등학교	중학교	고등학교
①	26.8명	22.4명	23.5명
②	22.4명	26.8명	29.2명
③	23.2명	26.8명	28.5명
④	22.4명	29.2명	27.5명

23. 철수가 시속 6km로 운동장을 달리고 있다. 30분 동안 같은 속력으로 달리기를 했다면 철수가
    이동한 거리는 얼마인가?

    ① 2.8km   ② 3km
    ③ 3.5km   ④ 3.8km

24. 다음 중 모양이 나머지와 다른 하나는?

25. 다음 중 절약을 이야기하는 속담이 아닌 것은?

    ① 단단한 땅에 물이 괸다.   ② 열의 한 술 밥
    ③ 소같이 벌어서 쥐같이 먹어라.   ④ 강물도 쓰면 준다.

26. 다음은 W사 각 영업팀의 업무 성과별 특징을 정리한 표이다. 실적 제고를 위해 매출과 판매량이 우수한 두 팀을 선정하여 시상하고자 할 때, 선정될 팀으로 적절한 것은?

구분	매출액	수익성	판매량	사고율	비용
국내영업1팀	★★★☆☆	★★★★★	★★☆☆☆	★☆☆☆☆	★☆☆☆☆
국내영업2팀	★★☆☆☆	★★★☆☆	★★★★☆	★★★★★	★☆☆☆☆
국내영업3팀	★★★★☆	★★★☆☆	★★★★☆	★★★★★	★★★★☆
해외영업1팀	★★☆☆☆	★★★★☆	★☆☆☆☆	★★☆☆☆	★★★★★
해외영업2팀	★★★★★	★★★☆☆	★★★☆☆	★★★★☆	★★☆☆☆

※★★★★★ : 매우 좋음, ★★★★☆ : 좋음, ★★★☆☆ : 보통, ★★☆☆☆ : 나쁨, ★☆☆☆☆ : 매우 나쁨

① 국내영업3팀, 해외영업2팀
② 국내영업3팀, 해외영업1팀
③ 해외영업1팀, 해외영업2팀
④ 국내영업2팀, 국내영업3팀

27. 다음은 향수병의 뚜껑을 열어 놓았을 때 일어나는 입자의 변화를 나타낸 그림이다. 이에 대한 설명으로 올바르지 않은 것은?

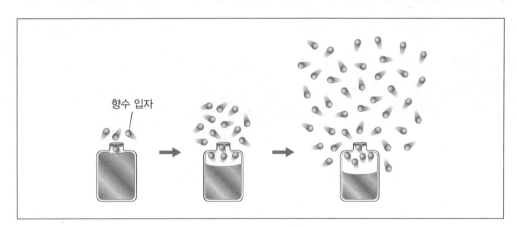

향수 입자

① 스스로 운동하는 향수 입자가 확산한다.
② 온도가 낮을수록 향수 입자가 더 빨리 퍼진다.
③ 시간이 지나면 멀리서도 향수 냄새를 맡을 수 있다.
④ 바람이 불지 않아도 향수 입자가 퍼진다.

28. 다음에 제시된 왼쪽의 도형을 오른쪽에 나타난 각도만큼 회전한 모양으로 적절한 것은?

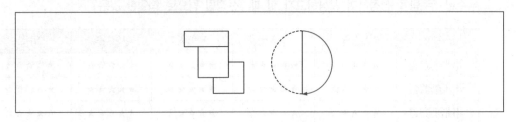

①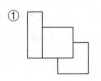

②

③

④

29. 다음의 입체도형을 위에서 본 모양으로 알맞은 것은?

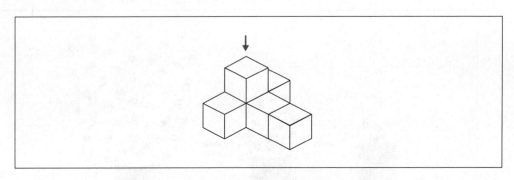

①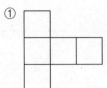

②

③

④

30. 다음 글의 내용과 일치하지 않는 것은?

구매력 평가를 기준으로 우리나라 1인당 국내총생산(GDP)은 3만 달러를 넘었다. 이는 소비자가 여가와 건강, 취미 및 자기 계발에 소비를 늘리는 생활 방식으로 진입했음을 의미한다. 이와 더불어 미국 중심으로 떠오른 '욜로(YOLO) 라이프'가 우리나라에서도 굵직한 소비 경향으로 자리 잡고 있다. 2016년 초, 당시 오바마 미국 대통령이 오바마케어 홍보 영상에서 언급해 알려지기 시작한 욜로는 'You only live once'를 줄인 말이다. 욜로는 한 번뿐인 인생을 후회 없이 즐기며 사랑하자는 의미가 담겨 있으며, 현재의 삶이 행복해야 미래의 삶도 행복하다는 철학을 바탕으로 오늘의 일상을 즐겁게 만들자는 움직임이다. 따라서 욜로 라이프는 단순히 내일은 준비하지 않고 현재의 충동적 욕망에만 충실하자는 의미와는 거리가 있다.

이러한 욜로 라이프는 즉흥적이며 일회성의 일상이 아닌 '지금 현재의 삶'을 아름답게 즐기자는 경향이 반영돼 있다. 욜로 라이프 현상은 여행업계에서 한층 뚜렷하게 나타난다. 여행사를 통해 널리 알려진 곳 위주로 관광하는 단순한 여행 패턴을 넘어, 남들이 가 보지 않은 지역을 찾아 즐거움과 환희를 느끼는 관광객이 계속 늘고 있다. 욜로 라이프를 추구하는 욜로족은 지금 현재의 나에게 초점을 맞춘다. 이는 지속적인 경기 불황 및 청년 구직난의 어두운 그늘에서 벗어나려는 젊은 층의 심리가 반영된 것이라는 분석도 있다. 또한 타인이 아닌 나 자신을 위한 투자가 과소비나 과시형 소비를 부를 수 있다는 지적도 있다. 그러나 현재 여러 산업 분야에서 소비 시장이 계속 위축되고 있으므로, 이러한 소비 트렌드와 심리를 반영하여 삶의 다양한 가치를 채울 수 있는 상품의 개발은 소비를 유도할 수 있으며 이러한 차별화된 서비스 개발도 점차 늘어날 것으로 전망된다.

① 욜로 라이프는 2016년 초 미국에서 소개된 후 우리나라 소비에도 영향을 미쳤다.
② 욜로족은 현재의 즐거움을 추구하는 동시에 미래를 위한 투자에도 중점을 둔다.
③ 유명 관광지 중심인 패키지여행보다 개성을 살린 개별 여행이 증가한 것도 욜로족의 영향이라 볼 수 있다.
④ 한 번뿐인 인생을 즐겁게 살자는 경향이 반영된 서비스 상품의 개발이 앞으로 계속 늘어날 것이다.

31. 12명의 학생 가운데 9명의 점수의 총합은 630점이고 나머지 3명 중 두 명의 평균 점수는 84점이며 나머지 한 명의 점수는 12명의 평균 점수보다 16점 높다. 학생 12명의 평균 점수는?

① 70점　　　　　　② 74점
③ 86점　　　　　　④ 90점

32. 다음 남북한 광물 생산 현황 자료를 잘못 이해한 것은?

〈남북한 광물 생산 현황〉

(단위 : 천 톤)

구분	석탄		철광석	
	북한	남한	북한	남한
2016년	25,000	2,080	5,093	513
2017년	25,500	2,084	5,232	542
2018년	25,800	2,094	5,190	593
2019년	26,600	1,815	5,486	663
2020년	27,090	1,748	5,471	693
2021년	27,490	1,764	5,906	445
2022년	31,060	1,726	5,249	440
2023년	21,660	1,485	5,741	311

① 조사기간 동안 북한은 매년 남한보다 10배 이상 많은 석탄을 생산했네.

② 남한은 최근 들어 철광석 생산량이 줄어들고 있구나.

③ 조사기간 동안 북한은 석탄 생산량이 매년 증가했는데 남한은 매년 감소했군.

④ 조사기간 동안 북한은 철광석 생산량이 매년 증감을 반복하는 추이를 보이네.

33. 다음에 제시된 수용액 ㉠ ~ ㉥을 산성, 염기성, 중성 용액으로 옳게 분류한 것은?

㉠ 식초	㉡ 사이다
㉢ 비눗물	㉣ 설탕물
㉤ 암모니아수	㉥ 오렌지 주스

	산성	염기성	중성
①	㉠, ㉡	㉣, ㉤, ㉥	㉢
②	㉢, ㉣	㉡, ㉤, ㉥	㉠
③	㉠, ㉡, ㉥	㉢, ㉤	㉣
④	㉡, ㉢, ㉣	㉠, ㉥	㉤

34. 같은 회사에서 일하는 갑, 을, 병, 정 네 사람이 다음과 같이 말했다. 이 중 진실을 말하는 사람은 단 한 명뿐이며 전략기획부에 속한 사람도 한 명뿐일 때, 전략기획부에 소속되어 있는 사람은?

> 갑 : 을은 전략기획부 소속이다.
> 을 : 전략기획부의 우수사원은 정이다.
> 병 : 나는 전략기획부 소속이 아니다.
> 정 : 을은 거짓말을 하고 있다.

① 갑
② 을
③ 병
④ 정

35. 휴대폰 제조회사 ㈜AA전자는 휴대폰 판매량과 사용자 선호도에 대한 시장 조사를 하여 다음과 같은 결과를 얻었다. (가) ~ (다)로부터 도출한 내용으로 항상 옳은 것은?

> (가) 10대, 20대 선호도가 높은 제품은 판매량이 많다.
> (나) 가격이 싼 제품은 판매량이 많다.
> (다) 기능이 많은 제품은 10대, 20대에게 선호도가 높다.

① 기능이 많은 제품은 가격이 싸지 않다.
② 가격이 싸지 않은 제품은 판매량이 많지 않다.
③ 판매량이 많지 않은 제품은 기능이 많지 않다.
④ 10대, 20대에게 선호도가 높은 제품은 기능이 많다.

[36 ~ 37] 다음 글을 읽고 이어지는 질문에 답하시오.

소셜미디어에서 가짜 뉴스(fake news)는 큰 논란거리가 되고 있다. 인터넷과 모바일이 발달하고 다양한 정보들이 생산되면서 불거진 해프닝만은 아니다. 가짜 뉴스는 거짓된 정보를 토대로 생산된 뉴스를 의미한다. 그러나 이것이 기존의 오보나, 풍자적 뉴스, 패러디, 루머 등과 다른 점은 '의도'를 가지고 '거짓정보'를 퍼뜨린다는 점이다. 가짜 뉴스는 의도를 가지고 있는 만큼 특정한 목적을 가지고 그 영향력을 극대화시키려는 속성도 있다. 따라서 가짜 뉴스의 이면에는 특정한 이익을 노리는 세력이 존재할 가능성이 있고, 반대로 이러한 세력에 의해 큰 피해를 입는 쪽이 나타날 수도 있다.

가짜 뉴스는 너무 많은 정보 속에서 작성 주체와 원본 내용의 불명확성을 무기로 제목과 간략한 내용을 통해 이용자의 이목을 끄는 방식으로 진화해 현재와 같은 문제를 발생시키고 있다. 가짜 뉴스가 기존 뉴스기사의 형식을 갖출 경우 전체 내용을 확인하기 전에는 진위 여부를 판단할 수 없다. 또한 교묘하게 조작된 가짜 뉴스의 경우에는 내용을 보더라도 그 진위 여부를 판단하는 것이 쉽지 않다.

이렇듯 가짜 뉴스는 '콘텐츠 생산이 급격히 증가하는 환경에서 원본과 작성 주체의 불명확성이라는 특성을 감안해 이용자가 믿을 수 있는 뉴스의 형식을 갖춰 신뢰를 얻은 후, 정파적 혹은 경제적 목적으로 내용을 의도적으로 교묘히 조작하여 한눈에 전체 내용을 파악할 수 없는 소셜미디어, 모바일 메신저 등 콘텐츠 유통 플랫폼을 통해 콘텐츠 확산을 의도한 뉴스'라고 정의할 수 있다. 이는 가짜 뉴스를 디지털 환경의 관점에서 정의한 것으로, 여기는 좀 더 세밀한 개념 정립이 필요하다. 가짜 뉴스는 과거부터 있어 왔고 환경의 변화에 따라 그 개념을 달리하여 존재했다. 다만, 현재의 디지털 환경의 특성이 가짜 뉴스가 미치는 부정적 영향의 크기와 확산 속도를 증가시킨 것이다.

36. 윗글에 대한 이해로 적절하지 않은 것은?

① 가짜 뉴스는 단순히 인터넷이나 모바일 등 통신 기술의 발달로 발생된 것이 아니다.

② 가짜 뉴스는 이로 인한 피해자가 발생할 수 있는 문제이므로 이에 대한 처벌을 강화해야 한다.

③ 기존의 뉴스와는 달리 가짜 뉴스는 작성 주체가 불명확하기 때문에 조작된 뉴스 기사의 진위 여부를 판단할 수 없다는 문제가 있다.

④ 대량으로 신속하게 생산되는 정보의 홍수 때문에 수용자는 진위 여부를 판단할 수 없게 됐으며 가짜 뉴스는 이 지점을 파고들었다.

37. 윗글의 '가짜 뉴스'의 정의를 따른다면, 다음 중 가짜 뉴스의 수는 몇 개인가?

• 신원미상인 사람이 블로그를 통해 배포한 기사 형식의 글
• 경제적 이득을 위해 정보를 조작하여 사용한 뉴스 형식의 글
• 대화의 형태로 모바일 메신저, 문자 메시지 등의 수단을 이용한 글
• 언론사가 정상적인 보도를 했지만 향후 오보로 판명된 글
• 사실이 아닌 것을 사실처럼 다루어 현 세태를 풍자한 기사 형식의 글

---

① 0개   ② 1개
③ 2개   ④ 3개

38. 다음 그림에서 만들 수 있는 크고 작은 사각형은 모두 몇 개인가?

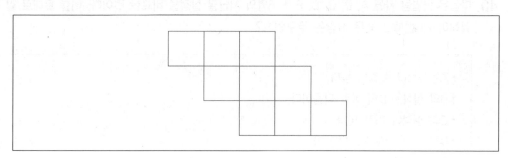

① 22개   ② 23개
③ 24개   ④ 25개

39. 다음 블록에서 밑면을 제외하고 페인트를 칠할 때 3개의 면이 칠해지는 블록의 개수는? (단, 일부분만 칠할 수 있는 블록면은 칠하지 않는다)

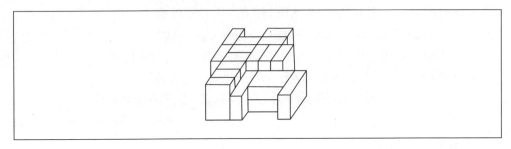

① 3개   ② 4개
③ 5개   ④ 6개

40. 다음은 영업팀 사원 A, B, C, D, E, F 6명의 지난달 실적을 비교한 것이다. 이를 토대로 할 때, 실적이 세 번째로 높은 사람은 누구인가?

- A는 E보다 실적이 높다.
- B의 실적은 D의 바로 다음이다.
- C의 실적이 가장 낮다.
- D의 실적은 A, E보다 낮다.
- F의 실적은 6명 중 두 번째로 높다.

① A   ② B
③ D   ④ E

41. 지진대와 화산대가 거의 일치하는 까닭으로 올바른 것은?

① 화산 활동과 지진은 해안 지역에서 발생하기 때문이다.
② 화산 활동과 지진은 열대 지역에서 발생하기 때문이다.
③ 화산 활동과 지진은 대륙의 중심부에서 발생하기 때문이다.
④ 화산 활동과 지진은 판의 경계에서 발생하기 때문이다.

42. 다음 그림과 같이 두 고무풍선을 매달고 각각의 털가죽으로 문질렀을 때, 그에 대한 설명으로 옳은 것을 모두 고르면? (단, 고무보다 털가죽이 전자를 잃기 쉽다)

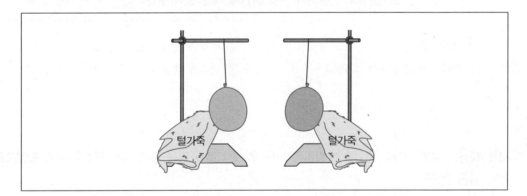

⊙ 고무풍선과 털가죽을 문질렀을 때, 고무풍선은 (+)전하, 털가죽은 (−)전하로 대전된다.
ⓛ 털가죽을 고무풍선에서 멀리 하면 두 고무풍선 사이에는 서로 밀어내는 힘이 작용한다.
ⓒ 두 고무풍선을 문지른 두 털가죽을 가까이 하면 서로 끌어당기는 힘이 작용한다.

① ⊙
② ⓛ
③ ⓒ
④ ⊙, ⓛ

43. 다음 글의 주제로 적절한 것은?

가을에 수확한 사과는 과실이 크고 당도가 높기로 유명하다. 또한 각종 비타민과 식이섬유가 풍부해 변비와 피부 미용에도 효과적이다. 사과에 함유된 식이섬유인 '펙틴'은 장 건강에 좋다고 알려져 있으며, 과육보다는 껍질에 더 많이 들어있어 껍질째 먹으면 좋다고 알려져 있다. 사과에 함유된 풍부한 비타민C는 눈 속 수정체를 건강하게 유지하게 해줘 백내장을 예방하는 효능도 있다.

그렇다면 사과를 언제 먹는 게 가장 좋을까? 사과는 아침이나 공복에 껍질째 먹는 것이 체내 독소를 정화해서 건강 효과가 높다. 사과는 다이어트 할 때 좋은 대표적인 과일이며, 식이섬유가 풍부해 체중 감량에도 효과적이다. 섬유질은 소화를 늦추고 혈당의 상승을 둔화시켜, 포만감을 유지하게 해주고 과식할 가능성을 낮춰준다. 사과는 포만감에 비해 칼로리는 100g 당 57kcal 정도로 낮아 다이어트에 효과적이다. 또한 사과 속 칼륨은 신장 작용을 활발하게 만들어 나트륨과 수분 배출을 촉진해 붓기를 없애주기도 한다.

하지만 사과에는 당분과 과당이 들어있어 하루 1개 정도만 섭취해야 한다. 또한 저녁에는 사과의 과당이 지방으로 전환되기 쉬워 아침에 먹는 것이 좋다.

① 사과의 효능
② 사과의 함유 성분
③ 껍질째 먹어야 하는 사과
④ 사과를 먹을 때의 주의사항

44. 다음과 같이 화살표 방향으로 종이를 접은 후, 펀치로 구멍을 뚫고 다시 펼쳤을 때의 모양으로 옳은 것은?

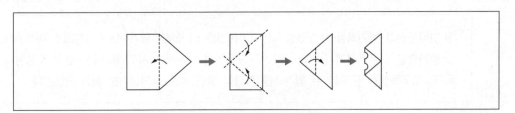

①
②
③
④

45. 다음은 생물 다양성의 보전을 위한 생태 통로를 나타낸 그림이다. 생물 다양성을 감소시키는 원인 중 생태 통로의 건설과 가장 연관 있는 것은?

① 환경오염   ② 과도한 포획
③ 불법 포획   ④ 서식지 파괴

울산기술북원

1회 기출예상

2회 기출예상

3회 기출예상

4회 기출예상

5회 기출예상

6회 기출예상

7회 기출예상

8회 기출예상

9회 기출예상

인성검사

면접가이드

고시넷 **울산광역시교육청 교육공무직원**

파트 **3**

인성검사

01 인성검사의 이해

1 인성검사, 왜 필요한가?

채용기업은 지원자가 '직무적합성'을 지닌 사람인지를 인성검사와 필기평가를 통해 판단한다. 인성검사에서 말하는 인성(人性)이란 그 사람의 성품, 즉 각 개인이 가지고 있는 사고와 태도 및 행동 특성을 의미한다. 인성은 사람의 생김새처럼 사람마다 다르기 때문에, 몇 가지 유형으로 분류하고 이에 맞추어 판단한다는 것 자체가 억지스럽고 어불성설일지 모른다. 그럼에도 불구하고 기업들의 입장에서는 입사를 희망하는 사람이 어떤 성품을 가졌는지에 대한 정보가 필요하다. 그래야 해당 기업의 인재상에 적합하고 담당할 업무에 적격한 인재를 채용할 수 있기 때문이다.

지원자의 성격이 외향적인지 아니면 내향적인지, 어떤 직무와 어울리는지, 조직에서 다른 사람과 원만하게 생활할 수 있는지, 업무 수행 중 문제가 생겼을 때 어떻게 대처하고 해결할 수 있는지에 대한 전반적인 개성은 자기소개서나 면접을 통해서도 어느 정도 파악할 수 있다. 그러나 이것들만으로는 인성을 충분히 파악할 수 없기 때문에, 객관화되고 정형화된 인성검사로 지원자의 성격을 판단하고 있다.

채용기업은 직무적성검사를 높은 점수로 통과한 지원자라 하더라도 해당 기업과 거리가 있는 성품을 가졌다면 탈락시키게 된다. 일반적으로 직무적성검사 통과자 중 인성검사로 탈락하는 비율이 10% 내외라고 알려져 있다. 물론 인성검사에서 탈락하였다 하더라도 특별히 인성에 문제가 있는 사람이 아니라면 절망할 필요는 없다. 자신을 되돌아보고 다음 기회를 대비하면 되기 때문이다. 탈락한 기업이 원하는 인재상이 아니었다면 맞는 기업을 찾으면 되고, 적합한 경쟁자가 많았기 때문이라면 자신을 다듬어 경쟁력을 높이면 될 것이다.

2 인성검사의 특징

우리나라 대다수의 채용기업은 인재개발 및 인적자원을 연구하는 한국행동과학연구소(KIRBS), 에스에이치알(SHR), 한국사회적성개발원(KSAD), 한국인재개발진흥원(KPDI) 등 전문기관에 인성검사를 의뢰하고 있다.

이 기관들의 인성검사 개발 목적은 비슷하지만 기관마다 검사 유형이나 평가 척도는 약간의 차이가 있다. 또 지원하는 기업이 어느 기관에서 개발한 검사지로 인성검사를 시행하는지는 사전에 알 수 없다. 그렇지만 공통으로 적용하는 척도와 기준에 따라 구성된 여러 형태의 인성검사지로 사전 테스트를 해 보고 자신의 인성이 어떻게 평가되는가를 미리 알아보는 것은 가능하다.

인성검사는 필기시험 당일 직무능력평가와 함께 실시하는 경우와 직무능력평가 합격자에 한하여 면접과 함께 실시하는 경우가 있다. 인성검사의 문항은 100문항 내외에서부터 최대 500문항까지 다양하다. 인성검사에 주어지는 시간은 문항 수에 비례하여 30 ~ 100분 정도가 된다.

문항 자체는 단순한 질문으로 어려울 것은 없지만, 제시된 상황에서 본인의 행동을 정하는 것이 쉽지만은 않다. 문항 수가 많을 경우 이에 비례하여 시간도 길게 주어지지만, 단순하고 유사하며 반복되는 질문에 방심하여 집중하지 못하고 실수하는 경우가 있으므로 컨디션 관리와 집중력 유지에 노력하여야 한다. 특히 같거나 유사한 물음에 다른 답을 하는 경우가 가장 위험하니 주의해야 한다.

3 인성검사 합격 전략

1 포장하지 않은 솔직한 답변

'다른 사람을 험담한 적이 한 번도 없다', '물건을 훔치고 싶다고 생각해 본 적이 없다'

이 질문에 당신은 '그렇다', '아니다' 중 무엇을 선택할 것인가? 채용기업이 인성검사를 실시하는 가장 큰 이유는 '이 사람이 어떤 성향을 가진 사람인가'를 효율적으로 파악하기 위해서이다.

인성검사는 도덕적 가치가 빼어나게 높은 사람을 판별하려는 것도 아니고, 성인군자를 가려내기 위함도 아니다. 인간의 보편적 성향과 상식적 사고를 고려할 때, 도덕적 질문에 지나치게 겸손한 답변을 체크하면 오히려 솔직하지 못한 것으로 간주되거나 인성을 제대로 판단하지 못해 무효 처리가 되기도 한다. 자신의 성격을 포장하여 작위적인 답변을 하지 않도록 솔직하게 임하는 것이 예기치 않은 결과를 피하는 첫 번째 전략이 된다.

2 필터링 함정을 피하고 일관성 유지

앞서 강조한 솔직함은 일관성과 연결된다. 인성검사를 구성하는 많은 척도는 여러 형태의 문장 속에 동일한 요소를 적용해 반복되기도 한다. 예컨대 '나는 매우 활동적인 사람이다'와 '나는 운동을 매우 좋아한다'라는 질문에 '그렇다'고 체크한 사람이 '휴일에는 집에서 조용히 쉬며 독서하는 것이 좋다'에도 '그렇다'고 체크한다면 일관성이 없다고 평가될 수 있다.

그러나 일관성 있는 답변에만 매달리면 '이 사람이 같은 답변만 체크하기 위해 이 부분만 신경 썼구나'하는 필터링 함정에 빠질 수도 있다. 비슷하게 보이는 문장이 무조건 같은 내용이라고 판단하여 똑같이 답하는 것도 주의해야 한다. 일관성보다 중요한 것은 솔직함이다. 솔직함이 전제되지 않은 일관성은 허위 척도 필터링에서 드러나게 되어 있다. 유사한 질문의 응답이 터무니없이 다르거나 양극단에 치우치지 않는 정도라면 약간의 차이는 크게 문제되지 않는다. 중요한 것은 솔직함과 일관성이 하나의 연장선에 있다는 점을 명심하자.

3 지원한 직무와 연관성을 고려

다양한 분야의 많은 계열사와 큰 조직을 통솔하는 대기업은 여러 사람이 조직적으로 움직이는 만큼 각 직무에 걸맞은 능력을 갖춘 인재가 필요하다. 그래서 기업은 매년 신규채용으로 입사한 신입사원들의 젊은 패기와 참신한 능력을 성장 동력으로 활용한다.

기업은 사교성 있고 활달한 사람만을 원하지 않는다. 해당 직군과 직무에 따라 필요로 하는 사원의 능력과 개성이 다르기 때문에, 지원자가 희망하는 계열사나 부서의 직무가 무엇인지 제대로 파악하여 자신의 성향과 맞는지에 대한 고민은 반드시 필요하다. 같은 질문이라도 기업이 원하는 인재상이나 부서의 직무에 따라 판단 척도가 달라질 수 있다.

4 평상심 유지와 컨디션 관리

역시 솔직함과 연결된 내용이다. 한 질문에 대해 오래 고민하고 신경 쓰면 불필요한 생각이 개입될 소지가 크다. 이는 직관을 떠나 이성적 판단에 따라 포장할 위험이 높아진다는 뜻이기도 하다. 오래 생각하지 말고 자신의 평상시 생각과 감정대로 답하는 것이 중요하며, 가능한 한 건너뛰지 말고 모든 질문에 답하도록 한다. 200 ~ 300개 정도의 문항을 출제하는 기업이 많기 때문에, 끝까지 집중하여 임하는 것이 중요하다.

특히 적성검사와 같은 날 실시하는 경우, 적성검사를 마친 후 연이어 보기 때문에 신체적·정신적으로 피로한 상태에서 자세가 흐트러질 수도 있다. 따라서 컨디션을 유지하면서 문항당 7 ~ 10초 이상 쓰지 않도록 하고, 문항 수가 많을 때는 답안지에 바로 바로 표기하도록 한다.

출산기출복원
1회 기출예상
2회 기출예상
3회 기출예상
4회 기출예상
5회 기출예상
6회 기출예상
7회 기출예상
8회 기출예상
9회 기출예상
인성검사
면접가이드

인성검사 모의 연습

검사문항	200 문항
검사시간	40 분

[01~50] 다음 문항을 읽고 본인이 상대적으로 더 해당된다고 생각되는 쪽을 선택하여 정답지에 표기해 주십시오.

번호	문항	선택	
1	① 외향적인 성격이라는 말을 듣는다. ② 내성적인 편이라는 말을 듣는다.	①	②
2	① 정해진 틀이 있는 환경에서 주어진 과제를 수행하는 일을 하고 싶다. ② 새로운 아이디어를 활용하여 변화를 추구하는 일을 하고 싶다.	①	②
3	① 의견을 자주 표현하는 편이다. ② 주로 남의 의견을 듣는 편이다.	①	②
4	① 실제적인 정보를 수집하고 이를 체계적으로 적용하는 일을 하고 싶다. ② 새로운 아이디어를 활용하여 변화를 추구하는 일을 하고 싶다.	①	②
5	① 냉철한 사고력이 요구되는 일이 편하다. ② 섬세한 감성이 요구되는 일이 편하다.	①	②
6	① 사람들은 나에 대해 합리적이고 이성적인 사람이라고 말한다. ② 사람들은 나에 대해 감정이 풍부하고 정에 약한 사람이라고 말한다.	①	②
7	① 나는 의사결정을 신속하고 분명히 하는 것을 선호하는 편이다. ② 나는 시간이 걸려도 여러 측면을 고려해 좋은 의사결정을 하는 것을 선호하는 편이다.	①	②
8	① 계획을 세울 때 세부 일정까지 구체적으로 짜는 편이다. ② 계획을 세울 때 상황에 맞게 대처할 수 있는 여지를 두고 짜는 편이다.	①	②
9	① 나는 원하는 일이라면 성공확률이 낮을지라도 도전한다. ② 나는 실패할 가능성이 있는 일이라면 가급적 하지 않는 편이다.	①	②
10	① 일반적으로 대화 주제는 특정 주제나 일 중심의 대화를 선호한다. ② 일반적으로 대화 주제는 인간관계 중심의 대화를 선호한다.	①	②
11	① 나는 완벽성과 정확성을 추구하는 성향이다. ② 나는 융통성이 있고 유연성을 추구하는 성향이다.	①	②

12	① 나는 관계의 끊고 맺음이 정확하다. ② 나는 상대의 감정에 쉽게 흔들린다.	①	②
13	① 일을 할 때 지시받은 일을 정확하게 하길 좋아한다. ② 일을 할 때 지시받는 일보다 스스로 찾아서 하는 편이다.	①	②
14	① 나는 한번 집중하면 의문이 풀릴 때까지 집중한다. ② 나는 어려운 문제에 부딪히면 포기하는 게 마음이 편하다.	①	②
15	① 의사결정 시 논리적이고 합리적인 결정을 중시한다. ② 의사결정 시 분위기나 정서를 많이 고려한다.	①	②
16	① 나는 집단이나 모임 활동에 적극적이다. ② 개인 취미 활동에 적극적이다.	①	②
17	① 인류의 과학 발전을 위해 동물 실험은 필요하다. ② 인류를 위한 동물 실험은 없어져야 한다.	①	②
18	① 나에게 있어 사회적 책임과 의무는 그리 중요하지 않다. ② 나에게 있어 사회적 책임과 의무는 심각하고 진지하게 받아들인다.	①	②
19	① 미래를 위해 돈을 모아야 한다고 생각한다. ② 현재를 즐기기 위해 나에게 투자해야 한다고 생각한다.	①	②
20	① 바쁜 일과 중에 하루 휴식 시간이 주어지면 거리를 다니면서 쇼핑을 하거나 격렬한 운동을 한다. ② 바쁜 일과 중에 하루 휴식 시간이 주어지면 책을 읽거나 음악 감상을 하고 낮잠을 자는 등 편히 쉰다.	①	②
21	① 생활의 우선순위는 다른 사람의 필요를 채우고 봉사하는 일이다. ② 생활의 우선순위는 내 삶에 충실하고 나 자신의 경쟁력을 키우는 일이다.	①	②
22	① 원인과 결과가 논리적으로 맞는지를 확인하는 편이다. ② 과정과 상황에 대한 좋고 나쁨을 우선 고려하는 편이다.	①	②
23	① 조직이나 모임에서 분위기를 주도하고 감투 쓰기를 선호한다. ② 조직이나 모임에서 나서기보다 뒤에서 도와주는 역할을 선호한다.	①	②
24	① 자신의 속마음을 쉽게 노출하지 않는 사람이다. ② 상대방을 크게 신경 쓰지 않는 시원스러운 사람이다.	①	②
25	① 혼란을 막기 위해 매사를 분명히 결정하는 조직을 선호한다. ② 차후에 더 나은 결정을 내리기 위해 최종 결정을 유보하는 조직이 좋다.	①	②
26	① 타인을 지도하고 설득하는 일을 잘한다. ② 상대를 뒤에서 도와주고 섬기는 역할을 잘한다.	①	②

27	① 어떤 일을 할 때 주변 정리는 일 도중에 중간중간 정리해 나간다. ② 어떤 일을 할 때 주변 정리는 일을 마치고 마지막에 한꺼번에 정리한다.	①	②
28	① 일을 처리하는 데 있어서 미리 시작해서 여유 있게 마무리하는 편이다. ② 일을 처리하는 데 있어서 막바지에 가서 많은 일을 달성하는 편이다.	①	②
29	① 토론을 할 때 내 의견이 대부분 관철되고 반영된다. ② 토론을 할 때 많은 사람이 동의하는 쪽을 선택한다.	①	②
30	① 나는 적극적으로 변화를 주도하고 도전하는 것을 즐긴다. ② 기존의 방식을 문제없이 유지하는 것에 안정감을 느낀다.	①	②
31	① 나는 일반적으로 혼자 하는 일을 선호한다. ② 나는 일반적으로 함께 하는 일을 잘한다.	①	②
32	① 묶이는 것보다 자유로운 분위기가 좋다. ② 정해진 질서와 틀이 짜여 있는 곳이 좋다.	①	②
33	① 일상생활에서 미리 일별, 월별 계획을 세워 꼼꼼하게 따져가며 생활한다. ② 그때그때 상황에 맞춰 필요한 대책을 세워나간다.	①	②
34	① 처음 보는 사람과 한자리에 있으면 먼저 말을 꺼내는 편이다. ② 처음 보는 사람과 한자리에 있으면 상대가 말을 할 때까지 기다린다.	①	②
35	① 합리적이고 이성적인 것을 더 강조하는 조직을 선호한다. ② 인간적이고 감성적인 것을 더 강조하는 조직을 선호한다.	①	②
36	① 상호작용이 주로 업무를 통한 정보 교환을 중심으로 이루어지는 조직을 선호한다. ② 상호작용이 주로 개인적 인간관계를 통해 이루어지는 조직을 선호한다.	①	②
37	① 처음 만나는 사람들에게 본 모습을 바로 보여 주기보다 조금 경계하는 편이다. ② 처음 만나는 사람들에게 조금 친해지고 나면 털털한 면을 보여준다.	①	②
38	① 새로운 상황에 직면하게 되면 쉽고 빠르게 적응해 나간다. ② 새로운 상황에 직면하게 되면 적응하는 데 시간이 오래 걸린다.	①	②
39	① 아는 사람끼리 다툼이 생기면 적극적으로 개입하여 중재를 하는 편이다. ② 당사자끼리 해결하도록 상관하지 않는다.	①	②
40	① 3일 동안 여행을 떠날 때 미리 행선지나 일정을 철저히 계획하고 떠난다. ② 3일 동안 여행을 떠날 때 행선지만 정해놓고 여행지에서 발길이 닿는 대로 정한다.	①	②
41	① 나는 가능한 한 색다른 방법을 모색하는 경향이다. ② 나는 기존의 방법을 수용하고 잘 활용하는 경향이다.	①	②

42	① 나는 정해진 계획에 따라 행동하는 것을 좋아한다. ② 나는 지금 당장 마음에 내키는 것을 하기 좋아한다.	①	②
43	① 분위가 침체되어 있을 때 있는 그대로의 상황을 즐긴다. ② 분위가 침체되어 있을 때 적극 나서서 분위기를 바꾸려 애쓴다.	①	②
44	① 상대에게 부정적인 말을 들으면 농담이나 유머로 상황을 넘기려 애쓴다. ② 상대에게 부정적인 말을 들으면 조목조목 따지며 시시비비를 가린다.	①	②
45	① 규정을 준수하고 신뢰감 있게 행동하는 것을 더 강조하는 조직을 선호한다. ② 창의적이고 창조적으로 행동하는 것을 더 강조하는 조직을 선호한다.	①	②
46	① 다른 조직과의 교류가 활발하고 외부 환경을 많이 고려하는 조직을 선호한다. ② 내부 응집력이 강하고 내부 환경을 많이 고려하는 조직을 선호한다.	①	②
47	① 세부 일정까지 구체적으로 짜 놓은 계획에 따라 움직이는 조직을 선호한다. ② 상황에 따라 변할 수 있도록 융통성 있게 일정을 짜고 움직이는 조직을 선호한다.	①	②
48	① 어떤 일이 맡겨지면 건강에 무리가 가더라도 일의 완수를 우선시 한다. ② 어떤 일이 맡겨지면 열심히 하지만 심신이 피곤하도록 무리해서 일하지 않는다.	①	②
49	① 정해진 틀보다 자유로운 분위기를 선호한다. ② 원칙과 조직의 규범을 중요하게 여긴다.	①	②
50	① 일의 속도는 느리지만, 꾸준히 하는 편이다. ② 일을 신속히 처리하나 오래 하는 일은 금방 지루함을 느낀다.	①	②

[51~185] 다음 문항을 읽고 '그렇다'에 생각되면 ①, '아니다'에 생각되면 ②를 선택하여 정답지에 표기해 주십시오.

번호	문 항	그렇다	아니다
51	모임이나 조직에서 중책을 많이 맡는다.	①	②
52	일을 다른 사람에게 쉽게 맡기지 못한다.	①	②
53	나와 관심 또는 관련 없는 일도 끝까지 잘 들어준다.	①	②
54	궂은일이나 애로사항이 생기면 도맡아서 처리한다.	①	②
55	억울한 상황에서도 자신의 주장을 잘 전달하지 못한다.	①	②
56	주변 사람들에게 배려심이 많다는 말을 자주 듣는다.	①	②
57	모든 상황을 긍정적으로 인식한다.	①	②
58	분위기에 쉽게 동화된다.	①	②
59	남의 의견에 좌우되어서 쉽게 의견이 바뀐다.	①	②
60	허세를 부린 적이 한 번도 없다.	①	②
61	모든 일을 계획적으로 처리한다.	①	②
62	사람들과 만나면 이야기를 주도하는 편이다.	①	②
63	화가 나면 마음에 오래 담아 두는 편이다.	①	②
64	주변 사람들의 생일이나 경조사를 잘 챙긴다.	①	②
65	법도 사회의 변화에 따라 달라져야 한다고 생각한다.	①	②
66	가끔 색다른 음식을 의도적으로 먹는다.	①	②
67	복잡한 곳보다 조용한 곳이 좋다.	①	②
68	친구가 많지 않다.	①	②
69	다른 사람을 가르치는 일을 좋아한다.	①	②
70	한 가지 일에 집중하면 그 외 일은 소홀히 하는 경향이 있다.	①	②
71	의사결정 할 때 주도적 역할을 한다.	①	②
72	한 가지 일을 오래하지 못한다.	①	②
73	다른 사람의 의견에 장단(공감)을 잘 맞춰준다.	①	②
74	특별히 가리는 음식이 없는 편이다.	①	②

75	남을 의심해 본 적이 없다.	①	②
76	메모를 잘하고 일정표를 통해 늘 스케줄을 관리한다.	①	②
77	자신감이 없는 편이다.	①	②
78	창의성을 발휘하는 업무가 적성에 맞는다.	①	②
79	어떤 일을 결심하기까지 시간이 걸리는 편이다.	①	②
80	쉬운 문제보다 어려운 문제를 더 좋아한다.	①	②
81	쉽게 좌절하거나 의기소침해지지 않는다.	①	②
82	짜인 틀에 얽매이는 것을 싫어한다.	①	②
83	일을 주도하는 것보다 따르는 것이 좋다.	①	②
84	다른 사람의 마음을 잘 읽는 편이다.	①	②
85	신중하다는 말을 자주 듣는다.	①	②
86	맡은 일은 무슨 일이 생겨도 끝까지 완수한다.	①	②
87	계산 문제를 다루는 것이 좋다.	①	②
88	우리 가족은 항상 화목하다.	①	②
89	아침에 일어났을 때가 하루 중 가장 기분이 좋다.	①	②
90	어떤 문제가 생기면 그 원인부터 따져 보는 편이다.	①	②
91	자신의 주장을 강하게 내세우지 않으며 순종을 잘한다.	①	②
92	식사 전에는 꼭 손을 씻는다.	①	②
93	타인의 문제에 개입되는 걸 원하지 않는다.	①	②
94	주변에 못마땅해 보이는 사람들이 많다.	①	②
95	우선순위가 상황에 따라 자주 바뀐다.	①	②
96	내가 행복해지려면 주변의 많은 것들이 변해야 한다.	①	②
97	남의 일에 신경 쓰다 정작 내 일을 하지 못하는 경우가 종종 있다.	①	②
98	말이 별로 없고 과묵한 편이다.	①	②
99	기분에 따라 행동하는 경우가 많다.	①	②
100	상상력이 풍부한 편이다.	①	②
101	다른 사람에게 명령이나 지시하는 것을 좋아한다.	①	②
102	끈기가 있고 성실하다.	①	②

103	새로운 학문을 배우는 것을 좋아한다.	①	②
104	긴박한 상황에서도 차분함을 잃지 않으며 상황 판단이 빠르다.	①	②
105	어떤 상황에서든 빠르게 결정하고 과감하게 행동한다.	①	②
106	성공하고 싶은 욕망이 매우 강하다.	①	②
107	가끔 사물을 때려 부수고 싶은 충동을 느낄 때가 있다.	①	②
108	무슨 일이든 도전하는 편이다.	①	②
109	사람들과 어울릴 수 있는 모임을 좋아한다.	①	②
110	다른 사람이 한 행동의 이유를 잘 파악하는 편이다.	①	②
111	조직적으로 행동하는 것을 좋아한다.	①	②
112	처음 보는 사람에게 말을 잘 걸지 못한다.	①	②
113	일을 시작하기 전에 조건을 꼼꼼히 따져본다.	①	②
114	목표 달성을 위해서라면 사소한 규칙은 무시해도 된다.	①	②
115	많은 사람보다 몇몇의 특별한 친구를 갖고 있다.	①	②
116	남이 시키는 일을 하는 것이 편하다.	①	②
117	다른 사람들이 무심코 보다 넘기는 것에도 관심을 갖는다.	①	②
118	기상시간과 취침시간이 거의 일정하다.	①	②
119	지금까지 거짓말을 한 번도 하지 않았다.	①	②
120	약속을 한 번도 어긴 적이 없다.	①	②
121	하고 싶은 말을 잘 참지 못한다.	①	②
122	다른 사람들의 행동을 주의 깊게 관찰하는 경향이 있다.	①	②
123	주변 사람들에게 독특한 사람으로 통한다.	①	②
124	남에게 지고 싶지 않은 승부사적인 기질이 있다.	①	②
125	매사에 확인하고 또 확인해야만 마음이 놓인다.	①	②
126	다른 사람들의 이야기를 귀담아듣는다.	①	②
127	눈치가 빠르며 상황을 빨리 파악하는 편이다.	①	②
128	사람을 사귈 때 어느 정도 거리를 두고 사귄다.	①	②
129	어떤 경우라도 남을 미워하지 않는다.	①	②
130	다소 무리를 해도 쉽게 지치지 않는 편이다.	①	②

131	논리가 뛰어나다는 말을 듣는 편이다.	①	②
132	나 자신에 대해 불평한 적이 없다.	①	②
133	양보와 타협보다 내 소신이 중요하다.	①	②
134	자진해서 발언하는 일이 별로 없다.	①	②
135	결정을 내릴 때 남들보다 시간이 걸리는 편이다.	①	②
136	현실적인 사람보다 이상적인 사람을 더 좋아한다.	①	②
137	비교적 금방 마음이 바뀌는 편이다.	①	②
138	쓸데없는 고생을 하는 타입이다.	①	②
139	아무리 힘들더라도 힘든 내색을 하지 않는다.	①	②
140	확실하지 않은 것(일)은 처음부터 시작하지 않는다.	①	②
141	원하지 않는 일이라도 모든 일에 잘 적응한다.	①	②
142	상대가 원하면 마음에 안 들어도 따라주는 편이다.	①	②
143	주어진 시간 내에 맡겨진 과제를 마칠 수 있다.	①	②
144	임기응변으로 대응하는 것에 능숙하다.	①	②
145	가끔 의지가 약하다는 말을 듣는다.	①	②
146	처음 보는 사람에게도 내 의견을 자신 있게 말할 수 있다.	①	②
147	남이 나를 어떻게 생각하는지 신경이 쓰인다.	①	②
148	일의 시작은 잘하나 마무리가 안될 때가 많다.	①	②
149	나와 다른 의견을 가진 사람들을 설득하는 것을 잘한다.	①	②
150	쓸데없는 잔걱정이 끊이질 않는다.	①	②
151	이롭지 않은 약속은 무시할 때가 종종 있다.	①	②
152	나도 모르게 충동구매를 하는 경우가 많다.	①	②
153	비교적 상처받기 쉬운 타입이다.	①	②
154	낯선 사람과 대화하는 데 어려움이 있다.	①	②
155	몸이 아프고 피곤하면 만사를 뒤로하고 일단 쉬고 본다.	①	②
156	하고 싶은 일을 하지 않고는 못 배긴다.	①	②
157	애교가 별로 없고 표정관리를 잘 못한다.	①	②
158	항상 나 자신이 만족스럽다.	①	②

159	여러 사람을 통솔하는 것보다 개인을 도와주는 일을 잘한다.	①	②
160	무슨 일이든 빨리 해결하려는 경향이 많다.	①	②
161	사람을 가리지 않고 두루두루 교제한다.	①	②
162	많은 사람들이 나를 이해하지 못하는 것 같다.	①	②
163	말보다는 행동으로 보여주는 성향이다.	①	②
164	갈등이나 마찰을 피하기 위해 대부분 양보하는 편이다.	①	②
165	사소한 잘못은 지혜롭게 변명하고 넘어간다.	①	②
166	일에 집중하면 다른 것은 생각나지 않는다.	①	②
167	잘못된 규정이라도 일단 확정되면 규정에 따라야 한다.	①	②
168	사람들의 부탁을 잘 거절하지 못한다.	①	②
169	융통성이 없는 편이다.	①	②
170	세상에는 바보 같은 사람이 너무 많다고 생각한다.	①	②
171	스포츠 경기를 관람하다가 금방 흥분한다.	①	②
172	약속을 어긴 적이 한 번도 없다.	①	②
173	어울려서 일하면 집중이 잘 안된다.	①	②
174	감수성이 풍부하며 감정의 기복이 심하다.	①	②
175	무슨 일이 있더라도 상대방을 이겨야 직성이 풀린다.	①	②
176	항상 스스로 실수를 인정한다.	①	②
177	일과 사람(공과 사)의 구분이 명확하다.	①	②
178	다른 사람의 말에 쉽게 흔들린다.	①	②
179	어떤 일에든 적극적으로 임하는 편이다.	①	②
180	간단한 일은 잘하나 오래 걸리는 일은 잘 못한다.	①	②
181	팀을 위해 희생하는 편이다.	①	②
182	좋을 때나 나쁠 때나 변함없이 남을 도울 수 있다.	①	②
183	일의 성사를 위해서는 다소 거짓말도 필요하다.	①	②
184	수업시간에 발표하는 것을 즐기는 편이다.	①	②
185	내 전공 분야와 상관없는 분야의 지식에도 관심이 많다.	①	②

[186~200] 다음 제시된 문제를 읽고 하나를 선택하여 정답지에 표기해 주십시오.

186. 자신의 성격을 잘 표현할 수 있는 단어로 묶인 것은?

① 온화한, 자유로운, 침착한, 긍정적인

② 꼼꼼한, 섬세한, 감수성이 풍부한, 사려 깊은

③ 성격이 급한, 상상력이 풍부한, 승부욕이 있는, 적극적인

④ 인내심이 있는, 실패를 두려워하지 않는, 집중력이 좋은, 일관성 있는

187. 자신이 조직에서 일하는 방식은?

① 팀워크가 필요한 일을 선호한다.

② 하고 싶은 일을 먼저 하려고 한다.

③ 일을 하기 전에 미리 계획을 세운다.

④ 혼자만의 힘으로도 최고의 성과를 낼 수 있다.

188. 나의 행동 패턴은?

① 몸을 움직이는 활동을 좋아한다.

② 생각보다 행동이 앞선다.

③ 하루하루 계획을 세워 생활한다.

④ 하고 싶은 일은 망설이지 않고 도전한다.

189. 약속 장소에 가는 시간은?

① 먼저 가서 기다린다.

② 시간에 맞춰서 나간다.

③ 대부분 조금 늦게 나간다.

④ 만나는 사람에 따라 나가는 시간이 다르다.

190. 스트레스를 받는 상황은?

① 규정이나 절차가 엄격하다.

② 상황에 따라 일이 자주 바뀐다.

③ 지속적으로 결점을 지적받는다.

④ 모든 일에서 남들보다 잘해야 한다.

191. 내가 선호하는 것은?
    ① 혼자 여행 다니는 것
    ② 운동이나 쇼핑을 하는 일
    ③ 책을 읽거나 독서 모임에 나가는 것
    ④ 가족과 함께 즐거운 시간을 보내는 것

192. 나의 소비 성향은?
    ① 간단하고 빠르게 산다.
    ② 계획 없이 마음에 들면 산다.
    ③ 마음에 든 물건이라도 바로 구매하지 않고 한 번 더 생각한다.
    ④ 여러 가지 상품을 비교하면서 필요한 물건인지 확인 후 산다.

193. 중요한 결정을 할 때 가장 영향을 미치는 것은?
    ① 나의 직관적인 생각
    ② 세부적인 계획과 연구
    ③ 다른 사람들의 조언
    ④ 전체적인 분위기

194. 식사시간은?
    ① 편한 시간에
    ② 정해진 시간대에
    ③ 시간은 정해졌으나 신축성 있게
    ④ 매우 불규칙적이다.

195. 업무를 수행하는 방법은?
    ① 항상 새로운 것에 도전한다.
    ② 어려워 보이는 목표부터 달성한다.
    ③ 동시에 여러 일을 하는 것을 좋아한다.
    ④ 한 가지 일에 열중한다.

196. 자신의 성격상 단점은?
    ① 지구력이 없고 쉽게 포기한다.
    ② 의존적이고 낯을 가린다.
    ③ 비판적이고 오지랖이 넓다.
    ④ 생각보다 행동이 앞서고 자제력이 약하다.
    ⑤ 결정을 내릴 때 시간이 걸리고 우유부단하다.

197. 다른 사람이 자신에게 자주 하는 말은?
    ① 호기심이 많고 트렌드에 민감하다.
    ② 목표의식이 뚜렷해서 끝까지 일을 해낸다.
    ③ 조용하지만 사교의 깊이가 있는 사람 같다.
    ④ 성격이 화끈하고 남을 잘 배려할 줄 안다.
    ⑤ 약속 시간을 잘 지키는 신의가 있는 사람이다.

198. 자신의 주된 이미지는?
    ① 승부욕이 많은 사람
    ② 분석적이고 논리적인 사람
    ③ 목표의식이 뚜렷한 사람
    ④ 타인을 잘 도와주는 친절한 사람
    ⑤ 즐거움을 추구하고 사교성이 있는 사람

199. 자신의 리더십 스타일은?
    ① 비전을 제시하고 공정성과 유연성을 지닌 비전형 리더
    ② 의사결정에 구성원을 참여시키는 집단운영형 리더
    ③ 창조적 아이디어 제시와 지속적인 혁신 분위기를 조성하는 혁신형 리더
    ④ 구성원들에게 명확한 비전을 제시하고 자신을 따를 수 있도록 유도하는 카리스마형 리더
    ⑤ 높은 업적을 요구하며 리더가 솔선수범하여 팀을 이끄는 규범형 리더

200. 창의적인 기획안을 제출했으나 상사는 기존의 방식대로 일을 처리하자고 한다면 자신은 어떻게 하겠는가?
    ① 상사의 지시대로 한다.
    ② 수정 없이 기획안을 제출한다.
    ③ 동료들과 상의하여 기획안을 접수시킨다.
    ④ 창의적인 기획안을 실행했을 때의 장단점을 제출한다.
    ⑤ 기존의 방식대로 하되 기획안을 조금이라도 적용하려고 한다.

고시넷 **울산광역시교육청 교육공무직원**

파트 **4**

면접가이드

01 면접의 이해

※ 능력 중심 채용에서는 타당도가 높은 구조화 면접을 적용한다.

1 면접이란?

　　일을 하는 데 필요한 능력(직무역량, 직무지식, 인재상 등)을 지원자가 보유하고 있는지를 다양한 면접기법을 활용하여 확인하는 절차이다. 자신의 환경, 성취, 관심사, 경험 등에 대해 이야기하여 본인이 적합하다는 것을 보여 줄 기회를 제공하고, 면접관은 평가에 필요한 정보를 수집하고 평가하는 것이다.

- 지원자의 태도, 적성, 능력에 대한 정보를 심층적으로 파악하기 위한 선발 방법
- 선발의 최종 의사결정에 주로 사용되는 선발 방법
- 전 세계적으로 선발에서 가장 많이 사용되는 핵심적이고 중요한 방법

2 면접의 특징

　　서류전형이나 인적성검사에서 드러나지 않는 것들을 볼 수 있는 기회를 제공한다.

- 직무수행과 관련된 다양한 지원자 행동에 대한 관찰이 가능하다.
- 면접관이 알고자 하는 정보를 심층적으로 파악할 수 있다.
- 서류상으로 미비한 사항과 의심스러운 부분을 확인할 수 있다.
- 커뮤니케이션, 대인관계행동 등 행동·언어적 정보도 얻을 수 있다.

3 면접의 평가요소

1 인재적합도

해당 기관이나 기업별 인재상에 대한 인성 평가

2 조직적합도

조직에 대한 이해와 관련 상황에 대한 평가

3 직무적합도

직무에 대한 지식과 기술, 태도에 대한 평가

🔍 4 면접의 유형

구조화된 정도에 따른 분류

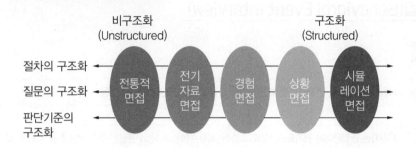

1 구조화 면접(Structured Interview)

사전에 계획을 세워 질문의 내용과 방법, 지원자의 답변 유형에 따른 추가 질문과 그에 대한 평가역량이 정해져 있는 면접 방식(표준화 면접)

- 표준화된 질문이나 평가요소가 면접 전 확정되며, 지원자는 편성된 조나 면접관에 영향을 받지 않고 동일한 질문과 시간을 부여받을 수 있음.
- 조직 또는 직무별로 주요하게 도출된 역량을 기반으로 평가요소가 구성되어, 조직 또는 직무에서 필요한 역량을 가진 지원자를 선발할 수 있음.
- 표준화된 형식을 사용하는 특성 때문에 비구조화 면접에 비해 신뢰성과 타당성, 객관성이 높음.

2 비구조화 면접(Unstructured Interview)

면접 계획을 세울 때 면접 목적만 명시하고 내용이나 방법은 면접관에게 전적으로 일임하는 방식(비표준화 면접)

- 표준화된 질문이나 평가요소 없이 면접이 진행되며, 편성된 조나 면접관에 따라 지원자에게 주어지는 질문이나 시간이 다름.
- 면접관의 주관적인 판단에 따라 평가가 이루어져 평가 오류가 빈번히 일어남.
- 상황 대처나 언변이 뛰어난 지원자에게 유리한 면접이 될 수 있음.

02 구조화 면접 기법

1 경험면접(Behavioral Event Interview)

면접 프로세스

안내	지원자는 입실 후, 면접관을 통해 인사말과 면접에 대한 간단한 안내를 받음.

질문	지원자는 면접관에게 평가요소(직업기초능력, 직무수행능력 등)와 관련된 주요 질문을 받게 되며, 질문에서 의도하는 평가요소를 고려하여 응답할 수 있도록 함.

세부질문	• 지원자가 응답한 내용을 토대로 해당 평가기준들을 충족시키는지 파악하기 위한 세부질문이 이루어짐. • 구체적인 행동·생각 등에 대해 응답할수록 높은 점수를 얻을 수 있음.

- **방식**
  해당 역량의 발휘가 요구되는 일반적인 상황을 제시하고, 그러한 상황에서 어떻게 행동했었는지(과거경험)를 이야기하도록 함.

- **판단기준**
  해당 역량의 수준, 경험 자체의 구체성, 진실성 등

- **특징**
  추상적인 생각이나 의견 제시가 아닌 과거 경험 및 행동 중심의 질의가 이루어지므로 지원자는 사전에 본인의 과거 경험 및 사례를 정리하여 면접에 대비할 수 있음.

- **예시**

지원분야		지원자		면접관		(인)

경영자원관리
조직이 보유한 인적자원을 효율적으로 활용하여, 조직 내 유·무형 자산 및 재무자원을 효율적으로 관리한다.

주질문
A. 어떤 과제를 처리할 때 기존에 팀이 사용했던 방식의 문제점을 찾아내 이를 보완하여 과제를 더욱 효율적으로 처리했던 경험에 대해 이야기해 주시기 바랍니다.

세부질문
[상황 및 과제] 사례와 관련해 당시 상황에 대해 이야기해 주시기 바랍니다. [역할] 당시 지원자께서 맡았던 역할은 무엇이었습니까? [행동] 사례와 관련해 구성원들의 설득을 이끌어 내기 위해 어떤 노력을 하였습니까? [결과] 결과는 어땠습니까?

기대행동	평점
업무진행에 있어 한정된 자원을 효율적으로 활용한다.	① − ② − ③ − ④ − ⑤
구성원들의 능력과 성향을 파악해 효율적으로 업무를 배분한다.	① − ② − ③ − ④ − ⑤
효과적 인적/물적 자원관리를 통해 맡은 일을 무리 없이 잘 마무리한다.	① − ② − ③ − ④ − ⑤

척도해설

1 : 행동증거가 거의 드러나지 않음	2 : 행동증거가 미약하게 드러남	3 : 행동증거가 어느 정도 드러남	4 : 행동증거가 명확하게 드러남	5 : 뛰어난 수준의 행동증거가 드러남

관찰기록 :

총평 :

※ 실제 적용되는 평가지는 기업/기관마다 다름.

2 상황면접(Situational Interview)

면접 프로세스

안내 — 지원자는 입실 후, 면접관을 통해 인사말과 면접에 대한 간단한 안내를 받음.

⌄

질문 —
- 지원자는 상황질문지를 검토하거나 면접관을 통해 상황 및 질문을 제공받음.
- 면접관의 질문이나 질문지의 의도를 파악하여 응답할 수 있도록 함.

⌄

세부질문 —
- 지원자가 응답한 내용을 토대로 해당 평가기준들을 충족시키는지 파악하기 위한 세부질문이 이루어짐.
- 구체적인 행동·생각 등에 대해 응답할수록 높은 점수를 얻을 수 있음.

- **방식**
  직무 수행 시 접할 수 있는 상황들을 제시하고, 그러한 상황에서 어떻게 행동할 것인지(행동의도)를 이야기하도록 함.
- **판단기준**
  해당 상황에 맞는 해당 역량의 구체적 행동지표
- **특징**
  지원자의 가치관, 태도, 사고방식 등의 요소를 평가하는 데 용이함.

• 예시

지원분야		지원자		면접관		(인)

유관부서협업
타 부서의 업무협조요청 등에 적극적으로 협력하고 갈등 상황이 발생하지 않도록 이해관계를 조율하며 관련 부서의 협업을 효과적으로 이끌어 낸다.

주질문
당신은 생산관리팀의 팀원으로, 2개월 뒤에 제품 A를 출시하기 위해 생산팀의 생산 계획을 수립한 상황입니다. 그러나 원가가 곧 실적으로 이어지는 구매팀에서는 최대한 원가를 줄여 전반적 단가를 낮추려고 원가절감을 위한 제안을 하였으나, 연구개발팀에서는 구매팀이 제안한 방식으로 제품을 생산할 경우 대부분이 구매팀의 실적으로 산정될 것이므로 제대로 확인도 해 보지 않은 채 적합하지 않은 방식이라고 판단하고 있습니다. 당신은 어떻게 하겠습니까?

세부질문
[상황 및 과제] 이 상황의 핵심적인 이슈는 무엇이라고 생각합니까?
[역할] 당신의 역할을 더 잘 수행하기 위해서는 어떤 점을 고려해야 하겠습니까? 왜 그렇게 생각합니까?
[행동] 당면한 과제를 해결하기 위해서 구체적으로 어떤 조치를 취하겠습니까? 그 이유는 무엇입니까?
[결과] 그 결과는 어떻게 될 것이라고 생각합니까? 그 이유는 무엇입니까?

척도해설

1 : 행동증거가 거의 드러나지 않음	2 : 행동증거가 미약하게 드러남	3 : 행동증거가 어느 정도 드러남	4 : 행동증거가 명확하게 드러남	5 : 뛰어난 수준의 행동증거가 드러남

관찰기록 :

총평 :

※ 실제 적용되는 평가지는 기업/기관마다 다름.

3 발표면접(Presentation)

면접 프로세스

안내
• 입실 후 지원자는 면접관으로부터 인사말과 발표면접에 대해 간략히 안내받음.
• 면접 전 지원자는 과제 검토 및 발표 준비시간을 가짐.

∨

발표
• 지원자들이 과제 주제와 관련하여 정해진 시간 동안 발표를 실시함.
• 면접관은 발표내용 중 평가요소와 관련해 나타난 가점 및 감점요소들을 평가하게 됨.

∨

질문응답
• 발표 종료 후 면접관은 정해진 시간 동안 지원자의 발표내용과 관련해 구체적인 내용을 확인하기 위한 질문을 함.
• 지원자는 면접관의 질문의도를 정확히 파악하여 적절히 응답할 수 있도록 함.
• 응답 시 명확하고 자신있게 전달할 수 있도록 함.

- 방식

  지원자가 특정 주제와 관련된 자료(신문기사, 그래프 등)를 검토하고, 그에 대한 자신의 생각을 면접관 앞에서 발표하며 추가 질의응답이 이루어짐.

- 판단기준

  지원자의 사고력, 논리력, 문제해결능력 등

- 특징

  과제를 부여한 후, 지원자들이 과제를 수행하는 과정과 결과를 관찰·평가함. 과제수행의 결과뿐 아니라 과제수행 과정에서의 행동을 모두 평가함.

4 토론면접(Group Discussion)

면접 프로세스

안내
- 입실 후, 지원자들은 면접관으로부터 토론 면접의 전반적인 과정에 대해 안내받음.
- 지원자는 정해진 자리에 착석함.

토론
- 지원자들이 과제 주제와 관련하여 정해진 시간 동안 토론을 실시함(시간은 기관별 상이).
- 지원자들은 면접 전 과제 검토 및 토론 준비시간을 가짐.
- 토론이 진행되는 동안, 지원자들은 다른 토론자들의 발언을 경청하여 적절히 본인의 의사를 전달할 수 있도록 함. 더불어 적극적인 태도로 토론면접에 임하는 것도 중요함.

마무리 (5분 이내)
- 면접 종료 전, 지원자들은 토론을 통해 도출한 결론에 대해 첨언하고 적절히 마무리 지음.
- 본인의 의견을 전달하는 것과 동시에 다른 토론자를 배려하는 모습도 중요함.

- 방식

  상호갈등적 요소를 가진 과제 또는 공통의 과제를 해결하는 내용의 토론 과제(신문기사, 그래프 등)를 제시하고, 그 과정에서 개인 간의 상호작용 행동을 관찰함.

- 판단기준

  팀워크, 갈등 조정, 의사소통능력 등

- 특징

  면접에서 최종안을 도출하는 것도 중요하나 주장의 옳고 그름이 아닌 결론을 도출하는 과정과 말하는 자세 등도 중요함.

5 역할연기면접(Role Play Interview)

- **방식**
  기업 내 발생 가능한 상황에서 부딪히게 되는 문제와 역할을 가상적으로 설정하여 특정 역할을 맡은 사람과 상호작용하고 문제를 해결해 나가도록 함.
- **판단기준**
  대처능력, 대인관계능력, 의사소통능력 등
- **특징**
  실제 상황과 유사한 가상 상황에서 지원자의 성격이나 대처 행동 등을 관찰할 수 있음.

6 집단면접(Group Activity)

- **방식**
  지원자들이 팀(집단)으로 협력하여 정해진 시간 안에 활동 또는 게임을 하며 면접관들은 지원자들의 행동을 관찰함.
- **판단기준**
  대인관계능력, 팀워크, 창의성 등
- **특징**
  기존 면접보다 오랜 시간 관찰을 하여 지원자들의 평소 습관이나 행동들을 관찰하려는 데 목적이 있음.

03 면접 최신 기출 주제

🐾 1 면접 빈출키워드

- 직무별 업무내용
- 특정 상황에서의 교육방법
- 개인정보법
- 전화 응대법

- 업무자세 / 마음가짐
- 교사, 동료와의 갈등 해결 방법
- 업무 처리 방법
- 해당 교육청의 교육목표

- 교육공무직원의 의무
- 민원 대처방법
- 업무분장
- 공문서

🐾 2 울산광역시교육청 교육공무직원 최신 면접 기출

🗨 2023년

돌봄전담사	1. 상사가 본인 업무 외의 다른 업무를 지시했을 때 또는 부당한 업무를 지시했을 때 어떻게 대처할 것인가?
	2. 돌봄전담사의 역할은 무엇이라고 생각하는가?
	3. 돌봄교실 프로그램을 구성할 때 고려해야 하는 사항은 어떤 점들이라고 생각하는가?
특수교육 실무사	1. 특수교육실무사의 상사가 부당한 업무를 지시한다면 어떻게 대처할 것인가?
	2. 특수실무 업무를 막상 해보니 적성에 맞지 않았다. 이럴 경우 어떻게 대처할 것인가?
	3. 특수교육실무사의 주된 업무 2가지를 말해 보시오.
	4. 특수아동을 지도하는 방법 2가지를 말해 보시오.
	5. 학부모 민원이 들어올 경우 어떻게 대처할 것인가?
조리사	1. 조리사에 지원한 동기를 말해 보시오.
	2. 식중독 예방법에 대해 아는 대로 말해 보시오.
	3. 조리사의 업무에 대해 아는 대로 말해 보시오.
	4. 본인 업무가 끝난 후 업무가 남은 동료가 있다면 어떻게 할 것인가?
	5. 상사가 타 업무를 추가적으로 시켰을 경우 어떻게 할 것인가?
	6. 동료와의 불화가 발생했을 때 이를 어떻게 대처할 것인가?

2022년

교육복지사	1. 교육복지사가 업무를 하는 데 있어서 필요한 자질은 무엇이라고 생각하는가?
	2. 상사의 부당한 업무지시를 할 경우의 대처방안을 말해 보시오.
	3. 교육복지사로서의 경력이 있는지?
	4. 민원 발생시 대처방안에 대해 말해 보시오.
돌봄전담사	1. 돌봄전담사에게 필요한 자질과 돌봄전담사로서 중요하게 여겨야 하는 것은 무엇이라고 생각하는가?
	2. 가장 자신있는 지도 분야와 지도 방법은 무엇인가?
	3. 돌봄전담사가 하는 일에 대해 말해 보시오.
	4. 돌봄 내 특수 아동이 있다면 어떻게 대처할 것인가?
	5. 학기 초 적응을 못하는 1학년이 있을 때 어떻게 대처할 것인가?
	6. 돌봄전담사가 되었는데 업무가 적성에 맞지 않으면 어떻게 하겠는가?
	7. 모르는 업무를 지시 받았을 때 어떻게 하겠는가?
	8. 학부모 민원에 대응할 방안을 말해 보시오.
조리실무사	1. 학생이 급식 후 배탈이 났을 때 어떻게 대처할 것인가?
	2. 급식실 안에서의 위험요소를 방지할 수 있는 방법은 무엇이 있는가?
특수교육 실무사	1. 특수 학생과 눈높이를 맞추기 위해 어떻게 할 것인지 이야기하시오.
	2. 모르는 업무를 지시하면 어떻게 해결할 것인가?
	3. 본인의 업무 외에 다른 업무나 부당한 업무를 지시한다면 어떻게 할 것인가?

2021년

유치원 방과후과정 전담사	1. 울산광역시교육청의 교육방향을 말하고, 이것을 유치원 방과후과정반에 어떻게 적용시켜 운영할 것인지 말해 보시오.
	2. 본인의 업무를 하기 위해서는 어떤 능력이 필요할 것 같은가? 이를 접목시킨 적이 있다면 사례를 들어 보시오.
	3. 교사들과의 마찰 시 어떻게 행동할 것인가?
	4. 전담사에게 제일 중요한 것이 무엇이라고 생각하는가?
	5. 본인의 업무 외 다른 일을 시켰을 때 어떻게 할 것인지 말해 보시오.
	6. 본인의 장단점이 무엇이라고 생각하는가?

📋 2020년

사서	1. (경력이 없는 경우) 학교도서관에서는 혼자서 근무해야 하는데 어떻게 할 계획인가?
	2. 생각하지 못한 상황이 닥치면 어떻게 대처할 것인가?
	3. 독서율 증진을 위해 어떤 프로그램을 진행할 계획인가?
	4. 교직원과 트러블이 생기면 어떻게 대처할 것인가?

📋 2019년

교육업무사	1. 개인정보보호 방법에는 무엇이 있는가?
	2. 자신의 강점은 무엇인가?
	3. 동료와의 갈등 상황을 어떻게 해결할 것인가?
	4. 민원인 또는 손님이 와서 차나 과일을 준비해 달라고 요청할 시 어떻게 대응할 것인가?
돌봄전담사	1. 지원동기를 말해 보시오.
	2. 일반적인 근무시간이 9 ~ 17시 또는 10 ~ 18시인데, 만약 학교에서 11 ~ 19시로 근무해 달라고 한다면 어떻게 하겠는가? 만약 자신은 근무시간 변경에 동의하는데 다른 직원들은 동의할 수 없다고 반대하여 근무시간 때문에 마찰이 생긴다면 어떻게 대처하겠는가?
	3. 잠시 화장실을 다녀오는 동안 아이가 다친 상황을 보지 못했다면 어떻게 대처하겠는가? 학부모가 이에 강한 불만을 가지고 따지러 왔다면 어떻게 하겠는가?
	4. 교실 cctv 설치에 대한 생각을 말해 보시오.
	5. 동료 직원들 간 또는 다른 부서 직원이나 상사와의 갈등이 일어났다면 어떻게 해결하겠는가? 선생님들과 갈등이 있을 때는 어떻게 대처하겠는가?
	6. 돌봄전담사의 역할에 대해 말해 보시오.

🧑‍💼 3 그 외 지역 교육공무직원 최신 면접 기출

📋 2024년

충남

교무행정사	1. 부장교사와 학부모 민원이 동시에 들어올 경우 어떻게 대처할 것인가?
	2. 업무가 과중하여 초과 근무를 해야 할 것 같을 때 어떻게 대처할 것인가?
	3. 교무행정사 지원동기와 역할을 말해 보시오.
초등 돌봄전담사	1. 자녀가 따돌림을 당했다는 학부모 민원 전화에 어떻게 대처할 것인가?
	2. 과중한 업무에 대한 대처 방법을 말해 보시오.
	3. 친절과 공정의 의무 사항을 학부모에게 어떻게 보여줄 것인가?
늘봄실무사	1. 늘봄 업무 민원을 가진 학부모가 연락해 왔을 때 어떻게 대처할 것인가?
	2. 교직원과 의견충돌 시 대처 방법을 말해 보시오.
	3. 늘봄학교 도입 배경과 늘봄실무사로서의 역할을 말해 보시오.
특수교육 실무원	1. 학교에 중요한 행사가 있는데, 집안일로 위급한 상황이 생긴 경우 어떻게 대처할 것인가?
	2. 실무원이 된다면 자기계발을 어떻게 하겠는가?
	3. 본인의 잘못으로 민원이 발생했다면 어떻게 대처할 것인가?

경남

공통질문	1. 지원한 동기를 말해 보시오.
	2. 내부적으로 청렴도를 높이기 위한 본인만의 실천 방안을 말해 보시오.
	3. 교육공무직 6대 덕목 중 2가지 고르고 고른 이유를 설명해 보시오.
	4. 기성세대와 MZ(신세대) 사이에 갈등이 많이 발생하는데, 조직 내 세대 간 갈등, 차이를 해결 또는 극복하기 위한 방안을 말해 보시오.
	5. 경남교육의 가치인 공존과 자립에 대해 아는 대로 말해 보시오.
	6. 경남교육청 브랜드슬로건 '아이좋아'에 대해 설명해 보시오.
	7. 직장동료와 트러블이 생겼을 때 어떻게 할 것인가?
	8. 본인실수로 문제가 생겼을 때 어떻게 할 것인가?

돌봄전담사	1. 학부모 동행 귀가 시 유의사항에 대해 말해 보시오.
	2. 돌봄교실 평가방법에 대해 말해 보시오.
	3. 돌봄교실 목표와 추진과제에 대해 말해 보시오.
	4. 복지와 관련해서 오후돌봄교실에 대해 말해 보시오.
	5. 알레르기가 있는 학생에 대한 급·간식 지도에 대해 말해 보시오.
	6. 돌봄전담사는 아동학대 신고 의무자이다. 이와 관련되어 아는 것을 모두 말해 보시오.
특수교육 실무원	1. 학부모가 통학지원 중에 상담전화를 했을 때, 어떻게 대처할 것인가?
	2. 특수아동이 돌발행동을 했을 때 어떻게 대처할 것인가?
	3. 자폐아동의 특징을 3가지 말해 보시오.

전북

늘봄실무사	1. 학교는 공공기관이므로 봉사정신이 필요한데, 자신의 봉사경험을 말해보고 그것을 늘봄실무사로서 일하면서 어떻게 적용시킬 것인지 말해 보시오.
	2. 늘봄실무사와 돌봄전담사가 하는 일을 각각 이야기하고, 어떻게 협력하여 일할 것인지 말해 보시오.
	3. 늘봄실무사의 역할에 대해 아는 대로 말해 보시오.
	4. 전북교육청 늘봄학교의 중점 과제를 말해 보시오.
	5. 전북 교육 기본방향이 학생중심, 미래교육인데, 이 정책방향을 늘봄실무사로서 어떻게 적용하여 일할 수 있는지 말해 보시오.
교육복지사	1. 자신의 봉사경험을 말해보고 그것을 교육복지사로서 일하면서 어떻게 적용시킬 것인지 말해 보시오.
	2. 교육복지사의 역할과 업무는 무엇인지 말해 보시오.
	3. 최근 일어났던 전북지역의 일가족 사망사건과 관련하여 위기개입을 어떻게 하고 지역사회와 맞춤형 지원을 어떻게 할 것인가?

대전

특수교육 실무원	1. 교육공무직의 자세에 대해 아는 대로 말해 보시오.
	2. 장애학생 식사지도 방법 3가지를 말해 보시오.
	3. 특수교육법 장애유형 6가지 이상 말해 보시오.
조리원	1. 영양사 선생님의 부당한 업무지시에 어떻게 대처할 것인가?
	2. 조리원 위생조리복장에 대해 말해 보시오.
	3. 조리원의 자세에 대해 말해 보시오.
	4. 안전사고가 발생했을 때 어떻게 대처해야 하는가?

경북

특수교육 실무사	1. 특수교사와 갈등이 생겼을 경우 어떻게 대처할 것인가?
	2. 장애에 대한 특수교육법 4조의 특수교육대상자와 학부모에 대한 차별금지 사항에 관해 말해 보시오.
	3. 바지를 벗는 행동을 하는 특수교육 대상아동 지원방법을 말해 보시오.

📋 2023년

경남

교무행정원	1. 청렴하기 위한 방법을 말해 보시오.
	2. 생태환경교육과 관련하여 생활 속에서 실천할 수 있는 방법은?
	3. 동료가 바쁜 본인을 도와주지 않는다고 화를 낼 경우 어떻게 대처하겠는가?
	4. 교무행정원의 업무 중 본인이 가장 자신 있는 것은?
조리실무사	1. 미숙한 사람과 한 조가 된다면 어떻게 하겠는가?
	2. 생소한 식재료로 조리를 해야 하는데 조리법을 모른다면 어떻게 하겠는가?
	3. 3식 하는 곳에 배정되면 어떻게 하겠는가?
	4. 세정제가 하나만 있을 때 채소, 어패류, 육류를 세척할 순서를 말해 보시오.
	5. 법정 감염병 대처 및 예방 방법 5가지를 말해 보시오.
	6. HACCP가 무엇인지 설명해 보시오.
안내원	1. 민원인을 어떻게 대할 것인가?
	2. 타부서 직원과 불화가 발생한다면 어떻게 하겠는가?
	3. 심폐소생술 순서를 말해 보시오.

충남

특수교육 실무원	1. 폭력적인 아이가 물건을 집어 던진다면 어떻게 대처할 것인가?
	2. 특수교육 대상자인 아동이 특수교육실무원에게 폭력을 당했다는 학부모 민원이 발생한다 면 어떻게 대처할 것인가?
돌봄전담사	1. 발령받은 학교가 원한 곳이 아니거나 가정에서 먼 곳이라면 어떻게 하겠는가?
	2. 반복적인 민원이 들어온다면 어떻게 대처하겠는가?
	3. 돌봄전담사의 역할과 그 역할을 잘 수행하기 위한 자기계발 방법을 말해 보시오.

대전

공통질문	1. 교육공무직의 역할, 자세, 지원동기를 말해 보시오.
	2. 업무공백이 생길 경우 어떻게 할 것인가?
돌봄전담사	1. 돌봄교실 인원이 다 찼는데 추가인원 요청이 있을 경우 어떻게 할 것인가?
	2. 돌봄교실 내 안전사고 예방을 위해 어떻게 하겠는가?
특수교육 실무원	1. 어떠한 실무원이 되고 싶은가?
	2. 아이들과 라포형성을 어떻게 하겠는가?
	3. 특수교육실무원의 자세 3가지를 말해 보시오.
전문상담사	1. 전문상담사의 인성적 자질에 대해 말해 보시오.
	2. 비밀보장 예외원칙에 따라 상담자 비밀에 대해 요청받을 수 있는 경우는?
체험해설 실무원	1. 의식 잃은 사람에게 구급처치 하는 방법과 제세동기 사용에 대해 말해 보시오.
	2. 과학전시물 주제에 따라 시연해 보시오.

전북

조리실무사	1. 지원한 동기를 말하고 자기소개를 해 보시오.
	2. 자신의 단점에 대해 말해 보시오.
	3. 손을 씻어야 할 때를 아는 대로 말해 보시오.
	4. HACCP에 대해 아는 대로 설명하시오.
특수교육 지도사	1. 지원동기를 말해 보시오.
	2. 자신의 단점과 보완방법을 말해 보시오.

🖵 2022년

부산

특수교육 실무원	1. 뇌전증이 있는 특수 아동이 수업 중 발작을 시작할 때 어떻게 대처할 것인가?
	2. 특수 아동이 계속 교문을 나가려 할 때(무단이탈) 이에 대한 사전 방안은?
	3. 특수 아동의 등교 지원 시 학생이 20분 늦게 도착하게 됐을 때 어떻게 할 것인가?
	4. 특수교육실무원의 역할과 자세는?
교육실무원	1. 학교 기록물 종류와 관리법에 대해 아는 대로 말해 보시오.
	2. 정보공개법률에 따라 정보공개가 원칙인데, 공개하지 않아도 되는 정보는 무엇인가?
	3. 교직원과 갈등이 발생할 경우 어떻게 대처할 것인가?
	4. 교육실무원의 기본자세는?

경북

조리원	1. 조리원의 역할에 대해 아는 대로 말해 보시오.
	2. 배식 중 좋아하는 반찬은 많이 받으려 하고 싫어하는 음식은 받지 않으려는 학생이 있다면 어떻게 할 것인가?
	3. 손을 씻어야 하는 경우에 대해 아는 대로 말해 보시오.
특수교육 실무사	1. 지원한 동기와 특수교육실무사의 역할에 대해 말해 보시오.
	2. 학교 근무자로서 가져야 할 마음가짐과 자세에 대해 말해 보시오.
	3. 특수 아동이 다쳤는데 학부모가 치료비를 요구할 경우 어떻게 해결할 것인가?
	4. 돌봄 교실에서 학생이 타인에게 해를 끼쳐 퇴원 조치를 해야 하는 경우 어떻게 해결할 것인가?

경남

조리실무사	1. 손 씻는 방법에 대해 구체적으로 설명하시오.
	2. 식중독 예방 3대 원칙은 무엇인가?
	3. 동료 간에 불화가 발생한 경우 어떻게 대처할 것인가?
	4. 자신의 캐비닛에 남의 금품이 있다면 어떻게 처리할 것인가?
	5. 일을 하게 된 동기를 20초 이내로 말해 보시오.
	6. 경남교육공동체의 소통, 공감과 관련하여 아는 대로 말해 보시오.
	7. 조리실무사는 어떤 일을 하는 사람인가?
	8. '녹색지구' 살리기를 위해 교직원으로서 학생들을 어떻게 지도할 것인가?

울산기술보험

1회 기출예상

2회 기출예상

3회 기출예상

4회 기출예상

5회 기출예상

6회 기출예상

7회 기출예상

8회 기출예상

9회 기출예상

인성검사

면접가이드

	9. 소독의 종류에 대해 아는 대로 말해 보시오.
	10. 악성 민원에 대처하는 방안에 대해 말해 보시오.
	11. 손을 씻어야 하는 이유 7가지를 말해 보시오.

대전

교육복지사	1. 교육공무직원이 갖춰야 할 3가지 덕목은 무엇인가?
	2. 다른 부서에 업무 공백이 생길 경우 해야 할 역할은 무엇인가?
특수교육 실무원	1. 교육공무직의 의무에 대해 말해 보시오.
	2. 특수실무원의 직무향상을 위해 노력한 3가지와 본인이 특수실무가가 되고 싶은지 말해 보시오.
	3. 법령에 근거하여 특수실무원이 하는 일에 대해 말해 보시오.

세종

간호사	1. 세종시교육청의 목표와 지표, 중점기 교육분야 3가지에 대해 말해 보시오.
	2. 비협조적인 구성원과 갈등이 발생한다면 어떻게 해결할 것인가?
	3. 경련을 일으키는 아동에 대한 5가지 대응방안을 말해 보시오.
	4. 코로나19 예방 대응 4가지를 말해 보시오.

서울

돌봄전담사	1. 시간제 돌봄 연장에 관한 개인의 생각을 말해 보시오.
	2. 돌봄교실에 필요한 것은 무엇인가?
	3. 개인 실수로 인해 민원이 발생한 경우 어떻게 대처할 것인가?
	4. 시간제 돌봄 시간이 연장되었는데 그에 대한 정보와 이에 어떻게 대처하면 좋을지에 대해 말해 보시오.
특수교육 실무사	1. 자신의 장점과 지원한 직무와의 연관성에 대해 말해 보시오.
	2. 특수실무사의 역할에 대해 아는 대로 말해 보시오.
	3. 학생의 편식지도 방법 3가지를 말해 보시오.
	4. 학부모 민원 전화가 왔을 때 어떻게 대응할 것인가?
	5. 여러 가지 장애가 있는 특수장애 아이 지원에 대해 아는 대로 말해 보시오.

충북

초등돌봄 전담사	1. 최근 초등 관련 외의 자기계발을 한 사례와 좋았던 점을 말해 보시오.
	2. 초등돌봄전담사에 지원한 동기를 말해 보시오.
	3. 교육공무직원의 의무를 말해 보시오.
	4. 동료와 갈등이 발생한 경우 어떻게 대처할 것인가?
	5. 돌봄이 하는 일은 무엇인가?
	6. 학생 간 다툼이 발생한 경우 어떻게 중재할 것인가?

전북

특수교육 지도사	1. 특수교육지도사에게 필요한 자세는?
	2. 하교지도 중 학부모가 상담을 요청할 때 어떻게 대처할 것인가?
	3. 자폐아동의 특징에 대해 말해 보시오.
	4. 자신의 장점과 특기를 업무에 어떠한 방식을 활용할 수 있는지 말해 보시오.
	5. 장애 아동 수업지원은 어떠한 방식으로 이루어지는가?
	6. 장애인차별금지법에서 장애인에게 정당한 편의 제공을 해야 하는 경우를 말해 보시오.
조리종사원	1. 산업재해를 예방하기 위한 방안에 대해 말해 보시오.
	2. 조리실 내 위생수칙을 3가지 이상 말해 보시오.
	3. 급식 중 학생에게 국을 쏟았을 때 어떻게 대처해야 하는가?
교육복지사	1. 교육복지우선지원사업이 시작된 이유와 어떠한 영역에서 운영되고 있는지 말해 보시오.

🗒 2021년

광주

특수교육 실무사	1. 즐거운 직장 문화를 만들기 위해 무엇을 할 수 있는지 3가지를 말해 보시오.
	2. 여러 부서가 존재하고 각 부서 간 갈등이 많은데, 이를 어떻게 해결할지 말해보시오.
	3. 뇌병변을 앓고 있는 아이가 갑작스런 발작 시에 어떻게 대처할 것인가?
초등 돌봄전담사	1. 학교는 학생들의 안전교육이 중요하다. 안전교육 중 안전하게 귀가조치를 하기 위한 방법 3가지를 말해 보시오.
	2. 귀가시간을 지키지 않는 학부모가 있다면 어떻게 할 것인가?
	3. 저출산과 관련지어 돌봄교실의 역할은 무엇이라고 생각하는가?
과학실무사	1. 교사들을 지원하는 행정업무에 대해 어떻게 생각하는가?
	2. 과학실무사가 가져야 하는 자세 3가지에 대해 말해 보시오.
	3. 과학중점학교에 대해 어떻게 생각하는가?

경기

특수교육 지도사	1. 그간의 경력 및 학력이 특수교육지도사에 발휘될 수 있는 점을 말해 보시오.
	2. 교실에서 중복 장애, 복합적인 장애를 가진 학생들을 만났을 경우, 어떻게 지도할 것인가?
	3. 향후 인생의 계획을 말해 보시오.
	4. 다른 교사와 문제가 있을 때 어떻게 대처할 것인지 말해 보시오.
	5. 꼬집거나 소리 지르는 문제 아동에 대한 행동 대처와 대소변 실수 시 지원 방법에 대해 말해 보시오.
	6. 기억나는 특수아동이 있다면?
	7. 학부모의 상담요청이 빈번할 경우 어떻게 대처할 것인가?
	8. 원하지 않는 동네 유치원, 초등, 중등, 고등학교 발령 시 어떻게 할 것인가?
	9. 보육교사와 특수교육지도사의 업무 차이점에 대해 아는 대로 말해 보시오.
초등 돌봄전담사	1. 근무 중 다른 좋은 조건을 가진 자리가 난다면 갈 것인가?
	2. 다른 돌봄교사와 전담관리자 선생님과 의견 차이가 있어 갈등이 생길 경우, 어떻게 대처할 것인가?
	3. 돌봄교실에서 두 아이가 다툼을 하다가 다치게 된다면 어떻게 대처할 것인가?
	4. 자신의 성격의 장점을 말해 보시오.
	5. 컴퓨터 사용 능력은 어느 정도 되는가?

서울

교무행정 지원사	1. 동료가 한 달간 출근을 못하게 되었을 때 어떻게 할 것인가?
	2. 5년마다 전보를 가는데 이전 학교에서 하지 않은 일을 전보를 간 학교에서 하라고 한다면 어떻게 할 것인가?
	3. 나로 인해 민원이 발생하여 학부모가 학교로 연락을 했을 경우, 어떻게 할 것인가?
특수교육 실무사	1. 나의 실수로 민원이 들어온다면 어떻게 해결할 것인가?
	2. 자폐 학생이 다른 학생에게 폭력을 행한다면 어떻게 대처할 것인가?
	3. 장애인 등에 대한 특수교육법에 나타나는 여러 장애에 대해 아는 대로 말해 보시오.

충북

특수교육 실무사	1. 자기계발을 하기 위해 어떤 노력을 했는가? 그리고 앞으로의 일을 하면서 필요한 자기계발이 있다면 어떻게 할 것인가?
	2. A 실무원이 아이의 모든 것을 도와주고 있다. 이때의 문제점과 당신이라면 어떻게 할 것인가를 말해 보시오.

경남

교무행정원	1. 기후, 환경 문제를 해결하기 위해 학교에서 할 수 있는 것은 무엇인가?
	2. 몸이 좋지 않아서 병원을 예약했는데 갑자기 교감선생님이 업무를 시키신다면 어떻게 할 것인가?
	3. 성인지감수성이란 무엇이며, 교내에서 성추행 상황을 목격한다면 어떻게 할 것인가?
	4. 아이톡톡에 대해 아는 대로 말해 보시오.
	5. 교육행정지원팀의 목적과 의의는 무엇인가?
	6. 공문서 취급 방법에 대해 4가지 이상 말해 보시오.
	7. 학부모 민원에 대응하는 4가지 방법을 말해 보시오.
	8. 경남교육청에서 시행하고 있는 기후위기 대응운동에 대해 아는 대로 말해 보시오.
	9. 경남교육청의 정책방향 5가지 중 소통과 공감에 대해 말해 보시오.
돌봄전담사	1. 교육감이 올해 발표한 5대 교육정책은 무엇인가?
	2. 올해 돌봄교실 운영추진 목표와 과제를 말해 보시오.
	3. 여성가족부와 보건복지부에서 운영하는 각각의 돌봄교실 유형을 말해 보시오.
특수교육 실무사	1. 편식하는 아동을 지원하는 방법에 대해 말해 보시오.
	2. 특수실무원 역할 중 교수활동지원 4가지를 말해 보시오.
	3. 학교에서 직원들이 할 수 있는 코로나 예방(방역) 방법에 대해 4가지 이상 말해 보시오.

충남

교무행정사	1. 교무행정사에게 필요한 자질에 대해 아는 대로 말해 보시오.
	2. 교무행정사가 하는 일에 대해 말해 보시오.
	3. 어린 교사와 마찰이 생길 경우 어떻게 대처할 것인가?
	4. 학교에서 과중한 업무를 시킨다면 어떻게 할 것인가?
	5. 본인이 갖고 있는 자격증과 이를 업무에 어떻게 활용할 것인가?
	6. 정해진 절차와는 다르게 업무를 처리하라고 할 경우 어떻게 할 것인가?

세종

돌봄전담사	1. 김영란법의 개념과 목적에 대해 상한가를 예로 들어 설명해 보시오.
	2. 돌봄간식 수요조사 후, 학생들에게 나가기 전까지의 5단계는 무엇인가?
	3. 2월에 해야 할 일 4가지 이상을 말해 보시오.
	4. 합격 후 역량 강화를 위해 해야 할 일은 무엇인가?
	5. 교장선생님의 부당한 지시에 대해 어떻게 대처할 것인가?
	6. 살면서 크게 싸운 일이 있었을 텐데 어떻게 대처하였는가?

🔲 2020년

세종

초등 돌봄전담사	1. 학교나 직장에서 의견 차이를 극복했던 경험과 방법에 대해 말해 보시오.
	2. 초등돌봄전담사의 직무에 대해 설명하고 내실화 방안에 대해 말해 보시오.
	3. 초등돌봄전담사로서 가져야 할 자세 및 자질을 말해 보시오.
	4. 코로나 바이러스와 관련하여 등교 찬반 입장과 그 이유를 설명해 보시오.
	5. 민원 응대방법에 대해 말해 보시오.
교육실무사	1. 교직원과 학생의 긍정적 관계를 유지하는 방법을 4가지 말해 보시오.
	2. 비협조적이었던 직원이 업무협조 요청 시 어떻게 대처할지 말해 보시오.
	3. 자신의 강점과 관련해서 자기계발을 어떻게 할지 말해 보시오.
	4. 봉사활동의 필요성을 4가지 말해 보시오.
	5. 화재 시 대처방법을 4가지 말해 보시오.
특수교육 실무사	1. 교직원으로서 학생과 교사가 조화롭게 융합하는 방법을 4가지 말해 보시오.
	2. 뇌전증 발작 시 대처방법을 4가지 말해 보시오.
	3. 자신의 장점과 그와 관련해 앞으로 어떻게 발전해 나갈지 말해 보시오.
	4. 관계가 좋지 않은 직원이 일을 부탁하면 어떻게 대처할지 말해 보시오.
	5. 특수교육실무사가 하는 일을 4가지 말해 보시오.

경남

돌봄전담사	1. 퇴근을 준비하고 있는데 업무가 생긴다면 어떻게 대처할 것인가?
	2. 돌봄전담사의 주요 역할은 무엇인가?
	3. 교육공무직의 덕목을 말해 보시오.
사무행정원	1. 경남교육청의 슬로건을 말해 보시오.
	2. 사무행정원의 업무는 무엇인가?
	3. 공무직이 갖추어야 할 자세와 그중 무엇을 가장 중요하게 생각하는지 말해 보시오.
	4. 민원 전화를 받는 법을 말해 보시오.
특수교육 실무사	1. 교육공무직으로서의 자질과 덕목을 말해 보시오.
	2. 특수아동의 개인욕구를 어떻게 지원할 것인지 말해 보시오.
	3. 특수교육실무사의 역할과 그와 관련된 자신의 장점을 말해 보시오.

특수교육 실무원	1. 경남교육청이 밀고 있는 교육정책을 말해 보시오.
	2. 상사나 동료와의 갈등 시 대처방법을 말해 보시오.
	3. 특수교육실무원이 하는 일은 무엇인가?
	4. 민원 발생 시 대처방법을 말해 보시오.

경북

조리원	1. 이물질 관련 컴플레인에 대한 대처방안을 말해 보시오.
	2. 약품 사용 시 유의사항을 3가지 이상 말해 보시오.
	3. 조리원의 기본 자세를 말해 보시오.
	4. 식중독 예방 방법 3가지를 말해 보시오.
	5. 학생들의 잘못된 식습관 2가지와, 맛있는 반찬만 배식해 달라고 했을 경우 대처 방법을 말해 보시오.
특수교육 실무사	1. 통합교육이 일반학생과 장애학생에게 주는 장점을 2가지씩 말해 보시오.
	2. 장애학생과 일반학생 간 학교폭력이 발생하였을 때 중재방법을 4가지 말해 보시오.
	3. 문제행동의 유형별(관심끌기, 회피, 자기자극) 중재방법을 1가지씩 말해 보시오.

대전

조리원	1. 동료가 자신의 일을 도와달라고 하면 어떻게 행동할 것인가?
	2. 학부모나 학생이 급식 조리방법에 대해 민원을 제기한다면 어떻게 대처하겠는가?
	3. 올바른 손 씻기 방법과 알코올 손 소독 방법에 대해 설명해 보시오.

인천

특수교육 실무사	1. 특수교육실무사의 역할은 무엇인가?
	2. 코로나 바이러스와 관련된 나만의 특화된 학생 지도방법은 무엇인가?
	3. (경력이 많은 경우) 신입 특수교사와 학생지도에 있어 갈등상황을 겪는다면 어떻게 해결할 것인가?
교무행정사	1. 동료가 교통사고가 나서 1달은 입원, 2달은 통원치료를 하는데 대체직 채용이 어려워서 업 무가 과중된다면 어떻게 대처하겠는가?
	2. 전입생이 많은 경우 교무실과 행정실에서 전입생을 어떻게 지원할 것인가?
	3. 어려운 업무인 교과서 업무를 A 학교에서 5년 동안 맡았고, 5년 후 전보된 B 학교에서도 교과서 업무를 맡게 되었다면 어떻게 할 것인가?

출사기출복원

1회 기출예상

2회 기출예상

3회 기출예상

4회 기출예상

5회 기출예상

6회 기출예상

7회 기출예상

8회 기출예상

9회 기출예상

인성검사

면접가이드

충남

교무행정사	1. 교무행정사가 하는 일과 교무행정사가 필요한 이유는 무엇인가?
	2. 교무행정사에게 협업이 필요한 업무는 무엇이 있는가? 협업을 위한 자세를 3가지 말해 보시오.
	3. 동료와의 갈등 시 대처방법을 말해 보시오.
조리실무사	1. 중요하고 급한 업무와 상사의 지시 중 어떤 것을 먼저 하겠는가?
	2. 동료와의 불화나 갈등 발생 시 어떻게 대처할 것인가?
	3. 업무 중에 손을 씻어야 하는 경우를 5가지 이상 말해 보시오

경기

특수교육 실무사	1. 특수교육실무사가 하는 역할을 말해 보시오.
	2. 본인의 교육에 대해 학부모가 불만을 가진다면 어떻게 대처하겠는가?
	3. 특수아동이 문제 행동(폭력성이나 성 문제 등)을 보이면 어떻게 대처하겠는가?

🔲 2019년

충남

교무행정사	1. 교육과정 개정으로 인한 5대 교육과제를 말해 보시오.
	2. 교무행정사가 하는 업무를 말해 보시오.
	3. 악성 민원인에 대처하는 방법을 말해 보시오.
	4. 퇴근 후 자녀를 데리러 가야 하는데 할 일이 남았거나 새로운 일이 주어졌다면 어떻게 하겠는가?
	5. 업무 수행에 불만을 가진 민원인이나 학부모가 찾아와서 따진다면 어떻게 대처할 것인가?
	6. 교무행정사로서 자신만의 강점과 단점에 대해 말해 보시오. 단점을 극복하기 위해 노력한 점은 무엇인가? 장점을 학교에서 활용할 수 있는 방안은 무엇인가?
	7. 교육공무직으로서 중요한 자세 3가지를 말해 보시오.
	8. 적극적 행정은 무엇이며, 자신이 생각하는 적극적 행정에 대해 말해 보시오.
	9. 교무행정사의 역할에 대해 말해 보시오.
	10. 직장 상사가 부당한 명령을 내렸을 때 대처방법을 말해 보시오.
돌봄전담사	1. 교육공무직을 지원한 동기와 자신이 잘할 수 있는 특기를 말해 보시오.
	2. 돌봄전담사로서 어떤 마음가짐으로 일할 것인가?
	3. 최근에 읽은 책의 제목과 느낀점을 말해 보시오.

부산

돌봄전담사	1. 지원동기를 말해 보시오.
	2. 학부모와의 갈등 발생 시 대처방법에 대해 말해 보시오.
	3. 돌봄전담사의 역할 5가지를 말해 보시오.
	4. 급·간식 준비 시 주의할 점 4가지를 말해 보시오.
	5. 돌봄교실에서 신경 써야 할 안전교육 3가지와 안전상 문제가 생겼을 경우 대처방안을 말해 보시오.
	6. 돌봄교실 환경구성을 어떻게 할 것인지 3가지 방안을 말해 보시오.

세종

공통질문	1. 교직원 및 학생과 긍정적인 관계를 유지하는 방법을 4가지 말해 보시오.
	2. 비협조적이었던 직원이 업무 협조 요청 시 어떻게 대처할 것인가?
	3. 자신의 강점과 관련하여 자기계발을 어떻게 할 것인가?
교무행정사	1. 봉사활동의 필요성을 4가지 말해 보시오.
	2. 화재 시 대처방법을 4가지 말해 보시오.
특수교육 실무사	1. 뇌전증 발작 시 대처방법을 4가지 말해 보시오.
	2. 특수교육실무사가 하는 일을 4가지 말해 보시오.

대전

특수교육 실무사	1. 특수교육실무사로 채용될 경우 어떤 자세로 일하겠는가?
	2. 지적장애아의 학습특성을 3가지 말해 보시오.
	3. 본인이 채용되면 교육청이 갖는 이점을 3가지 말해 보시오.
	4. 교육공무직원으로 갖춰야 할 자질을 말해 보시오.
	5. 특수교육실무사의 역할을 말해 보시오.
	6. 동료와의 갈등 발생 시 대처방법을 말해 보시오.

경북

조리실무사	1. 손 씻는 순서를 말해 보시오.
	2. 식중독 예방방법 3가지와 보존식에 대해 말해 보시오.
	3. 다른 조리원과 갈등 발생 시 대처방법을 말해 보시오.
	4. 경상북도교육청의 역점과제와 교육지표를 말해 보시오.
	5. 개인위생 방법을 3가지 이상 말해 보시오.

서울

에듀케어	1. 에듀케어 교사로서 학급 교사와의 갈등에 어떻게 대응할 것인가?
	2. 사소한 민원으로 치부하여 커진 민원에 어떻게 대응할 것인가?
	3. 놀이 중심 교육과정을 적용한 방과후과정을 어떻게 진행할지 설명해 보시오.
교육실무사	1. 교장선생님께서 학연, 혈연과 관련된 부당한 지시를 한다면 어떻게 할 것인가?
	2. 담당자가 없어서 본인이 민원인을 대응했는데 민원인이 그것을 다시 민원으로 가져왔을 경우 어떻게 대처할 것인가?
	3. 코로나 바이러스와 관련된 학부모의 민원에 대해 어떻게 대응할 것인가?

4 그 외 면접 기출

- 자신이 급하게 처리해야 할 일을 하고 있는데 상사가 부당한 일을 시키면 어떻게 하겠는가? 거절을 했는데도 계속 시키면 어떻게 하겠는가?
- 교장선생님이 퇴근시간 이후에 새로운 일을 시키면 어떻게 하겠는가?
- 교장선생님이 시키신 일을 처리하는 중에 3학년 선생님이 전화해서 일을 부탁한다면 어떻게 대처하겠는가?
- 여러 선생님들이 동시에 일을 주었을 때 처리하는 순서에 대해 말해 보시오.
- 학교 근무 시 정말 하기 싫은 일을 시키면 어떻게 할 것인가?
- 동료들과 화합하고 갈등이 일어나지 않으려면 어떤 자세가 필요한가?
- 채용 후 근무 시 전문성을 키우기 위해 자기계발을 어떻게 하겠는가?
- 결혼하게 될 사람이 직장을 그만두라고 한다면 어떻게 하겠는가?
- 지금까지 살면서 가장 힘들었던 순간과 그 순간을 극복한 사례를 말해 보시오.

- 사무부장이 타당하지 않은 일을 시키면 어떻게 하겠는가?

- 동료가 다른 학교로 전보를 가기 싫어하고 나는 거리가 멀어 갈 수 없는 상황이라면 어떻게 하겠는가?

- 행정실무사가 하는 업무는 무엇인지 말해 보시오. 자존심이 상하거나 교사에게 상대적인 박탈감을 느낄 수 있는데 잘 적응할 수 있겠는가?

- 살아오면서 좋은 성과를 낸 협업 경험이나 자원봉사활동 경험이 있다면 말해 보시오.

- 학교 발전을 위해 자신이 할 수 있는 것을 3가지 말해 보시오.

- 돌봄교실에서 아이들을 지도할 때 기존 프로그램과 다르게 자신만의 프로그램을 시도해 보고 싶은 것이 있다면?

- 돌봄교실에서 급식이나 간식 준비 시 유의사항 및 고려사항에 대해 말해 보시오.

- 돌봄교실에서 신경 써야 할 안전교육을 3가지 이상 말하고, 안전사고 시 대처방안에 대해 설명하시오.

- 학부모로부터 3학년 ○○○ 학생에게 방과후수업이 끝나면 이모 집으로 가라고 전해 달라는 전화가 온다면 어떻게 할 것인가?

- 현재 학교에 없는 방과후 프로그램을 학부모가 만들어 달라고 요청하는 경우 어떻게 하겠는가?

- 2020년 개정되는 교육과정은 놀이와 쉼 중심으로 이루어지는데 이를 어떻게 운영해야 하는가?

- 아이가 다쳤을 때 어떻게 처리해야 하는지 의식이 있을 때와 없을 때를 구분하여 말해 보시오.

- 산만한 아이가 다른 아이들의 학습을 방해한다면 어떻게 해결할 것인가? 힘들게 하는 학생이 있다면 어떻게 대처하겠는가?

- 공문서에 대해 말해 보시오. 학교업무나 공문서 처리방법이나 유의사항은 무엇이 있는가?

- 사서가 되면 하고 싶은 일은 무엇이며, 독서율 증진을 위해 어떤 프로그램을 하고 싶은가?

- 전화 응대 방법에 대해 말해 보시오.

- 상급 근무부서에서 근무 중 전화가 오면 어떻게 받을 것인지 절차를 설명해 보시오.

- 민원인이 전화해서 자신의 업무와 상관없는 내용을 물어보면 어떻게 응대할 것인가?

- 고성이나 폭언 민원인을 상대하는 방법에 대해 말해 보시오.

- 다음 질문이 부정청탁 금품수수에 해당하는지 여부를 말해 보시오.
    - 퇴직한 교사가 선물을 받는 것
    - 교사가 5만 원 이하의 선물을 받는 것
    - 교직원 배우자의 금품수수
    - 기간제교사의 금품수수

- ○○교육청 교육공무원 관리규정에 나오는 교육공무직의 8가지 의무 중 4가지 이상을 말해 보시오.

- ○○교육청의 교육비전, 교육지표, 교육정책을 말해 보시오.

교육공무직원 소양평가

기출문제복원

감독관 확인란

성명표기란

| ㄱ | ㄴ | ㄷ | ㄹ | ㅁ | ㅂ | ㅅ | ㅇ | ㅈ | ㅊ | ㅋ | ㅌ | ㅍ | ㅎ |

수험번호

주민등록 앞자리 생년제외 월일

수험생 유의사항

※ 답안은 반드시 컴퓨터용 수성사인펜으로 보기와 같이 바르게 표기해야 합니다.
〈보기〉① ② ③ ❹ ⑤

※ 성명표기란 위 칸에는 성명을 한글로 쓰고 아래 칸에는 성명을 정확하게
(단, 성과 이름은 붙여 씁니다.)
표기하십시오.

※ 수험번호 표기란 위 칸에는 아라비아 숫자로를 쓰고 아래 칸에는 숫자와 일치하게 ● 표기하십시오.

※ 출생월일은 반드시 본인 주민등록번호의 생년월일 제외한 월 두 자리, 일 두 자리를 표기하십시오.
오. (예) 1994년 1월 12일 → 0112

직무능력검사

문번	답란	문번	답란	문번	답란
1	① ② ③ ④	16	① ② ③ ④	31	① ② ③ ④
2	① ② ③ ④	17	① ② ③ ④	32	① ② ③ ④
3	① ② ③ ④	18	① ② ③ ④	33	① ② ③ ④
4	① ② ③ ④	19	① ② ③ ④	34	① ② ③ ④
5	① ② ③ ④	20	① ② ③ ④	35	① ② ③ ④
6	① ② ③ ④	21	① ② ③ ④	36	① ② ③ ④
7	① ② ③ ④	22	① ② ③ ④	37	① ② ③ ④
8	① ② ③ ④	23	① ② ③ ④	38	① ② ③ ④
9	① ② ③ ④	24	① ② ③ ④	39	① ② ③ ④
10	① ② ③ ④	25	① ② ③ ④	40	① ② ③ ④
11	① ② ③ ④	26	① ② ③ ④	41	① ② ③ ④
12	① ② ③ ④	27	① ② ③ ④	42	① ② ③ ④
13	① ② ③ ④	28	① ② ③ ④	43	① ② ③ ④
14	① ② ③ ④	29	① ② ③ ④	44	① ② ③ ④
15	① ② ③ ④	30	① ② ③ ④	45	① ② ③ ④

교육공무직원 소양평가

1회 기출예상문제

직무능력검사

감독관
확인란

성명표기란

수험번호

(주민등록 앞자리 생년제외) 월일

수험생 유의사항

문번	답란	문번	답란	문번	답란
1	① ② ③ ④	16	① ② ③ ④	31	① ② ③ ④
2	① ② ③ ④	17	① ② ③ ④	32	① ② ③ ④
3	① ② ③ ④	18	① ② ③ ④	33	① ② ③ ④
4	① ② ③ ④	19	① ② ③ ④	34	① ② ③ ④
5	① ② ③ ④	20	① ② ③ ④	35	① ② ③ ④
6	① ② ③ ④	21	① ② ③ ④	36	① ② ③ ④
7	① ② ③ ④	22	① ② ③ ④	37	① ② ③ ④
8	① ② ③ ④	23	① ② ③ ④	38	① ② ③ ④
9	① ② ③ ④	24	① ② ③ ④	39	① ② ③ ④
10	① ② ③ ④	25	① ② ③ ④	40	① ② ③ ④
11	① ② ③ ④	26	① ② ③ ④	41	① ② ③ ④
12	① ② ③ ④	27	① ② ③ ④	42	① ② ③ ④
13	① ② ③ ④	28	① ② ③ ④	43	① ② ③ ④
14	① ② ③ ④	29	① ② ③ ④	44	① ② ③ ④
15	① ② ③ ④	30	① ② ③ ④	45	① ② ③ ④

교육공무직원 소양평가

2회 기출예상문제

감독관
확인란

성명표기란

수험번호

(주민등록 앞자리 생년제외) 월일

수험생 유의사항

※ 답안은 반드시 컴퓨터용 수성사인펜으로 보기와 같이 바르게 표기해야 합니다.
〈보기〉 ① ② ③ ❹ ⑤
※ 성명표기란 위 칸에는 성명을 한글로 쓰고 아래 칸에는 성명을 정확하게
(단, 성과 이름은 붙여 씁니다.)
※ 수험번호 표기란 위 칸에는 아라비아 숫자로 쓰고 아래 칸에는 숫자와 일치하게
표기하십시오.
※ 출생월일은 반드시 본인 주민등록번호의 생년을 제외한 월 두 자리, 일 두 자리를 표기하십시
오. (예) 1994년 1월 12일 → 0112

직무능력검사

문번	답란	문번	답란	문번	답란
1	① ② ③ ④	16	① ② ③ ④	31	① ② ③ ④
2	① ② ③ ④	17	① ② ③ ④	32	① ② ③ ④
3	① ② ③ ④	18	① ② ③ ④	33	① ② ③ ④
4	① ② ③ ④	19	① ② ③ ④	34	① ② ③ ④
5	① ② ③ ④	20	① ② ③ ④	35	① ② ③ ④
6	① ② ③ ④	21	① ② ③ ④	36	① ② ③ ④
7	① ② ③ ④	22	① ② ③ ④	37	① ② ③ ④
8	① ② ③ ④	23	① ② ③ ④	38	① ② ③ ④
9	① ② ③ ④	24	① ② ③ ④	39	① ② ③ ④
10	① ② ③ ④	25	① ② ③ ④	40	① ② ③ ④
11	① ② ③ ④	26	① ② ③ ④	41	① ② ③ ④
12	① ② ③ ④	27	① ② ③ ④	42	① ② ③ ④
13	① ② ③ ④	28	① ② ③ ④	43	① ② ③ ④
14	① ② ③ ④	29	① ② ③ ④	44	① ② ③ ④
15	① ② ③ ④	30	① ② ③ ④	45	① ② ③ ④

잘라서 활용하세요.

gosinet (주)고시넷

교육공무직원 소양평가

3회 기출예상문제

직무능력검사

성명표기란

수험번호

(주민등록 앞자리 생년제외)월일

수험생 유의사항

※ 답안은 반드시 컴퓨터용 수성사인펜으로 보기와 같이 바르게 표기해야 합니다.
　(보기) ① ② ③ ❹ ⑤
※ 성명표기란 위 칸에는 성명을 한글로 쓰고 아래 칸에는 성명을 정확하게 ● 표기하십시오.
　(단, 성과 이름은 붙여 씁니다.)
※ 수험번호 표기란 위 칸에는 아라비아 숫자로 쓰고 아래 칸에는 숫자와 일치하게 ● 표기하십시오.
※ 출생월일은 반드시 본인 주민등록번호의 생년을 제외한 월 두 자리, 일 두 자리를 표기하십시오.
　오. (예) 1994년 1월 12일 → 0112

문번	답란	문번	답란	문번	답란	문번	답란
1	① ② ③ ④	16	① ② ③ ④	31	① ② ③ ④		
2	① ② ③ ④	17	① ② ③ ④	32	① ② ③ ④		
3	① ② ③ ④	18	① ② ③ ④	33	① ② ③ ④		
4	① ② ③ ④	19	① ② ③ ④	34	① ② ③ ④		
5	① ② ③ ④	20	① ② ③ ④	35	① ② ③ ④		
6	① ② ③ ④	21	① ② ③ ④	36	① ② ③ ④		
7	① ② ③ ④	22	① ② ③ ④	37	① ② ③ ④		
8	① ② ③ ④	23	① ② ③ ④	38	① ② ③ ④		
9	① ② ③ ④	24	① ② ③ ④	39	① ② ③ ④		
10	① ② ③ ④	25	① ② ③ ④	40	① ② ③ ④		
11	① ② ③ ④	26	① ② ③ ④	41	① ② ③ ④		
12	① ② ③ ④	27	① ② ③ ④	42	① ② ③ ④		
13	① ② ③ ④	28	① ② ③ ④	43	① ② ③ ④		
14	① ② ③ ④	29	① ② ③ ④	44	① ② ③ ④		
15	① ② ③ ④	30	① ② ③ ④	45	① ② ③ ④		

교육공무직원 소양평가

4회 기출예상문제

감독관
확인란

직무능력검사

성명표기란

수험번호

수험생 유의사항

※ 답안은 반드시 컴퓨터용 수성사인펜으로 보기와 같이 바르게 표기해야 합니다.
〈보기〉 ① ② ③ ❹ ⑤

※ 성명표기란 위 칸에는 성명을 한글로 쓰고 아래 칸에는 성명을 정확하게
(단, 성과 이름은 붙여 씁니다)

※ 수험번호 표기란 위 칸에는 아라비아 숫자로 쓰고 아래 칸에는 숫자와 일치하게 ● 표기하
시오.

※ 출생월일은 반드시 본인 주민등록번호의 생년을 제외한 월 두 자리, 일 두 자리를 표기하십시
오. 〈예〉 1994년 1월 12일 → 0112

(주민등록 앞자리 생년제외) 월일

문번	답란	문번	답란	문번	답란
1	① ② ③ ④	16	① ② ③ ④	31	① ② ③ ④
2	① ② ③ ④	17	① ② ③ ④	32	① ② ③ ④
3	① ② ③ ④	18	① ② ③ ④	33	① ② ③ ④
4	① ② ③ ④	19	① ② ③ ④	34	① ② ③ ④
5	① ② ③ ④	20	① ② ③ ④	35	① ② ③ ④
6	① ② ③ ④	21	① ② ③ ④	36	① ② ③ ④
7	① ② ③ ④	22	① ② ③ ④	37	① ② ③ ④
8	① ② ③ ④	23	① ② ③ ④	38	① ② ③ ④
9	① ② ③ ④	24	① ② ③ ④	39	① ② ③ ④
10	① ② ③ ④	25	① ② ③ ④	40	① ② ③ ④
11	① ② ③ ④	26	① ② ③ ④	41	① ② ③ ④
12	① ② ③ ④	27	① ② ③ ④	42	① ② ③ ④
13	① ② ③ ④	28	① ② ③ ④	43	① ② ③ ④
14	① ② ③ ④	29	① ② ③ ④	44	① ② ③ ④
15	① ② ③ ④	30	① ② ③ ④	45	① ② ③ ④

잘라서 활용하세요.

gosinet (주)고시넷

gosinet (주)고시넷

직무능력검사

교육공무직원 소양평가

5회 기출예상문제

문번	답란					문번	답란					문번	답란			
1	①	②	③	④		16	①	②	③	④		31	①	②	③	④
2	①	②	③	④		17	①	②	③	④		32	①	②	③	④
3	①	②	③	④		18	①	②	③	④		33	①	②	③	④
4	①	②	③	④		19	①	②	③	④		34	①	②	③	④
5	①	②	③	④		20	①	②	③	④		35	①	②	③	④
6	①	②	③	④		21	①	②	③	④		36	①	②	③	④
7	①	②	③	④		22	①	②	③	④		37	①	②	③	④
8	①	②	③	④		23	①	②	③	④		38	①	②	③	④
9	①	②	③	④		24	①	②	③	④		39	①	②	③	④
10	①	②	③	④		25	①	②	③	④		40	①	②	③	④
11	①	②	③	④		26	①	②	③	④		41	①	②	③	④
12	①	②	③	④		27	①	②	③	④		42	①	②	③	④
13	①	②	③	④		28	①	②	③	④		43	①	②	③	④
14	①	②	③	④		29	①	②	③	④		44	①	②	③	④
15	①	②	③	④		30	①	②	③	④		45	①	②	③	④

감독관
확인란

성명표기란

수험번호

(주민등록 앞자리 생년제외)월일

수험생 유의사항

※ 답안은 반드시 컴퓨터용 수성사인펜으로 보기와 같이 바르게 표기해야 합니다.
〈보기〉 ① ② ③ ● ⑤

※ 성명표기란 위 칸에는 성명을 한글로 쓰고 아래 칸에는 성명을 정확하게 ● 표기하십시오.
(단, 성과 이름은 붙여 씁니다)

※ 수험번호 표기란 위 칸에는 아라비아 숫자로 쓰고 아래 칸에는 숫자와 일치하게 ● 표기하십시오.

※ 출생월일은 반드시 본인 주민등록번호의 생년월일 제외한 월 두 자리, 일 두 자리를 표기하십시오.
오. (예) 1994년 1월 12일 → 0112

교육공무직원 소양평가

6회 기출예상문제

문번	답란			
1	①	②	③	④
2	①	②	③	④
3	①	②	③	④
4	①	②	③	④
5	①	②	③	④
6	①	②	③	④
7	①	②	③	④
8	①	②	③	④
9	①	②	③	④
10	①	②	③	④
11	①	②	③	④
12	①	②	③	④
13	①	②	③	④
14	①	②	③	④
15	①	②	③	④
16	①	②	③	④
17	①	②	③	④
18	①	②	③	④
19	①	②	③	④
20	①	②	③	④
21	①	②	③	④
22	①	②	③	④
23	①	②	③	④
24	①	②	③	④
25	①	②	③	④
26	①	②	③	④
27	①	②	③	④
28	①	②	③	④
29	①	②	③	④
30	①	②	③	④
31	①	②	③	④
32	①	②	③	④
33	①	②	③	④
34	①	②	③	④
35	①	②	③	④
36	①	②	③	④
37	①	②	③	④
38	①	②	③	④
39	①	②	③	④
40	①	②	③	④
41	①	②	③	④
42	①	②	③	④
43	①	②	③	④
44	①	②	③	④
45	①	②	③	④

gosinet

교육공무직원 소양평가

7회 기출예상문제

직무능력검사

감독관
확인란

감독관
확인란

성명표기란

수험번호

(주민등록 앞자리 생년제외) 월일

수험생 유의사항

※ 답안은 반드시 컴퓨터용 수성사인펜으로 보기와 같이 바르게 표기해야 합니다.
  〈보기〉 ① ② ③ ❹ ⑤

※ 성명표기란 위 칸에는 성명을 한글로 쓰고 아래 칸에는 성명을 정확하게 ● 표기하십시오.
  (단, 성과 이름은 붙여 씁니다)

※ 수험번호 표기란 위 칸에는 아라비아 숫자로 쓰고 아래 칸에는 숫자와 일치하게 ● 표기하십시오.

※ 출생월일은 반드시 본인 주민등록번호의 생년월일 제외한 월 두 자리, 일 두 자리를 표기하십시오.
  〈예〉 1994년 1월 12일 → 0112

문번	답란	문번	답란	문번	답란
1	① ② ③ ④	16	① ② ③ ④	31	① ② ③ ④
2	① ② ③ ④	17	① ② ③ ④	32	① ② ③ ④
3	① ② ③ ④	18	① ② ③ ④	33	① ② ③ ④
4	① ② ③ ④	19	① ② ③ ④	34	① ② ③ ④
5	① ② ③ ④	20	① ② ③ ④	35	① ② ③ ④
6	① ② ③ ④	21	① ② ③ ④	36	① ② ③ ④
7	① ② ③ ④	22	① ② ③ ④	37	① ② ③ ④
8	① ② ③ ④	23	① ② ③ ④	38	① ② ③ ④
9	① ② ③ ④	24	① ② ③ ④	39	① ② ③ ④
10	① ② ③ ④	25	① ② ③ ④	40	① ② ③ ④
11	① ② ③ ④	26	① ② ③ ④	41	① ② ③ ④
12	① ② ③ ④	27	① ② ③ ④	42	① ② ③ ④
13	① ② ③ ④	28	① ② ③ ④	43	① ② ③ ④
14	① ② ③ ④	29	① ② ③ ④	44	① ② ③ ④
15	① ② ③ ④	30	① ② ③ ④	45	① ② ③ ④

8회 기출예상문제

감독관
확인란

성명표기란

수험번호

(주민등록 앞자리 생년제외) 월일

직무능력검사

문번	답란	문번	답란	문번	답란
1	① ② ③ ④	16	① ② ③ ④	31	① ② ③ ④
2	① ② ③ ④	17	① ② ③ ④	32	① ② ③ ④
3	① ② ③ ④	18	① ② ③ ④	33	① ② ③ ④
4	① ② ③ ④	19	① ② ③ ④	34	① ② ③ ④
5	① ② ③ ④	20	① ② ③ ④	35	① ② ③ ④
6	① ② ③ ④	21	① ② ③ ④	36	① ② ③ ④
7	① ② ③ ④	22	① ② ③ ④	37	① ② ③ ④
8	① ② ③ ④	23	① ② ③ ④	38	① ② ③ ④
9	① ② ③ ④	24	① ② ③ ④	39	① ② ③ ④
10	① ② ③ ④	25	① ② ③ ④	40	① ② ③ ④
11	① ② ③ ④	26	① ② ③ ④	41	① ② ③ ④
12	① ② ③ ④	27	① ② ③ ④	42	① ② ③ ④
13	① ② ③ ④	28	① ② ③ ④	43	① ② ③ ④
14	① ② ③ ④	29	① ② ③ ④	44	① ② ③ ④
15	① ② ③ ④	30	① ② ③ ④	45	① ② ③ ④

gosinet (주)고시넷

교육공무직원 소양평가

직무능력검사

9회 기출예상문제

성명표기란

수험번호

주민등록 앞자리 생년제외 월일

문번	답란	문번	답란	문번	답란
1	① ② ③ ④	16	① ② ③ ④	31	① ② ③ ④
2	① ② ③ ④	17	① ② ③ ④	32	① ② ③ ④
3	① ② ③ ④	18	① ② ③ ④	33	① ② ③ ④
4	① ② ③ ④	19	① ② ③ ④	34	① ② ③ ④
5	① ② ③ ④	20	① ② ③ ④	35	① ② ③ ④
6	① ② ③ ④	21	① ② ③ ④	36	① ② ③ ④
7	① ② ③ ④	22	① ② ③ ④	37	① ② ③ ④
8	① ② ③ ④	23	① ② ③ ④	38	① ② ③ ④
9	① ② ③ ④	24	① ② ③ ④	39	① ② ③ ④
10	① ② ③ ④	25	① ② ③ ④	40	① ② ③ ④
11	① ② ③ ④	26	① ② ③ ④	41	① ② ③ ④
12	① ② ③ ④	27	① ② ③ ④	42	① ② ③ ④
13	① ② ③ ④	28	① ② ③ ④	43	① ② ③ ④
14	① ② ③ ④	29	① ② ③ ④	44	① ② ③ ④
15	① ② ③ ④	30	① ② ③ ④	45	① ② ③ ④

수험생 유의사항

※ 답안은 반드시 컴퓨터용 수성사인펜으로 보기와 같이 바르게 표기해야 합니다.
〈보기〉① ② ③ ● ⑤

※ 성명표기란 위 칸에는 성명을 한글로 쓰고 아래 칸에는 성명을 정확하게 ● 표기하십시오.
(단, 성과 이름은 붙여 씁니다)

※ 수험번호 표기란 위 칸에는 아라비아 숫자로 쓰고 아래 칸에는 숫자와 일치하게 ● 표기하십시오.

※ 출생월일은 반드시 본인 주민등록번호의 생년을 제외한 월 두 자리, 일 두 자리를 표기하십시오.
〈예〉1994년 1월 12일 → 0112

교육공무직원 소양평가

인성검사

성명표기란

수험번호

(주민등록 앞자리 생년제외) 월일

감독관
확인란

수험생 유의사항

※ 답안은 반드시 컴퓨터용 수성사인펜으로 보기와 같이 바르게 표기해야 합니다.

〈보기〉 ① ② ③ ❹ ⑤

※ 성명표기란 위 칸에는 성명을 한글로 쓰고 아래 칸에는 성명을 정확하게 표기하십시오.
(단, 성과 이름은 붙여 씁니다)

※ 수험번호 표기란 위 칸에는 아라비아 숫자로 쓰고 아래 칸에는 숫자와 일치하게 ● 표기하십시오.

※ 출생월일은 반드시 본인 주민등록번호의 생년을 제외한 월 두 자리, 일 두 자리를 표기하십시오.
오. 〈예〉 1994년 1월 12일 → 0112

잘라서 활용하세요.

gosinet (주)고시넷

인성검사

문번	답란	문번	답란	문번	답란	문번	답란	문번	답란	문번	답란
1	① ②	36	① ②	71	① ②	106	① ②	141	① ②	176	① ② ③ ④ ⑤
2	① ②	37	① ②	72	① ②	107	① ②	142	① ②	177	① ② ③ ④ ⑤
3	① ②	38	① ②	73	① ②	108	① ②	143	① ②	178	① ② ③ ④ ⑤
4	① ②	39	① ②	74	① ②	109	① ②	144	① ②	179	① ② ③ ④ ⑤
5	① ②	40	① ②	75	① ②	110	① ②	145	① ②	180	① ② ③ ④ ⑤
6	① ②	41	① ②	76	① ②	111	① ②	146	① ②	181	① ② ③ ④ ⑤
7	① ②	42	① ②	77	① ②	112	① ②	147	① ②	182	① ② ③ ④ ⑤
8	① ②	43	① ②	78	① ②	113	① ②	148	① ②	183	① ② ③ ④ ⑤
9	① ②	44	① ②	79	① ②	114	① ②	149	① ②	184	① ② ③ ④ ⑤
10	① ②	45	① ②	80	① ②	115	① ②	150	① ②	185	① ② ③ ④ ⑤
11	① ②	46	① ②	81	① ②	116	① ②	151	① ②	186	① ② ③ ④ ⑤
12	① ②	47	① ②	82	① ②	117	① ②	152	① ②	187	① ② ③ ④ ⑤
13	① ②	48	① ②	83	① ②	118	① ②	153	① ②	188	① ② ③ ④ ⑤
14	① ②	49	① ②	84	① ②	119	① ②	154	① ②	189	① ② ③ ④ ⑤
15	① ②	50	① ②	85	① ②	120	① ②	155	① ②	190	① ② ③ ④ ⑤
16	① ②	51	① ②	86	① ②	121	① ②	156	① ②	191	① ② ③ ④ ⑤
17	① ②	52	① ②	87	① ②	122	① ②	157	① ②	192	① ② ③ ④ ⑤
18	① ②	53	① ②	88	① ②	123	① ②	158	① ②	193	① ② ③ ④ ⑤
19	① ②	54	① ②	89	① ②	124	① ②	159	① ②	194	① ② ③ ④ ⑤
20	① ②	55	① ②	90	① ②	125	① ②	160	① ②	195	① ② ③ ④ ⑤
21	① ②	56	① ②	91	① ②	126	① ②	161	① ②	196	① ② ③ ④ ⑤
22	① ②	57	① ②	92	① ②	127	① ②	162	① ②	197	① ② ③ ④ ⑤
23	① ②	58	① ②	93	① ②	128	① ②	163	① ②	198	① ② ③ ④ ⑤
24	① ②	59	① ②	94	① ②	129	① ②	164	① ②	199	① ② ③ ④ ⑤
25	① ②	60	① ②	95	① ②	130	① ②	165	① ②	200	① ② ③ ④ ⑤
26	① ②	61	① ②	96	① ②	131	① ②	166	① ②		
27	① ②	62	① ②	97	① ②	132	① ②	167	① ②		
28	① ②	63	① ②	98	① ②	133	① ②	168	① ②		
29	① ②	64	① ②	99	① ②	134	① ②	169	① ②		
30	① ②	65	① ②	100	① ②	135	① ②	170	① ②		
31	① ②	66	① ②	101	① ②	136	① ②	171	① ②		
32	① ②	67	① ②	102	① ②	137	① ②	172	① ②		
33	① ②	68	① ②	103	① ②	138	① ②	173	① ②		
34	① ②	69	① ②	104	① ②	139	① ②	174	① ②		
35	① ②	70	① ②	105	① ②	140	① ②	175	① ②		

교육공무직원 소양평가

기출예상문제_연습용

직무능력검사

수험번호

(주민등록 앞자리 생년제외) 월일

성명표기란

문번	답란				문번	답란				문번	답란			
1	①	②	③	④	16	①	②	③	④	31	①	②	③	④
2	①	②	③	④	17	①	②	③	④	32	①	②	③	④
3	①	②	③	④	18	①	②	③	④	33	①	②	③	④
4	①	②	③	④	19	①	②	③	④	34	①	②	③	④
5	①	②	③	④	20	①	②	③	④	35	①	②	③	④
6	①	②	③	④	21	①	②	③	④	36	①	②	③	④
7	①	②	③	④	22	①	②	③	④	37	①	②	③	④
8	①	②	③	④	23	①	②	③	④	38	①	②	③	④
9	①	②	③	④	24	①	②	③	④	39	①	②	③	④
10	①	②	③	④	25	①	②	③	④	40	①	②	③	④
11	①	②	③	④	26	①	②	③	④	41	①	②	③	④
12	①	②	③	④	27	①	②	③	④	42	①	②	③	④
13	①	②	③	④	28	①	②	③	④	43	①	②	③	④
14	①	②	③	④	29	①	②	③	④	44	①	②	③	④
15	①	②	③	④	30	①	②	③	④	45	①	②	③	④

대기업 · 금융

저마다의 일생에는,
특히 그 일생이 동터 오르는 여명기에는
모든 것을 결정짓는 한 순간이 있다.
그 순간을 다시 찾아내는 것은 어렵다.
그것은 다른 수많은 순간들의 퇴적 속에
깊이 묻혀있다.

- 장 그르니에, 섬 LES ILES

2025
고시넷

울산광역시교육청
교육공무직원 직무능력검사
최신 기출유형 모의고사 9회

정답과 해설

gosi*net*
(주)고시넷

2025
고시넷

울산광역시교육청
교육공무직원 직무능력검사
최신 기출유형 모의고사 9회

정답과 해설

교육공무직원 직무능력검사

정답과 해설

✏ 파트1 울산광역시 기출문제복원

▶ 문제 18쪽

01	④	02	④	03	③	04	③	05	①
06	①	07	②	08	④	09	②	10	③
11	④	12	②	13	④	14	②	15	②
16	③	17	②	18	①	19	④	20	④
21	①	22	③	23	③	24	④	25	④
26	①	27	②	28	③	29	④	30	④
31	④	32	③	33	①	34	①	35	①
36	④	37	④	38	①	39	②	40	①
41	①	42	②	43	③	44	②	45	①

---

01 언어논리력 어휘 의미 파악하기

| 정답 | ④

| 해설 | 제시된 문장에서 '대고'는 이유나 구실을 들어 보이다의 의미로 이와 유사한 의미로 쓰인 것은 ④이다.

| 오답풀이 |

① 정해진 시간에 닿거나 맞추다의 의미로 다의어이다.

② 어떤 것을 목표로 삼거나 향하다의 의미로 다의어이다.

③ 서로 견주어 비교하다는 의미로 다의어이다.

02 언어논리력 어휘 관계 파악하기

| 정답 | ④

| 해설 | 승용차, 기차는 사람이나 짐을 나르는 운송 수단으로 서로 대등한 개념의 동위 관계로 헬스클럽과 공원산책로는 운동, 산책 따위를 하는 장소에 속한다.

03 관찰탐구력 물 소독 방법 이해하기

| 정답 | ③

| 해설 | 물의 소독 방법에는 오존법, 자외선법, 염소 소독법이 있다.

04 문제해결력 명제 판단하기

| 정답 | ③

| 해설 | '축구를 잘할 수 없으면 농구를 잘할 수 없다'는 명제가 참이므로 이 명제의 대우인 '농구를 잘할 수 있다면 축구를 잘할 수 있다'는 명제도 참이다. '야구를 잘할 수 있으면 농구를 잘할 수 있다'는 명제도 참이므로 삼단논법에 의해 '야구를 잘할 수 있으면 축구를 잘할 수 있다'는 명제 또한 반드시 참이 된다.

| 오답풀이 |

① '키가 크면 야구를 잘할 수 없다'는 명제가 참이므로 이 명제의 대우인 '야구를 잘할 수 있으면 키가 크지 않다'는 명제도 참이다.

② 제시된 명제로는 알 수 없다.

④ '축구를 잘할 수 없으면 농구를 잘할 수 없다'는 명제가 참이므로 이 명제의 대우인 '농구를 잘할 수 있으면 축구를 잘할 수 있다'는 명제도 참이다.

05 문제해결력 조건을 바탕으로 추론하기

| 정답 | ①

| 해설 | A가 운영위원으로 선발되었기 때문에 첫 번째 조건에 따라 D는 선발되지 않는다. 또한 E가 운영위원으로 선발되었기 때문에 세 번째 조건에 따라 B는 선발되지 않으므로 두 번째 조건에 따라 C도 선발되지 않는다. 따라서 선발되는 직원은 A와 E이다.

06 공간지각력 블록 개수 파악하기

| 정답 | ①

| 해설 | 3개의 면이 칠해지는 블록은 다음과 같다.

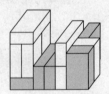

07 언어논리력 글의 흐름과 관계없는 문장 찾기

| 정답 | ②

| 해설 | 제시된 글은 중국의 수입제한제도로 인해 유명 배우에 의존한 형태의 중국 공략은 한계가 있다고 설명하면서 중국의 수입한도제도를 극복하고 한류를 지속할 해결책으로 한중 합작 영화를 설명하고 있다.

따라서 이미 한계가 있다고 설명한 스타 배우의 지속적인 발굴은 글의 흐름과 적합하지 않다.

08 언어논리력 세부 내용 이해하기

| 정답 | ④

| 해설 | 두 번째 문단을 보면 전체 내용의 약 65%는 〈W 백과사전〉에서 최신 연구 자료 위주로 골라 실었다고 하였다. 즉, 전체 분량의 약 $\frac{2}{3}$ 는 기존 자료를 활용하였음을 알 수 있다.

| 오답풀이 |

① 두 번째 문단을 통해 〈XX세기 △△학습백과사전〉에는 기존 백과사전의 전통을 깨고 항목 끝에 익힘문제를 두어 복습할 수 있게 하였음을 알 수 있다.

② 두 번째 문단을 통해 동영상, 사진, 음향 등의 시각 자료는 별도의 CD-ROM을 활용함을 알 수 있다.

③ 마지막 문단을 통해 각 분야의 뛰어난 전문가, 전문 연구원, 대학교수 500여 명이 글을 쓰고 검토했음을 알 수 있다.

09 관찰탐구력 여러 가지 힘 이해하기

| 정답 | ②

| 해설 | 관성이란 물체가 현재의 운동 상태를 유지하거나, 운동하는 물체는 계속 같은 속도, 같은 빠르기로 운동하려는 성질이다. 따라서 제시된 예는 관성과 관련이 있다.

| 오답풀이 |

① 중력 : 지구 중심 방향에서 작용하여 지구가 물체를 당기는 힘을 말한다.

③ 자기력 : 자석과 자석, 자석과 쇠붙이 사이에서 작용하는 힘을 말한다.

④ 탄성력 : 외부에서 힘을 주어 물체가 변형되었다가 힘을 없앴을 때 처음 상태로 되돌아가는 힘을 말한다.

10 수리력 비중 계산하기

| 정답 | ③

| 해설 | A 대학교 남학생 전체를 x, 여학생 전체를 y라고 한다면, 경영학을 전공하는 학생의 수는 다음과 같다.

• A 대학교 전체에서 경영학을 전공하는 남학생 수 : $0.126x$
• A 대학교 전체에서 경영학을 전공하는 여학생 수 : $0.214y$
• A 대학교 전체에서 경영학을 전공하는 전체 학생 수 : $0.192(x+y)$

$$0.126x + 0.214y = 0.192(x+y)$$
$$0.066x = 0.022y$$
$$x = \frac{1}{3}y$$

따라서 남학생은 여학생의 $\frac{1}{3}$ 배이다.

11 수리력 평균 계산하기

| 정답 | ④

| 해설 | 20X3년 직원 20명의 나이 총합은 $42 \times 20 = 840$ (세)이다. 연말에는 이 중 56세 직원 1명이 퇴임하고 26세의 신입사원 1명이 들어오며 모두가 1살씩 나이를 먹으므로 20X4년 직원들의 평균 나이는 $(840+20-56+26) \div 20 = 41.5$(세)가 된다.

12 공간지각력 펼친 모양 찾기

| 정답 | ②

| 해설 | 접은 종이를 순서대로 다시 펼치면 다음과 같다.

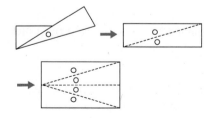

13 관찰탐구력 에너지 전환 이해하기

|정답| ④

|해설| 건전지는 산화 · 환원 반응을 통해 화학 에너지를 전기 에너지로 전환하는 장치이다.

14 문제해결력 자료를 기반으로 추론하기

|정답| ②

|해설| 직원 1명은 휴식 시간까지 합쳐 40분에 6세트씩 포장할 수 있다. 180(분)=40(분)×4+20(분)이므로 3시간 동안 작업할 수 있는 부서의 직원 1명은 160분 동안 6(세트)×4=24(세트)를, 나머지 20분 동안 4개의 세트를 완성해 총 28세트를 완성할 수 있다. 2시간 동안 작업이 가능한 부서의 직원 1명은 120(분)=40(분)×3이므로 총 6(세트)×3=18(세트)를 완성할 수 있다. 따라서 총 28(세트)×8(명)+18(세트)×2(명)=260(세트)를 완성할 수 있다.

15 수리력 숙박 비용 구하기

|정답| ②

|해설| 성수기에 6인실 1개와 2인실 1개를 대여했으므로 숙박 비용은 500,000+300,000=800,000(원)이다. 그리고 2명은 워터파크를 가고 4명은 선상낚시를 하며 저녁에는 다 같이 서바이벌을 하므로 부대시설 이용 요금은 25,000×2+30,000×4+25,000×8=370,000(원)이다. 따라서 A 리조트에 지불해야 하는 총금액은 800,000+370,000=1,170,000(원)이다.

16 수리력 도표의 수치 분석하기

|정답| ③

|해설| 주말에 서바이벌은 15,000원으로 20,000원인 워터파크를 이용하는 것보다 저렴하다.

|오답풀이|

① 성수기 2인실 요금은 300,000원, 평일 4인실 요금은 200,000원으로 평일 4인실 요금이 더 저렴하다.

② 1박 요금이 가장 비싼 성수기에도 4인실과 6인실을 각각 1개씩 이용한다면 6인실 요금 500,000+4인실 요금 450,000=950,000원으로 100만 원 이하이므로 10명이 A 리조트에서 1박을 할 수 있다.

④ 평일 6인실 1개 요금은 300,000원, 평일 2인실과 4인실 각각 1개 요금은 100,000+200,000=300,000(원)으로 이용하는 가격은 동일하다.

17 문제해결력 자료를 기반으로 추론하기

|정답| ②

|해설| Ⅱ. 선정 기준에서 항목별 등급이 2개 이상 下이거나 개발기간 항목 점수가 0점인 경우 선정 대상에서 제외한다고 하였으므로 상품성과 난이도에서 2개의 下를 받은 C와 개발기간이 2년으로 개발기간 항목 점수가 0점인 D는 제외하고 A와 B의 항목별 등급 점수만 계산하면 된다.

• A : 4+3+3+5=15(점)
• B : 5+1+5+5=16(점)

따라서 항목별 점수를 합한 값이 가장 큰 B가 신규상품 개발안으로 선정된다.

18 공간지각력 전개도 파악하기

|정답| ①

|해설| ▨ 과 ▨ 을 기준으로 삼아 두 도형의 연결 형태를 살펴보면 ①은 ▨ 임에 반해 ②, ③, ④는 ▨ 이다.

따라서 ①은 다음과 같이 수정되어야 한다.

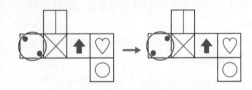

19 관찰탐구력 열에 의한 변화 이해하기

|정답| ④

|해설| 탁구공 내부의 기체는 외부로부터 열을 받아 압력, 내부에너지, 부피가 증가하였다. 따라서 옳지 않은 것은 ㄱ, ㄴ, ㅁ으로 3개이다.

20 관찰탐구력 지구 지층 이해하기

|정답| ④

|해설| 과거 지질 시대에 살았던 생물들의 유해나 흔적 같은 것이 지층 속에 남아 주로 퇴적암에서 발견되는 것은 화석이다.

21 언어논리력 속담의 의미 파악하기

|정답| ①

|해설| 제시된 글에서는 집중호우와 함께 전국 각지에서 발생하는 산사태 피해가 산지 관리의 부실로 인해 발생한 인재라는 점과 우면산 산사태 이후 산지재해를 막겠다는 관리 대책이 실제로는 이루어지지 않았다는 점을 지적하면서, 산사태 대응의 근본적인 대비를 요구하고 있다. 따라서 이미 때가 지난 이후에 대책을 세우려고 하는 사후약방문(死後藥方文) 식의 처방이 아닌 근본적인 해결책으로 산사태에 대비해야 한다는 설명이 가장 적절하다.

22 공간지각력 도형 모양 비교하기

|정답| ③

|해설| ③은 제시된 도형을 반시계 방향으로 90° 회전한 모양이다.

|오답풀이|

① 전반적으로 모양이 일치하지 않는다.

② ③의 도형에서 그림을 사분면으로 나누었을 때 각 사분면의 도형을 시계 방향으로 90° 회전한 모양이다.

④ ③의 도형과는 아래와 같이 표시한 부분이 다르다.

23 수리력 최대 인원 구하기

|정답| ③

|해설| 객실의 개수를 x, 직원의 수를 y라고 하면 식은 다음과 같다.

$y = 4x + 12 = 6(x-3) + r\ (1 \le r < 6)$

x에 관한 두 식을 정리하면 $r = 30 - 2x$이다.

$1 \le r < 6$이므로 $1 \le 30 - 2x < 6$, $12 < x \le 14.5$이다. x는 자연수이고 x가 최대일 때 y도 최대이므로 x가 14일 때 y는 68로 최대이다.

따라서 워크숍에 참석한 직원들은 최대 68명이다.

24 수리력 방정식 활용하기

|정답| ④

|해설| 제시된 자료를 바탕으로 근속 기간별 직원 수를 정리하면 다음과 같다.

근속기간	사원 수(명)
1년 미만	32
1년 이상 ~ 3년 미만	94
3년 이상 ~ 5년 미만	202
5년 이상 ~ 10년 미만	71
10년 이상 ~ 15년 미만	(?)
15년 이상	(?)

근속 기간이 3년 미만인 직원의 수는 전체의 24%이므로 전체 직원 수를 x명이라 하면 다음과 같은 식이 성립한다.

$$\frac{126}{x} \times 100 = 24$$

∴ $x = 525$(명)

총 525명의 직원 중 근속 기간이 15년 이상인 직원의 수를 y명이라 하면, 근속 기간이 10년 이상 15년 미만인 직원의 수는 $2y$명이므로 다음과 같은 식이 성립한다.

$399 + 2y + y = 525$

$3y = 126$

∴ $y = 42$(명)

따라서 근속 기간이 3년 이상 15년 미만인 직원은 $202 + 71 + 84 = 357$(명)이다.

25 수리력 비율 계산하기

| 정답 | ④

| 해설 | 전체 합격자 중 여자의 비율은 $\frac{2,825}{4,413} \times 100 \fallingdotseq$ 64.0(%)이다.

| 오답풀이 |

① 전체 합격률은 $\frac{2,825+1,588}{12,250+14,560} \times 100 = \frac{4,413}{26,810} \times 100 \fallingdotseq 16.5$(%)이다.

② 남자 응시생이 여자 응시생보다 많으므로 50% 이상이다.

③ 전체 합격자 중 남자의 비율은 $\frac{1,588}{1,588+2,825} \times 100$ $= \frac{1,588}{4,413} \times 100 \fallingdotseq 36$(%)이다.

26 문제해결력 조건을 바탕으로 추론하기

| 정답 | ①

| 해설 | 박 대리는 화요일 또는 목요일만 가능한데, 박 대리가 화요일에 정비를 할 경우 바로 다음날에 정비해야 하는 정 사원이 수요일에 정비를 하지 못하므로 박 대리는 목요일, 정 사원은 금요일에 정비를 하게 된다. 남은 요일은 월, 화, 수인데 김 과장은 이틀 연속으로 정비업무를 할 수 없으므로 월요일, 수요일에 정비하고 이 대리가 화요일에 정비를 하는 것이 가장 적절하다.

27 언어논리력 알맞은 제목 찾기

| 정답 | ②

| 해설 | 팀장과 A 인턴은 국제무역팀 소속이고, 팀장의 지시사항의 '성과', '해외 거래처', '문제' 키워드를 통해 보고서의 소재가 수출과 관련됨을 알 수 있다. 또한, 왜 문제가 발생했는지 원인을 파악하여 해결 방안을 제시하라고 하였으므로 선택지 중 '수출 부진 원인 분석'이 보고서의 제목으로 가장 적절하다.

| 오답풀이 |

① 보고서 지시사항에서 요구하는 특정 지역에서 발생한 문제와 관련된 내용이 아니며, 신입사원 퇴사율 감소 인사 관리 문제에 대한 보고서 제목이다.

③ 지시사항의 초점이 해외 거래처와 관련된 문제 분석인데, 해당 제목은 국내 시장에 초점을 맞추고 있어 적절하지 않다.

④ 지시사항의 내용은 마케팅 캠페인과 연관이 없다.

28 관찰탐구력 화산대와 지진대 이해하기

| 정답 | ③

| 해설 | 화산대와 지진대의 분포는 대체로 일치하고, 화산 활동이 일어날 때는 대부분 지진이 동반되지만 지진이 발생할 때 화산 활동이 반드시 발생하지는 않는다. 또한, 지진과 화산 활동은 주로 판의 경계부에서 발생한다.

| 오답풀이 |

① 환태평양 지역에서는 지진대와 화산대가 분포하기 때문에 지진과 화산 활동이 모두 활발하게 일어난다.

② 화산 활동과 지진이 활발하게 일어나는 지역은 특정 지역에 좁고 긴 띠 모양으로 분포하고 있다.

④ 화산대와 지진대의 분포는 대체로 일치하고 주로 판의 경계부에 위치하지만, 지진대의 분포가 화산대보다 더 광범위하게 발생한다. 즉, 지진은 모든 판의 경계에서 발생하므로 판의 경계를 추정하기 위해서는 화산대보다 지진대의 분포를 검토하는 것이 합리적이다.

29 공간지각력 위치 파악하기

| 정답 | ④

| 해설 | ㉱에서 세 위치를 나타내면 다음과 같다.

30 공간지각력 도형의 규칙 찾기

| 정답 | ④

| 해설 | 왼쪽 도형을 살펴보면 왼쪽의 직사각형은 가로로 이등분되고 오른쪽의 반원은 좌우대칭이 되었음을 알 수 있다. 따라서 오른쪽 도형의 왼쪽의 세모는 가로로 이등분되고 오른쪽 세모는 좌우대칭된 모양을 찾으면 된다.

울산기출복원

1회 기출예상
2회 기출예상
3회 기출예상
4회 기출예상
5회 기출예상
6회 기출예상
7회 기출예상
8회 기출예상
9회 기출예상

31 문제해결력 조건을 바탕으로 추론하기

|정답| ④

|해설| 〈보기〉에 제시된 조건에 따라 과별로 직원을 파견한 요일을 정리하면 다음과 같다.

구분	월	화	수	목	금
A	○		○		
B		○		○	
C	○ 또는 X		X 또는 ○		○
D	X 또는 ○		○ 또는 X	○	
E		○			○

따라서 A와 B 과의 파견 요일은 모두 확실히 알 수 있고, D 과의 파견 요일은 하루만 정확히 알 수 있다.

|오답풀이|

① A 과는 월·수, E 과는 화·금으로 파견 요일이 겹치지 않는다.

② B 과는 화·목, C 과는 월·금 또는 수·금으로 파견 요일이 어떠한 경우에도 겹치지 않는다.

③ 만약 C 과가 월·금에 직원을 파견한다면, D 과는 수·목에 파견한다.

32 수리력 도표를 바탕으로 수치 계산하기

|정답| ③

|해설| ㉠ 보고서에 따르면 2022년의 교육비 부담도는 2020년보다 6.4%p 감소한 57.7%이다. 따라서 2020년의 교육비 부담도인 ㉠은 57.7+6.4=64.1(%)이다.

㉡ 보고서에 따르면 50대 가구주의 교육비 부담도는 30대 가구주의 46.1%보다 13.9%p 더 높다. 따라서 50대 가구주의 교육비 부담도인 ㉡은 46.1+13.9=60(%)이다.

33 수리력 도표의 수치 분석하기

|정답| ①

|해설| ㄱ. 2014년부터 학교납입금의 부담 비율은 계속 감소하였으나, 학교납입금외교육비의 부담 비율은 2016년까지 감소하였다가 2018년부터 계속 증가하였다.

ㄴ. 연도별 교육비 부담도는 계속적으로 감소하고 있다. 그러나 〈자료 3〉에서는 교육비 중 부담스러운 항목의 비율만 제시되고 그 비용은 제시되어 있지 않으며, 이와 더불어 학교납입금외교육비의 비율은 2018년부터 증가하였으므로 감소 추세라고 볼 수 없다.

|오답풀이|

ㄷ. 2022년에서 교육비 중 가장 부담스럽다고 생각하는 항목은 72%인 학교납입금외교육비이며, 2020년 대비 $\frac{72-67.2}{67.2} ≒ 7.1(\%)$ 증가하였다.

34 공간지각력 투상도로 입체도형 찾기

|정답| ①

|해설| ①은 정면, 윗면, 측면에서 보았을 때 제시된 투상도와 같은 모양이 나타나지 않는다.

|오답풀이|

② 해당 입체도형의 평면도와 같다.

③ 해당 입체도형의 우측면도와 같다.

④ 해당 입체도형의 정면도와 같다.

35 관찰탐구력 면역 이해하기

|정답| ①

|해설| 예방 주사가 면역의 원리를 이용한 것이다.

36 언어논리력 시 이해하기

|정답| ④

|해설| 1연의 "서러운 풀빛이 짙어 오것다"에서 감정이입의 방식을 사용하여 자연을 묘사하고 있으므로, 주관을 배제했다고 볼 수 없다.

|오답풀이|

① 4연에서 '땅'에서 '타오르는' '아지랑이'를 '향연(香煙)'에 빗대어 임에 대한 애상적 정서를 환기하고 있다.

② 제시된 시는 "이/비/그치면//내 마음/강나루/긴 언덕에//서러운/풀빛이/짙어 오것다//"와 같이 3음보로 읽힌다. 7·5조의 음수율을 변형하여 3음보의 민요조 율격을 나타내고 있다.

③ 종결어미 '-것다'를 반복적으로 사용하여 운율을 형성하고 있다.

37 문제해결력 자료를 기반으로 추론하기

| 정답 | ④

| 해설 | 면접관 A의 선발기준부터 순서대로 반영하면 다음과 같다.

• 면접관 A : 대전 거주자이고 한식 분야 경력의 지원자를 원한다.

번호	분야	경력	나이	거주자
지원자 1	한식, 중식	2년	25	대전
지원자 6	한식, 일식	3년	35	대전
지원자 9	한식, 양식	13년	47	대전

• 면접관 B : 경력이 전혀 없는 사람은 곤란하므로 최소 3년 이상의 경력자를 원한다.

번호	분야	경력	나이	거주자
지원자 6	한식, 일식	3년	35	대전
지원자 9	한식, 양식	13년	47	대전

• 면접관 C : 나이가 40세 이상인 지원자를 원한다.

번호	분야	경력	나이	거주자
지원자 9	한식, 양식	13년	47	대전

• 면접관 D : 두 가지 분야가 가능한 사람을 원한다.

번호	분야	경력	나이	거주자
지원자 9	한식, 양식	13년	47	대전

따라서 면접관 4명의 의견을 모두 반영하면 지원자 9가 채용된다.

38 문제해결력 자료를 기반으로 추론하기

| 정답 | ①

| 해설 | 지원자 6과 9의 지원자 정보는 다음과 같다.

번호	분야	경력	나이	거주자
지원자 6	한식, 일식	3년	35	대전
지원자 9	한식, 양식	13년	47	대전

선발된 지원자는 모두 대전 거주자이며, 한식 분야 경력의 지원자이므로 면접관 A가 면접에 참석했음을 알 수 있다. 또한, 지원자 6의 나이가 40세 미만이므로 면접관 C가 참석하지 않았음을 알 수 있다. 만약, 면접관 A와 면접관 D가 면접에 참석했다면 선반된 지원자에는 지원자 1 또한 포함되어야 한다. 따라서 참석한 면접관은 면접관 A(대전 거주자, 한식 경력)와 면접관 B(경력 3년 이상)이다.

39 공간지각력 도형 회전하기

| 정답 | ②

| 해설 | 제시된 규칙에 따라 가장 바깥 도형을 왼쪽으로 90도 회전시키면 왼쪽이 짧은 사다리꼴 형태가 되나, 가장 안쪽 도형인 평행사변형을 180도 회전시키면 형태가 변하지 않는다. 따라서 이 둘을 합친 결과는 다음과 같다.

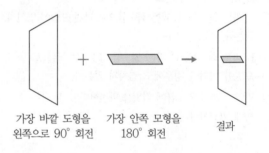

| 가장 바깥 도형을 왼쪽으로 90° 회전 | 가장 안쪽 모형을 180° 회전 | 결과 |

40 언어논리력 필자의 의도 파악하기

| 정답 | ①

| 해설 | 4차 산업혁명 속에서 산업 및 일자리 변화에 따른 교육과 훈련에 투입되는 비용을 줄이기 위해 노동시장의 변화를 분석하고 향후 근로자에게 요구되는 기능에 대한 고찰이 중요함을 말하고 있다.

41 언어논리력 글의 흐름에 맞게 단락 구분하기

| 정답 | ①

| 해설 | ㉠ 이전의 내용은 기술진보가 일자리를 대체 또는 보완하는지에 관한 것이다. 특히 4차 산업혁명이 일자리를 소멸시키는지에 대한 두려움이 커지고 있다는 현실을 보여 준다. ㉠ 이후로는 4차 산업혁명 이후 노동시장 변화에 대

한 구체적 연구의 진행, 한계, 의의 등이 나타나 있다. 따라서 ㉠이 두 번째 문단의 시작 위치로 가장 적절하다.

42 문제해결력 지침 이해하기

|정답| ②

|해설| 각 달마다 활동비용 관련보고 횟수를 나누어 생각하면 다음과 같다.
- 3월 : 활동비용을 사용하지 않았으므로 익월인 4월 5일에 보고만 한다.
- 4월 : 4월 10일, 4월 24일에 사용한 활동비용을 각각 3일 내에 경영 보고한다. 익월 5월 5일에 결산 보고를 해 총 3번의 보고가 이루어진다.
- 5월 : 5월 15일, 22일, 30일에 사용한 활동비용을 각각 3일내에 경영 보고한다. 익월 6월 5일에 결산 보고를 해 총 4번의 보고가 이루어진다.

따라서 4월 10일부터 6월 3일까지 이루어지는 활동비용 관련보고는 총 6회이다.

43 공간지각력 블록 제거했을 때 모양 찾기

|정답| ③

|해설|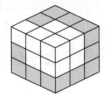

44 관찰탐구력 등가속도 운동 이해하기

|정답| ②

|해설| 경사각이 일정하고 마찰력이 없는 빗면 위의 물건은 등가속도 운동을 한다. 이때의 가속도의 크기는 물체의 질량에 반비례하므로, 경사면을 내려오는 동안의 가속도의 크기는 B보다 질량이 작은 A가 더 크다.

|오답풀이|
① 물건이 받는 중력의 크기는 질량이 클수록 커지므로, A보다 질량이 큰 B가 받는 중력의 크기가 더 크다.

③ A와 B는 등가속도 운동을 하므로 두 물체는 모두 일정한 가속도를 유지하면서 바닥에 도달한다.
④ 운동량은 질량과 속도에 비례하므로, A보다 질량이 더 큰 B의 운동량이 더 크다.

45 관찰탐구력 탄소 순환 이해하기

|정답| ①

|해설| 탄소 순환이란 탄소가 생물의 호흡 작용, 화석 연료의 연소 과정, 화산 분출 등을 통해 대기 중에서는 CO나 CO_2로, 지각 내에서는 석탄 또는 탄산칼슘으로, 해수에서는 탄산염 등으로, 생태계에서는 각종 고분자 유기물로 존재하면서 생태계를 순환하는 것을 말한다. 즉 식물의 광합성 작업을 통해 이산화탄소를 흡수하고 생물의 유해가 땅속으로 들어가서 화석 연료를 생성하며 박테리아의 호흡으로 일부분이 석회암(탄산염＋칼슘이온)이 되고 이 석회암이 맨틀에 따라 지구의 내부로 이동한 후 화산 활동으로 다시 대기에 방출되는 모든 과정을 탄소의 순환이라 한다.
㉠ A 과정 : 화석의 연소 과정으로 지구 온난화가 강화되는 과정이다. 이때 화석 연료에 저장된 화학에너지가 빛에너지나 열에너지로 전환된다.
㉡ B 과정 : 탄소가 화석 연료로 생성되는 과정으로 지권으로 이동하는 과정이다. 땅속으로 들어간 생물의 유해가 화석 연료를 생성하는 것 등이 그 예가 된다.

|오답풀이|
㉢ C 과정 : 대기 중의 해수가 용해되는 과정을 통해 이산화탄소의 농도가 감소한다.
　　D 과정 : 해수의 탄소가 석회암으로 침전되는 과정이다.
㉣ 지구상에 있는 탄소의 대부분은 땅 속의 석회암 속에 존재한다.

www.gosinet.co.kr gosinet

울산기출복원

1회 기출예상
2회 기출예상
3회 기출예상
4회 기출예상
5회 기출예상
6회 기출예상
7회 기출예상
8회 기출예상
9회 기출예상

✎ 파트2 기출예상문제

👨 1회 기출예상문제

▶ 문제 46쪽

01	①	02	①	03	②	04	④	05	④
06	①	07	②	08	③	09	①	10	③
11	①	12	②	13	③	14	③	15	①
16	③	17	④	18	①	19	③	20	③
21	④	22	③	23	③	24	②	25	③
26	①	27	②	28	②	29	②	30	③
31	③	32	③	33	④	34	③	35	③
36	②	37	②	38	④	39	③	40	①
41	②	42	④	43	①	44	③	45	④

01 언어논리력 어휘 관계 파악하기

| 정답 | ①

| 해설 | '피아노'와 '악기'는 뒤의 말이 앞의 말을 포함하는 관계에 있는 어휘로 '비둘기'와 '새'의 관계와 같다.

02 언어논리력 글의 주제 찾기

| 정답 | ①

| 해설 | 인류가 가지고 있었던 탐욕이라는 본능이 저장을 통하여 비로소 발현되기 시작하였고, 이를 통해 약탈과 경쟁이 시작된 것이라는 내용을 담고 있다. 따라서 글의 내용을 포괄하는 핵심적인 주제는 저장의 시작을 통하여 인류의 탐욕 추구가 본격적으로 시작되었다는 것이다.

03 관찰탐구력 물질의 상태 변화 이해하기

| 정답 | ②

| 해설 | 서리는 공기 중의 기체인 수증기가 고체로 승화하여 발생한다.

| 오답풀이 |

① 액체인 마그마에서 고체인 화성암으로 변하였으므로

응고의 사례이다.

③ 고체인 초가 열로 인해 녹아서 액체인 촛농이 형성되었으므로 융해의 사례이다.

④ 기액체 상태인 알코올이 시간이 지나면서 점점 기체로 변하였으므로 기화의 사례이다.

04 공간지각력 전개도 파악하기

| 정답 | ④

| 해설 | 전개도를 접을 때 서로 만나게 되는 모서리를 표시하면 다음과 같다.

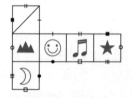

각 선택지의 3개의 면에 들어가는 도형 중 구분하기 쉬운 도형을 골라 그것을 중심으로 인접면의 도형의 모양과 방향을 파악한다.

④의 경우 오른쪽 면인 ★ 을 중심으로 살펴보면 왼쪽 면의 방향이 잘못되었음을 알 수 있다.

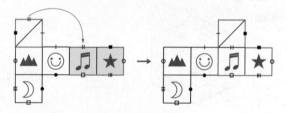

즉, 🎵★ → 🎵★ 이 되어야 한다. 왼쪽 면이 🎵 일 경우에는 🌙 이 되어야 한다.

05 문제해결력 조건을 바탕으로 추론하기

| 정답 | ④

| 해설 | 각 조건에 따라 비타민, 철분제, 오메가3 개발에 적절한 성분을 찾으면 다음과 같다.

www.gosinet.co.kr gosinet

출산기출복원

1회 기출예상

2회 기출예상

3회 기출예상

4회 기출예상

5회 기출예상

6회 기출예상

7회 기출예상

8회 기출예상

9회 기출예상

• 비타민 : 임산부 복용이 가능한 A, D 중 효과가 상인 D가 적절한 성분이다.

• 철분제 : 3,000원으로 더 저렴한 E가 적절한 성분이다.

• 오메가3 : 효과가 중인 H가 적절한 성분이다.

따라서 비타민-D, 철분제-E, 오메가3-H가 적절하다.

06 언어논리력 글을 바탕으로 추론하기

| 정답 | ①

| 해설 | 마지막 문단에서 "개인적 책임이나 약속이 있을 경우 위험을 감수하게 된다는 것을 보여준다."라고 하였으므로 개개인의 책임과 약속이 주어졌을 때 개인이 조직이나 회사에서 큰 힘을 발휘함을 알 수 있다. 따라서 사원들이 각자 주인의식을 갖도록 해야 한다는 내용이 결론으로 적절하다.

07 언어논리력 세부 내용 이해하기

| 정답 | ②

| 해설 | 두 번째 문단을 보면 로버트 치알디니 박사의 실험에서는 부탁을 받은 경우에 사람들이 더 적극적으로 도둑을 막으려 했음을 알 수 있다. 부탁을 받지 않은 경우에는 소수만이 도둑을 막으려 했다.

08 공간지각력 투상도로 입체도형 찾기

| 정답 | ③

| 해설 | 좌측면도 → 평면도 → 정면도 순으로 확인해 보면 블록의 개수와 위치가 모두 일치하는 입체도형은 ③이다.

| 오답풀이 |

① 좌측면도와 평면도가 일치하지 않는다.

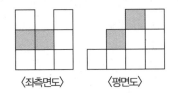

〈좌측면도〉   〈평면도〉

② 좌측면도 → 정면도 → 평면도 순으로 확인해보면 좌측면도가 일치하지 않는다.

〈좌측면도〉

④ 좌측면도, 정면도가 일치하지 않는다.

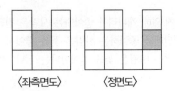

〈좌측면도〉   〈정면도〉

09 수리력 도표를 바탕으로 수치 계산하기

| 정답 | ①

| 해설 | 거주 형태에 대한 조사 결과에서 자가를 제외한 전·월세 또는 지인과 동거 중이라고 응답한 사람은 2,000×(0.384+0.11+0.088)=1,164(명)이므로, 향후 2년 내에 내 집 마련 계획이 있다고 응답한 사람은 1,164×0.25=291(명)이다.

10 수리력 도표의 수치 분석하기

| 정답 | ③

| 해설 | ㉡ 2023년의 취득 전승공예품 1건당 평균 구입가격은 708,080÷206≒3,437.3(천 원)이며, 2019년의 경우는 752,000÷186≒4,043(천 원)이므로 감소한 평균 구입가격은 4,043-3,437.3≒605.7(천 원)이 되어, 50만 원 이상인 것을 알 수 있다.

㉢ 2022년은 417÷961×100≒43.4(%)로 국외 기관으로의 활용 비중이 가장 큰 해이다. 2021년의 경우 41.4%로 두 번째로 해당 비중이 크다.

| 오답풀이 |

㉠ 2022년에는 취득수량이 208건에서 262건으로 증가하였으나, 구입가격은 722,000천 원으로 전년과 동일하므로 증가하지 않았다.

ⓔ 2023년 보유 전승공예품은 총 5,331점이며, 국내외 기관에 활용한 수량은 1,305점이므로 1,305÷5,331×100 ≒24.5(%)로 25%에 못 미치고 있다.

11 문제해결력 명제 판단하기

|정답| ①

|해설| (C) → (A)에 의해 개나리를 좋아하는 사람은 진달래를 좋아하고, 진달래를 좋아하는 사람은 꽃을 좋아하므로, 개나리를 좋아하는 사람은 꽃을 좋아한다는 삼단논법이 성립한다.

12 관찰탐구력 혈구 이해하기

|정답| ②

|해설| ⓛ 백혈구는 세균과 싸워 우리 몸을 보호하는 역할을 하며, 세균이나 바이러스에 감염되었을 때 그것들을 공격하기 위해 백혈구 수가 증가한다.
ⓔ 혈소판은 혈액 응고를 촉진하여 출혈을 멈추게 한다.

|오답풀이|

ⓐ 백혈구에는 핵이 있으나, 적혈구와 혈소판에는 핵이 없다.
ⓒ 혈구 중 적혈구의 수가 가장 많다.

13 관찰탐구력 화학 반응 원리 이해하기

|정답| ③

|해설| A. 중화반응 : ⓛ, ⓔ
B. 산화-환원 반응 : ⓐ, ⓒ, ⓜ
중화 반응은 산과 염기가 반응하여 물과 염이 생성되는 반응이다. ⓛ은 생선 비린내와 연관된 염기성 물질과 산성 물질인 레몬즙이, ⓔ은 산성 물질인 개미 침과 염기성 물질인 암모니아수가 만나 반응한 예이다.
산화-환원 반응은 물질 간 전자가 이동하는 반응으로, 산화는 전자를 잃는 것이고 환원은 전자를 얻는 것이다. ⓐ에서는 철의 산화가, ⓒ에서는 포도당의 산화가 일어난다. ⓜ의 연소 반응 또한 산화-환원 반응의 예이다.

14 공간지각력 위치 파악하기

|정답| ③

|해설|

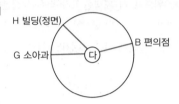

15 수리력 비율 구하기

|정답| ①

|해설| AA기업의 한 가전제품의 배터리 용량이 1분당 25mAh 소모되므로 90분 동안 25×90=2,250(mAh)만큼 배터리가 소모된다. 따라서 해당 가전제품은 사용한 지 90분이 지나면 4,000−2,250=1,750(mAh)만큼의 배터리 용량이 남고, 이는 기존 배터리 용량에서 $\frac{1,750}{4,000}\times100$ ≒ 44(%)를 차지한다.

16 수리력 도표의 수치 분석하기

|정답| ③

|해설| 8월의 유입인원(B)은 6,720−3,103=3,617(천 명)으로 361만 7천 명이다. 9월의 유입인원은 348만 명으로 8월에 비해 13만 7천 명이 줄어들었다.

|오답풀이|

① 1분기부터 각 분기별 수송인원은 1,767만 3천 명, 1,913만 1천 명, 1,948만 4천 명, 2,050만 2천 명으로 점차 증가한다.
② 2분기의 유입인원은 987만 명이다.
④ 12월의 수송인원(C)은 3,010+3,900=691만 명이다. 유입인원과 수송인원이 가장 많은 달은 모두 12월이다.

17 언어논리력 세부 내용 이해하기

| 정답 | ④

| 해설 | 퍼퓸은 향이 12시간 정도 지속된다고 하였으므로 향이 아침부터 밤까지 지속되기를 원한다면 퍼퓸을 구입해야 한다.

| 오답풀이 |

① 향수의 원액 농도와 가격의 관계에 대해서는 제시된 글을 통해서 알 수 없다.

② 라스트 노트가 6시간 지속되는 향수가 가장 좋은 향수라고 언급되어 있다.

③ 귀 뒤나 손목, 팔꿈치 안쪽 등 맥박이 뛰는 부분에 향수를 뿌리면 향력이 더 좋아진다고 하였으며, 목은 맥박이 뛰는 부분이므로 향수를 뿌리면 향이 오래 간다.

18 문제해결력 명제 판단하기

| 정답 | ①

| 해설 | A의 대우는 '운동을 싫어하는 사람은 게으르다'이며, B 명제와 A의 대우를 삼단논법으로 정리하면 '긍정적이지 않은 사람은 게으르다'는 명제가 참임을 알 수 있다.

| 오답풀이 |

③ B의 명제가 참이므로 이 명제의 대우인 '운동을 싫어하지 않는 사람은 긍정적이다'도 참이다.

19 문제해결력 조건을 바탕으로 추론하기

| 정답 | ①

| 해설 | 조건을 보면 E와 F는 다른 리그이고, C와 A 또는 C와 B는 같은 리그이다. 따라서 ACE－BDF, ACF－BDE, BCE－ADF, BCF－ADE의 네 가지 경우로 리그를 나눌 수 있다.

20 공간지각력 도형 회전하기

| 정답 | ③

| 해설 | ①은 문제의 도형이 거울에 비친 형태이고, 이를 180° 회전시키면 ③이 된다.

21 관찰탐구력 샤를·보일의 법칙 이해하기

| 정답 | ④

| 해설 | ④는 샤를의 법칙이, 나머지는 보일의 법칙이 적용된다.

샤를의 법칙은 부피의 법칙으로도 알려져 있으며, 기체의 압력이 일정하게 유지되면 기체의 부피와 온도는 정비례 관계에 있다는 법칙이다.

보일의 법칙은 기체의 압력과 부피 사이의 관계를 설명하는 것으로 온도가 일정할 때 기체의 압력과 부피는 반비례 관계에 있다는 법칙이다. 즉, 기체의 압력이 증가하면 부피가 감소하고, 압력이 감소하면 부피가 증가함을 의미한다.

22 관찰탐구력 충격량 개념 이해하기

| 정답 | ③

| 해설 | 충격량은 힘이 일정한 시간 동안 물체에 작용할 때 물체에 전달되는 운동량의 변화량으로, 힘과 그 힘이 작용하는 시간의 곱으로 계산된다. 따라서 같은 운동량의 변화를 물체에 줄 때 힘이 작용하는 시간이 많이 걸릴수록 힘의 크기가 작아져서 피해가 작아지게 된다. 반면 총신이 길 경우 힘은 그대로이지만 탄알이 힘을 받는 시간이 길어져 충격량이 커지고 이로 인해 탄알의 속력이 더 커지게 되어 더 멀리 날아가게 된다.

23 수리력 도표의 수치 분석하기

| 정답 | ③

| 해설 | 34 ~ 36개국의 회원국 중에서 매년 27위 이하이므로 상위권이라 볼 수 없다.

| 오답풀이 |

① CPI 순위가 가장 낮은 해는 52위의 2020년이고, OECD 순위가 가장 낮은 해는 30위의 2022년이다.

②, ④ 청렴도가 가장 높은 해는 2023년으로 59.0점이고, 2016년도의 청렴도 점수는 56.0점이므로 점수의 차이는 3.0점이다.

24 수리력 메뉴 가격 계산하기

| 정답 | ③

| 해설 | 세트 가격은 각 메뉴의 가격을 합한 금액에서 10%를 할인한 값이라고 하였으므로 스파게티의 원래 가격을 x원으로 놓으면 다음과 같은 식이 성립한다.

$(8,800+16,000+x) \times 0.9 = 32,400$

$\therefore x = (32,400 \div 0.9) - 16,000 - 8,800 = 11,200$

따라서 스파게티의 원래 가격은 11,200원이다.

25 수리력 최빈값, 중앙값 구하기

| 정답 | ③

| 해설 | 최빈값 a는 변량 중 가장 많이 나타나는 것을 의미하므로 8이 된다. 중앙값 b는 변량을 크기순으로 나열했을 경우 변량의 중앙에 오는 값을 의미하므로 1, 3, 4, 6, 7, 8, 8, 17, 18의 중앙값은 7이 된다. 따라서 $a+b=8+7=15$이다.

26 문제해결력 명제 판단하기

| 정답 | ①

| 해설 | 'p : 떡볶이를 좋아한다', 'q : 화통하다', 'r : 닭강정을 좋아한다'라고 할 때 [사실]을 정리하면 다음과 같다.

• p→q

• q→~r

• p→~r

A. 'p→~r'이 참이므로 이 명제의 대우인 'r→~p'도 참이다.

B. 'q→~r'의 역에 해당하므로 참·거짓을 알 수 없다.

따라서 A만 항상 옳다.

27 공간지각력 도형 모양 비교하기

| 정답 | ②

| 해설 | ②는 제시된 도형을 180° 회전한 모양이다.

| 오답풀이 |

나머지 도형은 동그라미 친 부분이 다르다.

①   ③

④

28 공간지각력 블록 개수 파악하기

| 정답 | ②

| 해설 | 일부분만 칠할 수 있는 블록면은 칠하지 않는다고 하였으므로, 밑면을 제외하고 페인트를 칠할 때 2개의 면이 칠해지는 블록을 표시하면 다음과 같다.

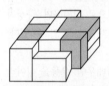

따라서 모두 4개이다.

29 관찰탐구력 엘니뇨 현상 이해하기

| 정답 | ②

| 해설 | 엘니뇨 현상이 발생하면 해양에서 비교적 차가운 해수가 표층해수를 제치고 올라오는 용승 현상이 동태평양 연안에서 약해질 수 있다.

| 오답풀이 |

① 무역풍이 약해진다.

③ 동태평양의 표층 수온이 높아진다.

④ 서태평양 지역의 강수량은 감소한다.

보충 플러스+

엘니뇨와 라니냐

• 엘니뇨 : 동태평양의 수온이 평년보다 2~5℃ 정도 높아지는 현상으로, 어류의 생존에 필요한 물 속 산소량이나 영양소 등이 줄어들어 어획량이 줄어들고, 상승 기류가 생겨 중남미쪽으로는 홍수가 나거나 큰 비가 내리는 등의 피해가 발생할 수 있다.

• 라니냐 : 동태평양에서 평년보다 수온이 낮아지는 현상으로, 동남아 지역에서는 폭우를 동반한 장마가 심해지고, 남아메리카에는 반대로 가뭄이 들어 피해를 입게 된다. 또한, 북아메리카에는 추위가 심해지는 현상도 발생한다.

30 언어논리력 글을 바탕으로 추론하기

| 정답 | ③

| 해설 | '4)'를 보면 최근 아웃도어 생활을 취미로 하는 인구가 급속히 증가하는 추세라고 하였으므로 아웃도어 용품 시장이 하락세를 보일 것이라는 추론은 적절하지 않다.

| 오답풀이 |

① '2)'를 보면 편의용품의 경우 고객군이 뚜렷이 분리되고 있다고 하였다. 따라서 고객군의 특성에 맞추어 아웃소싱을 해야 한다는 추론은 적절하다.

② '2)'를 보면 필수품의 경우 아웃도어 마니아나 동호인 등을 구분하지 않고 대체로 다기능, 고가 품목을 선택하는 경향이 있다고 하였으므로 적절한 추론이다.

④ '2)'에 따라 적절한 추론이다.

31 수리력 확률 계산하기

| 정답 | ③

| 해설 | A 지역에 비가 올 확률이 0.7이므로 A 지역에 비가 오지 않을 확률은 0.3이다. 또한 A와 B 지역 모두 비가 올 확률이 0.4라고 하였으므로 B 지역에 비가 올 확률을 x라 하면 $0.7 \times x = 0.4$이다. $x = \dfrac{4}{7}$이며 따라서 B 지역에 비가 오지 않을 확률은 $\dfrac{3}{7}$이다.

32 수리력 최소공배수 활용하기

| 정답 | ③

| 해설 | 직사각형 타일의 개수를 최소로 사용한다고 했으므로 만들고자 하는 정사각형의 한 변의 길이는 15와 13의 최소공배수로 구하면 된다. 따라서 한 변이 $13 \times 15 = 195$(cm)인 정사각형을 만들려면 직사각형 타일이 가로로 13개, 세로로 15개가 들어가야 하므로 195개가 필요하다.

33 문제해결력 진위 추론하기

| 정답 | ④

| 해설 | A~E의 진술을 살펴보면 A와 B가 상반된 진술을 하고 있으므로 A와 B 중 1명이 거짓을 말하고 있다. A와 B의 각 진술을 참과 거짓으로 구분하면 다음과 같은 두 가지 결론을 얻을 수 있다.

• A가 거짓인 경우 : 1~5층→C, D, B, E, A

• B가 거짓인 경우 : 1~5층→B, D, C, E, A

따라서 누구의 진술이 거짓이냐에 관계없이 D는 항상 2층에서 내린다.

34 문제해결력 조건을 바탕으로 추론하기

| 정답 | ③

| 해설 | E 사원을 기준으로 살펴보면, D 대리와 F 사원은 서로 같은 지역을 담당해야 하고 A 부장과 B 과장은 서로 다른 지역을 담당해야 하므로, E 사원은 A 부장 또는 B 과장과 같은 지역을 담당해야 한다. 또한 E 사원은 중남미 지역을 담당할 수 없으므로 미주 지역 또는 아시아 지역을 담당해야 하는데, C 대리가 아시아 지역을 담당해야 한다고 하였으므로 E 사원은 미주 지역을, D 대리와 F 사원은 중남미 지역을 담당하게 된다. 그리고 A 부장과 B 과장은 각각 미주 지역 또는 아시아 지역을 나눠서 담당하게 된다. 이를 표로 나타내면 다음과 같다.

중남미 지역	미주 지역	아시아 지역
D 대리	A 부장 or B 과장	C 대리
F 사원	E 사원	A 부장 or B 과장

따라서 A 부장과 E 사원은 같은 지역을 담당할 수도, 아닐 수도 있으므로 ③은 항상 참이라고 볼 수 없다.

35 관찰탐구력 **복사열 이해하기**

|정답| ③

|해설| 난로 앞에 있으면 난로와 가까운 쪽이 더 따뜻하게 느껴지는 것은 열전달 방법 중 복사에 관한 설명이다. 복사란 열원과 직접 접촉하거나 매개물질을 거치지 않는 열전달 방법이다. 햇빛은 접촉이나 매개물질을 거치지 않고 몸으로 전달되기 때문에 복사열이다.

|오답풀이|

① 물을 끓이면 전체적으로 뜨거워지는 것은 액체 상태의 분자가 직접 이동하면서 열을 전달한 대류의 경우이다.

② 에어컨을 켜면 방 전체가 시원해지는 것은 기체 상태의 분자가 직접 이동하면서 열을 전달한 대류의 경우이다.

④ 뜨거운 음식을 담은 그릇을 만지면 따뜻해지는 것은 서로 닿아 있는 고체의 분자들이 연속적으로 충돌하면서 열이 전달된 전도의 경우이다.

36 언어논리력 **알맞은 사자성어 찾기**

|정답| ②

|해설| 다기망양(多岐亡羊)은 갈림길이 많아 잃어버린 양을 찾지 못한다는 뜻으로, 계획이나 방침이 너무나 많아 도리어 어찌할 바를 모른다는 말이다.

|오답풀이|

① 곡학아세(曲學阿世) : 바른길에서 벗어난 학문으로 세상 사람에게 아첨함을 의미한다.

③ 입신양명(立身揚名) : 출세하여 이름을 세상에 떨침을 의미한다.

④ 읍참마속(泣斬馬謖) : 큰 목적을 위하여 자기가 아끼는 사람을 버림을 이르는 말이다.

37 언어논리력 **외래어 표기법 이해하기**

|정답| ②

|해설| 신호나 경보 따위를 나타내는 siren['saɪrən]은 '사이렌'으로 표기하는 것이 옳다.

|오답풀이|

① '유니언'으로 표기해야 한다.

③ '메커니즘'으로 표기해야 한다.

④ '클리닉'으로 표기해야 한다.

38 공간지각력 **펼친 모양 찾기**

|정답| ④

|해설| 접었던 선을 축으로 하여 역순으로 펼치면 다음과 같다.

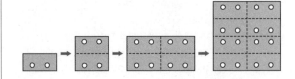

39 공간지각력 **도형의 규칙 찾기**

|정답| ③

|해설| 도형 전체가 시계 방향으로 $90°$씩 회전하고 있으므로, '?'에는 첫 번째 도형을 시계 방향으로 $270°$(반시계 방향으로 $90°$) 회전한 도형이 와야 한다.

40 관찰탐구력 **중력 이해하기**

|정답| ①

|해설| 엘리베이터가 올라갈 때 중력은 엘리베이터 가속도의 반대 방향인 아래 방향으로 작용하여 일시적으로 체중이 더 늘어나게 된다. 이를 식으로 나타내면 W(무게)$=mg$(질량$\times$중력)$+ma$(가속도로 인한 힘)이다.

41 문제해결력 **조건을 바탕으로 추론하기**

|정답| ②

|해설| 조건을 정리하면 다음과 같다.

	대리급	B 등급	3년차
갑		○	
을	○		○
병			○
정	○		

워크숍에 반드시 참석하는 사람은 '을' 한 명뿐이다.

42 언어논리력 글의 흐름에 맞게 문단 배열하기

|정답| ④

|해설| 우선 (나)에서 Z세대의 특징을 설명하며 글의 중심 소재인 '하이퍼텍스트'를 언급한다. 이어서 (가)에서는 '하이퍼텍스트'에 대해 정의하며 구체적으로 설명하고 있다. 다음으로 (라)가 이어져 하이퍼텍스트와 일반적인 문서의 차이를 제시하고 있으며, 마지막으로 (다)에서는 하이퍼텍스트가 등장함에 따라 생길 변화에 대해 설명하고 있다. 따라서 글의 순서는 (나)-(가)-(라)-(다)가 적절하다.

43 관찰탐구력 심장박동 조절 이해하기

|정답| ①

|해설| 교감신경과 부교감신경으로 이루어진 자율신경계는 심장박동을 비롯한 신체 여러 부위의 기능을 조절한다.

|오답풀이|

② 심박동 조절의 중추는 연수이다.

③, ④ 교감신경에 의해 아드레날린이 분비되면 심박동은 빨라지고, 부교감신경에 의해 아세틸콜린이 분비되면 심박동은 느려진다.

44 공간지각력 도형 합치기

|정답| ③

|해설| ③은 동그라미 친 부분이 잘못되었으며, 다음과 같이 수정되어야 한다.

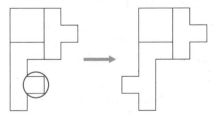

45 관찰탐구력 천체의 종류 이해하기

|정답| ④

|해설| (가) ㉠ 소행성 : 6,000여 개가 넘는 소행성은 주로 화성과 목성의 공전 궤도 사이에 분포하고, 태양 주위

를 공전한다.

(나) 혜성 : 암석과 얼음으로 이루어진 혜성은 지름이 수 km로 작고, 밝은 ㉡ 꼬리를 가지고 있다. 긴 타원 궤도 또는 포물선 궤도를 따라 회전한다.

(다) 유성체 : 행성계의 내부에 떠 있는 암석 조각으로 이것들이 지구의 인력에 끌려 지구 대기권으로 들어오면 ㉢ 유성이 된다. 유성체 중에 크기가 큰 것이 대기권에서 다 타지 않고 지표까지 도달하는 것을 ㉣ 운석이라고 한다.

울산기술보원 1회 기출예상 2회 기출예상 3회 기출예상 4회 기출예상 5회 기출예상 6회 기출예상 7회 기출예상 8회 기출예상 9회 기출예상

2회 기출예상문제

▶ 문제 68쪽

01	④	02	③	03	①	04	①	05	③
06	①	07	①	08	①	09	④	10	③
11	③	12	④	13	③	14	④	15	②
16	②	17	③	18	④	19	④	20	④
21	④	22	①	23	④	24	①	25	④
26	④	27	③	28	③	29	③	30	③
31	④	32	②	33	④	34	④	35	④
36	②	37	③	38	②	39	④	40	③
41	①	42	①	43	③	44	③	45	②

01 언어논리력 대화 방식 판단하기

| 정답 | ④

| 해설 | 정 과장은 강 대리의 말을 경청하지 않고 특별한 대안이 없이 '새로운 주제가 좋다'며 강 대리의 의견에 반대하고 있다. 또한 홍 대리의 의견에도 특별한 대안을 내놓지 않은 채 반대하여 회의의 원활한 진행을 방해하고 있다.

02 관찰탐구력 행성 특성 이해하기

| 정답 | ③

| 해설 | 제시된 설명은 모두 화성에 대한 내용이다. 이와 더불어, 화성의 극관의 경우 얼음과 드라이아이스로 이루어졌고, 화성이 자전축이 기울어져 공전하여 지구와 같이 계절의 변화가 나타나며, 극관의 크기가 여름에는 작아지고 겨울에는 커진다.

| 오답풀이 |

① 토성은 지구보다 크기가 크다. 얼음과 암석으로 된 뚜렷한 고리가 보이고, 빠르게 자전하여 가로줄 무늬가 있다.

② 해왕성은 지구보다 크기가 크다. 수소, 헬륨, 메테인 등으로 이루어져 청록색으로 보이며, 자전축이 공전 궤도면과 거의 나란하다.

④ 금성은 매우 두꺼운 이산화탄소 대기로 인해 표면 온도가 매우 높다. 표면 기압이 약 90기압이다.

03 문제해결력 조건을 바탕으로 추론하기

| 정답 | ①

| 해설 | 제시된 조건을 정리하면 B는 A보다, A는 C보다, C는 D보다 키가 크므로 이를 부등식으로 나타내면 B>A>C>D임을 알 수 있다. 따라서 키가 가장 작은 사람은 D임을 알 수 있다.

04 문제해결력 조건을 바탕으로 추론하기

| 정답 | ①

| 해설 | 브랜드 가치가 가장 높은 것은 A와 B이며, 그중 A의 가격 조건이 더 좋기 때문에 A 손목시계를 추천하는 것이 최상의 선택이다.

05 언어논리력 세부 내용 이해하기

| 정답 | ③

| 해설 | 마지막 문장에서 글쓴이가 다른 나라 사람들이 골뱅이를 보면 우리가 @를 골뱅이라고 부르는 이유를 받아들일 것이라고 했을 뿐, 현재 동의한다는 설명은 옳지 않다.

06 공간지각력 투상도로 입체도형 찾기

| 정답 | ①

| 해설 | 정면도 → 평면도 → 우측면도 순으로 확인할 때 블록 개수와 위치가 모두 일치하는 입체도형은 ①이다.

| 오답풀이 |

동그라미 친 부분이 추가되고 색칠된 블록이 제거되어야 한다.

② 평면도가 일치하지 않는다.

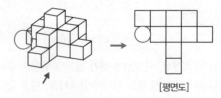

[평면도]

③ 정면도가 일치하지 않는다.

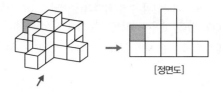

[정면도]

④ 우측면도가 일치하지 않는다.

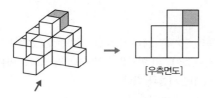

[우측면도]

07 공간지각력 전개도 파악하기

| 정답 | ①

| 해설 | 전개도를 접었을 때 서로 맞닿는 모서리를 같은 도형으로 표시하면 다음과 같다.

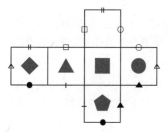

따라서 화살표 방향에서 바라본 면은 ①이다.

08 언어논리력 글의 흐름에 맞게 문단 배열하기

| 정답 | ①

| 해설 | 먼저 글의 중심내용과 관련된 '악어의 법칙'에 대해 설명하고 있는 (가)가 오고, 이를 일상생활에 대입해 포기할 줄 아는 것이 '악어의 법칙'의 요점임을 다시 설명한 (라)가 이어진다. 그 뒤로 '악어의 법칙'과는 달리 포기는 곧 끝이라는 생각에 포기를 두려워하는 사람이 많이 있음을 언급한 (다)가 다음에 오고, 포기는 무조건 끝이 아닌 더 많은 것을 얻기 위한 길이기도 함을 얘기하고 있는 (나)가 마지막에 온다. 따라서 적절한 순서는 (가)-(라)-(다)-(나)이다.

09 언어논리력 세부 내용 이해하기

| 정답 | ④

| 해설 | 제시된 글은 무작정 포기를 많이 하는 사람이 현명한 것이 아니라 어쩔 수 없는 결정적인 순간에 과감하게 포기할 줄 아는 사람이 지혜롭다는 점을 설명하고 있다.

10 수리력 총인원 구하기

| 정답 | ③

| 해설 | 남성의 70%가 14명이므로 A 팀에 속한 남성의 수 (x)는 다음과 같이 구할 수 있다.

$$x \times \frac{70}{100} = 14$$

$$\therefore x = 20(명)$$

따라서 남성이 20명이므로 A 팀의 총인원은 $12+20=32$ (명)이다.

11 수리력 거리·속력·시간 활용하기

| 정답 | ③

| 해설 | 두 사람 사이의 간격은 1시간에 $100-85=15(km)$ 벌어진다. 20분은 $\frac{20}{60}=\frac{1}{3}$(시간)이므로 20분 후 두 사람은 $15 \times \frac{1}{3} = 5(km)$ 벌어진다.

12 관찰탐구력 관성 이해하기

| 정답 | ④

| 해설 | 물체가 처음 운동 상태를 유지하려고 하는 성질을 관성이라고 한다. 외부에서 힘이 작용하지 않으면 움직이던 물체는 계속 움직이고, 정지해 있던 물체는 계속 정지해 있다. 반면, 나무에서 사과가 떨어지는 것은 사과가 아래로 향하는 중력을 받기 때문이다.

www.gosinet.co.kr gosinet

울산기술보편

1회 기출예상

2회 기출예상

3회 기출예상

4회 기출예상

5회 기출예상

6회 기출예상

7회 기출예상

8회 기출예상

9회 기출예상

13 관찰탐구력 에너지 전환 이해하기

| 정답 | ③

| 해설 | 건전지는 화학에너지가 전기에너지로 전환된 것이다.

14 문제해결력 진위 추론하기

| 정답 | ④

| 해설 | 우선 예원이와 경희의 위치를 서로 모순되게 말한 철수와 영희 중 한 명이 거짓말을 하고 있으므로 두 가지 경우로 나누어 본다.

• 철수가 거짓말을 한다고 가정할 경우 : '철수-영희, 예원-경희'가 되므로 영희가 맨 왼쪽에 앉아 있다는 예원이의 발언도 거짓이 되어 1명만 거짓말을 했다는 조건에 어긋난다. 따라서 철수는 사실을 말했다.

• 영희가 거짓말을 한다고 가정할 경우 : '정호-철수, 경희-예원' 순이 되고 이때 나머지 4명의 발언 내용에 모순이 생기지 않는다. 이를 바탕으로 다시 5명의 위치를 보면 '영희-정호-철수-경희-예원'의 순서가 된다.

따라서 정호의 왼쪽에는 영희가 앉았음을 알 수 있다.

15 공간지각력 도형 회전하기

| 정답 | ②

| 해설 |

오른쪽 뒤집기(③)　　시계방향 90°(④)　　위로 뒤집기(②)

16 수리력 도표의 수치 분석하기

| 정답 | ②

| 해설 | 불법체류 외국인의 수가 20X4년에 최고치를 기록한 것은 사실이지만, 처음으로 등록 외국인 수보다 많아진 것은 20X3년이다.

| 오답풀이 |

• A : 등록 외국인 수는 꾸준히 증가하고 있지만 변수가 발생하면 감소할 수도 있다.

• C : 20X5년도에 불법체류 외국인의 수가 급격히 감소하면서 등록 외국인의 수가 급격히 늘어났으므로 서로 관련이 있을 것이라 예상할 수 있다.

• D : 20X6년 이후 큰 증가 없이 유지되고 있으므로 옳다.

17 수리력 원가 계산하기

| 정답 | ③

| 해설 | 상품의 원가를 x원으로 두면, 정가는 $1.3x$원이다. 20% 할인하여 260원의 이익을 얻었다고 하였으므로 이를 식으로 정리하면 다음과 같다.

$(1.3x \times 0.8) - x = 260$

$0.04x = 260$

$\therefore \ x = 6,500$(원)

18 문제해결력 명제 판단하기

| 정답 | ④

| 해설 | 'p : 축구를 잘한다', 'q : 감기에 걸린다', 'r : 휴지를 아껴 쓴다'라고 할 때 문장을 정리하면 다음과 같다.

• p → ~q　　　　• ~q → r　　　　• 나는 → p

따라서 삼단논법에 의해 '나는 → p → ~q → r'이 성립하므로 '나는 휴지를 아껴 쓴다'가 참임을 알 수 있다.

19 공간지각력 도형의 개수 파악하기

| 정답 | ④

| 해설 | 평행사변형을 이루는 칸의 개수를 나누어 세면 다음과 같다.

• 한 칸으로 구성되는 평행사변형 : 15개

• 두 칸으로 구성되는 평행사변형 : 22개

• 세 칸으로 구성되는 평행사변형 : 14개

• 네 칸으로 구성되는 평행사변형 : 14개

• 다섯 칸으로 구성되는 평행사변형 : 3개

• 여섯 칸으로 구성되는 평행사변형 : 10개

• 여덟 칸으로 구성되는 평행사변형 : 4개

• 아홉 칸으로 구성되는 평행사변형 : 3개

- 열 칸으로 구성되는 평행사변형 : 2개
- 열두 칸으로 구성되는 평행사변형 : 2개
- 열다섯 칸으로 구성되는 평행사변형 : 1개

따라서 크고 작은 평행사변형은 모두 15+22+14+14+3 +10+4+3+2+2+1=90(개)이다.

20 관찰탐구력 과학적 원리 이해하기

|정답| ④

|해설| ①, ②, ③은 원운동을 하는 물체가 중심 밖으로 나 가려는 힘인 원심력과 관련한 현상들이다. 하지만 ④는 회 전축을 중심으로 회전하는 물체가 계속해서 회전을 지속하 려고 하는 성질의 크기를 나타내는 관성모멘트와 관련한 현상이다.

21 관찰탐구력 파동의 회절 이해하기

|정답| ④

|해설| 제시된 글은 파동의 회절에 대한 설명이다. ④는 파 동의 굴절 때문에 나타나는 현상이다.

|오답풀이|

① AM 방송은 저주파로, 진동수가 적고 파장이 길다. 회 절은 파장이 길고 틈이 좁을수록 잘 일어나게 되므로 산 간 지방에는 FM 방송보다 AM 방송의 전파가 더 잘 전 달되어 방송이 잘 들린다.

② 방 안에 있을 때 밖에서 난 소리를 잘 들을 수 있는 것 은 창문과 문틈으로 들어온 소리가 회절되어 방 안 전체 에 퍼지기 때문이다.

③ 바닷가에서 방파제 안쪽까지 파도가 도달하는 것은 파 동이 좁은 틈을 지날 때 장애물의 뒤쪽으로 퍼져 나가는 파동의 회절 때문에 나타나는 현상이다.

22 언어논리력 글의 중심내용 찾기

|정답| ①

|해설| 제시된 글에서는 문학 작품이 언어에 큰 영향을 미 치는데 이러한 문학 작품은 작가에 의해 산출되므로 언어 에 대한 작가의 책임이 막중함을 강조하고 있다.

23 수리력 도표의 수치 분석하기

|정답| ④

|해설| 초·중·고등학교의 교사 1인당 학생 수는 2008년 에 $\frac{7,831}{340}$ ≒ 23(명), 2023년에 $\frac{6,987}{423}$ ≒ 16.5(명)으로 약 6.5명 감소하였다.

|오답풀이|

① 1998년 대비 2023년의 학생 수 감소폭은 다음과 같다.
- 초등학생 : 3,132-4,759=-1,627
- 중학생 : 1,911-2,232=-321
- 고등학생 : 1,944-2,211=-267

따라서 감소폭은 초등학생이 가장 크다.

② 2023년 중학교의 교사 1인당 학생 수는 1,911÷111≒ 17.2(명), 고등학교의 교사 1인당 학생 수는 1,944÷ 131≒14.8(명)이다.

③ 2008년 대비 2013년 초등학교 및 중학교의 교원 수 증 가율은 각각 다음과 같다.
- 초등학교 : $\frac{164-143}{143} \times 100$ ≒ 14.7(%)
- 중학교 : $\frac{107-93}{93} \times 100$ ≒ 15.1(%)

따라서 증가율은 중학교가 더 크다.

24 수리력 도형의 길이 구하기

|정답| ①

|해설| '직육면체의 부피=가로×세로×높이'이므로 세로 의 길이를 x cm라고 하면 다음과 같은 식이 성립한다.

$8 \times x \times 6 = 192$

∴ $x = 4$(cm)

따라서 세로의 길이는 4cm이다.

25 공간지각력 도형의 규칙 찾기

|정답| ④

|해설| 가로줄을 기준으로 ☆은 시계방향으로 한 칸씩 이 동, ♡는 시계방향으로 두 칸씩 이동, ◇은 같은 칸 고정 이며, 가운데 칸은 색칠된 부분이 번갈아 나타난다.

올산기출복원 1회 기출예상 2회 기출예상 3회 기출예상 4회 기출예상 5회 기출예상 6회 기출예상 7회 기출예상 8회 기출예상 9회 기출예상

26 문제해결력 명제 판단하기

| 정답 | ③

| 해설 | 'p : 쇼핑을 좋아한다', 'q : 구두가 많다', 'r : 신용 카드가 많다'라고 할 때 [사실]을 정리하면 다음과 같다.

• p→r   • q→p   • ~q→~r

A. '~q→~r'이 참이므로 이 명제의 대우인 'r→q'도 참 이다. 'p→r' 명제와의 삼단논법에 의해 'p→q'가 항 상 참임을 알 수 있다.

B. 'p→r'이 참이므로 이 명제의 대우인 '~r→~p'도 참 이며, 'q→p'가 참이므로 이 명제의 대우인 '~p→~q' 도 참이 된다. 두 명제의 삼단논법에 의해 '~r→~q' 가 항상 참임을 알 수 있다.

따라서 A, B 모두 항상 옳은 설명이다.

27 수리력 평균 연령 구하기

| 정답 | ③

| 해설 | 정치학과 편입 응시생의 평균 연령은

$$\frac{(23 \times 20) + (24 \times 21) + (25 \times 14) + (26 \times 18) + (27 \times 15)}{20 + 21 + 14 + 18 + 15}$$

$$= \frac{2,187}{88} = 24.9(세)이다.$$

28 관찰탐구력 화산대와 지진대 이해하기

| 정답 | ③

| 해설 | 지진과 화산 활동은 모두 판의 경계에서 서로 다른 판의 상대적인 운동의 결과로 발생하는 지각 변동이다.

29 공간지각력 블록 개수 파악하기

| 정답 | ③

| 해설 | 가장 뒷줄에 위치한 블록의 개수는 15개, 뒤에서 두 번째 줄에 위치한 블록의 개수는 6개, 뒤에서 세 번째 줄에 위치한 블록의 개수는 2개, 가장 앞줄에 위치한 블록의 개 수는 1개이므로, 총 24개이다.

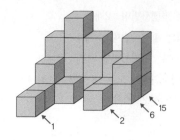

30 언어논리력 어휘 의미 파악하기

| 정답 | ③

| 해설 | ①, ②, ④의 '싸다'는 「1」의 '물건을 안에 넣고 보이 지 않게 씌워 가리거나 둘러 말다'라는 의미로 사용되었다. 반면 ③은 「2」의 '어떤 물체의 주위를 가리거나 막다'라는 의미로 사용되었다.

| 오답풀이 |

① '아이를 포대기 안에 넣고 보이지 않게 했다'는 의미이다.

② '헝겊으로 머리가 보이지 않게 둘렀다'는 의미이다.

④ '선물을 포장지 안에 넣었다'는 의미이다.

31 수리력 피타고라스의 정리 활용하기

| 정답 | ④

| 해설 |

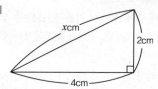

빗변의 길이를 x cm라 하면, 피타고라스의 정리에 의해 다음 식이 성립한다.

$$x^2 = 2^2 + 4^2$$

$$x^2 = 20$$

$$\therefore x = \sqrt{20} = 2\sqrt{5} \text{ (cm)}$$

32 수리력 | 도표의 수치 분석하기

| 정답 | ②

| 해설 | 20X9년의 평균 시급은 20X5년의 $\frac{9,100}{6,210} \fallingdotseq 1.47$

(배)이다.

| 오답풀이 |

① 20X7년, 20X9년에는 월 평균 소득이 감소하였다.

③ 20X7년 주간 평균 근로시간은 22시간이므로 월 평균 근로시간은 22×4=88(시간) 정도이다.

④ 20X7년에서 20X8년 사이에 월 평균 소득은 증가하지만 평균 시급은 감소하였다.

33 문제해결력 | 조건을 바탕으로 추론하기

| 정답 | ④

| 해설 | 영화 B가 2관에서 상영되고 영화 A와 C가 상영되는 관이 이웃해야 하므로 영화 D의 상영관은 1관이 된다. 남은 3관과 4관 중 4관에서는 영화 C를 상영하지 않으므로 영화 C는 3관에서, 남은 영화 A는 4관에서 상영된다.

1관	2관	3관	4관
영화 D	영화 B	영화 C	영화 A

34 문제해결력 | 조건을 바탕으로 추론하기

| 정답 | ④

| 해설 | 첫 번째, 다섯 번째 조건으로 H B F D 또는 D F B H 순으로 위치해 있음을 알 수 있다. 이어 세 번째 조건

을 추가하면 HBFD 길 또는 DFBH 길 이고, 두 번째,
○○○C C○○○

여섯 번째 조건을 추가하면 HBFD 길 또는 DFBH 길
AEGC CGEA

임을 알 수 있다. 이 중 네 번째 조건을 충족하는 것은

HBFD 길 이다. 따라서 G사의 빌딩과 F사의 빌딩은 서로
AEGC

마주 보고 서 있다.

35 공간지각력 | 필요 없는 조각 찾기

| 정답 | ④

| 해설 | 선택지에 있는 도형으로 평행사변형을 만드는 방법은 다음과 같다.

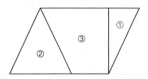

따라서 평행사변형을 만드는 데 필요 없는 조각은 ④이다.

36 관찰탐구력 | 진폭과 진동수 이해하기

| 정답 | ②

| 해설 | 진폭과 진동수 그리고 음의 높낮이와 크기의 관계를 이해해야 한다. 음파의 진폭이 클수록 더 큰 소리가 발생한다. 따라서 바리톤 B 씨는 소프라노 A 씨보다 진폭이 더 큰 음파를 냈다고 볼 수 있다.(ㄱ) 또한 음파의 진동수가 클수록 음은 높아진다. 따라서 소프라노 A 씨가 바리톤 B 씨보다 진동수가 더 큰 음파를 냈다고 볼 수 있다.(ㄷ)

| 오답풀이 |

ㄴ. 높은 '도'가 낮은 '도'보다 진동수가 크다.

ㄹ. 큰 소리가 작은 소리보다 진폭이 크다.

37 문제해결력 | 조건을 바탕으로 추론하기

| 정답 | ③

| 해설 | C가 서울에 살고 A가 부산에 살지 않으므로 A는 전주 또는 대전에 산다. 이때 A, B는 각각 대전이나 전주 중 한 곳에 살고 있으므로 D는 부산에 살고 있다. 전주에서는 연극이 공연됐으므로 콘서트나 뮤지컬을 본 B는 해당되지 않는다. 따라서 A가 전주에 살며 연극을 보았고, B는 대전에 살고 있다. 한편 A는 연극을 보았고 B, C는 모두 오페라를 보지 않았으므로 오페라를 본 사람은 D가 되며, 부산에서 오페라를 공연하였으므로 콘서트는 대전에서, 뮤지컬은 서울에서 공연되었음을 알 수 있다. 이를 정리하면 다음과 같다.

A	B	C	D
전주	대전	서울	부산
연극	콘서트	뮤지컬	오페라

38 언어논리력 올바르게 띄어쓰기

|정답| ②

|해설| '들릴 만큼'의 '만큼'은 앞의 내용에 상당한 수량이나 정도임을 나타내는 의존명사로 앞말과 띄어 써야 한다.
|오답풀이|
① 앞말인 '너'가 체언이므로 조사이다. 따라서 앞말과 붙여 써야 한다.

39 언어논리력 세부 내용 이해하기

|정답| ④

|해설| 우리나라의 대학 도서관에서는 DDC를 많이 쓰고, 한글로 된 책이 많은 공공도서관에서는 DDC를 우리나라의 특징에 맞게 고친 한국십진분류법(KDC)을 사용한다.

40 언어논리력 글의 흐름과 관계없는 문장 찾기

|정답| ③

|해설| ㉢은 KDC의 원리에 대하여 알아보자고 했지만 이어지는 문단은 청구기호에 대한 설명이므로 글의 흐름과 적합하지 않다.

41 공간지각력 펼친 모양 찾기

|정답| ①

|해설| 접은 선을 축으로 하여 역순으로 펼치면 다음과 같다.

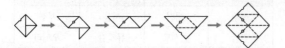

42 관찰탐구력 끓는점 이해하기

|정답| ①

|해설| B 냄비 안에 담긴 물이 빨리 끓으려면 A 냄비 안에 담긴 물이 더 뜨거워야 한다. 그리고 소금물의 끓는점은 물의 끓는점보다 높다. 따라서 A 냄비의 물에 소금을 녹여 끓는점을 높여야 한다.

43 관찰탐구력 생명 현상 이해하기

|정답| ③

|해설| (가) 적응과 진화의 예에 해당한다.
(나) 외부 환경에서 오는 자극에 대한 반응의 예이다.
(다) 생명을 유지하는 데 필요한 물질을 합성하는 물질 대사의 예이다.

44 관찰탐구력 온도에 따른 부피 변화 이해하기

|정답| ③

|해설| (가)는 고체, (나)는 액체, (다)는 기체의 분자 모양이다. 액체나 고체에 비해 분자 간의 간격이 넓은 기체는 압력이나 온도에 따른 부피 변화가 가장 크다. 일정한 공간 안에서 고체는 분자의 수도 많고 간격이 가장 조밀하여 압력이나 온도에 따른 부피 변화가 제일 작다.
따라서 부피 변화가 큰 순서대로 나열하면 (다)-(나)-(가)이다.

45 공간지각력 도형 모양 비교하기

|정답| ②

|해설| ③은 ①의 도형을 180° 회전한 모양이고, ④는 ①의 도형을 반시계 방향으로 90° 회전한 모양이다. 반면, ②는 아래 동그라미 표시한 부분이 나머지와 다르다.

3회 기출예상문제

▶ 문제 90쪽

01	④	02	②	03	③	04	①	05	③
06	②	07	④	08	④	09	③	10	③
11	②	12	①	13	①	14	①	15	②
16	①	17	①	18	③	19	②	20	①
21	②	22	②	23	③	24	③	25	①
26	②	27	③	28	③	29	②	30	④
31	④	32	③	33	③	34	③	35	③
36	④	37	③	38	③	39	①	40	①
41	①	42	③	43	③	44	④	45	④

01 언어논리력 어휘 의미 파악하기

| 정답 | ④

| 해설 | 밑줄 친 ㉠의 의미는 '한때의 허상'이다. 따라서 ④의 '신화'가 가장 유사한 의미로 사용되었다.

| 오답풀이 |

① 신비스러운 이야기를 의미한다.

②, ③ 절대적이고 획기적인 업적을 의미한다.

02 언어논리력 올바른 맞춤법 사용하기

| 정답 | ②

| 해설 | '-대'는 직접 경험한 사실이 아닌 남이 말한 내용을 간접적으로 전달할 때 쓰이고, '-데'는 직접 경험한 사실을 나중에 보고하듯이 말할 때 쓰인다. 김 사원이 지난주에 결혼했다는 소식을 남에게 듣고 오 팀장에게 전달하는 상황이므로 '했대요'라고 쓰는 것이 적절하다. 따라서 수정할 필요가 없다.

| 오답풀이 |

① '돼야'는 '되어야'의 준말이다.

③ '바라요'는 마음속으로 기대하다는 뜻의 '바라다'에 종결어미 '-아요'가 붙은 말이며, '바래요'는 볕이나 습기를 받아 색이 변한다는 뜻의 '바래다'에 종결어미 '-어요'가 붙은 말이다. 문맥상 '바라요'로 수정하는 것이 적절하다.

④ '금세'는 '지금 바로'라는 뜻으로 '금시에'의 준말이다.

03 관찰탐구력 무기질의 종류와 기능 이해하기

| 정답 | ③

| 해설 | 기운이 없고 몸이 허약해지며 빈혈에 걸리기 쉬운 것은 철의 결핍 시 나타나는 현상이다.

04 공간지각력 도형 합치기

| 정답 | ①

| 해설 | ①은 동그라미 친 부분이 잘못되었다.

05 문제해결력 조건을 바탕으로 추론하기

| 정답 | ③

| 해설 | 대화에서 김 사원은 비전공자들에게 적합한 모델로 동시발음수와 음색수 100 이하인 제품을 추천받았다. 또한 총 300만 원 이하, 즉 한 대에 100만 원 이하이며 블루투스 연결이 가능한 피아노를 구매하고자 한다. 따라서 SS-110이 가장 적합하다.

06 문제해결력 명제 판단하기

| 정답 | ②

| 해설 | 제시된 명제를 정리하면 다음과 같다.

• 민형이가 보 → 채원이가 가위

• 노준이가 바위 → ~채원이가 가위

두 번째 명제와 첫 번째 명제의 대우의 삼단논법을 통해 '노준이가 바위 → ~채원이가 가위 → ~민형이가 보'가 성립한다. 따라서 노준이가 바위를 내면 민형이는 보를 내지 않는다.

| 오답풀이 |

① 두 번째 명제의 대우에 의해 채원이가 가위를 내면 노준이는 바위를 내지 않는다.

③ 첫 번째 명제와 두 번째 명제의 대우에 의해 민형이가 보를 내면 노준이는 바위를 내지 않는다.

④ 첫 번째 명제의 역에 해당하므로 참인지 거짓인지 알 수 없다.

07 　공간지각력　도형 모양 비교하기

| 정답 | ④

| 해설 | ④는 제시된 도형을 시계 방향으로 90° 회전한 모양이다.

| 오답풀이 |

나머지 도형은 동그라미 친 부분이 다르다.

① 　② 　③

08 　언어논리력　세부 내용 이해하기

| 정답 | ④

| 해설 | 공유지의 비극은 1968년 미국의 생물학자 하딘이 처음 주장한 개념이지만, 제시된 글에서는 이에 대한 정보를 찾아볼 수 없다.

| 오답풀이 |

① 저자는 공유지의 비극 이론을 설명하면서 한정된 자원에 대한 자유로운 접근과 끝없는 욕망이 불러올 것을 경고하고 이에 대한 예방을 주장하고 있다.

② 저자는 공유지의 비극 이론을 환경, 정치, 경제, 인문학, 사회학 분야에 적용 가능하다고 하였다.

③ 공유지의 비극을 방지하려면 정부 차원의 해결책이 필요하다고 주장하면서, 인센티브와 처벌 등의 제도적 장치를 제안하고 있다.

09 　언어논리력　속담의 의미 파악하기

| 정답 | ③

| 해설 | '공짜라면 양잿물도 마신다'는 돈을 안 들이고 공으로 생기는 것이면 무엇이든 다 좋아함을 이르는 속담이다. 이에 따라 C의 반응은 황희 정승이 공짜라면 모두 좋아하

다가 이로 인해 곯은 계란을 얻게 되었다는 의미가 된다. 그러나 제시된 글의 내용은 기회를 만나도 뜻대로 일이 풀리지 않았다는 일화이므로 옳지 않은 반응이다.

| 오답풀이 |

① '가는 날이 장날'은 어떤 사람이 친구에게 볼 일이 있어 큰맘을 먹고 찾아갔는데, 마침 그날 마을에 장이 서서 그곳에 친구가 가는 바람에 만나지 못하고 돌아왔다는 데서 유래한 속담으로, 어떤 일이 잘 풀리지 않을 때 쓴다. 따라서 제시된 글에서 운이 없었던 황희 정승의 일화를 바르게 이해하였다.

② '뒤로 넘어져도 코가 깨진다'는 일이 안되려면 좋지 않은 일만 연거푸 생긴다는 의미의 속담이다. 제시된 글에서 일이 잘 풀리지 않은 황희 정승의 일화를 바르게 이해한 반응이다.

④ 언중유골은 그 뜻에서 알 수 있듯 '뼈 골(骨)'을 쓴다. 그러나 계란유골의 '골'은 계란이 썩었음을 한문으로 표현하는 과정에서 '뼈 골'을 차용한 것이다. 따라서 두 한자성어의 '골'의 의미는 사실상 다르다.

10 　수리력　과자 한 상자의 가격 구하기

| 정답 | ③

| 해설 | 참석하는 인원에 여분으로 5인분을 더 준비했으므로, 20인분에 총 75,000원이 지출되었다. 물품별 지출은 다음과 같다.

• 물 : $600 \times 20 = 12,000$(원)

• 음료수 : $1,400 \times 20 = 28,000$(원)

• 과일 : 17,000원

총지출액에서 물품별 지출금액을 빼면 과자값은 18,000원이다. 과자는 한 상자에 10개가 들어 있고 1명에게 2개씩 배분되는데, 20인분을 준비해야 하므로 과자는 총 4상자가 필요하다. 따라서 과자 한 상자의 가격은 $18,000 \div 4 = 4,500$(원)이다.

11 　수리력　최대공약수 활용하기

| 정답 | ②

| 해설 | 최대한 많은 사원에게 똑같이 나누어 주어야 하므로 최대공약수를 구해야 한다.

www.gosinet.co.kr **gosi**net

출산기출복원

1회 기출예상

2회 기출예상

3회 기출예상

4회 기출예상

5회 기출예상

6회 기출예상

7회 기출예상

8회 기출예상

9회 기출예상

$200=2\times2\times2\times5\times5$

$80=2\times2\times2\times2\times5$

두 수의 최대공약수는 $2\times2\times2\times5=40$이다.

따라서 음료수는 $200\div40=5$(캔), 떡은 $80\div40=2$(개)씩 나누어 주었을 때 똑같이 나누어 줄 수 있다.

| 별해|

```
2 )  200   80
2 )  100   40
2 )   50   20
5 )   25   10
=
40     5    2
```

12 관찰탐구력 혈구의 기능 이해하기

| 정답| ①

| 해설| 혈구는 혈액을 구성하고 혈장을 떠다니는 유형의 성분이며 혈구에는 적혈구, 백혈구, 혈소판이 있다. 혈구의 주요 작용으로는 산소 운반, 외부 물질로부터의 방어, 혈액 응고 작용 등이 있다.

13 관찰탐구력 등속 운동 이해하기

| 정답| ①

| 해설| 제시된 그림의 장난감 자동차는 일정한 시간 간격(1초)으로 위치가 변화하는데, 각 간격의 이동 거리가 일정하게 유지되고 있다. 이는 자동차가 일정한 속도로 움직이고 있음을 의미한다. 따라서 이와 관련된 운동은 물체가 일정한 속도로 움직이는 운동인 등속 운동이다.

| 오답풀이|

② 진자 운동 : 중력과 장력에 의해 물체가 일정한 주기로 앞뒤로 흔들리는 운동이다.

③ 등가속도 운동 : 물체 외 가속도가 일정하게 변하는 운동이다.

④ 포물선 운동 : 공을 던졌을 때처럼 곡선을 그리며 이동하는 운동이다.

14 문제해결력 조건을 바탕으로 추론하기

| 정답| ①

| 해설| 세 번째 조건으로 100m 달리기 1등과 멀리뛰기 꼴찌는 확정할 수 있다. 첫 번째 조건과 B가 D보다 빨랐다는 네 번째 조건에 따라 D는 달리기에서 2, 4등이 될 수 없으므로 3등이 되며, B는 D보다 빨라야 하므로 2등, 남은 A는 4등으로 확정된다. 또한 멀리뛰기의 등수를 유추해 보면, 첫 번째와 네 번째 조건에 따라 B는 1등도 2등도 될 수 없기 때문에 3등으로 정해진다. 마찬가지로 첫 번째 조건에 따라 C는 1등이 될 수 없으므로 2등이 되고, 남은 A는 1등으로 확정된다.

따라서 A의 100m 달리기와 멀리뛰기 등수는 각각 4등과 1등이다.

15 공간지각력 투상도로 입체도형 찾기

| 정답| ②

| 해설| 정면도 → 평면도 → 우측면도 순으로 확인해 보면 블록 개수와 위치가 모두 일치하는 입체도형은 ②이다.

| 오답풀이|

동그라미 친 부분이 추가되고 색칠된 블록이 제거되어야 한다.

① 평면도가 일치하지 않는다.

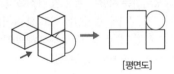

[평면도]

③ 정면도가 일치하지 않는다.

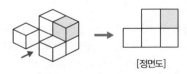

[정면도]

④ 평면도가 일치하지 않는다.

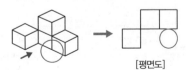

[평면도]

16 수리력 도표의 수치 분석하기

| 정답 | ①

| 해설 | 중국을 제외한 국가들의 특허출원 수의 합은 597, 172＋288,472＋226,759＋62,105＋56,771＋34,565＋ 24,338＝1,290,182(건)으로, 중국의 특허출원 수인 1,497, 159건에 미치지 못한다.

| 오답풀이 |

② 일본의 특허출원 수의 2배는 288,472×2＝576,944 (건)으로 미국의 특허출원 수인 597,172건보다 적다. 반면, 특허등록 수는 일본의 2배가 179,383×2＝358, 766(건)으로 미국의 351,993건보다 많다.

③ 특허등록 수가 여섯 번째로 많은 국가는 21,284건인 캐 나다이고, 특허출원 수는 34,565건으로 50,000건보다 적다.

④ 특허출원 수 대비 특허등록 수 비율이 50% 이상인 국가 는 미국, 일본, 대한민국, 캐나다, 브라질 5개국이다. 따라서 나머지 3개국은 50% 이하인 국가로, 그 수가 50% 이상인 국가보다 적다.

17 문제해결력 명제 추론하기

| 정답 | ①

| 해설 | 제시된 [전제]인 '맵고 짠 음식을 좋아하는 사람은 라면보다 칼국수를 더 좋아하지 않는다'의 대우 명제는 '라 면보다 칼국수를 더 좋아하는 사람은 맵고 짠 음식을 좋아 하지 않는다'가 된다. [결론]에서 '형진이는 맵고 짠 음식을 좋아하지 않는다'라고 하였으므로 삼단논법에 의해 빈칸에 들어갈 명제는 '형진이는 라면보다 칼국수를 더 좋아한다' 가 적절하다.

> **보충 플러스+**
>
> 두 번째 전제에서 'q : 맵고 짠 음식을 좋아한다', '~r : 라면 보다 칼국수를 더 좋아하지 않는다', 결론에서 'p : 형진이', '~q : 맵고 짠 음식을 좋아하지 않는다'가 된다.
>
> | 삼
단
논
법 | p→q
q→r
―――
p→r | ?→?

q→~r ―――― p→~q | 대우 | ?→?

r→~q ―――― p→~q |
>
> 두 번째 전제의 대우와 삼단논법에 따라 추론해 보면 첫 번 째 전제는 'p→r'. 즉 '형진이는 라면보다 칼국수를 더 좋아 한다'가 성립됨을 알 수 있다.

18 관찰탐구력 기체의 부피 변화 이해하기

| 정답 | ③

| 해설 | 온도에 따라 기체의 부피가 변화하는 현상은 샤를의 법칙과 관련된다. 샤를의 법칙은 압력이 일정할 때 기체의 부피는 그 종류에 관계없이 온도가 증가할 때마다 부피가 일정하게 증가한다는 법칙이다.

ㄴ. 뜨거운 국이 담긴 그릇을 탁자에 올려놓으면 그릇의 바 닥면이 뜨거워진다. 이로 인해 그릇 바닥에 있는 공기 가 가열되어 부피가 팽창하고 그릇이 들린다. 이때 생 긴 틈으로 공기가 빠져나가면서 그릇을 밀어 움직이게 하는 것이다.

ㄹ. 여름철에는 기온이 높아져 기체의 부피는 온도에 비례하 게 커진다. 따라서 바퀴 안의 공기가 팽창하게 되므로 겨 울철보다 여름철에 바퀴에 공기를 적게 넣어줘야 한다.

| 오답풀이 |

ㄱ. 시간에 지남에 따라 어항의 물이 점점 줄어드는 현상은 증발과 관련된다.

ㄷ. 온도가 일정할 때 기체의 부피는 압력에 반비례한다는 보일의 법칙과 관련된다.

19 공간지각력 위치 파악하기

| 정답 | ②

| 해설 |

20 수리력 직사각형의 넓이 구하기

| 정답 | ①

| 해설 | 직사각형의 세로 길이를 xm라고 한다면 가로 길이 는 $2x$m이므로 다음과 같은 식이 성립한다.

$(2×x)+(2×2x)=3$　　$2x+4x=3$

$∴ x=0.5$(m)

즉 세로 길이는 0.5m, 가로 길이는 1m이므로 이 직사각형 의 넓이는 $0.5×1=0.5$(m^2)이다.

www.gosinet.co.kr

울산기출복원

1회 기출예상

2회 기출예상

3회 기출예상

4회 기출예상

5회 기출예상

6회 기출예상

7회 기출예상

8회 기출예상

9회 기출예상

21 수리력 도표의 수치 분석하기

|정답| ②

|해설| 연구 인력과 지원 인력의 평균 연령 차이를 살펴보면 20X5년 1.7세, 20X6년 2세, 20X7년 4.9세, 20X8년 4.9세, 20X9년 5.7세로, 20X8년의 평균 연령 차이가 전년과 동일하므로 전년 대비 계속 커지는 것은 아니다.

|오답풀이|

① 20X8년의 지원 인력 정원은 20명이고 현원은 21명이므로 충원율은 $\frac{21}{20} \times 100 = 105(\%)$로 100%를 넘는다.

③ 지원 인력은 매년 늘어나지만 박사학위 소지자 수는 동일하므로 그 비율은 줄어든다.

④ 20X6년 이후 지원 인력의 평균 연봉 지급액은 20X9년까지 계속 연구 인력보다 적었다.

22 관찰탐구력 과학적 원리 이해하기

|정답| ②

|해설| 열을 빼앗기지 않으려는 성질에 의한 보온병의 단열 효과와 부도체 물질인 플라스틱을 손잡이로 사용한 것은 모두 낮은 열전도율을 이용한 것이다.

|오답풀이|

① 프라이팬은 금속으로 되어 있어 열전도율이 크므로 고기를 빨리 구울 수 있다.

③ 열용량이 큰 물체일수록 온도 변화에 많은 시간이 소모되는데, 물의 경우 비열이 액체와 고체 중 가장 크므로 뜨거운 물이 들어 있는 핫팩의 물은 잘 식지 않는다.

④ 불을 끄기 위하여 담요를 덮는 것은 산소를 차단하기 위해서이다.

23 언어논리력 외래어 표기법 이해하기

|정답| ②

|해설| 일정한 목표를 달성하기 위하여 일시적으로 팀을 이루어 함께 작업하는 일을 뜻하는 collaboration[kəlæbə'reɪʃn]은 컬래버레이션으로 표기하는 것이 옳다.

24 언어논리력 글을 바탕으로 추론하기

|정답| ③

|해설| 제시된 글의 두 번째 문단에서 이순신 장군을 표상하거나 지시한다고 해서 반드시 이순신 장군의 모습과 유사하다고 할 수 없다고 하였다. 즉, 나타내려는 대상의 모습과 유사하지 않더라도 그 대상을 표상할 수 있다는 것이다. 따라서 유사성이 없다면 표상이 될 수 없다고 하는 ③은 적절하지 않다.

25 공간지각력 블록 개수 파악하기

|정답| ①

|해설| 가로로 누워 있는 블록 4개, 세로로 서 있는 블록 8개로 총 4+8=12(개)이다.

26 공간지각력 블록 개수 파악하기

|정답| ②

|해설| 그림에서 한 면만 보이는 블록을 색칠하면 다음과 같다.

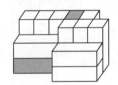

27 관찰탐구력 원자의 구조 이해하기

|정답| ③

|해설| 원자는 원자핵과 전자로 이루어져 있다.

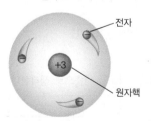

전자

+3

원자핵

|오답풀이|

① 전자는 (−)전하를 띠며, 원자핵 주위를 돈다. 그 질량은 매우 가벼워 원자핵보다 가볍다.

② 원자핵과 전자 사이는 빈 공간이다.

④ 원자핵은 (+)전하를 띠며, 원자의 중심에 있다.

28 수리력 도표의 수치 분석하기

| 정답 | ④

| 해설 | 평일에 5~7시간의 여가시간을 보내는 사람의 비율은 12.4%이며, 휴일에 5~7시간의 여가시간을 보내는 사람의 비율은 31.9%이므로 그 차이는 19.5%p이다.

29 수리력 도표를 바탕으로 수치 계산하기

| 정답 | ②

| 해설 | 평일 여가시간대와 휴일 여가시간대의 비중과 그 차이를 표로 만들면 다음과 같다.

	3시간 미만	3~5 시간	5~7 시간	7~9 시간	9시간 이상
평일	41.4	42.1	12.4	3.0	1.2
휴일	9.7	38.2	31.9	12.4	7.8
평일과 휴일의 비중차이	31.7	3.9	19.5	9.4	6.6

따라서 평일과 휴일의 비중 차이가 가장 큰 시간대는 '3시간 미만'이고, 평일에 3시간 미만의 여가시간을 가지는 남성의 비중은 45.6%이다.

30 문제해결력 조건을 바탕으로 추론하기

| 정답 | ④

| 해설 | 자리가 고정되어 있는 D와 F를 기준으로 생각한다.

	F			D		

A와 C는 나란히 앉아 있으며 B는 가장 왼쪽에 앉아 있지 않다. 또한 B의 오른쪽으로 3명 이상이 앉아 있다고 하였으므로 다음과 같은 두 가지의 경우가 가능하다.

G	F	B	E	D	A or C	C or A
G	F	E	B	D	A or C	C or A

따라서 어떠한 경우에도 가장 왼쪽에 앉아 있는 사람은 G이다.

31 수리력 거리·속력·시간 활용하기

| 정답 | ④

| 해설 | 역에서 유적지까지 갈 수 있는 최대한의 거리를 x km라고 하면, 주영이가 역에서 유적지까지 가는 데 걸리는 시간은 $\frac{x}{3}$시간, 유적지에서 역까지 돌아오는 데 걸리는 시간은 $\frac{x}{2}$시간이다. 구경하는 시간 30분을 제외하고 3시간 안에 유적지를 갔다가 돌아와야 하므로 다녀올 수 있는 최대한의 거리는 $\frac{x}{3}+\frac{x}{2}\leq 3$, $x\leq 3.6$ 즉, 최대 3.6km 떨어진 유적지까지 다녀올 수 있다.

32 수리력 평균값과 중앙값 구하기

| 정답 | ③

| 해설 | 평균은
$$\frac{(1\times 4)+(2\times 5)+(3\times 4)+(4\times 6)+(5\times 5)+(6\times 6)}{30}$$
$=3.7$, 중앙값(크기 순으로 나열했을 때 중앙에 위치하는 값)은 15번째와 16번째 변량의 산술평균인 $\frac{4+4}{2}=4$이다.

따라서 평균값과 중앙값의 차는 $4-3.7=0.3$이다.

33 관찰탐구력 과학적 원리 이해하기

| 정답 | ④

| 해설 | 물은 얼음이 되면 수소 결합에 의해 육각고리 구조를 형성하게 되어 빈 공간이 생기게 된다. 이 공간으로 인하여 얼음의 부피가 증가한다.

34 관찰탐구력 풍선이 팽창하는 원리 이해하기

|정답| ④

|해설| 풍선에 공기를 불어 넣을수록 풍선 속 기체 분자의 수가 많아져서 기체 분자가 풍선 벽에 더 많이 충돌하게 되므로 풍선 벽에 가하는 힘이 커진다. 즉, 풍선 안쪽 벽에 작용하는 기체의 압력이 바깥쪽보다 커지기 때문에 풍선이 부풀어 오른다.

|오답풀이|

① 물질을 이루는 분자들이 스스로 움직여 액체나 기체 속으로 퍼져 나가는 현상은 '확산'으로, 풍선이 부풀어 오르는 것과는 관련 없다.

② 가열 · 냉각 시 분자운동의 변화이다. 물질이 열에너지를 흡수하면 분자운동이 활발해지고, 방출하면 둔해진다.

③ 기체 분자들은 가볍고 촘촘하게 배열되어 있지만, 풍선이 부풀어 오르는 직접적인 원인은 아니다.

35 언어논리력 글의 서술 방식 파악하기

|정답| ③

|해설| 전반적으로 사실의 나열을 통하여 논지를 전개하고 있으며, 비판을 통해 독자의 동의를 얻으려는 서술은 찾아볼 수 없다.

|오답풀이|

① UN아동권리협약에 제시된 4가지 인권영역을 열거하였다.

② 일부 학자들의 청소년 참여 수준에 대한 의견을 인용하였다.

④ 청소년연령이 18세 미만으로 정의되는 아동연령과 중복되는 점을 들어 청소년인권은 아동권리에 대한 국제조약인 UN아동권리협약에 규정된 내용과 관련이 깊다는 주관적 해석의 정당성을 확보하였다.

36 언어논리력 세부 내용 이해하기

|정답| ④

|해설| 청소년 참여권에 대한 명확한 정의는 아직까지 내려지지 않았다고 하였으며, ④의 내용은 일부 학자들의 의견이다.

|오답풀이|

① '기본적으로 청소년인권은 아동권리에 대한 국제조약인 UN아동권리협약에 규정된 내용과 관련이 깊다'라고 하였다.

② '보호권은 모든 형태의 학대와 방임, 차별~ 등 아동에게 유해한 것으로부터 보호받을 권리'라고 하였으므로 옳은 설명이다.

③ '발달권은 잠재능력을 최대한 발휘하는 데 필요한 권리'라고 하였다.

37 문제해결력 진위 추론하기

|정답| ④

|해설| B 사원과 D 사원의 발언이 서로 상충하므로 B 사원이 거짓을 말하는 경우와 D 사원이 거짓을 말하는 경우로 나누어 생각해 본다.

• B 사원이 거짓말을 하는 경우 : A 사원은 E 사원 바로 다음으로 휴가를 간다. C 사원은 D 사원보다 늦게 휴가를 가고, D 사원은 B, C 사원보다 늦게 휴가를 가므로 C 사원과 D 사원의 휴가 계획이 서로 상충한다.

• D 사원이 거짓말을 하는 경우 : A 사원은 E 사원 바로 다음으로 휴가를 간다. B 사원은 마지막으로 휴가를 가고, C 사원은 D 사원보다 늦게, E 사원은 가장 먼저 휴가를 가므로 'E-A-D-C-B' 순으로 휴가를 감을 알 수 있다.

따라서 거짓말을 한 사원은 D 사원이다.

38 문제해결력 조건을 바탕으로 추론하기

|정답| ③

|해설| 일단 선이가 C 자격증을 가지고 있으므로 D와 E 자격증도 가지고 있음을 알 수 있다. 그런데 B 자격증을 취득한 사람은 E 자격증 시험에 응시할 수 없으므로 선이는 B 자격증이 없다는 것을 알 수 있다. A 자격증을 취득하려면 B 자격증이 있어야 하므로 선이는 A 자격증도 취득할 수 없다. 따라서 선이가 취득한 자격증은 C, D, E 세 개다.

39 언어논리력 글의 흐름에 맞게 문장 배열하기

| 정답 | ④

| 해설 | 먼저 세상에 존재하는 혐오스러운 소리가 많다며 소재를 제시하는 (다)가 오고, 그에 대한 구체적인 예시를 드는 (가)가 이어진다. 다음으로 이런 현상들에 대한 의문을 제시하는 (마)가 온 후, 그 답으로 '고주파'를 제시하는 (라)가 위치한다. 마지막으로 그렇게 생각되는 이유를 (나)에서 언급한다. 따라서 글의 순서는 (다) – (가) – (마) – (라) – (나)가 적절하다.

40 공간지각력 도형의 규칙 찾기

| 정답 | ①

| 해설 | 네모 안의 그림들이 각각 한 자리씩 아래로 이동하고, 맨 아래 그림은 맨 위로 올라간다. 이때 전화기 그림은 자리를 이동할 때마다 색깔 변화를 반복한다.

41 관찰탐구력 생태피라미드 변화 이해하기

| 정답 | ①

| 해설 | 독수리의 천적 출현으로 독수리의 수가 줄어 토끼의 개체 수는 늘고 토끼의 포식으로 들풀이 줄었다고 볼 수 있다.

42 문제해결력 명제 판단하기

| 정답 | ③

| 해설 | 'p : 드라마 셜록 홈즈를 좋아한다', 'q : 영화 반지의 제왕을 좋아한다', 'r : 영화 스타트렉을 좋아한다', 's : 영화 해리포터 시리즈를 좋아한다'라고 할 때 정리하면 다음과 같다.

• p → ~q   • ~q → ~s   • q → r

(가) ~q → ~s가 참이므로 이 명제의 대우인 s → q도 참이다. 따라서 지연이는 영화 해리포터 시리즈를 좋아하므로 영화 반지의 제왕도 좋아하며 q → r 명제에 의해 영화 스타트렉도 좋아함을 알 수 있다.

(나) p → ~q가 참이므로 이 명제의 대우인 q → ~p도 참이다. s → q가 참이므로 삼단논법에 의해 s → ~p도 참이 되며 따라서 지연이는 영화 해리포터 시리즈를

좋아하므로 드라마 셜록 홈즈를 좋아하지 않음을 알 수 있다.

(다) r → ~p가 참이 되기 위해서는 q → r의 역인 r → q가 참이어야 한다. 하지만 역의 참 · 거짓 여부는 알 수 없으므로 옳은 설명이 아니다.

따라서 옳은 설명은 (가), (나)이다.

43 공간지각력 전개도 파악하기

| 정답 | ②

| 해설 | 전개도를 접었을 때 서로 맞닿는 면을 화살표로 이으면 다음과 같다.

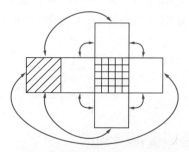

무늬가 있는 면과 맞닿아 있는 면은 모두 무늬가 없다. 즉, 무늬가 있는 두 면이 붙어 있는 경우는 없으므로 ①, ③은 답이 아니다. 또한 무늬가 없는 세 개의 면이 한 모서리에서 만나는 경우는 없으므로 ④ 역시 답이 될 수 없다. 따라서 나타날 수 있는 입체도형은 ②이다.

44 공간지각력 펼친 모양 찾기

| 정답 | ④

| 해설 | 접었던 선을 축으로 하여 역순으로 펼치면 다음과 같다.

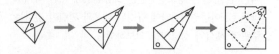

45 관찰탐구력 달의 특성 이해하기

| 정답 | ④

| 해설 | 달에는 물과 대기가 존재하지 않기 때문에 풍화 및 침식 작용이 일어나지 않아 지형이 잘 보존된다. 따라서 우주비행사의 발자국도 그대로 남아 있는 것이다.

4회 기출예상문제

▶ 문제 112쪽

01	①	02	④	03	②	04	①	05	④
06	③	07	②	08	③	09	②	10	①
11	②	12	④	13	②	14	③	15	③
16	③	17	④	18	②	19	④	20	②
21	④	22	④	23	④	24	④	25	①
26	④	27	④	28	②	29	④	30	②
31	④	32	②	33	③	34	②	35	③
36	④	37	④	38	④	39	④	40	②
41	②	42	②	43	①	44	④	45	③

01 언어논리력 어휘 의미 파악하기

| 정답 | ①

| 해설 | 〈보기〉의 밑줄 친 '만들었다'는 '노력이나 기술 따위를 들여 목적하는 사물을 이루다'라는 의미를 가지며 이와 가장 유사한 것은 ①이다.

| 오답풀이 |

②, ③ '새로운 상태를 이루어 냄'의 의미로 쓰였다.

④ '규칙이나 법, 제도 따위를 정함'의 의미로 쓰였다.

02 언어논리력 올바른 맞춤법 사용하기

| 정답 | ④

| 해설 | 과거에 있었던 일을 나타낼 때는 '~드라'가 아닌 '~더라'를 써야 한다.

| 오답풀이 |

① '더욱'은 부사이며, 부사에 '~이'가 붙어 다시 부사가 되는 경우에는 '더욱이'로 쓴다.

② '며칠'은 '얼마 동안의 날'을 의미하며, 국어에서 '몇일'로 적는 경우는 없다.

③ 물건이나 일의 내용을 선택할 경우를 나타낼 때에는 '~든(지)'로 적고, 과거의 있었던 일을 나타낼 때는 '~던, ~던지'로 써야 한다.

03 관찰탐구력 입자 운동의 특성 이해하기

| 정답 | ②

| 해설 | 온도가 높아지면 입자들의 운동이 빨라져 서로 충돌하는 횟수가 늘어나고, 충돌 강도도 높아지기 때문에 화학 반응의 속도가 빨라진다.

04 문제해결력 명제 판단하기

| 정답 | ①

| 해설 | 'p : 껌을 좋아한다', 'q : 사탕을 좋아한다', 'r : 초콜릿을 좋아한다', 's : 감자칩을 좋아한다'라고 할 때 〈보기〉를 정리하면 다음과 같다.

• $p \rightarrow q$

• $\sim r \rightarrow \sim q$

• $s \rightarrow q$

'$\sim r \rightarrow \sim q$'가 참이므로 이 명제의 대우인 '$q \rightarrow r$'도 참이다. 따라서 삼단논법에 의해 '$s \rightarrow q \rightarrow r$'이 성립하므로 '감자칩을 좋아하는 아이는 초콜릿도 좋아한다'는 참이다.

| 오답풀이 |

②, ③ 주어진 명제로는 알 수 없다.

④ 삼단논법에 의해 '$p \rightarrow q \rightarrow r$'이 성립하므로 껌을 좋아하는 아이는 초콜릿도 좋아함을 알 수 있다.

05 문제해결력 조건을 바탕으로 추론하기

| 정답 | ④

| 해설 | B 제품이 화면 크기 점수가 가장 높은 5점을 받았다.

| 오답풀이 |

① A 제품이 디자인과 화면 크기에서 고르게 높은 점수를 받았다.

② B 제품이 화면 크기와 소비전력에서 고르게 높은 점수를 받았다.

③ A 제품이 가격 점수가 가장 높은 5점을 받았다.

06 공간지각력 펼친 그림 찾기

| 정답 | ③

| 해설 | 접었던 선을 축으로 하여 역순으로 펼치면 다음과 같다.

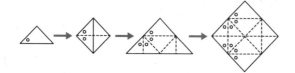

07 언어논리력 글의 서술 방식 파악하기

| 정답 | ②

| 해설 | (가)는 자본주의 시장 경제가 잘 굴러가기 위해 끝없는 욕망으로 불만족해 하는 사람들이 있어야 함을 주지하고, 구체적인 이유에 대해 부연하여 설명하고 있다. (나)는 신화의 구체적인 내용이 민족마다 다르게 나타남을 주지하고 그에 따른 설명을 자세하게 부연하고 있다.

08 언어논리력 세부 내용 이해하기

| 정답 | ③

| 해설 | 매슬로의 욕구단계는 아래 단계의 기본적인 하위 욕구들이 채워져야 자아 성취와 같은 고차원적인 상위 욕구에 관심이 생긴다는 입장이다. 반면 진화생물학적 관점은 인간의 본질적 욕구를 채우는 데 도움이 되기 때문에 자아 성취를 한다는 입장이다. 따라서 두 관점의 인간 본질에 대한 해석은 다르다.

09 언어논리력 알맞은 사자성어 찾기

| 정답 | ②

| 해설 | ㉠의 앞뒤 문맥을 고려할 때 쾌락을 뒷전에 두고 행복을 논하는 것은 이치에 맞지 않다는 의미가 완성되어야 한다. 따라서 '말이 조금도 사리에 맞지 아니하다'는 뜻의 '어불성설(語不成說)'이 들어가야 한다.

10 수리력 확률 계산하기

| 정답 | ①

| 해설 | 육면체 주사위의 눈은 1, 2, 3, 4, 5, 6인데 이 중 2의 배수는 2, 4, 6이므로 2의 배수가 나올 확률은 $\frac{3}{6} = \frac{1}{2}$ 이다.

11 수리력 총금액 구하기

| 정답 | ②

| 해설 | 신발은 30% 할인된 가격인 $30,000 \times 0.7 = 21,000$(원)에 구입하였으므로 옷은 $125,000 - 21,000 = 104,000$(원)에 구입한 것이다.

104,000원은 정가에 20% 할인된 가격이므로

$0.8x = 104,000$

$\therefore x = 130,000$(원)

따라서 할인 전 신발과 옷의 금액은 총 $30,000 + 130,000 = 160,000$(원)이다.

12 관찰탐구력 열의 이동 방식 이해하기

| 정답 | ④

| 해설 | 숟가락이나 못 등에 열을 가하면 열은 온도가 높은 곳에서부터 온도가 낮은 곳으로 이동한다. 이러한 현상을 열의 전도라고 한다. 열의 전도로 이동하는 열량은, 열을 전도하는 물체의 단면적이 클수록 많아지며, 양쪽의 온도차가 크고 그 길이가 짧을수록 많아진다. 그리고 열이 전도되는 정도는 물질의 종류에 따라 다르다. ④는 열의 전도 현상에 대한 사례이다.

| 오답풀이 |

①, ②, ③ 열의 복사에 대한 사례이다. 열의 복사는 전자기파의 형태로 운반된 열을 물체가 흡수하는 것이다. 이러한 현상의 예로는 사람들이 모여 있을 경우 그 열로 따뜻해지는 것과 라디에이터 기기 앞에 가면 순식간에 따뜻해지는 현상 등이 있다.

13 관찰탐구력 작용-반작용의 법칙 이해하기

| 정답 | ②

| 해설 | 모든 작용에 대해 크기는 같고 방향은 반대인 반작용이 존재한다. 두 물체의 서로에 대한 상호작용은 언제나 크기가 같고 방향이 반대이다. 이러한 현상을 작용-반작용의 법칙이라 한다. 다시 말해, 한 물체 A가 다른 물체 B에게 작용하는 힘이 있을 경우, 그 다른 물체 B도 물체 A에게 같은 크기의 힘을 반대 방향으로 가한다는 것을 말한다. 그러나 ②와 같은 현상은 관성의 법칙의 예이다.

| 오답풀이 |

① 내가 손바닥으로 상대방을 밀지만 그 힘에 의해 나도 밀려나게 되므로 작용-반작용의 사례이다.

③ 불꽃을 동반한 가스가 아래쪽으로 향하는 힘의 세기에 비례하여 로켓이 분출되는 힘을 얻게 되므로 작용-반작용의 사례이다.

④ 배가 노 젓기로 물이 밀리는 방향과 반대로 나가게 되는 것은 작용-반작용을 활용한 사례이다.

14 공간지각력 도형 회전하기

| 정답 | ③

| 해설 | 제시된 도형을 시계 방향으로 270°, 즉 반시계 방향으로 90° 회전한 모양은 ③이다.

| 오답풀이 |

① 시계 방향으로 90° 회전한 모양이다.

② y축을 기준으로 좌우반전한 모양이다.

④ 180° 회전한 모양이다.

15 수리력 중앙값 구하기

| 정답 | ③

| 해설 | 중앙값은 자료를 크기순으로 나열했을 때 한가운데에 위치하는 자료 값으로, 지진 발생 건수를 크기순으로 나열하면 2, 5, 5, 7, 7, 8, 9, 10, 11, 15이므로 중앙값은 다섯 번째와 여섯 번째 변량의 산술평균인 $\frac{7+8}{2}=7.5$이다.

16 수리력 방정식 활용하기

| 정답 | ③

| 해설 | 정은이가 산 참외의 개수를 x개라 하면 오렌지의 개수는 $(10-x)$개이므로 다음과 같은 식이 성립한다.

$1,500x+2,500(10-x)=20,000$

$1,000x=5,000$

$\therefore x=5$

따라서 정은이가 산 참외의 개수는 5개이다.

17 문제해결력 진위 추론하기

| 정답 | ④

| 해설 | 진술을 보면 인태와 재원의 주장이 경민의 주장과 상반된다는 것을 알 수 있다.

경민이 거짓을 말하고 있다면 나머지 진술은 모두 진실이므로 5번은 재호, 6번은 진호, 7번은 경민, 8번은 재원, 9번은 인태가 된다. 모든 진술에 모순이 없으므로 거짓말을 하고 있는 사람은 경민이가 된다.

추가로 인태와 재원의 진술을 확인해 보면 인태의 진술이 거짓일 경우 재원과 경민의 진술이 서로 상충되어 모순이 발생하게 되고 재원의 진술이 거짓일 경우 인태와 경민의 진술이 상충되어 역시 모순이 발생하게 됨을 알 수 있다.

18 공간지각력 전개도 파악하기

| 정답 | ③

| 해설 | 동그라미 친 부분이 다음과 같이 바뀌어야 한다.

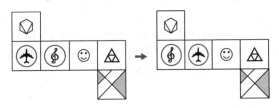

출산기출복원 | 1회 기출예상 | 2회 기출예상 | 3회 기출예상 | 4회 기출예상 | 5회 기출예상 | 6회 기출예상 | 7회 기출예상 | 8회 기출예상 | 9회 기출예상

19　공간지각력　도형의 개수 파악하기

| 정답 | ④

| 해설 | 조각 개수별로 만들 수 있는 사각형의 수는 다음과 같다.

- 조각 1개로 만들 수 있는 사각형 : 8개
- 조각 2개로 만들 수 있는 사각형 : 5개
- 조각 3개로 만들 수 있는 사각형 : 6개
- 조각 4개로 만들 수 있는 사각형 : 3개
- 조각 6개로 만들 수 있는 사각형 : 2개
- 조각 8개로 만들 수 있는 사각형 : 1개

따라서 그림에서 찾을 수 있는 크고 작은 사각형은 총 8+5+6+3+2+1=25(개)이다.

20　관찰탐구력　광합성 이해하기

| 정답 | ②

| 해설 | 광합성은 물과 이산화탄소를 원료로 포도당과 산소를 생성하는 과정이므로 이산화탄소가 흡수되고 산소가 방출된다.

| 오답풀이 |

① 식물은 빛에너지를 사용하여 광합성을 통해 포도당 같은 양분을 만들어낸다.

③ 포도당이 녹말로 전환되어 저장되므로, 광합성이 일어난 잎에서는 녹말이 검출될 수 있다.

④ 광합성은 식물 세포 내의 엽록체에서 일어난다.

21　관찰탐구력　영양소의 특성 이해하기

| 정답 | ④

| 해설 | 3대 영양소는 탄수화물, 단백질, 지방이다. 이들은 모두 에너지원이지만, 그중 탄수화물이 주로 에너지원으로 사용되어 섭취하는 양이 많아도 몸을 구성하는 비율은 낮다. 사용되고 남은 탄수화물은 체지방으로 저장된다.

| 오답풀이 |

① 비타민은 부영양소로 에너지원은 아니지만 몸을 구성하거나 몸의 기능을 조절한다. 비타민 A, B, C, D 등이 있고, 적은 양으로 몸의 기능을 조절한다. 채소류나 과일에 많이 들어 있다.

② 단백질은 에너지원으로 몸의 구성 성분이다. 효소, 호르몬의 주성분으로 몸의 기능을 조절하며, 성장기에 특히 많이 필요하다. 생선, 육류, 달걀, 콩 등에 많이 들어 있다.

③ 지방은 에너지원으로 몸의 구성 성분이다. 체온 유지 기능을 하며, 에너지 저장에 효과적이다. 하지만 과다하게 섭취하면 비만의 원인이 된다. 식용유, 땅콩, 버터 등에 많이 들어 있다.

22　문제해결력　명제 판단하기

| 정답 | ④

| 해설 | 'A : 상여금 선택', 'B : 진급 선택', 'C : 유급 휴가 선택', 'D : 연봉 인상 선택'이라고 할 때, 제시된 세 번째 조건은 'B→~A'가 되고 네 번째 조건은 '~C→ A', 마지막 조건은 'C→~D'가 된다.

세 번째 조건과 네 번째 조건의 대우인 '~A→C'를 통해 'B→C'를 추론할 수 있고, 이를 'C→~D'에 대입하면 'B→~D'임을 알 수 있다. 따라서 'B→~D'의 대우인 'D→~B'도 참이므로 ④는 적절한 내용이다.

| 오답풀이 |

①, ③ 제시된 명제로는 알 수 없다.

② 삼단논법에 의해 'B→~D' 명제가 참임을 알 수 있다. 따라서 진급을 선택한 사람은 연봉 인상을 선택하지 않는다.

23　공간지각력　도형 합치기

| 정답 | ④

| 해설 | ④는 세 조각을 조합해 만들 수 없다.

| 오답풀이 |

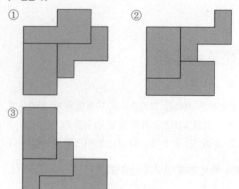

24 수리력 도표의 수치 분석하기

| 정답 | ④

| 해설 | 11개국 중 기대수명 80세를 넘는 국가는 2000년 1개국(일본)에서 2010년 7개국(한국, 프랑스, 호주, 스페인, 스위스, 이탈리아, 일본)으로 증가하였다.

| 오답풀이 |

① 〈자료 1〉을 보면, 우리나라 여자의 기대수명은 남자보다 꾸준히 높게 나타났으나, 성별 기대수명의 차이가 가장 크게 나타났던 해는 1985년 8.63(=73.23-64.60)세이다. 1990년은 8.41(=75.87-67.46)세 차이이다.

② 기대수명이 가장 높은 국가부터 가장 낮은 국가까지 순위를 매기면 1위 일본, 2위 스위스, 3위 스페인, 4위 호주, 8위 영국, 9위 독일, 11위 중국은 같으나, 나머지 이탈리아(5위/4위), 프랑스(5위/7위), 미국(7위/10위), 한국(10위/6위)은 순위는 다르다.

③ 2015년 기준 11개국 중 기대수명이 가장 높은 국가(일본)와 기대수명이 가장 낮은 국가(중국)의 기대수명은 7.6세(=83.3-75.7) 차이이다.

25 수리력 거리 · 속력 · 시간 활용하기

| 정답 | ①

| 해설 | A 씨가 걷는 거리는 $4(km/h) \times \frac{4}{3}(h) = \frac{16}{3}(km)$ 이다. 따라서 B 씨가 걷는 속력은 $\frac{16}{3}(km) \div \frac{5}{3} = 3.2(km/h)$ 이다.

26 수리력 도표의 수치 분석하기

| 정답 | ④

| 해설 | 20X8년의 기타종사자 종사자 수는 1년 전보다 12천 명 더 증가하였다.

| 오답풀이 |

① 네 개 유형의 종사상지위 중 상용근로자 수가 월등히 많은 것을 알 수 있다.

② 173천 명이 증가하여 가장 많은 증가를 보이고 있다.

③ 상용근로자의 경우 종사자 수는 가장 많이 증가했으나 구성비는 오히려 0.2%p 감소하였다.

27 문제해결력 조건을 바탕으로 추론하기

| 정답 | ④

| 해설 | 제시된 내용을 정리하면 다음과 같다.

구분	B	C	D	E	F
간식	쿠키	빵	초콜릿	치즈	과일
음료	탄산음료	커피	주스	홍차	우유

먼저 B의 간식에 쿠키를, C의 간식에 빵을 넣고, D의 음료에 주스, E의 음료에 홍차를 넣는다. 이때 과일이 있는 집에는 우유가 있다고 하였으므로 F의 집에 있는 간식과 음료가 과일과 우유임을 알 수 있다. C의 집에는 탄산음료가 없다고 하였으므로 C의 집에 있는 음료는 커피, B의 집에 있는 음료는 탄산음료가 된다. 마찬가지로 E의 집에는 초콜릿이 없다고 하였으므로 E의 집에 있는 간식은 치즈, D의 집에 있는 간식은 초콜릿임을 알 수 있다.

따라서 A 선생님이 방문한 집은 E의 집이다.

28 공간지각력 블록 개수 파악하기

| 정답 | ②

| 해설 | 2개의 면이 칠해지는 블록은 다음 색칠된 것으로 5개이다.

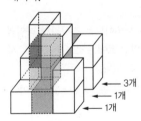

3개
1개
1개

29 관찰탐구력 전하의 인력과 척력 이해하기

| 정답 | ②

| 해설 | A와 B 사이에는 서로 끌어당기는 방향으로, B와 C 사이에는 서로 밀어내는 방향으로 전기력이 작용한다. 따라서 A와 B의 전하가 서로 다르고 B와 C의 전하가 서로 같으므로, A와 C의 전하는 서로 다르다.

| 오답풀이 |

③ A와 C의 전하가 서로 다르므로 끌어당기는 힘 즉, 인력이 작용한다.

출산기출복원 | 1회 기출예상 | 2회 기출예상 | 3회 기출예상 | 4회 기출예상 | 5회 기출예상 | 6회 기출예상 | 7회 기출예상 | 8회 기출예상 | 9회 기출예상

30 수리력 도표의 수치 분석하기

|정답| ②

|해설| 모든 주택형태에서 도시가스 에너지가 가장 많이 소비되고 있다.

|오답풀이|

① 단독주택 전체 에너지 소비량의 30%는 $7,354 \times 0.3 = 2,206.2$로 단독주택에서 소비한 전력 에너지량인 2,118보다 많다.

③ 단독주택은 열에너지를 소비하지 않는다.

④ 모든 주택형태에서 공통적으로 소비되는 에너지 유형은 석유, 도시가스, 전력으로 3가지이다.

31 수리력 최대공약수 활용하기

|정답| ④

|해설| 가로 42cm, 세로 60cm의 벽에 가장 적은 수의 정사각형 타일로 남는 부분 없이 붙이려면 가로, 세로 길이의 최대공약수에 해당하는 크기의 타일을 사용하면 된다.

```
2) 42  60
×
3) 21  30
‖
6   7  10
```

42와 60의 최대공약수는 $2 \times 3 = 6$이므로 정사각형 타일의 한 변의 길이는 6cm이고, 벽의 가로에는 $42 \div 6 = 7$(개), 세로에는 $60 \div 6 = 10$(개) 붙일 수 있다.

따라서 필요한 타일의 최소 개수는 총 $7 \times 10 = 70$(개)이다.

32 언어논리력 글의 주제 찾기

|정답| ②

|해설| 제시된 글은 언어 현실과 어문 규범과의 괴리를 줄이기 위한 방법으로 어문 규범을 없애고 언중의 자율에 맡기자는 주장과 어문 규범의 큰 틀만 유지하고 세부적인 것은 사전에 맡기자는 주장이 사회에 등장하고 있음을 설명하고 있다. 이를 통해 언어 현실과 어문 규범의 괴리를 해소하기 위한 방법을 모색하는 노력이 나타나고 있다는 글의 주제를 도출할 수 있다.

33 관찰탐구력 마찰력 이해하기

|정답| ③

|해설| ㄷ. 그림의 실험은 나무 도막 A와 B의 밑면 상태가 서로 다르기 때문에, 접촉면의 거칠기에 따른 마찰력의 차이를 확인할 수 있는 실험이다. B의 밑면에 사포를 붙임으로써 B의 밑면이 더 거칠어지며, 이로 인해 마찰력이 증가한다. 나무판을 서서히 들어 올리면서 두 도막이 미끄러지기 시작하는 각도를 비교하면, B가 더 큰 각도에서 미끄러지기 시작하는 것을 관찰할 수 있다. 이는 B의 마찰력이 A보다 크다는 것을 의미하며, 접촉면의 거칠기가 마찰력에 미치는 영향을 알아볼 수 있는 실험이라는 점에서 옳은 설명이다.

|오답풀이|

ㄱ. 마찰력은 두 물체의 접촉면에서 물체의 운동을 방해하는 힘으로, 마찰력이 작을수록 잘 미끄러진다.

ㄴ. 사포를 붙이면 접촉면이 더 거칠어져 마찰력 또한 크게 작용한다. 따라서 마찰력이 더 커진 B가 A보다 나중에 미끄러진다.

34 문제해결력 명제 판단하기

|정답| ②

|해설| '둥근 모양의 사탕은 딸기 맛이 난다'가 참이므로 이 명제의 대우인 '딸기 맛이 아니면 둥근 모양의 사탕이 아니다'도 참이다. 세 번째 명제에 의해 '소연이가 산 사탕은 딸기 맛이 아님'을 알 수 있으므로 '소연이가 산 사탕은 둥근 모양이 아님' 역시 참이 된다. 이때 첫 번째 명제에서 '모든 사탕은 색이 빨갛거나 모양이 둥글다'고 하였으므로 '소연이가 산 사탕은 색이 빨갛다'가 참임을 알 수 있다.

35 언어논리력 세부 내용 이해하기

|정답| ③

|해설| 언택트 기술은 개인주의 성향이 확산되어 불편한 소통 대신 편한 단절을 원하는 사람들이 많아지면서 나타난 현상이다. 4차 산업혁명의 기술은 무엇보다 '연결성'을 강조하지만, 아이러니하게도 소비자들은 연결, 접촉을 '피곤한 것'으로 여기는 경향이 크다. 이에 따라 사람들은 소통하고 접촉하기보다 문자나 SNS · 터치 · 클릭 등 비대면(非對面) 서비스를 편하게 여기게 되는 것이다.

36 언어논리력 적절한 사례 찾기

|정답| ④

|해설| '왓슨'은 인공지능을 이용한 암 치료 솔루션으로 자신이 저장하고 있는 빅데이터를 이용해 암 환자의 상태를 분석하고 그에 맞는 가장 적합한 치료법을 찾아내는 역할을 수행한다. '왓슨'은 인공지능 기술을 활용할 뿐, 대면 접촉을 피하려는 현상이 만들어 낸 언택트의 근본 특성과는 거리가 먼 기술이다.

37 공간지각력 도형 모양 비교하기

|정답| ④

|해설| 별 모양의 꼭짓점에 위치한 두 삼각형의 위치가 나머지와 다르다.

38 문제해결력 조건을 바탕으로 추론하기

|정답| ④

|해설| 먼저 제시된 조건 (가), (나), (다), (마)에 따라 3에는 부장이, 4에는 차장이 앉아야 함을 알 수 있다. 이어서 운전석인 1에는 스틱 승합차를 운전할 수 있는 과장이나 대리만 앉을 수 있고, (바)에서 과장은 부장의 대각선 자리에 앉아야 한다고 하였으므로 과장의 자리는 2 또는 6이어야 한다. 그런데 사원 A와 사원 B는 같이 앉을 수 없다는 (라)에 따라 과장이 2에 앉게 되면 사원 둘이 맨 뒷줄에 나란히 앉게 되므로 과장의 자리는 6이 된다. 따라서 1에는 대리, 2에는 사원 A 또는 사원 B, 3에는 부장, 4에는 차장, 5에는 사원 A 또는 사원 B, 6에는 과장이 앉는다.

39 문제해결력 조건을 바탕으로 추론하기

|정답| ④

|해설| 첫 번째 조건에서 시나리오 작가의 위층에는 아무도 살지 않는다고 했으므로 시나리오 작가는 5층에 거주한다. 또 시나리오 작가가 두 개의 층을 내려가서 영화감독을 만나므로 영화감독은 3층에 거주한다. 두 번째 조건에 따라 경찰은 1층, 마지막 조건에 따라 큐레이터는 2층에 거주하므로 4층에 거주하는 사람은 교사이다.

40 관찰탐구력 혈관의 종류 이해하기

|정답| ②

|해설| 동맥은 심장에서 나가는 혈액이 흐르는 혈관으로, 혈관 벽이 두껍고 탄력이 커서 심장의 수축으로 생기는 높은 혈압을 견딜 수 있다. 동맥 중에서 폐동맥에는 정맥혈이 흐르고, 정맥 중에서 폐정맥에는 동맥혈이 흐른다.

41 관찰탐구력 물리적 변화와 화학적 변화 구분하기

|정답| ②

|해설| 물질의 고유 성질이 변하지 않으면서 상태나 모양 등이 변하는 물리 변화에는 (나)와 (다)가 해당한다. 반면, 어떤 물질의 성질이 다른 새로운 물질로 변하는 화학 변화에는 (가), (라), (마)가 해당한다.

42 공간지각력 도형의 규칙 찾기

|정답| ②

|해설| ⬙이 시계방향으로 두 칸씩 이동하고 있다.

43 공간지각력 투상도로 입체도형 찾기

|정답| ①

|해설| 정면도 → 평면도 → 우측면도 순으로 확인해 보면 블록 개수와 위치가 모두 맞는 입체도형은 ①이다.

|오답풀이|

동그라미 친 부분이 추가되고 색칠된 블록이 제거되어야 한다.

② 평면도가 일치하지 않는다.

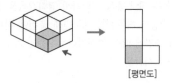

[평면도]

③ 정면도와 우측면도가 일치하지 않는다.

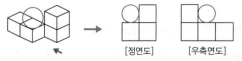

[정면도] [우측면도]

④ 정면도와 평면도가 일치하지 않는다.

[정면도] [평면도]

44 [언어논리력] 세부 내용 이해하기

| 정답 | ④

| 해설 | 교육청 내에 소규모학교 지원을 위한 전담팀을 만들어 현장의 정책적 수요를 파악하고, 민간협의체의 가교 역할을 해야 한다는 언급과 지자체와 교육청이 하는 사업이 거의 비슷한 형태로 진행되고 있으므로 작은학교 간 연계 혹은 학교급 간 연계, 학교-마을학교 연계 등 작은학교 운영 모델을 다양화해야 한다는 언급을 통해 교육청의 협조가 필요하다는 사실을 알 수 있다.

| 오답풀이 |

① 주어진 환경을 그대로 활용하기보다 적극적인 개선 조치가 필요함을 강조하고 있다.

② 교직원의 자발적인 참여만으로는 한계가 있다고 언급하고 있다.

③ 대형 학교를 확충해야 한다는 것은 작은학교의 운영 방식을 개선해야 한다는 글의 요지에 부합하지 않는다.

45 [관찰탐구력] 물체의 운동 이해하기

| 정답 | ③

| 해설 | 어떠한 물체가 등속도 운동을 한다는 것은 힘이 작용하지 않거나 알짜힘이 0인 경우이다. 따라서 공을 떨어뜨렸을 때 공에 작용하는 힘은 중력뿐이므로 수직 방향으로 떨어지게 된다.

🧑‍🏫 5회 기출예상문제

▶ 문제 132쪽

01	①	02	④	03	④	04	③	05	③
06	④	07	③	08	①	09	②	10	②
11	①	12	②	13	③	14	③	15	①
16	②	17	①	18	①	19	②	20	②
21	③	22	③	23	④	24	③	25	①
26	②	27	③	28	①	29	③	30	②
31	④	32	②	33	③	34	④	35	③
36	③	37	④	38	①	39	③	40	③
41	③	42	②	43	④	44	③	45	①

01 [언어논리력] 어휘 의미 파악하기

| 정답 | ①

| 해설 | 제시된 문장의 '밀다'는 '행위자 쪽의 반대 방향으로 움직이도록 힘을 주다'의 의미이다. 따라서 ①의 '밀다'가 동일한 의미로 쓰인 것을 알 수 있다.

| 오답풀이 |

② '도구로 거칠거나 울퉁불퉁한 것을 깎아 내어 없애거나 닦아 내다'의 의미로 쓰였다.

③ '때를 문질러 벗겨 내다'의 의미로 쓰였다.

④ '어떤 사람이 다른 사람을 자리에 오르도록 받들어 내세우고 도와주다'의 의미로 쓰였다.

02 [언어논리력] 외래어 표기법 이해하기

| 정답 | ④

| 해설 | 여러 음식을 차려 놓고 손님이 스스로 선택해 덜어 먹도록 하는 식당을 나타내는 프랑스어 buffet는 '뷔페'로 표기해야 옳다.

| 오답풀이 |

① '워크숍'으로 표기해야 한다.

② '앙케트'로 표기해야 한다.

③ '바비큐'로 표기해야 한다.

03 문제해결력 명제 판단하기

|정답| ④

|해설| 'p : 아기이다', 'q : 천사이다', 'r : 번개를 부릴 수 있다', 's : 신의 노예다'라고 할 때 각 문장을 정리하면 다음과 같다.

- p→q(~q→~p)
- q→r (~r→~q)
- ~q→s(~s→q)

'~s→q'와 'q→r'의 삼단논법에 의해 '~s→q→r'이 성립한다. 따라서 신의 노예가 아니면 번개를 부릴 수 있다.

04 관찰탐구력 과학적 원리 이해하기

|정답| ③

|해설| 중력은 지구가 물체를 당기는 힘이다. 중력은 항상 지구의 중심을 향해 작용하기 때문에 들고 있던 물체를 놓으면 아래로 떨어진다. 따라서 과일이 익으면 땅에 떨어지는 현상도 중력에 의한 것이다.

|오답풀이|

① 탄성력은 고무줄, 용수철, 고무풍선, 피부 등 탄성을 가진 물체가 원래 상태로 되돌아가려는 힘이다.

② 마찰력은 물체가 어떤 면과 접촉하여 운동할 때 그 물체가 움직이지 못하도록 운동을 방해하는 힘이다.

④ 부력은 물이나 공기 같은 유체에 잠긴 물체가 유체로부터 중력과 반대 방향인 위 방향으로 받는 힘이다.

05 공간지각력 도형 합치기

|정답| ③

|해설| ③은 동그라미 친 부분이 잘못되었으며, 다음과 같이 수정되어야 한다.

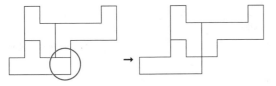

06 문제해결력 조건에 따라 부서 배치하기

|정답| ④

|해설| 업무에 필요한 능력이 무엇인가에 대한 문제이다. A는 긍정적인 성격에 영업 경험이 있으므로 영업을 담당하는 것이 바람직하다. 논리적인 성격이고 경제학을 전공한 B는 기획에 어울리고, 침착한 데다가 회계 자격증을 보유한 C는 회계팀이 적당하다. D의 경우 외국어가 뛰어나고 해외근무를 희망하므로 총무팀이 아니라 해외 영업팀에 배치하는 것이 좋다.

07 언어논리력 세부 내용 이해하기

|정답| ③

|해설| 제시된 글은 무조건적인 자유는 오히려 타인의 자유를 해치기 때문에 자유의 제한은 불가피하나 사람들이 타인의 자유를 해치지만 않는다면 최대한의 자유를 보장해야 한다고 주장하고 있다.

08 언어논리력 의사소통 방법의 문제점 찾기

|정답| ①

|해설| 정 대표는 의견을 내고 있는 최 부장의 말을 도중에 끊고 반대 의견을 강한 어조로 말하고 있다. 이는 최 부장의 말을 제대로 경청하지 않으면서 권위적이고 고압적인 자세로 자신의 생각을 강요하여 최 부장이 이에 동조하도록 하는 적절하지 않은 의사소통 방법이다.

09 공간지각력 도형 모양 비교하기

|정답| ②

|해설| ②는 ①의 도형을 좌우반전시킨 것으로, 동그라미 친 부분이 나머지와 모양이 다르다.

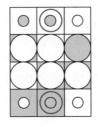

| 오답풀이 |

③ ①의 도형을 반시계 방향으로 90° 회전한 모양이다.

④ ①의 도형을 시계 방향으로 90° 회전한 후 상하반전시
킨 모양이다.

10 수리력 할인가 계산하기

| 정답 | ②

| 해설 | • 정가 : $2,000+(2,000\times0.5)=3,000$(원)

• 할인 판매가 : $2,000+(2,000\times0.3)=2,600$(원)

따라서 할인한 금액은 400원이다.

11 수리력 평균 계산하기

| 정답 | ①

| 해설 | 전체가 60쪽이고, 절반이 30쪽이므로

• 하루에 6쪽씩 푼 날 : $30\div6=5$(일)

• 하루에 3쪽씩 푼 날 : $30\div3=10$(일)

따라서 수학 문제집 전체를 푸는 데 걸린 날은 15일이고,
하루에 푼 평균 쪽수는 $60\div15=4$(쪽)이 된다.

12 수리력 도표의 수치 분석하기

| 정답 | ②

| 해설 | 전체 사교육비는 20X5년부터 점점 감소하는 추세
인데 20X9년에 유일하게 증가하였다. 그러므로 20X9년에
전년 대비 최고 증가폭을 보였음을 알 수 있다.

| 오답풀이 |

① 전년 대비 증감률은 20X6 ~ 20X8년에는 중학교가 가
장 크고 20X9년에는 고등학교가 가장 크다.

③ 20X8년 대비 20X9년에 중학교 학생 수가 줄어들었으
므로 사교육비 감소를 비용의 순수 경감 효과라고 볼 수
없다.

④ 20X9년에는 중학교를 제외하고 사교육비가 증가하였
다. 그러므로 시간의 흐름에 따라 사교육비가 꾸준히
감소했다고 볼 수 없다.

13 수리력 도표의 수치 분석하기

| 정답 | ③

| 해설 | 20X8년 6월 전체 등록 수 대비 제주의 등록 수의

비율은 $\dfrac{7,244}{13,680}\times100\fallingdotseq53$(%)이다.

| 오답풀이 |

① 경기와 대구의 전기차 등록 수의 합은 $1,162+1,125=$
$2,287$(대)로 서울의 전기차 등록 수인 2,327대보다
적다.

② 대구의 등록 수는 1,125대로 부산의 등록 수인 478대의
$\dfrac{1,125}{478}\fallingdotseq2.4$(배)이다.

④ 등록 수가 1,000대 미만인 지역은 경남, 전남, 부산으로
이 세 지역의 평균 등록 수는 $\dfrac{743+601+478}{3}\fallingdotseq607$
(대)이다.

14 관찰탐구력 마찰 전기 이해하기

| 정답 | ③

| 해설 | 머리를 빗으면 머리카락과 빗 사이에서 전자가 이동
하여 마찰 전기가 발생한다. ㉠과 ㉡ 또한 마찰 전기에 의
한 현상이다.

| 오답풀이 |

㉢ 자석의 N극과 S극을 가까이 하면 서로 끌어당기는 현
상은 자기력(인력)이 작용한 예시이다.

15 공간지각력 투상도로 입체도형 찾기

| 정답 | ①

| 해설 | 제시된 투상도는 왼쪽부터 정면도, 평면도, 우측면
도이며 블록 개수와 모양이 모두 일치하는 입체도형은 ①
이다.

| 오답풀이 |

동그라미 친 부분이 추가되고 색칠된 블록이 제거되어야
한다.

② 정면도가 일치하지 않는다.

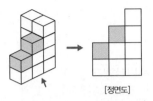
[정면도]

③ 우측면도가 일치하지 않는다.

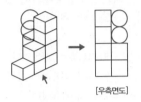
[우측면도]

④ 정면도와 평면도가 일치하지 않는다.

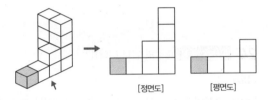
[정면도]   [평면도]

16 문제해결력 진위 추론하기

|정답| ②

|해설| 첫 번째 발표자를 미정, 철수, 영희인 경우로 나누어 생각해 보면 다음과 같다.

i) 첫 번째 발표자가 미정일 경우
미정이는 사실만을 말하므로 두 번째로 발표하는 사람은 영희가 된다. 따라서 세 번째로 발표하는 사람은 철수인데, 이때 ㉢이 사실이 되므로 철수는 항상 거짓말을 해야 한다는 조건과 상충한다.

ii) 첫 번째 발표자가 철수일 경우
철수는 항상 거짓말을 하므로 두 번째로 발표하는 사람은 미정이 된다. 이때 ㉡이 거짓이 되므로 미정이는 항상 사실만을 말해야 한다는 조건과 상충한다.

iii) 첫 번째 발표자가 영희일 경우
만일 두 번째로 발표하는 사람이 미정이고 세 번째로 발표하는 사람이 철수일 경우, ㉢이 참이 되어 철수는 항상 거짓말을 한다는 조건과 상충하므로 적절하지 않다. 두 번째로 발표하는 사람이 철수고 세 번째로 발표하는 사람이 미정일 경우, 모든 조건에 부합한다.

따라서 발표는 영희, 철수, 미정의 순서로 진행한다.

17 언어논리력 알맞은 사자성어 찾기

|정답| ①

|해설| 말라리아의 주요 증세가 고열이라는 점을 이용하여 병으로 병을 치료하였다. 따라서 '열은 열로써 다스린다'는 의미의 '이열치열(以熱治熱)'이 가장 적합하다

|오답풀이|
② 입술이 없으면 이가 시리다는 뜻으로, 가까운 사이에 있는 하나가 망하면 다른 하나도 그 영향을 받아 온전하기 어려움을 비유적으로 이르는 말이다.
③ 여름의 벌레는 얼음을 안 믿는다는 뜻으로, 견식이 좁음을 비유해 이르는 말이다.
④ 나무에 올라 물고기를 구한다는 뜻으로, 불가능한 일을 무리해서 굳이 하려 함을 비유적으로 이르는 말이다.

18 관찰탐구력 힘과 일 이해하기

|정답| ①

|해설| ㉠ ~ ㉢은 다음과 같은 이유로 모두 한 일의 양이 0이라는 공통점을 가진다.

㉠ 힘의 방향(가방을 드는 방향)과 이동 방향이 수직이면 힘의 방향으로 이동한 거리가 0이므로 한 일이 0이다.
㉡ 미끄러진 방향으로 작용한 힘이 0이므로 한 일의 양이 0이다.
㉢ 벽이 움직이지 않으면 물체가 이동한 거리가 0이므로 한 일의 양이 0이다.

19 문제해결력 명제 판단하기

|정답| ②

|해설| 'p : 달리기를 잘한다', 'q : 수영을 잘한다', 'r : 항상 운동화를 신는다'라고 할 때 명제를 정리하면 다음과 같다.
• ~p → ~q   • p → r   • 윤재 → ~r
'p → r'이 참이므로 이 명제의 대우인 '~r → ~p'도 참이 되며 삼단논법에 의해 '~r → ~q'도 참임을 알 수 있다. 따라서 ②는 항상 참이다.

울산기출복원 1회 기출예상 2회 기출예상 3회 기출예상 4회 기출예상 5회 기출예상 6회 기출예상 7회 기출예상 8회 기출예상 9회 기출예상

| 오답풀이 |

① 'p→r'이 참이므로 이 명제의 대우인 '~r→~p'도 참이 되어 '윤재는 달리기를 못한다'가 참이다.

③ '~p→~q'가 참이므로 이 명제의 대우인 'q→p'도 참이 된다. 삼단논법에 의해 'q→r'이 참이 되어 '수영을 잘하는 사람은 항상 운동화를 신는다'가 참이다.

④ 제시된 명제를 통해서는 알 수 없다.

20 공간지각력 도형의 규칙 찾기

| 정답 | ②

| 해설 | 가로열 첫 번째 줄과 두 번째 줄을 살펴보면 오른쪽으로 갈수록 시계 방향으로 90°씩 회전하면서 색 반전되고 있다. 또한, 선분으로 이어진 두 도형 중 큰 도형은 동그라미, 세모, 네모의 순서로, 작은 도형은 ♡ → ☆ → △ → □ 순서로 바뀌고 있음을 알 수 있다.

21 수리력 점수 계산하기

| 정답 | ③

| 해설 | E의 점수를 x점으로 놓고 식을 세우면 다음과 같다.

$$\frac{(65\times2)+(75\times2)+x}{5}=72$$

$$130+150+x=360$$

$$x=80(점)$$

따라서 E의 점수는 80점이다.

22 수리력 비와 비례식 활용하기

| 정답 | ③

| 해설 | 해외 파견 주재원의 수는 총 120명이다. 이 중 해외 근무 무경험자와 해외 근무 경험자의 비가 2 : 1이므로 각각 $120\times\frac{2}{3}=80$(명)과 $120\times\frac{1}{3}=40$(명)이 된다. 이 해외 근무 경험자 40명 중 과장급 이하와 차장급 이상의 비가 2 : 3이므로 과장급 이하 주재원은 $40\times\frac{2}{5}=16$(명), 차장급 이상 주재원은 $40\times\frac{3}{5}=24$(명)이 된다.

따라서 해외 근무 경험자 중 과장급 이하인 주재원의 수는 16명이다.

23 수리력 도표의 수치 분석하기

| 정답 | ④

| 해설 | 대중교통을 이용하는 사원 중 환승 횟수가 한 번 이상인 사원은 전체 사원의 27+23+8=58(%)이다.

| 오답풀이 |

① 자가용을 이용하는 사원은 $60\times0.25=15$(명)이다.

② 버스를 이용하는 사원은 대중교통을 이용하는 사원 $60\times0.75=45$(명)의 31%인 $45\times0.31≒14$(명)이다.

③ 환승 횟수가 3번 이상인 사원은 $60\times0.08≒5$(명)이다.

24 관찰탐구력 관성의 법칙 이해하기

| 정답 | ③

| 해설 | 관성의 법칙에 의해 물은 수레가 움직이는 쪽과 반대 방향으로 몰리게 된다.

25 관찰탐구력 면역 반응 이해하기

| 정답 | ①

| 해설 | (가) ~ (라)에 들어갈 말은 순서대로 백신, 면역, 항원, 항체가 된다. 각각의 정의는 다음과 같다.

• 백신은 병원체의 감염이 있기 전 인체 내에 인위적으로 불활화(병원성을 제거함) 혹은 독화(병원성을 약하게 만듦)시킨 병원체 등을 주입하여 인체의 면역 체계를 활성화시킴으로써 인체가 병원체에 감염되더라도 병원체에 의한 피해를 예방하거나 그 피해를 최소화하기 위해 사용하는 것이다.

• 면역은 외부인자인 항원에 대하여 생체의 내부환경이 방어하는 현상으로, 태어날 때부터 지니는 선천면역과 후천적으로 얻어지는 획득면역으로 구분된다.

• 항원은 우리 몸속에 들어와 면역 체계를 자극하여 반응을 유도하는 물질이다. 박테리아, 바이러스, 곰팡이가 대표적인 항원에 속한다.

• 항체는 체내의 혈액이나 림프로 순환하면서 몸속에 침입

한 항원에 대응하는 방어 물질이다. 항체는 항원과 결합하여 항원의 움직임을 저하시키거나 항원을 분해하는 역할을 한다.

26 | 문제해결력 | 명제 추론하기

| 정답 | ②

| 해설 | 'p : 하얀 옷을 입는다', 'q : 깔끔하다', 'r : 안경을 쓴다'라고 할 때 [전제]를 정리하면 다음과 같다.

- $p \rightarrow q(\sim q \rightarrow \sim p)$
- $q \rightarrow r(\sim r \rightarrow \sim q)$

'$\sim r \rightarrow \sim q$'와 '$\sim q \rightarrow \sim p$'의 삼단논법에 의해 '$\sim r \rightarrow \sim p$'가 참이 된다. 따라서 결론을 이끌어내기 위해서는 수인이가 안경을 쓰지 않아야 하므로 가장 적절한 것은 ②이다.

27 | 공간지각력 | 도형의 개수 파악하기

| 정답 | ③

| 해설 | 그림에서 삼각형을 만들 수 있는 경우는 다음의 두 가지이다.

- 작은 삼각형 하나로 구성된 삼각형 10개
- 아래와 같이 작은 삼각형 4개로 구성된 삼각형 2개

따라서 그림에서 만들 수 있는 삼각형은 총 12개이다.

28 | 공간지각력 | 펼친 모양 찾기

| 정답 | ①

| 해설 | 색칠된 부분을 자르고 역순으로 종이를 펼치면 다음과 같다.

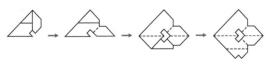

29 | 관찰탐구력 | 일식의 특징 이해하기

| 정답 | ③

| 해설 | 일식은 지구에서 달의 그림자가 생기는 지역에서 관측할 수 있다. 태양이 달에 완전히 가려지는 개기 일식은 달의 본그림자 지역에서 관측할 수 있고, 달의 그림자는 지구보다 작기 때문에 지구의 낮에 해당하는 지역 중 직접 관측할 수 있는 지역은 비교적 좁다.

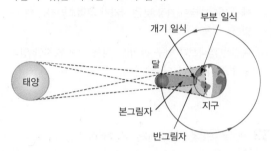

30 | 언어논리력 | 세부 내용 이해하기

| 정답 | ②

| 해설 | 공고문에는 참가비를 내지 않은 사람이 있을 경우 추가 모집을 한다는 규정이 없다.

| 오답풀이 |

① '1. 참가자 모집'의 '신청서류'를 통해 참가신청서는 별도로 첨부된 양식에 따라야 함을 알 수 있다.

③ '2. 한자 캠프 운영'의 '우리 교양 익히기'를 통해 해당 캠프에서 ○○시에 존재하는 한옥에 관한 정보를 얻을 수 있음을 유추할 수 있다.

④ '1. 참가자 모집'의 '접수 기간'의 기간과 '참가비 납부'의 기간이 다른 것을 통해 참가 신청과 동시에 참가비를 납부하지 않아도 무방함을 알 수 있다.

31 | 수리력 | 월 적금액 계산하기

| 정답 | ④

| 해설 | 연봉이 37,500,000원이므로 월 세전 수령액은 37,500,000÷12=3,125,000(원)이다. 세액 공제가 320,000원이므로 실수령액은 3,125,000−320,000=2,805,000(원)이다. 매달 실수령액의 10%가 적금액이므로 월 적금액은 2,805,000×0.1=280,500(원)이다.

32 수리력 도표의 수치 분석하기

| 정답 | ②

| 해설 | ㄷ. 20X9년 프랑스의 인구가 6,500만 명이라면 사망자는 $65,000,000 \times \dfrac{9.2}{1,000} = 598,000$(명)이다.

| 오답풀이 |

ㄱ. 유럽 5개 국가에 대한 자료만 제시되어 있으므로 유럽에서 기대수명이 가장 낮은 국가가 그리스인지는 알 수 없다.

ㄴ. 독일은 영국보다 인구 만 명당 의사 수가 많지만 영국보다 조사망률이 더 높다.

33 문제해결력 조건을 바탕으로 추론하기

| 정답 | ①

| 해설 | 원하는 행사가 있는 C팀과 D팀에는 각각 등산과 연극을 배정한다. 남은 행사는 봉사활동과 캠핑인데 A팀은 봉사활동을 원하지 않으므로 캠핑을 배정하고, B팀은 캠핑을 싫어하므로 봉사활동을 배정한다.

따라서 A 팀은 캠핑, B 팀은 봉사활동, C 팀은 등산, D 팀은 연극관람을 배정하면 된다.

34 문제해결력 조건을 바탕으로 추론하기

| 정답 | ④

| 해설 | 필수 과목인 국어와 수학을 기준으로 보면, 국어를 수강할 경우에는 음악을 동시에 수강할 수 없으므로 미술도 수강할 수 없다. 수학 또한 미술, 음악을 동시에 수강할 수 없으므로 음악과 미술을 제외한 나머지 수학, 국어, 영어를 함께 들을 수 있다.

35 관찰탐구력 과학적 원리 이해하기

| 정답 | ③

| 해설 | 차로 중앙선에 반짝이는 물체를 박아 놓아 중앙선이 잘 식별되지 않는 어두운 상황에서도 자동차의 불빛이 반사되어 운전자가 중앙선을 인식하게 할 수 있다. 이는 빛의 반사 현상과 관련이 있다.

36 공간지각력 전개도 파악하기

| 정답 | ③

| 해설 | 전개도를 접었을 때 서로 인접하게 되는 변을 표시하면 다음과 같다.

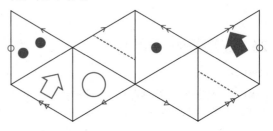

| 오답풀이 |

다음과 같이 각 면을 a, b, c, d라 할 때,

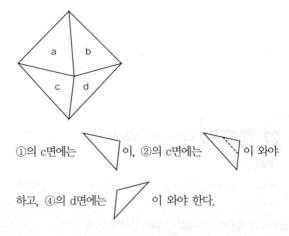

①의 c면에는   이, ②의 c면에는   이 와야

하고, ④의 d면에는   이 와야 한다.

37 언어논리력 문장 성분의 호응 이해하기

| 정답 | ④

| 해설 | 문장 성분의 호응에 어색함이 없는 문장이다.

| 오답풀이 |

① ~신제품의 기능과 판매를 할 → ~신제품의 기능을 홍보하고 제품을 판매할 : '판매하다'는 상품 따위를 팔 때 쓰는 단어이므로 '기능'에 호응하는 '홍보하다'와 같은 서술어가 필요하다.

② ~보이는 것이 → ~볼 수 있는 것이 : 이 문장 전체의 주어는 '깊은 슬픔에 빠진 사람'이므로 '보이다'라는 피동표현이 아닌 주동 표현 '보다'를 써야 한다.

③ ~공모했으나 → ~응모했으나 : '공모'는 일반인을 공개 모집한다는 의미이다. 이 문장에서는 그 주체가 신문사

이므로 주어 '내 친구'에 호응하기 위해서는 모집에 지원한다는 의미인 '응모'로 바꾸어야 한다.

38 언어논리력 어휘 관계 파악하기

|정답| ①

|해설| '개성'은 다른 사람이나 사물과 구별되는 고유의 특성이라는 뜻으로, 다른 것에 비하여 특별히 눈에 뜨이는 점이라는 뜻의 '특징'과 유의어 관계이다.

|오답풀이|

② 포함 관계이다.

③ 행위와 도구의 관계이다.

④ 반의어 관계이다.

39 언어논리력 세부 내용 이해하기

|정답| ③

|해설| 마지막 문단에서 히치콕은 '맥거핀' 기법을 하나의 극적 장치로 종종 활용하였다고 했는데, 이 '맥거핀' 기법에 대해 특정 소품을 맥거핀으로 활용하여 확실한 단서로 보이게 한 다음 일순간 허망한 것으로 만들어 관객을 당혹스럽게 하는 것이라 설명하고 있다.

|오답풀이|

① 작가주의 비평은 감독을 단순한 연출자가 아닌 '작가'로 간주하고 작품과 감독을 동일시하는 관점을 말한다.

② 작가주의적 비평은 할리우드 영화의 특징에 대한 반발로 주창되었지만, 작가주의적 비평으로 할리우드 영화를 재발견한 사례가 존재하므로 무시해 버렸다는 설명은 적절하지 않다.

④ 알프레드 히치콕은 할리우드 감독이지만 작가주의 비평가들에 의해 복권된 대표적인 감독이므로 작가주의 비평과 관련이 없다는 설명은 적절하지 않다.

40 문제해결력 조건을 바탕으로 추론하기

|정답| ③

|해설| 모두 진실을 말하고 있으므로 E를 기준으로 순위를 계산하면, B는 E보다 순위가 낮고 A와 D는 E보다 순위가

높다. C는 3위이며 A와 D 중 누가 더 높은 순위에 있는지는 알 수 없으므로, 위 내용을 바탕으로 순위를 정리하면 다음과 같다.

1위	2위	3위	4위	5위
A 혹은 D	D 혹은 A	C	E	B

따라서 2위는 A 혹은 D, 4위는 E이므로 이와 일치하는 선택지는 ③이다.

41 공간지각력 블록 개수 파악하기

|정답| ③

|해설| 색칠된 블록에 직접 접촉하고 있는 블록은 그림을 바라보는 정면을 기준으로 색칠된 블록의 오른쪽, 왼쪽, 뒤, 아래로 총 4개이다.

42 공간지각력 도형 회전하기

|정답| ②

|해설| 시계 방향으로 90° 회전한 모양은 다음과 같다.

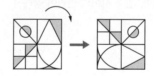

43 관찰탐구력 기체의 압력과 부피 관계 이해하기

|정답| ④

|해설| 수면으로 올라갈수록 공기 방울 외부 수압은 낮아지지만 공기 방울 속 기압은 변하지 않는다. 따라서 공기 방울 속에서 공기가 물을 미는 힘보다 공기 방울 밖에서 물이 공기를 미는 힘이 더 작아지기 때문에 공기 방울의 부피가 늘어난다.

44 관찰탐구력 체내의 효소 이해하기

| 정답 | ③

| 해설 | 체내의 효소는 체온이 정상 범위 내에 있어야 활발하게 활동하며, 체온이 낮아지면 효소가 제대로 기능을 하지 못해 우리 몸에 산소나 영양분을 제대로 운반하지 못하게 된다.

| 오답풀이 |

① 한 가지 반응을 촉매한 효소는 다시 새로운 기질과 결합하여 촉매 반응을 활성화한다(반복 사용).

②, ④ 효소는 반응 후에도 변하지 않으며 소모되지 않는다.

45 관찰탐구력 물질의 상태 변화 특징 이해하기

| 정답 | ①

| 해설 | 제시된 특징은 열에너지를 흡수하는 융해(고체 → 액체), 기화(액체 → 기체), 승화(고체 → 기체)가 일어날 때에 나타난다. 어항 속의 물이 점점 줄어드는 현상은 기화와 관련되므로 ①이 적절하다.

| 오답풀이 |

②, ③, ④ 순서대로 열에너지를 방출하는 액화(기체 → 액체), 응고(액체 → 고체), 승화(기체 → 고체)의 현상이다. 물질이 열에너지를 방출하여 주위의 온도가 높아지고, 입자 운동이 둔해지며, 입자 사이의 인력이 강해져 그 거리가 가까워진다.

6회 기출예상문제

▶ 문제 154쪽

01	④	02	④	03	②	04	②	05	②
06	④	07	④	08	③	09	①	10	③
11	①	12	④	13	②	14	③	15	②
16	①	17	①	18	③	19	②	20	②
21	④	22	②	23	②	24	②	25	①
26	③	27	③	28	③	29	③	30	①
31	③	32	③	33	④	34	②	35	③
36	②	37	④	38	③	39	①	40	②
41	①	42	③	43	①	44	②	45	④

01 언어논리력 어휘 관계 파악하기

| 정답 | ④

| 해설 | '계산기'와 '계산'은 도구와 목적의 관계를 지닌다. '피아노'를 도구로 이룰 수 있는 목적은 '연주'이다.

02 언어논리력 속담의 의미 파악하기

| 정답 | ④

| 해설 | 단보는 백성을 해치지 않기 위해 오랑캐에게 땅을 내주었으므로, 돈이나 물질보다 사람의 생명이 가장 소중함을 뜻하는 속담인 ④가 가장 적절하다.

| 오답풀이 |

① 개인뿐 아니라 나라조차도 남의 가난한 살림을 돕는 데는 끝이 없다는 뜻이다.

② 말 못 하는 사람이 가뜩이나 말이 안 통하는 오랑캐와 만났다는 뜻으로, 말을 하지 않는 경우를 이른다.

③ 사또가 길을 떠날 때 일을 돕는 비장은 그 준비를 갖추느라 바쁘다는 뜻으로, 윗사람의 일 때문에 고된 일을 하게 됨을 이른다.

03 관찰탐구력 탄성력 이해하기

| 정답 | ②

| 해설 | 양궁은 활시위의 탄성력을 이용하여 화살을 멀리 날아가게 하는 운동 경기이다.

- ㄱ. 장대높이뛰기 : 장대의 탄성력을 이용하여 높이 뛰어오른다.
- ㄷ. 자전거 안장 : 안장의 탄성력은 자전거를 타는 동안 발생하는 충격을 완화하고 안정성을 높이는 역할을 한다.
- ㅅ. 체조의 구름판 : 체조 선수는 구름판의 탄성을 이용하여 높이 뛰어오를 수 있다.
- ㅇ. 컴퓨터 자판 : 자판을 누른 후 원래 위치로 돌아오는 탄성이 있다.

| 오답풀이 |

- ㄴ. 열기구 : 열기구 속 공기를 가열하여 부피를 크게 하면 부력을 받아 위로 올라간다.
- ㄹ. 물 미끄럼틀 : 미끄럼틀에 물을 뿌려 마찰력을 작게 한 경우이다.
- ㅁ. 물놀이용 튜브 : 공기가 든 튜브를 잡으면 부력을 받아 물에 쉽게 뜬다.
- ㅂ. 등산화 : 신발의 바닥을 울퉁불퉁하게 만들어 마찰력을 크게 해서 미끄러지는 것을 방지한다.

04 문제해결력 조건을 바탕으로 추론하기

| 정답 | ②

| 해설 | 13층짜리 건물에서 A ~ E가 탄 엘리베이터가 서는 층은 3, 5, 7, 9, 11, 13층이다. ㉠에 따라 13층에는 사무실이 없으므로 이곳에서 내리는 사람은 없다. 또한 ㉫에서 엘리베이터 외에 계단을 이용하여 사무실에 가는 사람도 없다고 하였으므로, 엘리베이터에서 내리는 사람과 해당 층의 연결 외에 다른 변수는 생각하지 않아도 된다.

먼저 ㉣에서 C가 내린 층이 D가 내린 층의 배수에 해당한다고 했는데, 층 가운데 배수의 관계를 가지는 수는 3과 9뿐이므로 3층에서는 D, 9층에서는 C가 내린다. ㉢에서 B는 C가 내린 후에도 엘리베이터에 타고 있으므로 B는 11층에서 내린다. 또한 ㉡에서 A가 내린 다음에 이어서 E가 내렸다고 했으므로 A는 5층, E는 7층에서 각각 내렸음을 알 수 있다. 따라서 A는 5층, B는 11층, C는 9층, D는 3층, E는 7층에서 근무한다는 추론이 가능하다.

05 문제해결력 명제 판단하기

| 정답 | ②

| 해설 | 'p : 감성적인 사람', 'q : 미술을 좋아한다', 'r : 키워드를 좋아하는 사람', 's : 음악을 좋아한다'고 할 때, 제시된 명제와 그 대우를 기호로 나타내면 다음과 같다.

- $\sim p \rightarrow \sim q(q \rightarrow p)$
- $r \rightarrow q(\sim q \rightarrow \sim r)$
- $p \rightarrow \sim s(s \rightarrow \sim p)$

따라서 두 번째 명제와 첫 번째 명제의 대우, 그리고 세 번째 명제에 따라($r \rightarrow q \rightarrow p \rightarrow \sim s$), '키워드를 좋아하는 사람은 음악을 좋아하지 않는다($r \rightarrow \sim s$)'가 성립한다.

| 오답풀이 |

①, ④ 제시된 명제만으로는 알 수 없다.

③ 첫 번째 명제의 대우에 따라 미술을 좋아하면 감성적인 사람이다($q \rightarrow p$).

06 공간지각력 도형의 규칙 찾기

| 정답 | ④

| 해설 | 도형 전체가 시계 방향으로 90°씩 회전하고 있다.

07 관찰탐구력 신장의 기능 이해하기

| 정답 | ④

| 해설 | 간이 담당해서 만드는 물질인 요소는 독성 물질인 암모니아를 전환시킨 것으로, 오르니틴 회로를 거쳐 분비된다.

보충 플러스+

신장의 주요 기능

- 인체 조성의 유지 : 신장은 소변으로 배설되는 물과 이온들의 양을 변화시킴으로써 체액의 양, 삼투압, 전해질 양과 농도, 산성도 등을 조절한다. 소변으로 배설되는 양이 변함으로써 조절되는 이온으로는 나트륨, 칼륨, 클로라이드, 마그네슘, 인산염 등이 있다.
- 대사의 최종산물이나 외부 물질들의 배설 : 신장은 요소와 같은 여러 가지 대사산물이나 독성 물질과 약물을 배설한다.
- 효소와 호르몬의 생산과 분비
  - 신장에서 분비되는 레닌은 안지오텐신이 만들어지는 과정에 촉매작용을 한다. 안지오텐신은 강력한 혈관수축제로 염분 균형과 혈압 조절에 중요한 역할을 한다.

울산기술보원
1회 기출예상
2회 기출예상
3회 기출예상
4회 기출예상
5회 기출예상
6회 기출예상
7회 기출예상
8회 기출예상
9회 기출예상

- 골수에서 적혈구의 성숙을 자극한다.
- 체내 칼슘과 인산염 균형 조절에 중요한 역할을 한다.

08 언어논리력 글의 주제 찾기

| 정답 | ③

| 해설 | 제시된 글의 마지막 문장을 통해 전체 주제를 파악할 수 있다. 즉, 책의 문화는 읽는 일과 직접적으로 연결되며 그것이 생각하는 사회를 만드는 가장 쉽고 빠른 방법이라는 것이다. 따라서 사회에 책 읽는 문화를 퍼뜨리자는 메시지가 글의 주제이다.

09 언어논리력 문맥에 맞는 어휘 고르기

| 정답 | ①

| 해설 | 빈칸이 있는 문장과 뒤 문장을 연계해서 살펴보면, 책을 읽는 문화를 통해 생각하는 사회를 만들자는 것이 핵심이다. 따라서 읽는 일이 퍼지도록 힘쓰고 북돋아 주어야 한다는 의미인 '장려'가 들어가는 것이 적절하다.

10 공간지각력 블록 개수 파악하기

| 정답 | ③

| 해설 | 그림의 블록을 밑에서 보면 다음과 같다.

11 수리력 최소 점수 구하기

| 정답 | ①

| 해설 | 4차 테스트 점수를 x라 하면, 두 번의 테스트 평균이 87점이므로 $\dfrac{87+87+75+x}{4} \geq 85$가 되어야 한다. 따라서 강 대리는 4차 테스트에서 91점 이상을 받아야 한다.

12 수리력 확률 계산하기

| 정답 | ④

| 해설 | 적어도 1명에 대리가 포함되어 있을 확률은 전체 확률에서 2명 모두 사원이 뽑힐 확률을 뺀 것과 같다. 2번의 종이를 차례로 꺼내서 2명 모두 사원일 확률은 $\dfrac{4}{7} \times \dfrac{3}{6} = \dfrac{2}{7}$가 된다. 따라서 적어도 1명에 대리가 포함되어 있을 확률은 $1 - \dfrac{2}{7} = \dfrac{5}{7}$가 된다.

13 수리력 최대 인원수 구하기

| 정답 | ②

| 해설 | 어른을 x명이라 하면 어린이는 $(8-x)$명이므로 다음과 같은 식이 성립한다.

$12,900x + 8,200(8-x) \leq 90,000$

$12,900x + 65,600 - 8,200x \leq 90,000$

$4,700x \leq 24,400$

$\therefore x \leq 5.19\cdots$

따라서 어른은 최대 5명이다.

14 수리력 도표의 수치 분석하기

| 정답 | ③

| 해설 | ㉠ 자료를 통하여 학년이 높아질수록 장학금을 받는 학생들의 1인당 평균 교내 특별활동 수가 증가한 사실은 알 수 있지만, 장학금을 받는 학생 수에 대한 정보는 알 수 없다.

ㄴ 장학금을 받지 못하는 4학년생이 참가한 1인당 평균 교내 특별활동 수는 약 0.5개이고, 장학금을 받는 4학년생이 참가한 1인당 평균 교내 특별활동 수는 2.5개 이상이므로 5배 이상이다.

㉣ 자료는 각각 장학금을 받는 학생과 받지 못하는 학생의 1인당 평균 교내 특별활동 수를 비교하고 있으므로 각 학년 전체의 1인당 평균 교내 특별활동 수는 알 수 없다.

| 오답풀이 |

㉢ 그래프를 통해 쉽게 확인할 수 있다.

15 관찰탐구력 화산 활동의 영향 이해하기

|정답| ②

|해설| 화산이 폭발하며 나오는 염소나 이산화황 같은 유독 가스가 토양을 산성화시키는 피해를 입히기도 하지만, 화산재에는 무기질이 풍부해 일정 시간이 흐른 후에는 비옥한 토양으로 변하여 농사에 유리한 면도 있다. 또한 화산 주변에 온천이 형성되어 관광 자원으로 이용할 수 있으며 지열 에너지를 발전이나 난방에 사용할 수도 있다.

16 문제해결력 명제 추론하기

|정답| ①

|해설| 제시된 명제를 정리하면 다음과 같다.

• 2호선 → 5호선
• 9호선 → 7호선

'8호선을 이용하면 5호선을 이용한다'가 성립하기 위해서는 '2호선을 이용하면 5호선을 이용한다'와 삼단논법으로 이어질 수 있어야 한다. 따라서 '8호선을 이용하면 2호선을 이용한다'가 참이라면 '8호선 → 2호선 → 5호선'이 성립한다.

17 문제해결력 조건을 바탕으로 추론하기

|정답| ①

|해설| 세 사람은 모두 각기 다른 동에 사무실이 있으며, 오늘 갔던 식당도 서로 겹치지 않는 동에 있다. 태희와 영호가 오늘 B 동 식당에 가지 않았다고 하였으므로 민우가 B 동 식당에 간 것을 알 수 있다. 따라서 민우는 C 동에서 근무하며 오늘 B 동 식당에 갔다. 영호는 민우가 오늘 갔던 식당이 있는 B 동에서 근무하므로 태희는 A 동에서 근무한다. 사무실의 위치와 오늘 갔던 식당이 속한 곳이 모두 달라야 한다는 조건에 의해서, 영호가 A 동 식당을 갔고 태희가 C 동 식당에 갔다.

따라서 영호는 A 동 식당을 갔고, 사무실은 B 동에 있다.

18 공간지각력 도형 모양 비교하기

|정답| ③

|해설| 제시된 도형과 동일한 것은 ③이다.

|오답풀이|

나머지 도형은 동그라미 친 부분이 다르다.

① ② ④

19 수리력 도표의 수치 분석하기

|정답| ②

|해설| 연령계층별로 인원수를 알 수 없기 때문에 20 ~ 39세 전체 청년의 자가 거주 비중은 알 수 없다.

|오답풀이|

① 20 ~ 24세 청년 중 62.7%가 보증부월세, 15.4%가 순수월세로, 78.1%가 월세 형태로 거주하고 있으며 자가 비율은 5.1%이다.

③ 연령계층이 높아질수록 자가 거주 비율은 5.1 → 13.6 → 31.9 → 45.0으로 높아지고 있으며 월세 비중은 78.1 → 54.2 → 31.6 → 25.2로 작아지고 있다.

④ 25 ~ 29세 청년의 자가 거주 비중은 13.6%로 5.1%인 20 ~ 24세보다 높다. 25 ~ 29세 청년 중 임차 형태로 거주하는 비중은 24.7+47.7+6.5=78.9(%)이며, 월세로 거주하는 비중은 47.7+6.5=54.2(%)이다.

20 관찰탐구력 항상성 유지 이해하기

|정답| ②

|해설| 항상성 유지란 체내외의 환경이 변하더라도 체온, 혈당량, 몸속 물의 양 등의 체내 상태를 일정하게 유지하는 성질을 말한다. 따라서 물을 많이 마시면 오줌의 양이 증가하는 것은 이와 관련된 현상이다.

|오답풀이|

① 생물의 특성 중 생식과 관련 있다.

③ 생물의 특성 중 물질 대사와 관련 있다.

④ 생물의 특성 중 유전과 관련 있다.

홀수기출복원 1회 기출예상 2회 기출예상 3회 기출예상 4회 기출예상 5회 기출예상 6회 기출예상 7회 기출예상 8회 기출예상 9회 기출예상

21 관찰탐구력 빛의 굴절 이해하기

|정답| ④

|해설| 빛이 굴절하는 정도는 물질의 종류에 따라 다르다. 예를 들어 빛이 공기 중에서 물속으로 진행할 때보다 공기 중에서 유리로 진행할 때 더 크게 굴절하는데 그 이유는 빛이 물속에서 진행할 때보다 유리 속에서 진행할 때 속도가 더 느리기 때문이다.

|오답풀이|

① 빛이 한 물질에서 다른 물질로 진행할 때 입사 광선과 법선이 이루는 각을 입사각이라 하고, 굴절 광선과 법선이 이루는 각을 굴절각이라고 한다. 빛이 공기에서 물로 진행할 때에는 입사각보다 굴절각이 작다.

② 보이는 것보다 실제 물의 깊이가 더 깊은 것, 물속에 잠긴 다리가 짧고 굵게 보이는 것 등이 빛의 굴절에 의해 나타나는 현상이다.

③ 빛의 굴절은 각 물질 속에서 빛의 속도가 다르기 때문에 일어난다. 빛의 속도는 공기>물>유리>다이아몬드 순으로 빠르다.

22 공간지각력 펼친 모양 찾기

|정답| ②

|해설| 접었던 선을 축으로 하여 역순으로 펼치면 다음과 같다.

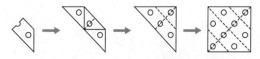

23 언어논리력 글을 바탕으로 추론하기

|정답| ②

|해설| 활의 사거리와 관통력을 결정하는 것은 복원력으로, 복원력은 물리학적 에너지 전환 과정, 즉 위치에너지가 운동에너지로 전환되는 힘이라 볼 수 있다.

|오답풀이|

① 고려 시대 때 한 가지 재료만으로 활을 제작했는지는 알수 없다.

③ 활대가 많이 휘면 휠수록 복원력이 커지는 것은 맞지만 그로 인해 가격이 비싸지는지에 대해서는 제시된 글을

통해 추론할 수 없다.

④ 각궁은 다양한 재료의 조합으로 만들어져 탄력이 좋아서 시위를 풀었을 때 활이 반대 방향으로 굽는 특징을 가진다.

24 수리력 도표의 수치 분석하기

|정답| ②

|해설| A 시와 B 시의 물가 변동률의 차이가 가장 큰 시기인 20X6년의 변동률 차이는 $\frac{10.19}{6.07} = 1.68$(배)로 2배 이하이다.

|오답풀이|

① 전년 대비 물가 변동률의 차이가 가장 큰 연도는 A 시는 10.19-7.19=3(%p) 변화한 20X6년, B 시는 6.62-4.95=1.67(%p) 변화한 20X5년이다.

③ A 시 물가 변동률의 전년 대비 증가율이 가장 높은 해는 3배 이상 증가한 20X1년이다.

④ B 시의 물가 변동률이 A 시의 물가 변동률보다 높은 연도는 20X0년, 20X1년, 20X3년으로 3개이다.

25 수리력 도표를 바탕으로 수치 계산하기

|정답| ①

|해설| 조사대상자 중 기혼이자 찬성하는 사람의 비율은 0.7×0.6=0.42이고, 미혼이자 찬성하는 사람의 비율은 0.3×0.2=0.06이다. 따라서 정책에 찬성한 사람 중 기혼인 사람은 $\frac{0.42}{(0.42+0.06)} \times 100 = 88$(%)이다.

26 문제해결력 조건을 바탕으로 추론하기

|정답| ③

|해설| 제시된 조건을 정리하면 다음과 같다.

지붕 색	빨간색	노란색	초록색	파란색	검정색
인물	C	D	A		
직업	운동선수	제빵사	운동선수	교사	연구원

제빵사는 노란지붕 집, 교사는 파란지붕 집에 산다. 연구원 집의 지붕 색은 빨간색도 초록색도 아니라고 하였으므로

연구원 집의 지붕색은 검정색이다. 또한 A가 초록지붕 집에 사므로 남은 빨간지붕 집에는 운동선수인 C가 산다. D 집의 지붕 색은 파란색도 검정색도 아니라고 하였으므로 D는 노란지붕 집에 살며 직업은 제빵사이다.

| 오답풀이 |

① A는 초록지붕 집에 살기 때문에 연구원, 교사, 제빵사가 될 수 없으므로 A의 직업은 운동선수이다.

② 검정지붕 집에 살고 있는 사람의 직업은 운동선수가 아니라 연구원이다.

④ 교사가 사는 파란지붕 집에 B 또는 E가 살고 있으므로 항상 옳은 것은 아니다.

---

27 관찰탐구력 | 지구 온난화의 원인 이해하기

| 정답 | ③

| 해설 | 북극 지방의 빙하 분포 면적이 크게 감소한 것은 지구의 평균 기온이 상승하는 지구 온난화의 결과이다. 지구 온난화는 화석 연료의 사용량 증가에 따른 대기 중 온실 가스의 증가로 인하여 온실 효과가 증대되어 나타나는 현상이다.

| 오답풀이 |

① 냉매제 등으로 사용하는 프레온 가스는 성층권 도달 시 자외선에 의해 분해된 염소 원자가 오존층을 파괴하는 현상과 관련이 있다. 오존층 파괴는 피부암과 백내장의 발생률 증가와 식물의 엽록소 파괴로 인한 농작물 수확량 감소의 원인이 된다.

② 지진과 화산 활동은 지구 온난화와 관련이 없다.

④ 태양의 흑점 활동 증가는 병원 진료장비나 은행 서버, 항공기와 공항관제시스템, 방송기기, 철도통제시스템은 물론 개인용 컴퓨터, 휴대전화 등 전자제품 등에 영향을 미칠 수 있다.

---

28 공간지각력 | 위치 파악하기

| 정답 | ④

| 해설 |

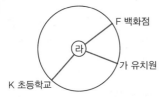

---

29 공간지각력 | 전개도 파악하기

| 정답 | ③

| 해설 | ◇ 면의 가운데 선과 ▭ 면의 두 선이 평행해야 하고, ▢ 면의 선이 ◇ 면의 마름모와 만나지 않아야 하므로 ③이 적절하다.

---

30 언어논리력 | 글의 흐름에 맞게 문장 배열하기

| 정답 | ①

| 해설 | 우선 (나)에서 감기를 예방하는 방법이라는 중심 소재에 대해 제시한다. 그 방법에 대한 구체적인 예시를 (가)에서 설명하고 (라)에서 '또한'이라는 접속어로 시작하며 또 다른 예시에 대해 설명하고 있다. 마지막으로 어린이라는 특정 나이대에 중점을 두고 주의를 요하는 (다)가 이어진다. 따라서 (나)-(가)-(라)-(다) 순이 적절하다.

---

31 수리력 | 거리·속력·시간 활용하기

| 정답 | ③

| 해설 | A 등산로의 편도 거리를 x km라 하면 '시간=$\dfrac{거리}{속력}$'이므로 다음의 식이 성립한다.

$$\frac{x}{2} + \frac{x}{4} = 4.5$$

$$\frac{3}{4}x = 4.5$$

$$\therefore x = 6$$

따라서 내려올 때 소요된 시간은 $\dfrac{6}{4}$ =1.5(h)로, 1시간 30분이 소요된다.

---

32 수리력 | 구매할 물품 가격 구하기

| 정답 | ③

| 해설 | 필요한 물품의 개수는 핫팩 500개, 기념볼펜 125개, 배지 250개이다. 구매 가격을 계산하면 기념볼펜은

$125 \times 800 = 100,000$(원)이고 배지는 $250 \times 600 = 150,000$ (원)이므로, 핫팩의 구매 가격은 $490,000 - (100,000 + 150,000) = 240,000$(원)이다. 이때 필요한 핫팩 상자 수는 $500 \div 16 = 31.25 = 32$(개)이므로 핫팩 한 상자당 가격은 $240,000 \div 32 = 7,500$(원)이다.

33 문제해결력 명제 판단하기

| 정답 | ④

| 해설 | '회사에서 승진 : p, 워커홀릭 : q'라 할 때, 'p → q' 가 참이면 '~q → ~p'도 참이다. (나)의 '~p → q'와 (다) 의 '~q → p'는 제시된 명제로는 참·거짓을 알 수 없다.

34 관찰탐구력 등속 운동 이해하기

| 정답 | ②

| 해설 | 제시된 그래프는 등속운동을 나타낸 그래프로 일정한 이동속도를 보여 준다.

다이빙대에서 떨어지는 다이빙 선수는 등가속도 운동을 한다. 등가속도 운동에 해당하는 그래프는 시간이 지날수록 속도가 증가하여 우상향하는 양상을 보인다.

| 오답풀이 |

③, ④ 일정한 속도로 가고 있기 때문에 자전거를 앞으로 가게 하는 힘과 마찰력은 크기가 같고 반대 방향임을 알 수 있으며 등속운동을 하는 예로는 에스컬레이터 등이 있다.

35 언어논리력 글의 흐름에 맞게 문장 넣기

| 정답 | ③

| 해설 | 제시된 글은 공업에 의한 대량 생산과 소비가 사람들로 하여금 물질적 부를 즐기게 하고 또 사회의 가치 평가 기준을 생산과 부에 두게 하였으며, 그 결과 문화 경시의 현실, 인간 소외의 사회가 나타나게 되었다고 기술하고 있다. 제시된 문장을 보면 사회의 가치 평가가 생산과 부를 표준으로 삼기에 이르렀다면서 물질 만능주의가 심화되었음을 서술하고 있다. 또한 (다) 직후에서는 물질 만능주의로 인한 결과를 서술하고 있으므로 주어진 문장은 (다)에 위치하는 것이 적절하다.

36 언어논리력 세부 내용 이해하기

| 정답 | ②

| 해설 | 제시된 글에 따르면 가장 많은 고라니 개체군을 유지하고 있는 곳이 우리나라지만, 한반도에서 가장 개체 수가 많은 야생동물인지는 알 수 없다.

37 언어논리력 알맞은 제목 찾기

| 정답 | ④

| 해설 | 첫 번째 문단에서는 고라니에 대한 정보를, 두 번째 문단에서는 우리나라에서 친숙한 동물이라는 내용을, 세 번째 문단에서는 전 세계적으로 멸종위기라는 사실을 말하고 있으므로 모든 내용을 아우르는 ④가 가장 적절하다.

| 오답풀이 |

① 마지막 문단의 내용만 있어 글의 제목으로 적절하지 않다.

② 첫 번째 문단의 내용만 있으며 송곳니가 언어 수단으로 사용된다는 것은 첫 번째 문단 마지막에서만 볼 수 있다.

③ 우리나라에서 흔히 볼 수 있어 친숙한 동물이지만 인간과 친숙한지는 알 수 없다.

38 공간지각력 도형 합치기

| 정답 | ③

| 해설 | ③은 동그라미 친 부분이 잘못되었으며, 다음과 같이 수정되어야 한다.

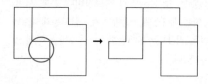

39 문제해결력 자료를 기반으로 추론하기

| 정답 | ①

| 해설 | 먼저, 팀장의 요청을 통해 각 선택지의 과목 조합이 평일에 몇 회 진행되는지 파악해야 한다.

①은 6회, ②는 4회, ③은 3회, ④는 1회이다. 따라서 업무 공백을 가장 많이 발생시키는 ①의 조합으로 김 사원이 수강하려고 했음을 알 수 있다.

40 [문제해결력] 진위 추론하기

| 정답 | ②

| 해설 | 각각의 진술이 거짓인 경우로 나누어 본다.

1) 철수가 거짓일 경우, 철수는 B 또는 C 팀에 들어간 것이 되는데 이때 영희와 세영이가 각각 B 팀과 C 팀에 들어가 있으므로 모순이 된다.

2) 승한이가 거짓일 경우, 승한과 세영이가 C 팀이 되는데 C 팀은 1명을 충원했다고 하였으므로 모순이 된다.

3) 영희가 거짓일 경우, 영희는 A 또는 C 팀에 들어간다. 나머지 참인 진술을 종합하면 철수는 A 팀, 세영이가 C 팀이므로 영희는 2명을 충원한 A 팀에 들어간 것이 되고, 승한이는 B 팀이 된다.

4) 세영이가 거짓일 경우, C 팀에 들어간 사람이 한 명도 없게 되므로 모순이 된다.

따라서 거짓을 말한 사람은 영희이며, 이때 A 팀에 들어간 사람은 철수와 영희이다.

41 [공간지각력] 투상도로 입체도형 찾기

| 정답 | ①

| 해설 | 정면도 → 평면도 → 우측면도 순으로 블록 개수를 각각 확인해 보면 블록 개수와 모양이 모두 일치하는 입체도형은 ①이다.

| 오답풀이 |

동그라미 친 부분은 추가되고 색칠된 블록은 제거되어야 한다.

② 정면도와 우측면도가 일치하지 않는다.

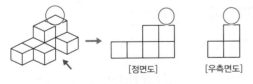

[정면도] [우측면도]

③ 정면도와 평면도가 일치하지 않는다.

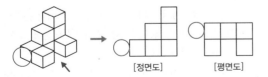

[정면도] [평면도]

④ 평면도가 일치하지 않는다.

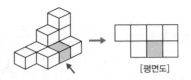

[평면도]

42 [관찰탐구력] 자유 낙하 운동 이해하기

| 정답 | ③

| 해설 | 제시된 그림은 진공 상태에서 두 물체의 자유 낙하 운동을 보여준다. 자유 낙하 운동은 공기의 저항이 없을 때, 정지해 있던 물체가 중력만을 받아 아래로 떨어지는 운동이다. 구슬과 깃털의 질량에 관계없이 일정한 시간 동안 이동한 거리가 같으므로 두 물체는 바닥에 동시에 도달한다.

| 오답풀이 |

ㄱ. 구슬이 낙하하는 속력은 일정하게 빨라진다.

ㄴ. 두 물체에는 모두 중력이 작용한다.

43 [관찰탐구력] 열의 이동 방법 이해하기

| 정답 | ①

| 해설 | (가)는 분자의 이동 없이 물질의 접촉을 통해 열에너지가 전달되는 전도, (나)는 액체상태인 분자의 이동으로 열에너지가 전달되는 대류에 해당한다.

보충 플러스+

- 전도
  분자의 이동 없이 물질과 물질 사이의 접촉을 통해 열에너지가 전달된다.
  예 뜨거운 물건에 손을 대면 따뜻함이 느껴지는 현상

- 대류
  열을 받은 분자가 직접 이동하면서 열에너지가 전달된다.
  예 물이 끓는 현상, 실내에서 난로를 틀면 따뜻해진 공기가 위로 이동하면서 실내 공기 전체가 따뜻해지는 현상 등

- 복사
  물질의 접촉이나 이동 없이 열에너지가 직접 전달된다.
  예 태양의 열에너지가 지구 표면으로 이동하여 지면을 달구는 현상

출산기출복원
1회 기출예상
2회 기출예상
3회 기출예상
4회 기출예상
5회 기출예상
6회 기출예상
7회 기출예상
8회 기출예상
9회 기출예상

44 관찰탐구력 샤를의 법칙 이해하기

|정답| ②

|해설| 샤를의 법칙은 부피의 법칙으로도 알려져 있으며, 기체의 압력이 일정하게 유지되면 기체의 부피와 온도는 정비례 관계에 있다는 법칙이다. 온도가 1℃씩 올라갈 때마다 기체의 부피는 0℃일 때에 비해 $\frac{1}{273}$씩 증가한다. 찌그러진 공을 따뜻한 물에 넣으면 온도가 올라가 공 안의 분자 운동이 활발해지고 부피가 팽창하여 찌그러진 부분이 펴진다. 열기구 내부의 공기를 가열하면 열기구가 떠오르는 것과 여름철 타이어의 내부 공기가 팽창하는 것 또한 샤를의 법칙과 관련된 현상이다.

|오답풀이|

① 보일의 법칙은 기체의 압력과 부피 사이의 관계를 설명하는 것으로 온도가 일정할 때 기체의 압력과 부피는 반비례 관계에 있다는 법칙이다. 즉, 기체의 압력이 증가하면 부피가 감소하고, 압력이 감소하면 부피가 증가함을 의미한다.

③ 아보가드로의 법칙은 동일한 압력과 온도에서 동일한 부피의 기체는 동일한 수의 분자를 포함한다는 법칙이다.

④ 헨리의 법칙은 일정한 온도하에서 기체가 액체에 용해될 때 그 용해도가 용매와 평형을 이루고 있는 기체의 부분압력에 비례한다는 법칙이다.

45 공간지각력 도형 회전하기

|정답| ④

|해설| 제시된 도형을 좌우대칭한 후 시계 방향으로 90° 회전했을 때의 모양으로 적절한 것은 ④이다.

 → 좌우대칭 → → 90° 회전 →

7회 기출예상문제

▶ 문제 176쪽

01	④	02	①	03	③	04	④	05	③
06	②	07	②	08	③	09	①	10	④
11	③	12	④	13	③	14	④	15	③
16	①	17	④	18	③	19	②	20	④
21	①	22	②	23	④	24	③	25	②
26	①	27	①	28	③	29	②	30	②
31	③	32	③	33	①	34	④	35	①
36	④	37	④	38	④	39	②	40	③
41	②	42	①	43	①	44	②	45	①

01 언어논리력 어휘 의미 파악하기

|정답| ④

|해설| 제시된 문장과 ④에 쓰인 '맞다'는 '어떤 대상의 맛, 온도, 습도 따위가 적당하다'의 의미를 갖는다.

|오답풀이|

① '어떤 대상의 내용, 정체 따위가 무엇임이 틀림이 없다.'의 의미로 쓰였다.

② '어떤 행동, 의견, 상황 따위가 다른 것과 서로 어긋나지 아니하고 같거나 어울리다.'의 의미로 쓰였다.

③ '모습, 분위기, 취향 따위가 다른 것에 잘 어울리다.'의 의미로 쓰였다.

02 언어논리력 올바르게 띄어쓰기

|정답| ①

|해설| 성과 이름은 붙여 쓰고, 호칭이나 관직명은 띄어 써야 한다. 따라서 '김주원 박사'로 쓰는 것이 알맞다.

|오답풀이|

②, ④ 연결이나 열거할 적에 쓰이는 말들은 띄어 쓴다. 따라서 '스물 내지 서른', '부장 겸 대외협력실장'으로 쓰는 것이 알맞다.

③ 단음절로 된 단어가 연이어 올 적에는 띄어 쓰는 것을 원칙으로 하되, 붙여 씀도 허용한다. '떠내려가 버렸다'

는 본용언이 합성 동사인 경우이므로 보조용언과 띄어 쓰는 것만 허용된다.

03 문제해결력 명제 판단하기

|정답| ③

|해설| 지아는 소설책과 시집을 많이 읽고, 소설책을 많이 읽는 사람은 글쓰기를 잘하므로 삼단논법에 따라 '지아는 글쓰기를 잘한다'가 성립한다.

04 관찰탐구력 물질의 상태 변화 이해하기

|정답| ④

|해설| 풀잎에 이슬이 맺히는 것은 공기 중의 수증기가 물 방울로 액화되었기 때문이다. 액화 현상의 예로는 냉장고 에서 꺼낸 음료수 캔 표면에 물방울이 생기는 것, 얼음이 들어 있는 컵의 겉 표면에 물방울이 생기는 것 등이 있다.

05 공간지각력 도형의 규칙 찾기

|정답| ③

|해설| ○ → □ → △ 순서대로 도형이 전개되어 가고 있고 크기가 작은 O는 시계 방향으로 회전하면서 두 번은 도형의 안쪽에 위치하고, 두 번은 바깥쪽에 위치한다. 또한 네 번을 주기로 작은 동그라미의 색깔이 변한다.

06 문제해결력 조건을 바탕으로 추론하기

|정답| ②

|해설| 4명이 타는 차는 B가 운전을 하고 3명이 타는 차는 B와 같은 차를 타지 않는 C와 D 중 한 명이 운전을 한다. A와 G는 같은 차를 타고 가야 하는데, C와 D가 있는 차에는 이미 2명이 있으므로 탈 수가 없다. 그러므로 B가 운전하는 차를 타고 가는 사람은 A, E(혹은 F), G이다.

07 언어논리력 글의 서술 방식 파악하기

|정답| ②

|해설| 제시된 글은 이분법적 사고와 부분만을 보고 전체를 판단하는 것의 위험성을 예시를 들어 설명하고 있다. 특히 세 번째 문단에서는 '으스댔다', '우겼다', '푸념했다', '넋두 리했다', '뇌까렸다', '잡아뗐다', '말해서 빈축을 사고 있다' 등의 서술어를 열거해 주관적 서술로 감정적 심리 반응을 유발하는 것이 극단적인 이분법적 사고로 이어질 수 있음을 강조하고 있다.

08 언어논리력 세부 내용 이해하기

|정답| ③

|해설| 제시된 글에 따르면 △△시 상징물 테마 열차는 '하늘 위에서 △△시를 내려보다'라는 구성으로 제작하였으며, △△시의 바다 테마 열차는 '우연히 만난 도시철도, △△시 바다를 여행하는 기분'이라는 콘셉트로 조성하였음을 알 수 있다.

09 공간지각력 도형 회전하기

|정답| ①

|해설| 반시계 방향으로 90° 회전한 모양은 다음과 같다.

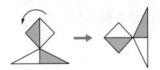

10 관찰탐구력 위치에너지 이해하기

|정답| ④

|해설| 풍력 발전, 요트, 볼링 등은 운동에너지를 이용한 예이다. 운동에너지는 운동하는 물체가 가지고 있는 에너지를 말하며, 물체에 가한 일만큼 물체의 운동에너지는 증가한다.

위치에너지는 높은 곳에 있는 물체가 중력에 의해 갖는 에너지이므로 수력 발전, 물레방아, 디딜방아, 널뛰기 등의 일을 예로 들 수 있다.

www.gosinet.co.kr gosinet

출산기초복원

1회 기출예상

2회 기출예상

3회 기출예상

4회 기출예상

5회 기출예상

6회 기출예상

7회 기출예상

8회 기출예상

9회 기출예상

11 수리력 확률 계산하기

|정답| ③

|해설| 적어도 한 명이 합격할 확률은 전체 확률인 1에서 모두 불합격할 확률을 빼면 된다. 정수가 불합격할 확률은 $\frac{3}{4}$ 이고, 현민이 불합격할 확률은 $\frac{4}{5}$, 지혜가 불합격할 확률은 $\frac{1}{2}$ 이다. 따라서 $1-\left(\frac{3}{4}\times\frac{4}{5}\times\frac{1}{2}\right)=\frac{7}{10}=0.7$ 이다.

12 수리력 도표의 수치 분석하기

|정답| ④

|해설| 부서별로 인원수가 다르므로, 전체 평균 계산 시 가중치를 고려하여야 한다.

• 전 부서원의 정신적 스트레스 지수 평균점수 :
$$\frac{1\times1.83+2\times1.79+1\times1.79}{4}=1.80(점)$$

• 전 부서원의 신체적 스트레스 지수 평균점수 :
$$\frac{1\times1.95+2\times1.89+1\times2.05}{4}=1.945(점)$$

따라서 두 평균점수의 차이는 0.145이므로 0.16 미만이다.

13 문제해결력 조건을 바탕으로 추론하기

|정답| ③

|해설| 두 번째 조건에서 파란색 코트를 입는 A가 B의 아래층에 살고, 세 번째 조건에서 C가 보라색 코트를 입는 사람의 아래층에 산다고 했으므로, A, C는 1층, B, D는 2층에 산다는 것을 알 수 있다. 또한 다섯 번째 조건에서 노란색 코트를 입는 일본인이 1층에 산다고 했으므로 이 사람은 C가 되고, 네 번째 조건의 초록색 코트를 입는 중국인이 B가 되며, 그 옆에 사는 D가 영국인이 된다. 그러므로 파란색 코트를 입는 A가 한국인이 되고, 이 내용을 표로 정리하면 다음과 같다.

2층	B - 초록, 중국	D - 보라, 영국
1층	A - 파랑, 한국	C - 노랑, 일본

따라서 한국인과 같은 층에 사는 사람은 C이다.

14 문제해결력 명제 판단하기

|정답| ④

|해설| 'p : 요리를 잘한다', 'q : 청소를 잘한다', 'r : 키가 크다'라고 할 때 제시된 명제를 정리하면 다음과 같다.

• p → q   • q → r   • ~q → p

'p → q'와 'q → r' 두 명제의 삼단논법에 의해 'p → r'은 참이다. 따라서 ④는 항상 옳다.

|오답풀이|

①, ② 제시된 명제로는 알 수 없다.

③ 'q → r'이 참이므로 이 명제의 대우인 '~r → ~q'도 참이 된다. 따라서 옳지 않은 설명이다.

15 관찰탐구력 마찰력 이해하기

|정답| ③

|해설| 물체의 표면을 울퉁불퉁하게 만들면 접촉면이 거칠어지므로 그만큼 마찰력이 크게 작용한다.

|오답풀이|

① 자기 부상 열차는 자기력으로 부상하여 주행하기 때문에 마찰력이 거의 없어 고속 운행이 가능하다.

②, ④ 접촉면을 매끄럽게 하여 마찰력을 작게 한 예시이다.

16 수리력 거리 · 속력 · 시간 활용하기

|정답| ①

|해설| 15분 늦게 출발한 B가 한 시간 만에 A를 따라잡았으므로 A가 75분 동안 이동한 거리와 B가 60분 동안 이동한 거리는 서로 같다. B의 속력을 x라고 하면 다음과 같은 식이 성립한다.

$$6\times\frac{75}{60}=x$$

$$\therefore x=7.5(km/h)$$

따라서 B의 속력은 7.5km/h이다.

17 수리력 인원수 계산하기

|정답| ④

|해설| 작년 바둑동호회 남성 회원 수를 x명이라 하면 작

년 바둑동호회 여성 회원 수는 $(60-x)$명이다. 따라서 다음과 같은 식이 성립한다.

$1.05x+0.9(60-x)=60$

$0.15x=6$

$\therefore x=40$

올해의 남성 회원 수는 작년에 비해 5% 증가했으므로 $40\times1.05=42$(명)이다.

---

18 공간지각력 도형 모양 비교하기

| 정답 | ②

| 해설 | 제시된 도형과 같은 것은 ②이다.

| 오답풀이 |

나머지 도형은 동그라미 친 부분이 다르다.

①   ③   ④

---

19 관찰탐구력 열전달 현상 이해하기

| 정답 | ②

| 해설 | 난로 가까이에 앉아 있으면 멀리 있을 때보다 훨씬 더 뜨거운 열기를 느낄 수 있는데, 이때 신문지나 책 등으로 얼굴이나 기타 신체부위를 가리면 그 부분에 한해서는 뜨거운 느낌이 어느 정도 사라진다. 이는 신문지나 책 등이 복사로 이동해 오는 난로의 열기를 가로막기 때문이다. 복사란 물질을 통하지 않고, 물질(공기 등)이 움직이지도 않으며, 아무것도 없는 공간에서도 열의 전달이 일어나는 것이다. 복사는 전구 가까이에 있으면 따뜻해지는 것처럼 빛에 의해 전달되기도 한다.

| 오답풀이 |

㉠ 온열매트 : 두 물체가 접촉되어 있는 경우 온도가 높은 물체의 분자는 큰 운동에너지를 가진 채 **빠른** 속도로 운동하게 되어 온도가 낮은 물체의 분자에 충돌한다. 이렇게 충돌하면서 고온인 물체에서 저온인 물체로 열이 이동하는데, 이를 전도현상이라 한다.

㉢ 히터 : 기체나 액체 상태에서 분자들이 열을 받으면 운동이 활발해져 부피가 팽창하고 밀도도 작아진다. 그래

서 뜨거운 공기는 상대적으로 가벼워지므로 위로 올라가고 차가운 공기는 밀도가 커져서 아래로 내려온다. 이러한 기체나 액체 내 분자들의 집단적인 순환과 흐름에 의해 열이 이동하는데, 이를 대류현상이라 한다.

---

20 언어논리력 세부 내용 이해하기

| 정답 | ④

| 해설 | 제시된 글에 의하면 경험론자들은 정신에 타고난 관념 또는 선험적 지식이 있다는 것을 부정하고 모든 지식은 감각적 경험과 학습을 통해 형성된다고 보았으므로 생물학적 진화보다는 학습을 중요시하였음을 알 수 있다.

| 오답풀이 |

① 학습과 생물학적 진화 간의 우월성을 비교하는 내용은 나타나 있지 않다.

② 진화된 대부분의 동물들에게 학습 능력이 존재한다고 하였다.

③ 인간 사회의 변화는 생물학적 진화보다는 거의 전적으로 문화적 진화에 의한 것이라고 하였다.

---

21 관찰탐구력 호르몬 이해하기

| 정답 | ①

| 해설 | 인슐린은 췌장에서 분비되어 혈당치를 낮춰주는 역할을 하는 단백질성 호르몬이다. 인체 내에서 분비되는 호르몬의 일종으로, 1923년 노벨 생리의학상을 받은 토론토 대학의 캐나다인 프레더릭 밴팅이 발견했다.

인슐린은 혈중에 분포하는 포도당을 글리코겐으로 바꾸어 세포에 저장하고 이를 세포가 사용함으로써 혈당량을 낮추는 역할을 한다. 인슐린이 부족하거나 수용체에 문제가 생기면 혈당량 조절에 문제가 생기게 되고, 당뇨병에 걸리게 된다. 반대로 인슐린이 너무 많이 나오면 비만이 되거나 저혈당증에 걸린다.

| 오답풀이 |

② 옥시토신은 척추동물과 무척추동물을 아우르는 다양한 동물군의 뇌하수체 후엽에서 분비되는 신경전달물질이다. 옥시토신은 출산 과정에서 분비량이 증가하여 자궁을 더 강하게 수축시킨다. 출산 시를 제외하면 가족과 포옹을 하거나 연인과 성행위를 할 때, 또는 자녀에게

모유 수유를 할 때에 젖샘의 자극을 받아 분비되며 낙천적 사고, 모성 반응, 육아행위 활성화 등과 관련이 있다.

③ 테스토스테론은 남성 고환의 라이디히 세포에서 생성되는 스테로이드 호르몬이다. 남성에서 테스토스테론은 성기 확대, 체모의 성장, 변성 등의 2차 성징을 자극하며 정자형성을 촉진하고, 근육을 발달시키고 유지시키는 등의 역할을 한다.

④ 티록신은 갑상선에서 만들어지며 아이오딘을 함유하고 있는 호르몬이다. 티록신은 세포 내 화학반응을 촉진시켜 세포의 성장과 발달을 조절하는 역할을 한다. 갑상선호르몬의 주된 형태이며, 과다하게 분비되거나 너무 적게 분비될 경우 갑상선질환을 일으킨다.

22 공간지각력 블록 개수 파악하기

|정답| ②

|해설| 색칠된 블록의 윗면에 1개, 밑면에 2개가 맞닿아 있다. 따라서 총 3개이다.

23 수리력 도표의 수치 분석하기

|정답| ④

|해설| ㄱ. 중형 자동차를 보유하고 있는 직원은 $350 \times 0.34 = 119$(명)이므로 100명 이상이다.

ㄷ. 자동차의 크기가 클수록 1인당 월간 교통비용이 커지므로 총합 교통비용 또한 많아진다.

|오답풀이|

ㄴ. 소형 자동차를 보유하고 있는 직원은 $350 \times 0.5 = 175$(명)이므로 소형 자동차 보유 직원의 총합 교통비용은 $175 \times 30 = 5,250$(만 원)이다.

24 수리력 방정식 활용하기

|정답| ③

|해설| 직사각형 세로의 길이를 x라고 하면 가로의 길이는 $3x$가 된다. 이를 바탕으로 둘레 길이의 식을 구하면 다음과 같다.

$2(3x + x) = 64$

$8x = 64$

$\therefore \ x = 8$

따라서 직사각형 가로의 길이는 $3 \times 8 = 24$(cm)이다.

25 수리력 도표의 수치 분석하기

|정답| ②

|해설| ㉡ (나) 품목의 중국, 인도, 미국 수출액의 합은 $1,665 + 2,061 + 306 = 4,032$(천 달러)이고, 일본 수출액은 9,431천 달러이므로 일본으로의 수출액이 더 크다. (마) 품목도 중국, 인도, 미국 수출액의 합은 $7,328 + 26,594 + 1,324 = 35,246$(천 달러), 일본 수출액은 68,494천 달러로 일본으로의 수출액이 더 크다.

㉢ (가) 품목과 (나) 품목의 수출액을 보면, 미국으로 수출하는 (가) 품목의 금액이 눈에 띄게 큰 것을 알 수 있다. 따라서 계산을 하지 않아도 수출액의 합이 가장 큰 국가는 미국이라고 예상할 수 있다.

|오답풀이|

㉠ (가) 품목의 수출액이 큰 순서는 미국-일본-인도-중국 순이지만, (다) 품목의 경우는 중국-일본-미국-인도 순이다.

㉣ (가), (라) 품목은 중국으로 수출하는 금액이 가장 적으나 (나), (마) 품목은 미국으로 수출하는 금액이 중국으로 수출하는 금액보다 더 적다. 또한 (다) 품목은 중국으로 수출하는 금액이 가장 많다.

26 문제해결력 자료를 기반으로 추론하기

|정답| ①

|해설| 대회의실과 20인 수용시설 2실, 숙박시설과 차량이 필요한데, C 호텔은 숙박시설의 정원이 30인이므로 제외된다. 또한 D 호텔은 소회의실이 1실밖에 없으므로 워크숍 장소로 적절하지 않다. 마지막으로 남은 A 호텔과 B 호텔 중에서 같은 조건일 경우 노래방 기기가 있는 곳을 더 선호한다고 하였으므로 A 호텔이 대관 장소로 적절하다.

27 관찰탐구력 지구의 자전 이해하기

| 정답 | ①

| 해설 | 태풍이 남반구와 북반구상에서 회전방향이 다른 것은 지구의 자전으로 인한 전향력(코리올리 효과) 때문이다. 전향력이란 어떤 물체가 이동할 때 이동방향과 수직방향의 이동속도에 비례한 크기로 받는 가상의 힘이다. 즉, 북반구에서 태풍을 형성하고 있는 바람은 중심을 향해 이동하고 있지만 서에서 동으로 자전하는 지구 때문에 전향력이 작용하여 오른쪽으로 기울게 되고, 반대로 남반구에서는 왼쪽으로 기울게 되면서 회전방향이 서로 달라지는 것이다.

28 공간지각력 전개도 파악하기

| 정답 | ④

| 해설 | 전개도를 접었을 때 서로 인접하게 되는 면을 생각해 본다. 2개 면만 살피면 되므로 쉽게 찾을 수 있다.

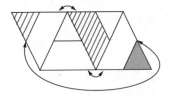

| 오답풀이 |

넓은 면을 기준으로 볼 때 ①의 경우 왼쪽에 ◢ 이 와야 하고, ②는 ◢, ③은 ◺ 이 와야 한다.

29 언어논리력 글에 흐름과 관계없는 문장 찾기

| 정답 | ②

| 해설 | ⓒ의 뒤 내용을 보면, 간접 발화는 맥락에 의존하여 파악된다고 하였으므로 직접 발화보다 의도를 더 잘 전달해 준다는 설명은 맥락상 적절하지 않다.

30 수리력 도표의 수치 분석하기

| 정답 | ②

| 해설 | ㉠ 대도시와 대도시 이외 지역에서 사교육을 받지 않거나 30만 원 미만까지만 사교육비로 지출하는 비율을 비교하면 대도시는 61.9%, 대도시 이외 지역은 69.2%로 대도시 이외 지역이 더 높다. 대도시 지역에서 30만 원 이상의 사교육비를 지출하는 비율은 $19.7+18.4=38.1(\%)$로 $\frac{1}{3}$ 이상을 차지한다.

ⓒ 학교 성적이 상위 10% 이내인 학생이 사교육비로 10만 원 이상을 지출하는 비율은 $28.0+22.3+21.5=71.8(\%)$ 이고 성적 11 ~ 30%인 학생이 동일한 비용을 지출하는 비율은 $28.5+23.4+18.2=70.1(\%)$이다. 따라서 상위 10% 이내인 학생들의 경우가 더 높다.

| 오답풀이 |

ⓛ 초 · 중 · 고등학교로 올라갈수록, 부모님의 평균 연령대가 올라갈수록 사교육을 받지 않는 비율이 높아진다. 또한 사교육을 받지 않는 경우를 제외하면 초등학교와 부모님의 평균 연령대 모두 10 ~ 30만 원 미만의 지출이 가장 많으나 중학교는 30 ~ 50만 원 미만이, 고등학교는 50만 원 이상이 가장 많다.

㉣ 학교 성적이 하위권으로 내려갈수록 사교육을 받지 않는 비율이 높아지며, 사교육을 받지 않는 경우를 제외하는 경우에만 모든 학교 성적 범위에서 지출 비용 10 ~ 30만 원 미만이 차지하는 비율이 가장 높아진다.

31 수리력 도형의 넓이 구하기

| 정답 | ③

| 해설 | 제시된 이등변삼각형의 넓이는 $\frac{1}{2} \times 6 \times 4 = 12$ (cm^2)이고, 마름모인 ③의 넓이는 $\frac{1}{2} \times 4 \times 3 = 6$(cm^2)로 서로 넓이가 다르다.

| 오답풀이 |

① 직각사각형으로, 그 넓이는 $3 \times 4 = 12$(cm^2)이다.

② 평행사변형으로, 그 넓이는 $2 \times 6 = 12$(cm^2)이다.

④ 사다리꼴로, 그 넓이는 $\frac{1}{2} \times (7+5) \times 2 = 12$(cm^2)이다.

울산기출복원 / 1회 기출예상 / 2회 기출예상 / 3회 기출예상 / 4회 기출예상 / 5회 기출예상 / 6회 기출예상 / 7회 기출예상 / 8회 기출예상 / 9회 기출예상

32 문제해결력 명제 판단하기

|정답| ③

|해설| 'p : A 회사에 다닌다', 'q : 일본어에 능통하다', 's : B 대학교를 졸업했다', 'r : C 학원에 다닌다'라고 할 때 제시된 명제를 정리하면 다음과 같다.

• p→~q   • s→q   • ~r→s

이때 'B 대학교를 졸업한 사람은 C 학원에 다니지 않았다'는 세 번째 명제의 역에 해당하므로 이에 대한 참·거짓의 여부는 확실히 알 수 없다.

|오답풀이|

① 세 번째 명제의 대우(~s→r)에 해당하므로 참이다.

② 두 번째 명제의 대우(~q→~s)와 세 번째 명제의 대우 (~s→r)의 삼단논법을 통해 '~q→r'이 참임을 알 수 있다.

④ 첫 번째 명제와 두 번째 명제의 대우(~q→~s)의 삼단 논법을 통해 'p→~s'도 참임을 알 수 있다.

33 문제해결력 조건을 바탕으로 추론하기

|정답| ①

|해설| 네 번째와 다섯 번째 조건을 통해 민우는 영등포에 살고 있음을 알 수 있다. 또한 민우가 영등포에 살고 있고, 지성이 홍대에 살고 있지 않으므로 지성이 거주하는 곳은 마포이다. 마포에는 현성이 직장을 다니고 있고, 지성이 거주하고 있으므로 민우는 마포가 아닌 홍대에 직장을 다니고 있음을 알 수 있다. 세 번째 조건에 따라 현성은 민우의 직장이 위치한 곳, 즉 홍대에 살고 있음을 알 수 있으며, 홍대에는 현성이 거주하고 있고, 민우가 직장을 다니고 있으므로 지성은 영등포에 직장을 다니고 있음을 알 수 있다. 이를 정리하면 다음과 같다.

구분	현성	지성	민우
거주지	홍대	마포	영등포
직장 위치	마포	영등포	홍대

34 공간지각력 펼친 모양 찾기

|정답| ②

|해설| 접었던 선을 축으로 하여 역순으로 펼치면 다음과 같다.

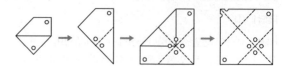

35 언어논리력 알맞은 제목 찾기

|정답| ①

|해설| 제시된 글은 산업단지 인근에 조성된 도시숲이 미세먼지의 이동을 막아 주변 주거지역의 미세먼지 농도를 낮춘다는 내용이므로, 제목으로 가장 적절한 것은 ①이다.

36 언어논리력 세부 내용 이해하기

|정답| ④

|해설| 도시숲이 조성되기 전에는 산업단지보다 인근 주거 단지의 미세먼지 농도가 높다고 하였으므로, ④는 적절하지 않다.

|오답풀이|

① 산업단지 인근에 조성된 도시숲이 미세먼지의 이동을 막는다고 하였으므로 적절하다.

② 도시숲은 산업단지에서 발생하는 미세먼지가 인근 주거지역으로 유입되는 것을 막는 방안이므로, 미세먼지의 근본적인 해결책이라고 볼 수 없다.

③ 산업단지에서 주거지역으로 바람이 유입되는 경로에 도시숲을 조성해야 미세먼지 유입을 감소시킬 수 있다고 하였다. 이를 통해 산업단지에서 발생하는 미세먼지가 바람을 따라 주거단지로 향했기 때문에 주거단지의 미세먼지 농도가 더 높았던 것임을 알 수 있다.

37 관찰탐구력 물의 역할 이해하기

|정답| ④

|해설| 물은 높은 비열을 가진 특징이 있어 체온을 유지하게 해주며, 체내 일과 운동 및 영양소를 전달하는 매질로서 작용한다. 그러나 물은 체내에 필수적인 부분이지만 에너지원으로는 사용되지 않는다.

38 관찰탐구력 갈변현상 이해하기

|정답| ④

|해설| 백색 채소의 조리 과정에서 갈변을 방지하려면 산소의 접촉을 방해하거나 효소를 불활성화시켜야 한다.

39 공간지각력 도형의 개수 파악하기

|정답| ④

|해설| 하나의 사각형을 이루는 칸의 개수별로 나누어 세면 다음과 같다.

• 1개 : 14개

• 2개 : 18개

• 3개 : 11개

• 4개 : 2×2 5개, 1×4 5개

• 5개 : 1개

• 6개 : 5개

• 8개 : 1개

• 9개 : 1개

따라서 사각형의 개수는 총 14+18+11+5+5+1+5+1+1=61(개)이다.

40 공간지각력 도형 합치기

|정답| ③

|해설| 제시된 도형을 올바르게 배치한 것은 ③이다.

|오답풀이|

확실하게 아닌 모양을 찾으면 다음과 같다.

41 언어논리력 알맞은 사자성어 찾기

|정답| ②

|해설| 제시된 글에서는 톨레랑스와 「자로 편」의 예를 들어 다름을 인정하는 자세의 중요성을 강조하고 있다. 이는 남과 사이좋게 지내기는 하나 무턱대고 어울리지는 않는 화이부동(和而不同)의 자세를 말한다.

42 문제해결력 진위 추론하기

|정답| ①

|해설| 5명의 진술에서 야근의 여부가 언급되고 있는 사람이 A와 C이므로 크게 세 경우로 나누어 본다.

• A가 야근한 경우 : B, D의 진술이 거짓 ⇨ 조건에 부합

• C가 야근한 경우 : A, C, E의 진술이 거짓 ⇨ 조건에 부적합

• B, D, E가 각각 야근한 경우 : A, B, D, E의 진술이 거짓 ⇨ 조건에 부적합

따라서 전날 야근을 한 사람은 A이고, 거짓말을 한 사람은 B와 D이다.

43 공간지각력 접은 모양 유추하기

|정답| ①

|해설| 선대칭이 되도록 순서를 그려 보면 다음과 같다.

• 1에서 접었을 때 :

• 2에서 접었을 때 :

• 좌우대칭이 되는 세로선에서 접었을 때 :

보충 플러스+

원래의 종잇조각과 접는 방법을 주의해서 보면 좌우의 튀어나온 부분이 남는 것을 알 수 있기 때문에 이것만으로 선택지 ① 또는 ④로 좁혀진다. 그다음은 위로 튀어나온 이등변 삼각형 부분을 중심으로 반으로 접는 것에서 정답이 도출된다.

온산기출복원

1회 기출예상

2회 기출예상

3회 기출예상

4회 기출예상

5회 기출예상

6회 기출예상

7회 기출예상

8회 기출예상

9회 기출예상

44 관찰탐구력 물리 변화 이해하기

| 정답 | ②

| 해설 | 따뜻한 우유에 코코아를 녹이는 것은 용해 현상으로 물리 변화에 해당한다. 물리 변화는 물질의 고유 성질은 변하지 않으나 상태나 모양 등이 변하는 것이다.

| 오답풀이 |

①, ③, ④ 물질의 성질이 다른 새로운 물질로 변하는 화학 변화에 해당하는 현상들이다.

45 관찰탐구력 원자 이해하기

| 정답 | ①

| 해설 | 원자는 물질을 이루는 기본 입자로, 원자핵과 전자로 이루어져 있다.

| 오답풀이 |

ㄴ. 원자핵이 원자 질량의 대부분을 차지한다.

ㄷ. 원자핵과 전자 사이에는 빈 공간이 존재한다.

ㄹ. 원자핵이 원자의 중심에 있다.

8회 기출예상문제

▶ 문제 198쪽

01	①	02	①	03	②	04	④	05	①
06	④	07	③	08	①	09	②	10	②
11	①	12	①	13	②	14	①	15	③
16	②	17	①	18	④	19	①	20	③
21	②	22	②	23	③	24	②	25	④
26	④	27	④	28	④	29	①	30	③
31	③	32	②	33	④	34	④	35	④
36	④	37	③	38	④	39	②	40	①
41	④	42	④	43	③	44	①	45	②

01 언어논리력 어휘 의미 파악하기

| 정답 | ①

| 해설 | 제시된 문장과 ①의 '어쩌다가'는 '뜻밖에 우연히'라는 뜻으로 사용되었다.

| 오답풀이 |

②, ④ '이따금 또는 가끔가다가'라는 뜻으로 사용되었다.

③ '어쩌하다가'의 준말로 사용되었다.

02 관찰탐구력 땀샘의 기능 이해하기

| 정답 | ①

| 해설 | 땀샘의 주요 기능은 기화열을 이용한 체온 조절과 땀샘 주변의 모세혈관을 이용한 노폐물 제거 기능이다.

보충 플러스+

땀샘의 주요 기능

땀샘은 땀의 형태로 노폐물과 수분을 몸 밖으로 배설한다. 또한 땀을 흘리면 피부표면에서 주위의 열을 흡수하면서 증발하므로 체온을 낮추어 우리 몸의 체온을 일정하게 유지시킨다. 지방 성분의 땀을 내보내는 땀샘은 특정 부위에 발달되는데, 사람의 경우에는 겨드랑이 밑이나 생식기에 주로 분포해 있다. 이들은 사춘기가 되어 호르몬의 작용이 왕성해지면 활성화되어 분비된다. 이때 이곳에서는 특이한 냄새가 나는데, 이는 그곳에 있던 세균들이 땀 속에 있는 지방성분을 분해하여 지방산을 만들기 때문에 나는 냄새이다.

03 문제해결력 명제 판단하기

|정답| ②

|해설| 'p : 에어로빅 강좌를 신청한다', 'q : 요리 강좌를 신청한다', 's : 영화감상 강좌를 신청한다', 'r : 우쿨렐레 강좌를 신청한다'라고 할 때 각 명제를 정리하면 다음과 같다.

• $\sim p \rightarrow \sim q$ • $\sim s \rightarrow \sim p$ • 일부 $r \rightarrow q$

'$\sim p \rightarrow \sim q$' 명제가 참이라면 이 명제의 대우인 '$q \rightarrow p$'도 참이다. 또한 '$\sim s \rightarrow \sim p$' 명제가 참이라면 이 명제의 대우인 '$p \rightarrow s$'도 참이다. 따라서 '일부 $r \rightarrow q$', '$q \rightarrow p$', '$p \rightarrow s$' 명제의 삼단논법을 통해 '일부 $r \rightarrow s$'도 참이 된다.

04 문제해결력 자료를 기반으로 추론하기

|정답| ④

|해설| 제시된 홍보 방안 중 웹페이지 배너 광고의 주요 소비층은 30 ~ 40대로 일반적으로 가족을 부양하는 가장에 해당하며, 비용은 4등급이지만 홍보 지속 기간이 3개월로 긴 편이다. 따라서 생명보험 사업부에게는 웹페이지 배너 광고가 가장 적합하다.

|오답풀이|
① 홍보 지속 기간이 6개월로 가장 긴 홍보 방안은 홍보용 웹툰이지만, 주요 소비층이 10대이므로 가장을 대상으로 홍보하기에는 다소 부적합하다.

05 언어논리력 속담의 의미 파악하기

|정답| ①

|해설| • 개구리 올챙이 적 생각 못 한다 : 형편이나 사정이 전에 비하여 나아진 사람이 지난날의 미천하거나 어렵던 때의 일을 생각지 아니하고 처음부터 잘난 듯이 뽐냄을 비유적으로 이르는 말이다.
• 소 잃고 외양간 고친다 : 소를 도둑맞은 다음에서야 빈 외양간의 허물어진 데를 고치느라 수선을 떤다는 뜻으로, 일이 이미 잘못된 뒤에는 손을 써도 소용이 없음을 비꼬는 말이다.
• 등잔 밑이 어둡다 : 대상에서 가까이 있는 사람이 도리어 대상에 대하여 잘 알기 어려움을 이르는 말이다.

따라서 세 속담과 공통적으로 관련이 있는 단어는 슬기롭지 못하고 둔하다는 뜻인 '어리석음'이다.

06 언어논리력 문맥에 맞지 않는 어휘 고르기

|정답| ④

|해설| 음악과 언어는 인간의 일반적, 보편적이며 공통적인 특징이 된다. 그러나 '객관적'이라는 단어는 '자기와의 관계에서 벗어나 제삼자의 입장에서 사물을 보거나 생각하는' 의미를 지닌 어휘로서, 주관성에 치우치지 않음을 의미할 뿐, 보편적이고 일반적인 의미를 담고 있는 어휘라고 볼 수 없다.

07 언어논리력 세부 내용 이해하기

|정답| ③

|해설| 두 번째 문단에서 통해 음악에 대한 해석은 학자들이나 학풍에 따라 달라진다고 하였다. 민족음악학자들은 음악을 문화의 관점으로 해석하는 경향이 강하며, 현대의 작곡가들은 음악적 기호를 독특한 문화라고 설명하며 사회적 맥락으로 연결해 사회의 특성에 따라 음악의 의미를 분류하고 해석한다고 하였다. 즉, 이들은 음악을 서로 다른 방식으로 해석한다.

|오답풀이|
①, ② 첫 번째 문단을 통해 알 수 있다.
④ 세 번째 문단에서 현대의 기술 환경으로 말미암아 음악을 활용하는 행위 방식이 다양해지고 음악 행위의 의미도 다양화되고 있는 추세라고 하였다.

08 공간지각력 도형 합치기

|정답| ①

|해설| 제시된 도형을 재배치하여 ①과 같이 만들 수 있다.
|오답풀이|
확실하게 아닌 모양을 찾으면 다음과 같다.

②   ③   ④

09 관찰탐구력 온도와 입자 운동의 상관관계 이해하기

| 정답 | ②

| 해설 | ⓒ 온도는 물체를 이루는 입자의 운동이 활발한 정도를 나타내며, 온도가 높을수록 물체를 이루는 입자의 운동이 활발하다.

| 오답풀이 |

㉠ 물체를 구성하는 입자의 운동이 활발할수록 물체의 온도가 높다.

ⓒ 물체에 열을 가하면 입자의 운동이 활발해지고 온도가 높아진다.

10 관찰탐구력 지구의 판 이해하기

| 정답 | ②

| 해설 | 지구의 표면은 마치 여러 조각의 널빤지가 덮고 있는 듯하여 판이라는 명칭으로 부른다. 지구의 규모에서 보면 두꺼운 맨틀 위에 얇고 넓은 판이 지구의 표면을 덮고 있다. 이러한 판은 암석층으로 이루어져 있다.

| 오답풀이 |

①, ③ 판은 지각과 맨틀 윗부분을 포함한 것으로 두께가 약 100km이다.

④ 판은 대륙판과 해양판으로 구분한다. 대륙판은 대륙 지각을 포함하는 판이고, 해양판은 해양 지각을 포함하는 판이다.

11 공간지각력 도형 모양 비교하기

| 정답 | ①

| 해설 | 제시된 도형과 같은 것은 ①이다.

| 오답풀이 |

나머지 도형은 동그라미 친 부분이 다르다.

② ③ ④

12 문제해결력 진위 추론하기

| 정답 | ①

| 해설 | W와 Z의 주장이 모순되므로 둘 중 한 사람이 거짓을 말하는 경우를 확인해 본다.

• Z가 거짓말을 한 경우(W가 4등) : V는 2등이며, X와 연이어 들어왔으므로 X는 1등 혹은 3등이 된다. X가 1등일 경우 Y가 3등, X가 3등일 경우 Y가 1등이나 꼴등이 되는데 이 경우 Z가 1등도 5등도 아니라는 Y의 주장도 거짓이 되므로 적절하지 않다.

• W가 거짓말을 한 경우(W가 5등) : V, Z에 의해 2등과 5등은 각각 V와 W가 되며 W와 Y의 순위 차이가 가장 크다고 했으므로 Y는 1등이 된다. V와 연이어 있는 X는 3등, 1등도 5등도 아닌 Z는 4등이 된다. 이를 정리하면 다음과 같다.

1등	2등	3등	4등	5등
Y	V	X	Z	W

13 수리력 거리 · 속력 · 시간 활용하기

| 정답 | ②

| 해설 | '거리=속력×시간'이고 3시간 30분은 3.5시간이므로, 달린 거리는 120×3.5=420(km)이다.

14 수리력 확률 계산하기

| 정답 | ①

| 해설 | A 대리가 정각에 출근하거나 지각할 확률은 $\frac{1}{4} + \frac{2}{5} = \frac{13}{20}$ 이므로, 정해진 출근 시간보다 일찍 출근할 확률은 $1 - \frac{13}{20} = \frac{7}{20}$ 이다. 따라서 이틀 연속 정해진 시간보다 일찍 출근할 확률은 $\frac{7}{20} \times \frac{7}{20} = \frac{49}{400}$ 가 된다.

15 수리력 평균 계산하기

| 정답 | ③

| 해설 | 네 과목의 평균이 89.5점이라고 하였으므로 네 과

목의 총점수는 89.5×4=358(점)이다. 다섯 과목의 평균 점수가 90점 이상이 되기 위해서는 총점수가 90×5=450 (점) 이상이어야 하므로 영어 점수를 x 점이라 하면 다음과 같은 식이 성립한다.

$358+x \geq 450$

$\therefore x \geq 92$

따라서 받아야 할 최소 점수는 92점이다.

16 수리력 도표의 수치 분석하기

|정답| ②

|해설| ㄱ. 누적치이므로 2023년의 누적치에서 2018년의 누적치를 빼면 된다. 따라서 16.7-8.7=8(만 명) 늘어났다.

ㄹ. 2018년 대비 2023년 전체 신용불량자 중 은퇴연령 신용불량자 비중은 16.4-13.8=2.6(%p) 증가하였다.

|오답풀이|

ㄴ. 두 항목의 증감폭이 가장 큰 시기는 2020년과 2021년 사이로, 그 수치는 차례대로 15.2-14.4=0.8(%p), 13.1-11.1=2(만 명)이다.

ㄷ. 연도별 50세 이상 개인 워크아웃 신청자 누적치의 전년 대비 증가율을 구하면 다음과 같다.

• 2019년 : $\dfrac{9.7-8.7}{8.7} \times 100 \fallingdotseq 11.5(\%)$

• 2020년 : $\dfrac{11.1-9.7}{9.7} \times 100 \fallingdotseq 14.4(\%)$

• 2021년 : $\dfrac{13.1-11.1}{11.1} \times 100 \fallingdotseq 18.0(\%)$

• 2022년 : $\dfrac{14.9-13.1}{13.1} \times 100 \fallingdotseq 13.7(\%)$

• 2023년 : $\dfrac{16.7-14.9}{14.9} \times 100 \fallingdotseq 12.1(\%)$

따라서 전년 대비 증가율은 지속적으로 늘어나고 있지 않다.

17 문제해결력 명제 판단하기

|정답| ①

|해설| 'a : 빨간색을 좋아한다', 'b : 사소한 일에 얽매인다', 'c : 분홍색을 좋아한다', 'd : 애정과 동정심이 많다', 'e : 파란색을 좋아한다', 'f : 내성적이다', 'g : 박애주의자이다'라고 할 때 제시된 명제를 정리하면 다음과 같다.

• a→~b   • c→d

• ~f→~e   • f→b

• d→g

(가) '~f→~e' 명제가 참이라면 이 명제의 대우인 'e→f'도 참이다. 또한 'a→~b' 명제가 참이라면 이 명제의 대우인 'b→~a'도 참이다. 따라서 삼단논법에 의해 'e→f→b→~a'가 성립되어 'e→~a'가 참임을 알 수 있다.

(나) 제시된 명제로는 알 수 없다.

따라서 (가)만 항상 옳은 설명이다.

18 공간지각력 블록 개수 파악하기

|정답| ④

|해설| 1층에 7개, 2층에 4개, 3층에 1개로 블록은 총 12개이다.

19 공간지각력 위치 파악하기

|정답| ①

|해설|

20 관찰탐구력 분자 운동 이해하기

|정답| ③

|해설| 헬륨을 넣은 애드벌룬이 공중으로 떠오르는 것은 헬륨의 밀도가 공기의 밀도보다 작기 때문이다.

|오답풀이|

①, ④ 분자 운동 중 증발의 예이다.

② 분자 운동 중 확산의 예이다.

21 관찰탐구력 관성의 종류 이해하기

|정답| ②

|해설| 뉴턴의 운동 제1법칙인 관성의 법칙은 정지해 있던 물체는 계속 정지해 있고, 운동하던 물체는 계속 등속직선운동을 한다는 법칙이다. 관성은 정지 관성과 운동 관성으로 나눌 수 있는데, ②는 정지 관성에 해당하고 ①, ③, ④는 운동 관성에 해당한다.

22 문제해결력 조건으로 바탕으로 추론하기

|정답| ②

|해설| 먼저 다섯 번째 조건에 따라 희은과 찬빈은 시사토론 강의를 수강한다. 여섯 번째 조건에 따라 예림은 두 개의 강의를 수강하고 있는데, 마지막 조건에서 예림은 영어회화를 듣지 않는다 하였으므로 예림은 시사토론과 수영을 수강한다. 네 번째 조건에 따라 은희와 유민은 두 개의 강의를 같이 수강하는데, 시사토론의 경우 남은 자리가 하나이므로 은희와 유미는 영어회화와 수영을 수강한다. 여섯 번째와 일곱 번째 조건에 따라 영준은 시사토론과 영어회화를 수강하고, 해진은 자리가 남은 영어회화를 수강한다. 이를 표로 정리하면 다음과 같다.

구분	영어회화(4명)	시사토론(4명)	수영(3명)
해진	○	×	×
예림	×	○	○
희은	×	○	×
찬빈	×	○	×
은희	○	×	○
영준	○	○	×
유민	○	×	○

따라서 해진이가 수강하고 있는 강의는 영어회화이다.

23 수리력 도표를 바탕으로 수치 계산하기

|정답| ③

|해설| A 유원지의 총매출액 중 소인 남자의 비율은 $100-(19.2+23.5+17.8+21.4+12.3)=5.8(\%)$이다.

24 수리력 도표를 바탕으로 수치 계산하기

|정답| ②

|해설| D 유원지의 총매출액 중 여학생이 차지하는 비율은 34.4%이다. 이 중 37%가 고등학생이므로 D 유원지의 총매출액 중 여자 고등학생이 차지하는 비율은 $100\times\dfrac{34.4}{100}\times\dfrac{37}{100}≒12.7(\%)$이다.

25 수리력 도표를 바탕으로 수치 계산하기

|정답| ④

|해설| C 유원지와 D 유원지의 소인 남자 매출액을 각각 구하면 다음과 같다.

• C 유원지 : $3,284\times0.207=679.788$(만 원)
• D 유원지 : $1,819\times0.072=130.968$(만 원)

따라서 C 유원지의 소인 남자 총매출액은 D 유원지의 소인 남자 총매출액의 $\dfrac{679.788}{130.968}≒5.2$(배)이다.

26 언어논리력 외래어 표기법 이해하기

|정답| ④

|해설| solution은 솔루션이 아니라 '설루션'으로 표기해야 한다.

27 언어논리력 글의 흐름에 맞게 문장 배열하기

|정답| ④

|해설| 먼저 제시된 문장에서 중심소재로 등장한 미세플라스틱의 유해한 점인 화학물질을 상세하게 설명하고 있는 (나)가 오고 미세플라스틱에 노출된 것과 관련한 실험 결과로 (나)의 내용을 뒷받침하는 (마)가 이어져야 한다. 또한 '더불어'로 미세플라스틱의 유해한 영향을 말하며 (마)의 내용과 이어지는 (가)가 오고, 이러한 상황이 필연적임을 말하는 (라)가 그다음에 위치한다. 마지막으로 '이처럼'으로 시작하여 내용을 정리하는 (다)가 위치하는 것이 적절하다. 따라서 (나)-(마)-(가)-(라)-(다) 순으로 배열해야 한다.

28 관찰탐구력 알짜힘 이해하기

|정답| ④

|해설| ⓒ 공기 저항에 의해 등속도로 내려오는 빗방울은 등속직선운동을 하므로 알짜힘이 0이 된다.

ⓔ 지구의 중력권을 벗어난 후 엔진을 끈 우주 탐사선은 무중력 상태로 알짜힘이 0이 된다.

ⓔ 정지한 물건(상태)의 경우 알짜힘이 0이 된다.

이 외에도 힘의 방향과 이동 방향이 수직인 경우 알짜힘이 0이 된다.

|오답풀이|

ⓐ 속력은 일정하나 방향이 계속 바뀌므로 알짜힘이 0이 아니다.

29 공간지각력 필요 없는 조각 찾기

|정답| ①

|해설| 선택지에 있는 도형으로 정삼각형을 만드는 방법은 다음과 같다.

따라서 정삼각형을 만드는 데 필요 없는 조각은 ①이다.

30 공간지각력 투상도로 입체도형 찾기

|정답| ③

|해설| 정면도 → 평면도 → 우측면도 순으로 확인할 때 블록 개수와 위치가 모두 일치하는 입체도형은 ③이다.

|오답풀이|

동그라미 친 부분은 추가되고, 색칠된 블록은 제거되어야 한다.

① 정면도와 우측면도가 일치하지 않는다.

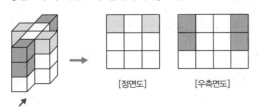

[정면도]   [우측면도]

② 우측면도가 일치하지 않는다.

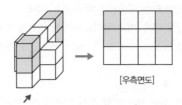

[우측면도]

④ 정면도가 일치하지 않는다.

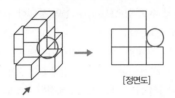

[정면도]

31 수리력 인원수 계산하기

|정답| ③

|해설| A 역에서 탑승한 승객의 수를 a라고 할 때 문제의 내용을 식으로 나타내면 $a-256+149=815$(명)이므로, A 역에서 탑승한 승객의 수는 $815-149+256=922$(명)이다.

32 수리력 넓이 계산하기

|정답| ②

|해설| 먼저 (가) 타일을 사용하는 벽의 넓이는 $300×800=240,000(\text{cm}^2)$이고, (가) 타일의 넓이는 $50×50=2,500(\text{cm}^2)$이므로 필요한 타일의 개수는 $240,000÷2,500=96$(개)이다. 또한 (나) 타일을 사용하는 벽은 위와 아래 두 곳이고 위와 아래 넓이의 합은 $(300×800)×2=480,000(\text{cm}^2)$이다. (나) 타일의 넓이는 $150×80=12,000(\text{cm}^2)$이므로 필요한 타일의 개수는 $480,000÷12,000=40$(개)이다.

33 문제해결력 조건을 바탕으로 추론하기

|정답| ④

|해설| 8명 중 3명 이하의 동일한 인원수가 두 팀으로 배정될 수 있는 경우는 3명, 3명, 2명 밖에 없다. 따라서 기술팀에는 2명이 배정되며, 나머지 두 팀에는 3명씩 배정된다.

따라서 B는 기술팀에 배정되고, C와 G는 영업팀 또는 생산팀, F와 H는 생산팀 또는 영업팀에 배정된다. 이때, A, D, E는 각각 다른 팀에 가며, 어느 팀에도 배정될 가능성이 있으므로 결국 배정 팀을 정확히 알 수 있는 사람은 B 1명뿐이다.

| 오답풀이 |

① A와 E의 배정 팀을 정확히 알 수는 없으나 두 사람은 각각 다른 팀으로 배정된다.

② D가 기술팀에 갈 수도 있으므로 B는 D와 동일한 팀으로 배정될 수도 있다.

③ 기술팀에는 2명이 배정되는데 B가 이미 기술팀에 배정되어 있으므로 G와 동일한 팀으로 배정된 C와 F와 동일한 팀으로 배정된 H는 기술팀으로 배정될 수 없다.

34 문제해결력 조건을 바탕으로 추론하기

| 정답 | ④

| 해설 | 일곱 번째 조건에서 최 양이 지원을 나가고 3일 뒤에 강 군이 지원을 나갈 수 있다고 하였으므로 최 양은 월요일, 강 군은 목요일에 지원을 나간다. 네 번째 조건에서 강 군과 신 양은 서로 다른 날 행사지원을 나간다고 하였으므로 신 양은 수요일과 강 군이 행사지원을 나가는 목요일에 지원을 나가지 않는다. 따라서 신 양은 화요일에 지원을 나간다. 다섯 번째 조건에서 박 양은 신 양 다음날 행사지원을 나간다고 했으므로 박 양은 수요일, 조 양은 목요일에 지원을 나간다. 세 번째 조건에 의해 박 군과 박 양은 수요일, 최 군과 최 양은 월요일에 지원을 나간다. 따라서 화요일에는 안 군과 신 양이 지원을 나간다.

35 관찰탐구력 부력과 중력의 작용 방향 알기

| 정답 | ④

| 해설 | 액체나 기체 속에 있는 물체에는 연직 아래 방향으로는 중력이 작용하고, 중력과 반대 방향으로 부력이 작용한다. 따라서 물속에 잠긴 물고기에는 아래 방향인 C로 중력이 작용하고, 이와 반대 방향인 A로 부력이 작용한다.

36 언어논리력 세부 내용 이해하기

| 정답 | ④

| 해설 | 마지막 문단의 '전문가들은 비타민 제품을 고를 때 자신에게 필요한 성분인지, 함량이 충분한지, 활성형 비타민이 맞는지 등을 충분히 살펴본 다음 선택하라고 권고한다'를 통해 시중에 있는 다양한 비타민 제품은 사람마다 다른 효과를 낼 수 있음을 알 수 있다.

| 오답풀이 |

① 과로로 인한 피로가 6개월 이상 지속되면 만성피로로 진단될 수 있다고 제시되어 있다. 따라서 피로가 1년 이상 지속된 철수는 만성피로로 진단될 수 있다.

② 만성피로를 내버려두면 면역력이 떨어져 감염병에도 취약해질 수 있다고 했으므로 피로는 독감과 같은 전염병에 걸리기 쉽게 만든다는 것을 알 수 있다.

③ 비타민 B군으로 대표되는 활성비타민은 스트레스 완화, 면역력 강화, 뇌신경 기능 유지, 피부와 모발 건강 등에도 도움을 준다고 하였다.

37 공간지각력 전개도 파악하기

| 정답 | ③

| 해설 | 전개도 두 면의 방향이 다음과 같이 바뀌어야 한다.

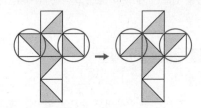

38 공간지각력 펼친 모양 찾기

| 정답 | ④

| 해설 | 접었던 선을 축으로 하여 역순으로 펼치면 다음과 같다.

39 언어논리력 | 결론 도출하기

| 정답 | ②

| 해설 | (가)는 저소득층 가정에 보급한 정보 통신기기가 아이들의 성적향상에 별다른 영향을 미치지 못하거나, 오히려 부정적인 영향을 미친다는 것을 설명하고 있다. (나)는 정보 통신기기의 활용에 대한 부모들의 관리와 통제가 학업성적에 영향을 준다는 것을 설명하고 있다. 따라서 아이들의 학업성적에는 정보 통신기기의 보급보다 기기 활용에 대한 관리와 통제가 더 중요하다는 것을 결론으로 도출할 수 있다.

40 문제해결력 | 명제 판단하기

| 정답 | ①

| 해설 | 제시된 전제에서 '혁이는 어린이다' → '어린이들의 이는 충치가 생기기 쉽다' → '혁이는 충치가 생기기 쉽다'의 삼단논법이 성립한다.

41 공간지각력 | 도형의 규칙 찾기

| 정답 | ④

| 해설 | 제시된 도형에서 가운데에 있는 ★ 이 다음과 같이 시계 방향으로 돌면서 기존에 있는 도형과 위치를 바꾸고 있다.

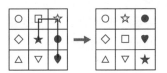

42 관찰탐구력 | 원핵생물 이해하기

| 정답 | ④

| 해설 | 세포에 핵막이 없어서 핵이 뚜렷하게 구분되지 않는 생물은 원핵생물계에 속한다. 대표적으로 대장균, 폐렴균, 젖산균, 남세균 등이 있다.

| 오답풀이 |

① 송이버섯은 균계에 해당한다. 균계는 핵막으로 구분된 뚜렷한 핵이 있는 세포로 이루어진 생물 중 광합성을 하지 못하고 대부분 죽은 생물을 분해하여 양분을 얻는 생물 무리이다.

② 표범은 동물계에 해당한다. 동물계는 핵막으로 구분된 뚜렷한 핵이 있는 세포로 이루어진 생물 중 먹이를 섭취하여 양분을 얻는 생물 무리이다.

③ 다시마는 원생생물계에 해당한다. 원생생물계는 핵막으로 구분된 뚜렷한 핵이 있는 세포로 이루어진 생물 중 식물계, 균계, 동물계에 속하지 않는 생물 무리이다.

43 언어논리력 | 글에서 주장하는 바 파악하기

| 정답 | ③

| 해설 | 제시된 글에서는 정서가 여러 가지 감정들을 모두 포함하는 넓은 의미의 상위개념이라고 주장하고 있다. 또한 정서는 기분이나 감정과도 단순히 다르기만 한 것이 아니라 발생 원인이나 지속시간, 대상에 대한 생각 등의 측면에서 이들을 포함하는 개념인 것으로 언급하고 있다.

| 오답풀이 |

① 정서는 특정한 대상이 있고, 지속시간이 비교적 짧으며 원인이 덜 명확한 기분과는 구분될 수 있는 개념이다.

② 필자는, 느낌은 상황이나 대상의 특정 측면 때문에 발생한다면, 정서는 상황이나 대상의 전체적인 것 때문에 발생하여 특정 행동을 유발한다고 주장하고 있다.

④ 정서조절의 역할로, 긍정적 정서와 부정적 정서간의 조화를 통해 개인의 생각과 행동을 올바르게 안내해주고 목표를 성취하는 데 도움을 준다고 언급되어 있다.

44 관찰탐구력 | 정전기 이해하기

| 정답 | ①

| 해설 | 머리카락이 건조할 때 머리를 빗으면 머리카락이 빗에 달라붙는 현상은 정전기의 원리이다. 진공청소기는 정전기가 아닌 공기의 압력차를 이용한 것으로 청소기 내부의 팬을 강하게 회전시켜 진공상태로 만들면 기계 안에 있던 공기가 밖으로 빠져나가고, 이로 인한 압력차로 먼지, 찌꺼기 등이 공기와 함께 기압이 낮은 청소기 내부로 빨려 들어가게 되는 것이다.

| 오답풀이 |

② 복사기는 검은 흑연입자인 토너가 정전기에 의해 원통형 드럼에 달라붙었다가 또다시 정전기에 의해 종이 쪽으로 달라붙게 하는 원리로 만들어졌다.

③ 포장 랩은 밀착되어 감겨 있는 랩을 풀어서 뜯을 때 생긴 마찰력으로 정전기가 발생해 식기 등에 잘 달라붙게 되는 원리를 이용한 것이다.

④ 공기 청정기는 마주 보는 양 전극에 전압을 걸어 방전시키면 전기에 의해 정전기가 발생하고 먼지들이 집진판에 달라붙게 되는 원리를 이용한 것이다.

45 관찰탐구력 등속 직선 운동 이해하기

| 정답 | ②

| 해설 | ㉠ 직선 위에서 일정한 방향으로 등속 운동하는 물체의 운동을 등속 직선 운동이라고 하는데 우리 주변에서 볼 수 있는 등속 직선 운동으로는 무빙워크가 있다.

㉡ 가속도는 시간에 따른 속도의 변화량을 나타낸다. 등속 직선 운동은 운동 방향과 속력 모두 일정해 가속도 값이 0이다.

| 오답풀이 |

㉢ 등속 직선 운동은 속력이 시간에 따라 변하지 않고 일정하므로 그래프의 직선 기울기가 0이다. 기울기가 일정한 것은 시간에 따른 이동 거리의 변화를 그래프로 나타냈을 때이다.

9회 기출예상문제

▶ 문제 220쪽

01	④	02	③	03	④	04	①	05	③
06	③	07	①	08	③	09	②	10	④
11	③	12	②	13	④	14	①	15	③
16	③	17	④	18	④	19	③	20	①
21	④	22	②	23	②	24	①	25	②
26	①	27	②	28	③	29	②	30	②
31	②	32	③	33	②	34	③	35	③
36	②	37	③	38	④	39	②	40	④
41	④	42	②	43	①	44	④	45	④

01 언어논리력 올바른 맞춤법 사용하기

| 정답 | ④

| 해설 | '장쾌하다'는 가슴이 벅차도록 장하고 통쾌하다는 의미로 문맥상 적절한 표현이다.

| 오답풀이 |

① 문맥상 몸의 살이 빠져 파리하게 된다는 뜻의 '여위고'로 표기해야 한다.

② '넘어질 것같이'로 표기해야 한다.

③ 지위나 자격을 나타내는 격조사인 '-로서'를 사용하여 '준마로서'로 표기해야 한다.

02 관찰탐구력 물질의 상태 변화 이해하기

| 정답 | ③

| 해설 | 고체에서 액체로 상태가 변할 때는 분자 사이의 인력이 약해지고 분자 사이의 거리가 넓어져서 부피가 커진다. 분자의 성질과 개수, 크기는 변하지 않는다.

03 언어논리력 대화 방식 판단하기

| 정답 | ④

| 해설 | D의 말은 상대방의 의견을 부정적으로 평가하면서 대안은 제시하지 않고 비판만 하는 부정적인 대화 방식이다. 비록 함께 다른 방식을 찾아보자는 제안이 있기는 하지

만, 처음의 부정적인 평가를 전달한 방식이 팀워크에 부적
합하다고 볼 수 있다.

|오답풀이|

① 상대방의 의견을 존중하고 이해하며, 협력적인 해결책
   을 찾으려는 태도로, 팀워크에 적합한 대화 방식이다.

② 상대방의 아이디어를 긍정적으로 평가하고 실제로 적용
   해 보겠다는 제안으로, 팀워크에 적합하다.

③ 자신의 어려움을 솔직히 말하면서도 다른 방식으로 기
   여할 방법을 찾으려는 태도로, 협력적인 대화 방식이다.

04 문제해결력 명제 판단하기

|정답| ①

|해설| 제시된 명제를 정리하면 다음과 같다.

• 고양이 → 호랑이

• 개 → ~호랑이

• 치타 → 고양이

세 번째 명제와 첫 번째 명제의 삼단논법에 의해 '치타 →
고양이 → 호랑이'가 성립하므로 대우인 '~호랑이 → ~고
양이 → ~치타'도 성립한다. 따라서 호랑이를 키우지 않는
다면 치타를 좋아하지 않는다.

|오답풀이|

② 두 번째 명제의 대우를 통해 '호랑이 → ~개'가 성립하
   므로 호랑이를 키우면 개를 좋아하지 않는다.

③ 제시된 명제를 통해서는 알 수 없다.

④ 두 번째 명제와 첫 번째 명제의 대우의 삼단논법에 의해
   '개 → ~호랑이 → ~고양이'가 성립하므로 개를 좋아하
   면 고양이를 좋아하지 않는다.

05 문제해결력 조건을 바탕으로 추론하기

|정답| ③

|해설| 4층에는 회계팀만 있고, 홍보팀은 3층의 복사기를
사용하고 총무팀이 홍보팀의 바로 아래층에 있으므로 홍보
팀과 총무팀은 각각 3층과 2층에 있다. 또한 마케팅팀과 기
획관리팀은 같은 복사기를 사용하므로 같은 층에 있으며
홍보팀보다 위층에 있으므로 5층에 위치하게 된다. 따라서
2층 총무팀, 3층 홍보팀, 4층 회계팀, 5층 마케팅팀과 기획
관리팀이 된다.

회계팀만 타 층의 복사기를 사용하므로 총무팀은 2층 복사
기를 사용한다.

06 공간지각력 도형 합치기

|정답| ③

|해설| ③은 세 조각을 조합해 만들 수 없는 모양이다.

|오답풀이|

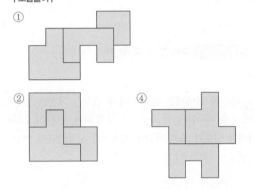

①

②   ④

07 관찰탐구력 열의 이동 이해하기

|정답| ①

|해설| 전도는 이웃한 입자들의 연속적인 충돌로 열이 전달
되는 것이다. 뽁뽁이의 비닐 안 공기는 전도에 의한 열의
이동을 차단한다. 조리 기구의 경우 손잡이는 전도가 잘되
지 않는 재질로, 조리 기구는 전도가 잘되는 재질로 만든
다. 전도는 주로 고체에서 열이 이동하는 방법이다.

|오답풀이|

② 대류는 열이 액체나 기체와 같은 유체에서 이동하는 방
   식이다. 뜨거운 유체는 가벼워져 위로 올라가고, 차가
   운 유체는 무거워져 아래로 내려오며 열이 전달된다.

③ 복사는 물질의 이동 없이 열이 직접 파동 형태로 전달되
   는 방식이다. 열이 전자기파, 특히 적외선 형태로 이동
   한다.

④ 비열은 물질 1g을 1℃ 올리는 데 필요한 열량으로, 비
   열이 크면 물질이 같은 양의 열을 받아도 천천히 올라
   간다.

08 관찰탐구력 광합성 이해하기

| 정답 | ③

| 해설 | 광합성은 식물이 빛을 에너지원으로 사용하여 이산화탄소와 물로부터 포도당을 만들고 산소를 방출하는 과정이다. 식물은 광합성을 통해 만들어진 포도당을 이용하여 성장하고 생명을 유지한다.

팽이버섯은 식물이 아닌 곰팡이류에 속하는 균류로, 엽록소를 가지고 있지 않기 때문에 빛 에너지를 이용하여 광합성을 할 수 없다.

09 언어논리력 글의 중심내용 찾기

| 정답 | ②

| 해설 | 제시된 글에서는 상품과 경제 법칙은 그것을 만든 인간의 손을 떠나는 순간 자립성을 띠게 되며, 인간이 오히려 이러한 상품과 경제 법칙에 지배받기 시작하면서 인간 소외 현상이 나타난다고 하였다.

10 언어논리력 어휘 관계 파악하기

| 정답 | ④

| 해설 | 화폐를 얻기 위해 상품을 내놓고, 건강을 얻기 위해 운동을 한다.

11 수리력 관람객 수 계산하기

| 정답 | ③

| 해설 | • 5% 증가한 1달 후의 관람객 수 :
$10,000 + (10,000 \times 0.05) = 10,500$(명)
• 5% 증가한 2달 후의 관람객 수 :
$10,500 + (10,500 \times 0.05) = 11,025$(명)

12 수리력 원가 계산하기

| 정답 | ②

| 해설 | 원가를 x원이라 하면 현재 판매가는 $1.2x$원, 다음 분기의 판매가는 $1.2x \times 0.9 = 1.08x$(원)이다. 할인된 가격

이 129,600원이므로
$1.08x = 129,600$
$\therefore x = 120,000$(원)

13 수리력 확률 계산하기

| 정답 | ④

| 해설 | 전체 수강자 266명이 2.5 : 1의 비율로 두 수업 수강자로 나뉜다. 따라서 $266 \div 3.5 = 76$이 되어 컴퓨터반 수강자와 영어반 수강자 수는 각각 190명과 76명인 것을 알 수 있다. 따라서 두 수업 수강자 중 여자의 비율은 $190 \times 0.3 = 57$(명)과 $76 \times 0.5 = 38$(명)이 된다.

그러므로 전체 수강자 중 선택된 한 명이 여자일 확률은 266명 중 95명 즉, $\frac{95}{266}$이 된다.

14 수리력 나이 계산하기

| 정답 | ①

| 해설 | 채린이의 현재 나이를 x세라 하면 삼촌의 나이는 $(x+18)$세이다.

4년 후 삼촌의 나이가 채린이 나이의 2배가 되므로 다음 식이 성립한다.
$x + 18 + 4 = 2(x+4)$
$x + 22 = 2x + 8$
$\therefore x = 14$(세)

15 공간지각력 전개도 파악하기

| 정답 | ③

| 해설 | 전개도를 접었을 때 서로 만나는 변을 표시하면 다음과 같다.

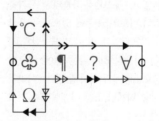

따라서 ③은 다음과 같이 바뀌어야 한다.

16 [문제해결력] 조건을 바탕으로 추론하기

| 정답 | ③

| 해설 | 제시된 조건을 바탕으로 달리기 시합의 결과를 추론하면 다음과 같다.

- 첫 번째 조건에 따라 학교혁신과 직원은 3등이다.
- 세 번째 조건에 따라 초등교육과 직원은 1등 혹은 2등인데, 네 번째 조건에 따라 초등교육과 직원은 2등이고, 노사협력과 직원은 1등이다.
- 두 번째 조건에 따라 안전총괄과 직원은 4등, 진로교육과 직원은 5등이다.

따라서 이를 종합하여 정리하면 1 ~ 5등은 '노사협력과 → 초등교육과 → 학교혁신과 → 안전총괄과 → 진로교육과'의 순서임을 알 수 있다.

17 [문제해결력] 명제 판단하기

| 정답 | ④

| 해설 | 흐리지 않다면 날이 맑거나 비가 오는 경우이므로 첫 번째, 세 번째 조건을 통해 다음 날은 흐리거나 맑음을 알 수 있다.

| 오답풀이 |

① 비가 오지 않는다면 날이 흐리거나 맑은 경우이므로 두 번째와 세 번째 조건을 통해 다음 날은 비가 오거나 흐리게 됨을 알 수 있다.

② 첫 번째와 세 번째 조건을 보면 비가 오거나 맑은 경우 다음 날은 흐리게 되므로 오늘 날이 흐렸다면 어제는 날씨가 맑았을 수도, 비가 왔을 수도 있다.

③ 날이 맑지 않다면 비가 오거나 흐린 경우이므로 첫 번째와 두 번째 조건을 통해 다음 날은 흐릴 수도, 맑을 수도, 비가 올 수도 있다.

18 [관찰탐구력] 힘의 방향 유추하기

| 정답 | ④

| 해설 | 어떤 물체가 포물선 운동을 할 때 공기 저항이 없다면 작용하는 힘은 중력뿐이므로 힘의 방향은 중력의 방향과 동일하다.

19 [관찰탐구력] 행성의 특징 파악하기

| 정답 | ③

| 해설 | 태양계 중 크기가 가장 크고, 자전 속도가 빨라 표면에 줄무늬가 나타나며, 대적점이 나타나는 행성은 목성이다.

| 오답풀이 |

① 금성은 매우 두꺼운 이산화탄소 대기로 인해 표면 온도가 매우 높으며, 표면 기압이 약 90기압이다. 지구에서 가장 밝게 보이는 행성이다.

② 화성은 산화 철 성분이 많은 돌과 흙으로 붉게 보인다. 과거에 물이 흘렀던 흔적이 있으며 양극 지역에 극관이 존재한다. 또한, 대기는 대부분 이산화탄소로 이루어져 있으며 매우 희박하다.

④ 토성은 얼음과 암석으로 된 뚜렷한 고리가 보이며, 빠른 자전으로 가로줄 무늬가 나타난다. 물보다 평균 밀도가 작다.

20 [공간지각력] 도형의 규칙 찾기

| 정답 | ①

| 해설 | 세로줄을 기준으로 보면 원 안의 각 도형이 반시계 방향으로 한 칸씩 이동하며 색이 반전되고 있다.

21 [수리력] 도표의 수치 분석하기

| 정답 | ④

| 해설 | 제시된 전체 학급당 학생 수가 우리나라 평균 학급당 학생 수와 같다고 볼 수 있다. 이때 울산의 중학교에서 학급당 학생 수는 27.1명으로 우리나라 전체 평균인 27.4명보다 적다.

www.gosinet.co.kr gosinet

울산기술보원

1회 기출예상

2회 기출예상

3회 기출예상

4회 기출예상

5회 기출예상

6회 기출예상

7회 기출예상

8회 기출예상

9회 기출예상

22 수리력 도표를 바탕으로 수치 계산하기

|정답| ②

|해설| 시도별 학급 수는 동일하므로, 8개 지역의 각 학교급별 학급당 평균 학생 수는 다음과 같다.

- 초등학교 : $(23.4+22.0+22.6+23.0+22.4+21.7+22.8+21.6)÷8 ≒ 22.4$(명)
- 중학교 : $(26.6+26.9+26.4+28.7+27.8+28.6+27.1+22.5)÷8 ≒ 26.8$(명)
- 고등학교 : $(29.7+27.4+30.2+28.4+33.0+30.8+30.6+23.3)÷8 ≒ 29.2$(명)

23 수리력 거리 · 속력 · 시간 활용하기

|정답| ②

|해설| '거리=속력×시간'이므로, 철수가 시속 6km로 30분, 즉 0.5시간 동안 달렸을 때 이동한 거리는 $6×0.5=3(km)$이다.

24 공간지각력 도형 모양 비교하기

|정답| ①

|해설| ③은 ②의 도형을 180° 회전한 모양이고, ④는 ②의 도형을 반시계 방향으로 90° 회전한 모양이다. 반면, ①은 아래와 같이 동그라미 친 부분이 나머지와 다르다.

25 언어논리력 속담의 의미 파악하기

|정답| ②

|해설| 열 사람이 한 술씩 밥을 덜면 쉽게 밥 한 그릇을 만들 수 있다는 뜻으로, 여럿이 힘을 모으면 큰 힘이 됨을 비유적으로 이르는 말이다.

|오답풀이|

① 헤프게 쓰지 않고 아끼는 사람이 재산을 모으게 됨을 비유적으로 이르는 말이다.

③ 일을 열심히 하여서 돈은 많이 벌되 생활은 아껴서 검소하게 살라는 말이다.

④ 뭐든지 아무리 많아도 쓰면 줄어들기 마련이니 지금 풍부하다고 하여 함부로 헤프게 쓰지 말고 아끼라는 말이다.

26 문제해결력 자료를 바탕으로 추론하기

|정답| ①

|해설| 국내영업3팀은 매출과 판매량에 있어 각각 2위와 1위를 차지하고 있으며, 해외영업2팀은 매출과 판매량에 있어 각각 1위와 3위를 차지하고 있으므로 5개 팀 중 가장 우수한 성적을 보이고 있는 두 팀으로 선정할 수 있다.

27 관찰탐구력 입자의 확산 현상 이해하기

|정답| ②

|해설| 향수의 입자가 스스로 운동하여 공기 중으로 퍼져 나가므로 멀리 떨어진 곳에서도 향수 냄새를 맡을 수 있다. 즉, 향수의 입자가 확산을 하는 것인데, 확산은 물질을 이루는 입자들이 스스로 운동하여 주위로 퍼져 나가는 현상이다. 온도가 높을수록, 입자의 질량이 작을수록 빨리 일어나며, 물질의 상태가 기체>액체>고체 순으로, 확산이 일어나는 곳이 진공>기체>액체 속 순으로 잘 일어난다.

28 공간지각력 도형 회전하기

|정답| ③

|해설| 제시된 도형을 시계 방향으로 180° 회전한 모양은 ③이다.

29 공간지각력 도형의 투상도 파악하기

|정답| ①

|해설| 제시된 입체도형을 위에서 바라보면 ①과 같은 모양이 나온다.

30 언어논리력 세부 내용 이해하기

| 정답 | ②

| 해설 | 욜로 라이프는 현재의 삶이 행복해야 미래의 삶도 행복하다는 개념이 반영된 현상이지만 미래를 위한 투자에까지 중점을 둔다는 것은 아니다. 욜로족은 한 번뿐인 삶을 보다 즐겁고 아름답게 만들고자 현재의 여가와 건강, 자기계발 등에 투자하는 소비 경향을 보인다.

31 수리력 평균 점수 계산하기

| 정답 | ②

| 해설 | 나머지 한 명의 점수를 x점이라 하면 다음 식이 성립한다.

$$x=\frac{630+84\times2+x}{12}+16$$

$$12(x-16)=798+x$$

$$12x-192=798+x$$

$$11x=990$$

$$\therefore\ x=90$$

따라서 학생 12명의 평균 점수는 $\frac{630+168+90}{12}=74$(점)이다.

32 수리력 도표의 수치 분석하기

| 정답 | ③

| 해설 | 북한은 2023년에 석탄 생산량이 감소하였으며, 남한은 전체적으로 조사기간 동안 생산량의 증감을 반복하였다.

| 오답풀이 |

① 매년 생산량 차이가 10배가 넘는다.

② 2021년부터 생산량이 지속적으로 감소하고 있다.

33 관찰탐구력 산과 염기 이해하기

| 정답 | ③

| 해설 | ㉠, ㉡, ㉥ 산성 용액은 수용액에서 수소 이온을 많이 내놓는 물질로, 신맛이 나고 리트머스 종이를 붉게 변하게 한다. 신맛이 나는 식초와 오렌지 주스는 산성을 띠고, 사이다는 탄산이 들어 있어 약한 산성을 띤다.

㉢, ㉤ 염기성 용액은 수용액에서 수산화 이온을 많이 내놓는 물질이다. 쓴맛이 나고 리트머스 종이를 파랗게 변하게 한다. 비눗물은 비누가 일반적으로 염기성 물질을 포함하고 있으므로 약한 염기성을 띤다. 암모니아수의 경우 암모니아가 물에서 수산화 이온을 생성하기 때문에 염기성을 띤다.

㉣ 중성 용액은 산성과 염기성이 균형을 이루는 상태로 pH가 약 7이다. 순수한 물이나 설탕물처럼 특별한 산성이나 염기성을 띠지 않는 용액이 해당한다. 설탕물의 경우 설탕 자체가 중성에 가깝기 때문에 중성 용액으로 분류할 수 있다.

34 문제해결력 조건을 바탕으로 추론하기

| 정답 | ③

| 해설 | 각 사람이 진실을 말한다고 가정하면 다음과 같다.

- 갑이 진실을 말하는 경우 : 전략기획부 소속은 을이다. 이 경우 병과 정도 전략기획부 소속이 되어 조건과 상충하므로 갑은 거짓을 말하고 있다.
- 을이 진실을 말하는 경우 : 전략기획부 소속은 정이다. 이 경우 병도 전략기획부 소속이 되어 조건과 상충하므로 을은 거짓을 말하고 있다.
- 병이 진실을 말하는 경우 : 을은 거짓을 말하고 있으므로 정의 발언에 따라 모순이 발생한다. 그러므로 병은 거짓을 말하고 있다.
- 정이 진실을 말하는 경우 : 전략기획부 소속은 병이고, 모든 발언이 조건에 부합한다.

따라서 진실을 말하는 사람은 정이고, 전략기획부 소속은 병이다.

35 문제해결력 명제 판단하기

| 정답 | ③

| 해설 | (가)의 대우는 '판매량이 많지 않은 제품은 10대, 20대 선호도가 낮다'이고, (다)의 대우는 '10대, 20대 선호도가 낮은 제품은 기능이 많지 않다'이다. 두 문장이 모두 참이므로 삼단논법에 따라 '판매량이 많지 않은 제품은 기능이 많지 않다'는 항상 참이다.

36 언어논리력 **세부 내용 이해하기**

| 정답 | ②

| 해설 | 가짜 뉴스로 인하여 큰 피해를 입는 쪽이 나타날 수
도 있다는 내용은 있으나 처벌을 강화해야한다는 표현은
없다.

37 언어논리력 **글을 바탕으로 추론하기**

| 정답 | ③

| 해설 | 세 번째 문단을 보면 가짜 뉴스에 대한 정의가 나타
나있다. 이를 통해 제시된 뉴스를 살펴보면 신원미상인 사
람이 블로그를 통해 배포한 기사 형식의 글과 경제적 이득
을 위해 정보를 조작하여 사용한 뉴스 형식의 글이 가짜 뉴
스임을 알 수 있다.

38 공간지각력 **도형의 개수 파악하기**

| 정답 | ④

| 해설 | 조각 1개로 만들 수 있는 사각형은 9개, 조각 2개로
만들 수 있는 사각형은 10개, 조각 3개로 만들 수 있는 사
각형은 4개, 조각 4개로 만들 수 있는 사각형은 2개이다.
따라서 그림에서 만들 수 있는 크고 작은 사각형은 모두 25
개이다.

39 공간지각력 **블록 개수 파악하기**

| 정답 | ②

| 해설 | 일부분만 칠할 수 있는 블록면은 제외한다고 하였으
므로, 밑면을 제외하고 페인트를 칠할 때 3개의 면이 칠해
지는 블록을 표시하면 다음과 같다.

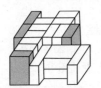

따라서 모두 4개이다.

40 문제해결력 **조건을 바탕으로 추론하기**

| 정답 | ④

| 해설 | 첫 번째 조건과 네 번째 조건에 의해 'A>E>D'임
을 알 수 있다. 두 번째 조건을 추가하면 'A>E>D>B'가
되고 세 번째 조건과 마지막 조건을 추가하면 'A>F>E>
D>B>C'이다. 따라서 실적이 세 번째로 높은 사람은 E
이다.

41 관찰탐구력 **지진대와 화산대 이해하기**

| 정답 | ④

| 해설 | 화산 활동과 지진은 주로 판의 경계에서 발생하기
때문에 화산대와 지진대, 판의 경계는 거의 일치한다.

42 관찰탐구력 **대전 현상 이해하기**

| 정답 | ②

| 해설 | 고무풍선을 털가죽으로 문지르면 털가죽이 풍선보
다 전자를 잃기 쉽기 때문에 털가죽은 (+)전하로, 고무풍
선은 (−)전하로 대전된다. 따라서 털가죽으로 문지른 두
고무풍선 모두 (−)전하로 대전되어 서로 밀어내는 힘인 척
력이 작용한다.

| 오답풀이 |
ⓒ 두 털가죽 모두 (+)전하로 대전되어 서로 밀어내는 힘
    인 척력이 작용한다.

43 언어논리력 **글의 주제 찾기**

| 정답 | ①

| 해설 | 제시된 글의 마지막 문단에서 사과 섭취 시 주의해
야 할 점(섭취량)을 언급하고 있으나, 전반적인 내용은 사
과를 섭취하였을 때 얻을 수 있는 효과 즉, 사과의 효능에
대한 설명이다.

| 오답풀이 |
② 사과에 식이섬유, 당분, 과당 등이 들어있다고 언급되
    어 있으나, 함유 성분을 주로 다룬 글이라고 볼 수 없다.
③ 껍질째 먹어야 좋다는 언급은 사과의 효능을 말하기 위
    한 부분적인 이야기이므로 글 전체의 주제로는 적절하

지 않다.

④ 세 번째 문단의 주제이며, 글 전체의 주제로서는 적절하지 않다.

44 공간지각력 펼친 모양 찾기

|정답| ④

|해설| 마지막으로 접힌 모양부터 역순으로 펼치면 다음과 같다.

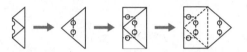

45 관찰탐구력 생물 다양성 문제 이해하기

|정답| ④

|해설| 산을 허물어 도로를 건설할 때 도로의 위나 아래에 생태 통로를 설치하여 서식지를 연결하면 야생 동물이 차에 치여 죽거나 서식지가 분리되는 것을 막을 수 있다.

울산기출복원

1회 기출예상

2회 기출예상

3회 기출예상

4회 기출예상

5회 기출예상

6회 기출예상

7회 기출예상

8회 기출예상

9회 기출예상

Memo

미래를 창조하기에 꿈만큼 좋은 것은 없다.
오늘의 유토피아가 내일 현실이 될 수 있다.

There is nothing like dream to create the future.
Utopia today, flesh and blood tomorrow.

빅토르 위고 Victor Hugo

모든유형 단기공략
응용수리 자료해석

기초에서 완성까지
문제풀이 시간단축
경이로운 계산테크닉

■904쪽   ■정가_32,000원

■440쪽   ■정가_22,000원

고시넷 응용수리만점 위드 류준상

1. 사칙연산
2. 수적추리
3. 비와 비율
4. 기수법
5. 방정식
6. 부등식
7. 집합
8. 약수 · 배수
9. 간격[나무 심기]
10. 거리 · 속력 · 시간 기초
11. [열차 통과]
　 거리 · 속력 · 시간
12. [흐르는 물]
　 거리 · 속력 · 시간

13. 농도
14. 일률
15. 금액
16. 나이 · 날짜 · 시간
17. 경우의 수
18. 순열과 조합
19. 확률
20. 통계
21. 평면도형
22. 입체도형
23. 사물(사람)의 이동

고시넷 자료해석만점 위드 류준상

1. 자료해석 기초지식
2. 그래프와 차트의 종류
3. 자료해석 레벨 업
4. 실전연습

2025
고시넷

울산시교육청
교육공무직원
최신 기출유형 모의고사

교육공무직원 직무능력검사

공기업_NCS